Sabine Giebken
Orcasommer

Für Alex

Sabine Gießken

ORCA
SOMMER

magellan

SOLITARY BAY, VANCOUVER ISLAND, 1975

Er fühlte das Keuchen, bevor er es hörte.

Zuerst dachte er, es wäre nur sein eigener schneller Atem oder Mo, der ihn ärgern wollte. Er saß völlig still, aber das Boot schaukelte unruhig auf den schwarzen Wellen. Kalter Westwind pfiff klagend durch Löcher und Spalten im Fels und blies sie tiefer in ihr Versteck. Dann, ganz plötzlich, verstummte er, genau in dem Moment, als das Keuchen weiter in die Bucht drang und von den Felswänden als Echo zurückgeworfen wurde.

Das Boot kippelte, als er hastig nach dem Ruder griff.

»Nicht«, zischte Mo. »Zu früh!«

»Hörst du das nicht?«

»Doch. Und jetzt ssscht!«

»Es kommt direkt auf uns …«

»Eben! Wir warten!«

Er nahm eine Hand vom Ruder und suchte angespannt in den Wellen. Es war so verdammt dunkel hier draußen, aber Mo wollte kein Licht. Noch nicht. Selbst der Wind schien den Atem anzuhalten, bis das schwere Rasseln erneut die Nacht zerschnitt.

»Da!« Mo hob die Hand, gespenstisch weiß über dem schwarzen Wasser. »Ein Seelöwe!«

Ohne das Ruder loszulassen, drehte er den Kopf. Das Tier war riesig und es schwamm aus Leibeskräften auf sie zu. Er hatte noch nie einen Seelöwen aus dieser Nähe gesehen. Die Fischer knallten sie ab, sobald sie einen sahen. Es hieß, sie seien unberechenbar, rammten Löcher in den Rumpf, wenn sie hungrig waren. Doch dieser Kerl konnte ihnen nichts mehr tun. Wie es klang, war er dem Tod zu nah, um noch eine Gefahr zu sein.

Ein fernes Zischen ließ ihn zusammenfahren. Der Seelöwe streifte die Bordwand und schob sich zwischen ihrem Heck und den Felsen entlang. Sein Atem kam nun in verzweifelten, abgehackten Stößen. Der sucht nicht freiwillig menschliche Nähe, dachte er. Der ist auf der Flucht. Vor Aufregung wurde ihm ganz schlecht. Es gab nur ein Tier, das einen ausgewachsenen Seelöwen in Todesangst versetzen konnte.

»Mo ...«, flüsterte er und schraubte seine Finger fester um das Ruder. So fest, bis es wehtat.

»Wahnsinn!« Mo robbte auf Knien zum Rand. »Sie suchen ihn, also kommen sie direkt auf uns zu!«

Der riesige Seelöwe war erschöpft und er war verletzt. Leichte Beute. Sie mussten ihn seit Stunden jagen, also würden sie ihn nicht so einfach aufgeben.

Auf einmal schien die Luft wie elektrisch geladen und eine gewaltige Kraft schob die Wellen auseinander. Wieder spürte er das Geräusch tief in seiner Brust, bevor es seine Ohren erreichte – dann bockte das Boot, riss ihm das Ruder aus der Hand und schwang herum. Nun war das Zischen und Fauchen überall, links, rechts, vorne und hinten, sogar unter ihnen, als käme es aus dem Meer selbst.

Dann sah er sie. Ihre Leiber glänzten in der Dunkelheit, und sie umkreisten das Boot so furchtlos, als wären er und Mo überhaupt nicht da.

Mo sprang auf die Füße und drehte die Laterne an, die am Mast hing. »Das sind mindestens vier oder fünf! Siehst du den da?«

Er folgte Mos ausgestrecktem Finger, aber was er sah, verwirrte ihn – oder spielten seine Augen bei dem flackernden Licht verrückt?

Mo griff nach dem Ruder und versuchte, das Boot auf das ungewöhnliche Tier zuzulenken. Immer lauter wurde ihr Zischen, immer dichter rückten sie dem Seelöwen auf die Pelle. Sein Herz klopfte zum Zerspringen und ihm war heiß und kalt zugleich. Vorsichtig rutschte er zum Rand. Hatten sie ihn schon erwischt?

Plötzlich bekam er einen Gischtregen ins Gesicht und etwas tauchte direkt neben ihm aus dem Wasser. Er schrie auf, sprang hoch und rutschte halb auf dem Seil aus, das aufgerollt am Boden lag.

Vor ihm hob sich ein schwarzes Dreieck aus den Wellen, viel größer als das eines Hais. Gebannt hielt er den Atem an. Der Killerwal war einfach riesig, und er war so nah, dass er nur die Hand auszustrecken brauchte, um ihn zu berühren …

Den zweiten Killerwal sah er erst, als Mo ihn in die Seite stieß. Er war kleiner, noch ein Baby, und drückte sich dicht an seine Mutter. Sie blieben länger an der Oberfläche als die anderen, und er dachte: Das Baby ist erschöpft, es braucht eine Pause. Etwas knallte gegen den Rumpf und ein Ruck fuhr durch das Boot. Der Schubs ließ es vorwärtsgleiten und für einen winzigen Moment bohrte sich seine Nase zwischen die zwei Killerwale.

Mo zögerte keine Sekunde. Er griff sich das Seilende und warf die Schlinge über Bord. Der große Killerwal tauchte, der kleine hing immer noch steuerbord, vielleicht verwirrt, weil das Boot ihn von seiner Mutter getrennt hatte.

Mo streckte die Arme nach ihm aus, da brachte ein neuer Ruck das Boot in Wallung und Mo stürzte kopfüber ins Wasser.

»Mo!« Er stürzte an den Rand und versuchte verzweifelt, Mo an den Füßen zu packen. Das Licht schaukelte wild auf den Wellen, aber Mo war zwischen den Schatten verschwunden. Panik stieg in ihm hoch. Niemand wusste, wo sie waren – und der Ozean war viel zu kalt für einen Menschen. Er musste Hilfe rufen, schnell!

Keuchend boxte er das Funkgerät aus seiner Halterung. Dann fiel ihm ein, dass Mo das Seil mitgenommen hatte – das Seil, das immer noch am Mast hing! Mit kalten Fingern zerrte er daran, zerrte und zog, bis er auf Widerstand traf und Mos Kopf aus dem dunklen Wasser tauchte.

»Scheiße, ist das kalt, mir frieren gleich die Eier ab!«

Sofort ließ er das Seil los und krallte sich in Mos Jacke. Vor lauter Erleichterung hätte er heulen können. Mo war höllisch schwer mit den nassen Klamotten, aber er nahm all seine Kraft zusammen, bis Mo wieder sicher an Bord saß.

»Entspann dich mal.« Mo grinste. »Ist ja nichts passiert!«

»Bist du lebensmüde, Mann? Das sind Killerwale, die schlucken dich runter, ohne zu kauen!«

Schwarzes Wasser tropfte auf den Boden, und der Wind blies wieder kräftiger, aber das störte Mo nicht. Er hatte nur Augen für den Babywal, der sich gegen das Boot drückte, als wäre es der schützende Körper seiner Mutter. Wie klein er gegen die anderen wirkte. Wie hilflos.

Dann tauchte er ab, ganz plötzlich. Das Seil straffte sich, und einen kurzen, schrecklichen Moment glaubte er, der Wal würde sie mit in die Tiefe reißen, so klein er auch war. Aber das Boot blieb aufrecht, nur der Mast ächzte ein wenig.

»Yeeha!« Mo schlug mit der Faust in die Luft. »Hast du das gesehen?«

Vor allem hatte er es gespürt, zusammen mit einem anderen Gefühl, das er Mo aber niemals verraten würde. Jetzt war nicht die Zeit für Zweifel oder die sture Angst, die mit aufs Wasser gekommen war – sie hatten gerade einen Killerwal gefangen!

Mo gab ihm einen Schubs. »Los, ans Ruder mit dir! Jetzt

kannst du Gas geben, wir müssen unsere Beute in Sicherheit bringen!«

Er wollte jubeln und schreien wie Mo, aber er fühlte es nicht. Geschafft, dachte er immer wieder, wir haben es geschafft, wir haben einen.

Viel zu laut heulte der Motor auf. Ein Ruck fuhr durch das Boot und der Kopf des Babywals wurde unter die Wellen gedrückt.

»Verdammt, nicht so schnell!« Mo riss an dem Seil, versuchte, es zu lockern. »Die brauchen Luft, sonst verrecken sie!«

Er wartete, bis der Kopf des Killerwals wieder zu sehen war, dann gab er Gas, vorsichtiger diesmal. Der Kleine hatte Mühe, bei dem Tempo mitzuhalten, aber Mo gab ihm Zeichen weiterzufahren, also zerrte er ihn an der Schwanzflosse hinter sich her.

Plötzlich hörte er wieder das Zischen, laut und bedrohlich nah. Die Mutter, schoss es ihm durch den Kopf, sie sucht nach ihrem Baby! Er wollte Mo zurufen, dass sie schneller fahren mussten, aber da tauchten zwei Killerwale vor dem Boot aus dem Wasser und schnitten ihnen den Weg ab.

»He«, rief Mo ins Meer. »Die Show ist vorbei. Verdrückt euch!«

Wieder dieses Geräusch, neben ihm diesmal. Auf der anderen Seite schob sich ein großer Körper unter das Baby und stützte es, und da wusste er, dass sie es noch lange nicht geschafft hatten.

Die Jagd fing gerade erst an.

»Sie kreisen uns ein!« Panik stieg in ihm auf und er bekam einen Schluckauf.

»Fahr los«, kommandierte Mo und griff sich das Ruder. »Ich scheuch sie weg, fahr mittendurch, mach schon!«

Mit bebenden Fingern ließ er den Motor aufjaulen und

das Boot schoss vorwärts. Mo schrie ihm noch etwas zu, aber die Worte gingen in dem plötzlichen Lärm verloren. Er zielte mitten rein in die glänzenden Körper und schrie nun ebenfalls, schrie sich selbst Mut zu. Sei kein blöder Feigling!

Die kleine Lampe streute ihr Licht ins Meer und ließ die Rückenfinnen glänzen wie schwarze Schwerter. Er bewegte das Ruder und spürte, wie sich der Bootsrumpf in die Haut eines Tieres grub. Aber der Killerwal wich nicht zur Seite, im Gegenteil – er nahm die Verfolgung auf.

»Scheiße«, brüllte er und drückte den Gashebel durch. Das Boot wich vom Kurs ab, die rettende Bucht schien sich immer weiter zu entfernen. Der Babywal, dachte er, sie sind nur wegen ihm hinter uns her! »Schneid das Seil durch, Mo! Lass ihn frei!«

»Auf keinen Fall!« Mo hob das Ruder und schlug damit hart nach den Killerwalen. Meerwasser spritzte auf und wieder fuhr ein Ruck durch den Rumpf.

Er riss das Boot herum, aber es gab keinen Fluchtweg mehr.

»Ich weiß nicht, wohin«, schrie er zurück. »Sie sind überall!«

»Wir verlieren ihn«, keuchte Mo und zerrte sinnlos am Seil. »Haut ab, ihr Scheißviecher, verschwindet endlich!«

Mo, der starke, unerschrockene Mo, verlor die Kontrolle. Wie er das Ruder hochriss und ziellos auf ihre Verfolger im Wasser eindrosch, wirkte er so hilflos wie ein kleiner Junge. Wie er in dem Moment. Ohne weiter zu überlegen, hob er das Funkgerät vom Boden auf und hämmerte panisch auf die Ruftaste.

»Nein«, keuchte Mo. »Nicht! Wir kriegen das allein hin!«

Er hörte die verschlafene Stimme seines Vaters am anderen Ende und hätte um ein Haar losgeheult wie ein kleines Kind. Ihm war alles egal, er wollte nur noch runter von diesem Boot, weit weg von den Killerwalen. Zurück in sein altes, langweiliges Feiglingleben.

Als die Bordlichter der anderen Boote am Eingang der Bucht auftauchten, wischte er sich schnell mit dem Ärmel über die Augen, obwohl man seine Tränen in der Dunkelheit sowieso nicht sehen konnte. Die Männer veranstalteten einen Höllenlärm, aber die schwarzen Schwerter verschwanden nicht. Der Babywal hing erschöpft im Wasser, und einen schrecklichen Moment war er sicher, dass ihn diese Aktion in die Hölle bringen würde. Dann schloss er die Augen und wartete darauf, dass es einfach vorbei war.

Irgendwo hinter den Booten schwamm der Seelöwe vorbei, träge und erschöpft, aber die Killerwale kümmerten sich nicht mehr um ihn. Die Nacht war erfüllt vom Zischen ihres schnellen Atems, ihren Rufen im dunklen Meer. Und während der Seelöwe entkam, trennten die Männer den Babywal endgültig von seiner Familie.

HERE I AM

NIEMANDSLAND

»1000 Places to see before you die« – mit diesem Motto hat sich ein kleines, unscheinbares Buch in mein Reisegepäck verirrt. Mama muss es gekauft haben, als sie in der Flughafenbuchhandlung auf mich gewartet hat. Ich konnte mich nicht entscheiden, weil keine Geschichte spannend genug klang, um mich in den kommenden Stunden auf andere Gedanken zu bringen, also habe ich den Laden ohne Buchstaben verlassen und mir stattdessen Buntstifte gekauft.

Als ich das Buch aufschlage, sehe ich, dass es kein Reiseführer, sondern ein Reisetagebuch ist. Lauter weiße Seiten. Ich blättere darin herum und erwarte, wenigstens eine kurze Botschaft zu finden, Mutmachworte, einen ihrer Smileys, irgendwas. Aber die Seiten sind leer, also packe ich es zurück in den Rucksack und schaue wieder aus dem Fenster.

Unter uns ist es weiß geworden, wir fliegen über Grönland. Ich lehne mich an die Fensterscheibe und versuche, die Reflexion darin zu ignorieren. Bin ich wirklich so bleich, oder sieht das nur so aus, weil unter uns Schnee liegt? Auch meine Augen wirken in dem Plexiglas größer und haben dunkle Schatten unter den Rändern. Eine schlaflose Nacht und ich gehe locker als Vampir durch.

Ich schließe meine Augen, und jetzt kann ich die Kühle spüren, die draußen an uns vorbeiströmt, und aus irgendeinem Grund bin ich froh, nicht in den Süden zu fliegen, so wie Mama und Jörg. Kälte passt viel besser zu jemandem, der allein in ein fremdes Land reist.

Eine Weile bleibe ich so sitzen und stelle mir Mama vor,

wie sie durch die Wohnung läuft und gut gelaunt die letzten Sachen für Afrika packt. Oh Mann. Dabei ist das sein Projekt! Es nervt, dass ich allein fliegen muss, nur damit sie bei ihrem Liebsten sein kann.

Das Flugzeug macht einen Satz und ein hoher Warnton schrillt los. Die Anschnallzeichen leuchten hektisch auf und die Stewardess kann sich gerade noch an einer Sitzlehne festklammern. Ihr Getränkewagen macht sich selbstständig und eiert gegen das Knie einer älteren Dame, die sofort aufschreit. Mein Magen hüpft wie wild, und ich drücke mich, so dicht es geht, an die Scheibe, aber da hat die Stewardess den Wagen schon wieder unter Kontrolle gebracht und entschuldigt sich überschwänglich bei der Angefahrenen.

Noch mal geht ein Ruck durch den Flieger. Das Mädchen neben mir packt den Arm ihres Freundes und klammert sich an ihn und ich mache schnell die Augen wieder zu. Okay, laut Statistik ist es viel gefährlicher, in ein Auto zu steigen als in ein Flugzeug, aber dafür hat man bei einem Autounfall eine faire Chance, den Aufprall zu überleben – während kaum jemand lebend aus einem Wrack im Nordatlantik klettert. Die zwei neben mir haben es gut. Wenn wir jetzt abstürzen, sterben sie wenigstens gemeinsam.

Nach einer Weile merke ich, dass die Rumpelei aufgehört hat und der Flieger wieder sanft durch die Wolken gleitet. Die Anschnallzeichen leuchten immer noch, aber ich habe mich seit dem Start nicht von meinem Sitz bewegt und werde es auch nur im allergrößten Not(durft)fall tun, deshalb liegt der Gurt sowieso noch fest und sicher um meinen Bauch. Als ich nach draußen schaue, ist das kalte Weiß verschwunden, und unter uns befindet sich nichts als ein mitternachtsblauer, alles verschlingender Ozean. Oh, wow. Der Anblick ist einfach gigantisch.

Nach einer Weile ziehe ich das Reisetagebuch wieder aus

meinem Rucksack und krame nach den Stiften. Die Auswahl an Farben ist mager, aber es geht auch so. Ich schlage die erste Seite auf und zeichne ein Oval, das in etwa meinem Fenster gleicht. Den Ozean zu malen, habe ich mir einfacher vorgestellt, und irgendwie sieht mein Bild nicht aus wie die Welt da unten. Aber ich habe jetzt acht Wochen Zeit zum Üben.

Ich blättere die Seite um und schreibe in Druckbuchstaben: VANCOUVER. Mama hat viel recherchiert und mir immer wieder Links geschickt, die ich mir unbedingt ansehen sollte. Sie hat Reiseführer angeschleppt und mir sogar eine Liste in YouTube angelegt. Dabei geht es gar nicht um die Stadt, die ich ansteuere, sondern um die Person, die dort auf mich wartet. Über die konnte oder wollte sie mir nicht halb so viel verraten, und deshalb habe ich ihre ständigen Versuche, mir die Metropole im Westen Kanadas schmackhaft zu googeln, schließlich ignoriert.

Ich skizziere, was ich auch so weiß: Kanada ist riesig, sehr viel größer als Deutschland, obwohl bei uns mehr als doppelt so viele Menschen leben. Und man kommt nur auf dem See- oder Luftweg dorthin, weil der Atlantik zwischen uns liegt. Im Osten reden sie Französisch und da kommt auch der berühmte Ahornsirup her, im Westen haben sie dafür die Rocky Mountains und die wildere Küste. Mein Flug dauert elf Stunden, denn Vancouver liegt an der Westküste, in British Columbia. Über die Stadt selber weiß ich noch nicht viel, aber langweilig wird es mir da bestimmt nicht werden.

Als unter uns das Festland auftaucht, packe ich die Stifte weg und blättere wahllos durch das Buch. Ein passenderes Abschiedsgeschenk hätte Mama kaum finden können als leere Seiten. Ich weiß so gut wie nichts über den Typ, der am Flughafen auf mich wartet – und der angeblich mein Vater ist.

Die Stewardess kommt und verteilt Essen in zu heißen Alubehältern – Mittag? Abend? Ich habe kein Zeitgefühl mehr.

Das Mädchen neben mir runzelt die Stirn, als ich anfange, meine Mahlzeit zu zerteilen und die essbaren Stücke auf einen Haufen zu schichten. Komisch, dabei habe ich noch gehört, wie Mama extra nach veganem Essen für mich verlangt hat – aber jetzt ist es zu spät zum Reklamieren, und mein Magen knabbert sowieso noch an den Flugzeugkapriolen von vorhin.

»Isst du das nicht mehr?«

Ich brauche eine Weile, bis ich merke, dass ich gemeint bin. Der Freund meiner Sitznachbarin, ein Typ im verwaschenen Mammut-T-Shirt, schielt hungrig auf die Hühnchenstreifen, die ich zur Seite geschoben habe. Ich schüttle den Kopf, und er schnappt sich meine Reste, bevor die Stewardess die halb leeren Tabletts wegräumen kann. Das Mädchen grinst nur und zieht ihn auf, und wieder fährt mir der Stich ins Herz, als ich sehe, wie vertraut die beiden herumalbern. Ob Tom und ich auch eines Tages so miteinander umgehen? Aneinandergelehnt sitzen, in fremde Länder fliegen, unser Essen teilen – das alles ist so weit weg wie er in dem Moment.

Ich seufze und sinke zurück in meinen Sitz. Die Landschaft unter uns wird immer karger und einsamer, bis schließlich nur noch riesige Felder aneinanderkleben. Aber dann erheben sich ganz plötzlich die Berge und wir steuern den zerklüfteten Formationen entgegen. Sofort fängt mein Bauch wieder an zu rumoren.

Mama hat mir verboten, an Absturzflugzeuge zu denken, aber natürlich kann ich das nicht abstellen. Piloten sind auch nur Menschen, hat sie gesagt, die wollen am Ende des Tages alle heim zu ihrer Familie. Aber wenn nicht? Gab es da nicht diesen Fall in Frankreich? Wenn ich genau diesen einen Unglücksflieger erwischt habe? Mir wird so schlecht, dass ich beim Aufblinken der Anschnallzeichen zusammenzucke.

»Liebe Fluggäste, wir haben unsere Reisehöhe soeben verlassen und werden in Kürze mit dem Landeanflug auf Vancouver beginnen. Bitte stellen Sie Ihre Sitze aufrecht, und bleiben Sie angeschnallt auf Ihren Plätzen, bis das Flugzeug seine endgültige Parkposition erreicht hat.«

Die Stewardess kommt noch einmal, um Zettel zu verteilen – Zolldeklaration. Aber ich kann jetzt nicht klar denken. Die Nase des Fliegers senkt sich bereits und ich klammere mich mit beiden Händen an der Lehne fest. Ganz plötzlich beginnt der Druck auf den Ohren, und in meinem Kopf summt und dröhnt es, bis Mammut mir einen Kaugummi hinstreckt und seine Freundin irritiert anguckt. Die zwei müssen mich für völlig durchgedreht halten.

Der Kaugummi hilft tatsächlich ein wenig, und ich versuche, wenigstens einen ersten Blick auf Vancouver zu werfen, bevor es endgültig runtergeht. Wie ein Schachbrett sieht es aus – alle Straßen verlaufen parallel zueinander, links, rechts, oben und unten, wie gemalt. Und dahinter wieder Blau, wieder Ozean.

Das Flugzeug ruckt, und ich mache schnell die Augen zu – ist das normal? Ich habe gelesen, die kritischen Phasen sind immer der Start und der Landeanflug. Da passieren die häufigsten Unfälle. Der Boden wackelt, dann schwellen die Geräusche an, und ich fühle, wie wir langsamer werden, rollen statt schweben, bremsen, stehen bleiben.

»Dein erster Flug?«, fragt meine Sitznachbarin mitfühlend.

Ich nicke, erst dann schlage ich die Augen wieder auf. Um mich wird es hektisch, die Leute stehen in den Sitzreihen und fummeln ungeduldig ihre Taschen aus den schmalen

Schränken über unseren Köpfen. Nur ich bleibe sitzen und atme tief ein und wieder aus.

Plötzlich habe ich es überhaupt nicht mehr eilig – wenn er siebzehn Jahre nichts von mir wissen wollte, kann er ruhig auch noch ein bisschen länger warten.

Ich folge dem Menschenstrom die Gangway hinunter und betrete als Letzte die Ankunftshalle im Gebäude des Vancouver International Airport. Hier ist alles grün, der Boden, die Wände, das Licht, sogar die Steine unter dem Wasserfall, der die Wand hinabplätschert, schimmern waldfarben. Zwei riesige Totempfähle warten auf uns Ankömmlinge, und Mammut fällt andächtig auf die Knie und ruft: »Howgh!« Seiner Freundin scheint das peinlich zu sein, sie zieht ihn hoch, aber dann lacht sie trotzdem und drückt sich an seine Seite.

Die Schlange ist ewig lang, und mir tun die Füße weh, bis ich endlich drankomme. Und merke, dass ich den blöden Zettel vom Zoll noch nicht ausgefüllt habe. Die Dame hinter dem Schalter seufzt nur und winkt den nächsten Einreisenden an mir vorbei, während ich mit rotem Kopf das Formular studiere.

»Du reist allein?«, fragt sie mich auf Englisch.

Ich nicke.

Die Frau mustert mich von oben bis unten. »Wie lange bleibst du in Kanada?«

»Zwei Monate.« Ich beiße mir auf die Zunge. Es fühlt sich seltsam an, Englisch zu reden mit Leuten, deren Muttersprache das ist. Aber meine Aussprache ist der Frau im Moment herzlich egal.

»Zeig mir dein Rückflugticket.«

Ich krame in meinem Rucksack, bis ich die entsprechenden Dokumente gefunden habe, und bekomme plötzlich Angst, dass sie mich nicht durchlassen wird.

Die Frau runzelt die Stirn und fragt, ohne aufzusehen: »Was hast du vor, zwei Monate lang? Herumreisen?«

Verwirrt schüttle ich den Kopf. »Nein, ich besuche … jemanden.«

Sie schaut mich forsch an. »Und wen? Hast du eine Adresse?«

Die Leute hinter mir rücken mir ungeduldig auf die Pelle, aber es dauert, bis ich den Zettel mit Mamas Handschrift gefunden habe. Das Wort »Vater« will mir vor dieser Fremden trotzdem nicht über die Lippen, also reiche ich ihr wortlos die Anschrift von Matthew Brown. Die Frau studiert den Zettel, macht sich Notizen. Dann klopft sie einen Stempel in meinen Pass, gibt ihn mir zurück und nickt. »Willkommen in Kanada!«

Ich laufe schnell weiter und atme tief durch, als ich meinen Koffer vom Gepäckband ziehe, einen der letzten, die dort ihre Runden drehen. Okay, ich bin angekommen. Jetzt beginnt der schwierige Teil – der Name bekommt ein Gesicht.

Mama hat mir ein Foto gezeigt, von einem jungen Abenteurer mit Dreitagebart, kaffeebraunen Haaren und einem leisen Lächeln in den Augen. In diesen Mann hätte ich mich auch verliebt. Aber das Bild ist fast achtzehn Jahre alt, er hat sich bestimmt verändert. Ob er mich erkennt? Alle sagen mir immer, ich sei Mama wie aus dem Gesicht geschnitten. Oder hat er längst vergessen, wie sie aussah? So viele Jahre ist das jetzt her und sie haben sich nur einen einzigen Sommer gekannt.

Die Luft vor dem Gebäude ist warm, die Julisonne strahlt vom Himmel und nur ein paar Wolken schieben sich zwischen den ankommenden Flugzeugen entlang. Es riecht nach Wind und Wasser und irgendwo dazwischen nach Abgasen und Kerosin. Ich halte den Griff meines Rollkoffers fest umklammert und sehe mich suchend um.

Taxis stehen wartend in einer Reihe, dahinter ein Mann, der ein Schild in die Höhe hält – der wartet auf eine Reisegruppe. Meine Sitznachbarin lässt sich eben in die Polster einer Limousine sinken, während Mammut noch mit dem Fahrer verhandelt. Einen kurzen Moment lang würde ich am liebsten mit ihnen einsteigen.

Jetzt bin ich so nervös, dass mir der Schweiß ausbricht. Ich laufe ein Stück die Straße entlang und pralle beinah mit jemandem zusammen, der eben aus dem Gebäude tritt. Der Mann starrt mich überrascht an und ich drehe mich schnell um und schiebe mich wieder unter die Wartenden. Hat er mich vergessen? Ich habe null Ahnung, was ich tun soll, wenn er nicht kommt.

Plötzlich wünsche ich mir, die Frau vom Zoll hätte mich wieder nach Hause geschickt und mir einen Grund gegeben, mich vor der Enttäuschung zu drücken. Was habe ich denn erwartet? Mit offenen Armen empfangen zu werden? Freu dich, Matthew, du hast eine Tochter! Sie ist zwar schon siebzehn Jahre alt, aber bestimmt kannst du es kaum erwarten, sie kennenzulernen. Sie kommt dich übrigens den Sommer über besuchen – ist doch kein Problem, oder?

»Svenja?«

Ich höre auf, Spuren in den Asphalt zu schlurfen, und fahre herum. Vor mir steht der Mann, mit dem ich beinah zusammengestoßen wäre. Er hebt die Hand und schwenkt ein winziges Pappschild, auf dem mein Name steht.

»Ich – ja. Das bin ich.«

Wir stehen nur da, ohne uns zu rühren. Eine ganze Weile sagt niemand was, dann räuspert er sich umständlich und deutet in Richtung Ankunftshalle. »Ich habe dadrinnen auf dich gewartet.«

Weil ich nicht weiß, was ich darauf sagen soll, zucke ich nur mit den Schultern. Ich fühle mich furchtbar beklommen und verfluche meine Mutter und Jörg gleich mit, weil sie mich in dieser dämlichen Situation alleinlassen.

Der Mann greift nach meinem Koffer und zieht ihn ein Stück von mir weg. Schnell schließe ich auf, aber er läuft wortlos weiter. Hätte ich ihn erkannt? Nein, unmöglich. Er sieht ganz anders aus als auf dem alten Foto, irgendwie ... bäriger. Breite Schultern, ein Arbeiterkreuz. Den Nacken hält er leicht gebeugt und die Haare fallen ihm lang in die Stirn und bis auf die Schultern. Viel von seinem Gesicht erkennt man sowieso nicht, weil er es unter einem dichten graubraunen Bart versteckt.

Auf einmal bin ich fast sicher, dass er jemand anders ist, jemand, der mitgekriegt hat, dass dieses Mädchen aus Deutschland ganz allein unterwegs ist und freiwillig zu dem Typen ins Auto steigt, der vorgibt, Matthew Brown zu sein. Unwillkürlich gehe ich langsamer, und dabei fällt mir auf, dass er nicht rund läuft, sondern leicht hinkt und das rechte Bein nachzieht. Wir betreten ein kühles Parkhaus und ich erschauere. Das alles passt nicht zusammen – was hab ich mir nur dabei gedacht?

Vor einem dunkelblauen Ford bleiben wir schließlich stehen, und ich schaue hilflos zu, wie mein Koffer auf die Rücksitzbank gehievt wird. Das Auto sieht nicht aus, als ob es eine längere Fahrt überleben würde. Unschlüssig bleibe ich vor der Beifahrertür stehen.

»Bist du ...« Ich beiße mir auf die Lippe, weil es jetzt doch lächerlich klingt. »Bist du wirklich Matthew Brown?«

»Matt.« Er streckt mir immer noch nicht die Hand hin, aber er fummelt eine Brieftasche aus seiner Jeans und reicht mir seinen Ausweis. »Hier. Du brauchst dich nicht auszuweisen, ich kann sehen, wer du bist.«

Verwirrt starre ich auf das Foto, aber er ist schon hinters Steuer gerutscht und lässt den Motor an. Dann steige ich ein, den Ausweis wie ein Beweisstück in den Fingern, und klammere mich an meinem Rucksack fest. Ich habe ganz bestimmt nicht erwartet, dass er mir freudestrahlend um den Hals fällt, aber diese eisige Distanz kapiere ich auch nicht. In so einen Gefühlsklotz hätte Mama sich nicht verliebt, niemals.

Matt fährt zügig, so schnell es der Verkehr zulässt. Wir verlassen das Flughafengelände über eine breite Brücke und folgen dem Autostrom südwärts. Hier reihen sich Straßen an Straßen und werden nur hier und da von weitläufigen Stadtparks unterbrochen. Es dauert eine Weile, bis ich merke, dass wir aus Vancouver hinausfahren.

»Wo wollen wir hin?«, frage ich, als die Schilder meine Vermutung bestätigen.

»Tsawwassen. Zum Fähranleger.«

Ich starre ihn verwirrt an. »Warum?«

»Weil dort die Fähre nach Vancouver Island ablegt.« Matt wirft mir einen schnellen Seitenblick zu. »Hat deine Mutter dir nicht gesagt, dass ich auf der Insel wohne?«

Auf der ... Insel? Augenblicklich bereue ich es, die Links ignoriert zu haben, die meine Mutter mir aufgedrängt hat. Ich kann mich sogar erinnern, irgendwas über Vancouver Island überflogen zu haben.

»Du bleibst ja länger«, höre ich Matt sagen. »Bestimmt hast du Gelegenheit, mal nach Downtown Vancouver zu kommen.«

Mit aller Macht versuche ich, mir meinen Schreck nicht anmerken zu lassen, als wir an der Fähre anstehen und schließlich auf das riesige Schiff auffahren. Alles, was ich von Vancouver Island sehen kann, ist ein geisterhafter Schemen am Horizont. Ist diese Insel überhaupt groß genug für eine richtige Stadt? Ich muss das rausfinden, unbedingt!

Während der Überfahrt dürfen wir nicht im Auto bleiben,

also folge ich Matt aufs Oberdeck und lasse mich in einen Sitz am Fenster fallen. Schiffe haben etwas ähnlich Endgültiges wie Flugzeuge – man kann nicht aussteigen und umkehren, wenn man es sich anders überlegt hat.

Matt starrt eine Weile schweigend aus dem Fenster, dann steht er auf und murmelt etwas von Kaffee. Sofort ziehe ich mein Handy aus der Tasche und rufe Mama an, aber es geht nur der Anrufbeantworter ran. Ich lehne mich ans Fenster, vor dem eine winzige, dicht bewaldete Insel vorübergleitet, und bin plötzlich unsagbar wütend auf meine Mutter. Dann schalte ich die mobile Datenübertragung an und google Vancouver Island. »Größte nordamerikanische Pazifikinsel ... über 450 Kilometer lang ... leben rund 750.000 Menschen auf der Insel.«

Ich atme tief ein und wieder aus. Das klingt nicht ganz so furchtbar. Nach drei Jahren in Berlin wird mir jede Stadt winzig vorkommen, aber mit dieser Aussicht kann ich leben.

Matt kommt mit zwei Tassen Kaffee zurück und setzt sich mir gegenüber. Ich versuche erneut, sein Gesicht zu studieren, aber das Einzige, was nicht hinter dem dichten Bart verschwindet, sind seine Augen, und die wandern immer wieder in Richtung Fenster. Es fühlt sich absolut seltsam an, diesem Fremden gegenüberzusitzen und kein Wort mit ihm zu reden, und außerdem mag ich keinen Kaffee. Ich überlege fieberhaft, was ich sagen könnte.

»Wie heißt die Stadt, in der du wohnst?«

Matt blinzelt, so als hätte er mich völlig vergessen. »Solitary Cove. Aber es ist eigentlich keine Stadt.«

Ich tippe schnell »Solitary Cove« in das Suchfeld meines Handy-Browsers, aber das Netz ist weg, ich kriege nur einen unglücklichen Smiley, also stecke ich das Handy zurück in den Rucksack. »Und ... wie lange wohnst du schon da?«

»Seit siebzehn Jahren.«

Oh Gott. Der ist kaum gesprächiger als ein Totempfahl. Während er wieder aufs Wasser schaut, überlege ich verkrampft, was ich noch über ihn oder diese Nicht-Stadt wissen sollte. Vielleicht darf man ihm nur keine Fragen stellen, die sich so leicht beantworten lassen.

»Wie hast du meine Mutter eigentlich kennengelernt?«

Er streift mich mit einem Blick und lächelt ganz leicht. »In einem Vergnügungspark. Sie hatte ihre Handtasche verloren.«

Ich habe die Geschichte schon von Mama gehört und anscheinend weiß ich mehr als er. Ob sie ihm das jemals verraten hat? »Nicht verloren. Sie hat sie absichtlich liegen lassen, damit du sie anrufst. Ihre Handtasche mit all ihren Papieren darin.«

Er lacht leise und nickt dann. »Sie war schon ein bisschen verrückt.«

»Das ist sie heute auch noch. Sie fliegt mit Jörg nach Afrika, um Leute zu impfen. Jörg ist Arzt, er arbeitet für eine Hilfsorganisation«, füge ich hinzu, aber Matts Blick wird schon wieder trüb.

Resigniert werfe ich meinen vollen Kaffeebecher in den Müll und stehe auf, um nach einer Toilette zu suchen.

Als ich zurückkomme, schiebt sich das Schiff an einer Front dichter Bäume entlang, die wie ein grüner Mantel über der Insel liegen. Die Leute laufen zurück unter Deck, aber ich bleibe an der Treppe stehen und warte, bis Matt suchend um sich schaut. Schweigend folgen wir dem Strom zurück zu den Autos und setzen uns wieder in den alten Ford. Kein Zweifel, wir haben Vancouver und alles, was nach Stadt aussieht, hinter uns gelassen. Wir fahren an einer Reihe von Häusern und Geschäften vorbei, trotzdem scheint Vancouver Island zum größten Teil aus Bäumen zu bestehen.

»Das ist Sidney. Wenn man der Straße folgt, kommt man in die Hauptstadt von British Columbia – nach Victoria.« Er wirft mir einen raschen Seitenblick zu, aber ich habe schon verstanden. Diese Stadt trägt denselben Namen wie meine Mutter.

»Aber da fahren wir nicht hin«, erinnere ich mich und schaue sehnsüchtig die breite Straße entlang, der all die anderen Autos folgen.

»Heute nicht«, antwortet Matt und setzt den Blinker. »Du hast einen weiten Weg hinter dir. Ich bringe dich erst mal nach Hause.«

Nach Hause! Der ist gut. Aber ich sage nichts, sondern lehne mich an die Scheibe und sehe raus, wo die Bäume immer dichter wachsen und den Himmel verdecken, der mit jedem Kilometer etwas von seiner Farbe zu verlieren scheint, bis sogar ein paar Regentropfen aufs Dach des Wagens klopfen.

Irgendwann wird die Straße einspurig, aber uns ist sowieso schon länger kein Auto mehr entgegengekommen. Hohe Nadelbäume drängeln sich immer näher an die Fahrbahn, dann hören die Bäume abrupt auf und links von uns sammelt sich das Meer in einer kleinen Bucht. An einem Holzsteg baumeln ein paar vereinzelte Boote, davor liegt ein verwaister Parkplatz. Auf der anderen Seite drücken sich etwa zwei Dutzend Holzhäuser an den Hügel, dahinter beginnt sofort wieder dichter Wald. Kein Mensch ist auf der einzigen Straße unterwegs, nur die Lichter hinter den Fenstern verraten, dass die Häuser überhaupt bewohnt sind. Hier gibt es nichts, weshalb Matt langsamer fahren müsste.

Nichts, nur ein verwittertes grünes Schild mit der Aufschrift »Solitary Cove«.

GRÜNER REGEN

Matt steuert den Ford in eine Seitenstraße, die sich um das Hafenbecken herumwindet. Grauschwarze Felsen türmen sich hinter der letzten Häuserreihe, einfachen Holzbungalows mit winzigen Fenstern und verwittertem Anstrich. Wir halten vor dem letzten Haus, das einmal mintgrün geleuchtet haben muss. Matt stellt den Motor ab und bleibt schweigend sitzen, den Blick starr durch die Windschutzscheibe gerichtet. Er will mir wohl Zeit geben, den Anblick zu verkraften. Ich rühre mich ebenfalls nicht, bis er endlich aus seiner Trance erwacht und sich räuspert.

»Komm, ich zeig dir, wo du schlafen kannst.«

Den Rucksack an meine Brust gepresst, folge ich ihm zur Tür. Matt tritt ein, dreht sich zu mir um und zieht einen Schlüssel aus der Tasche. Eine kleine Ewigkeit lang zögert er, dann hält er ihn mir hin.

»Hier, behalt den, solange du da bist. Ich schließe meistens nicht ab, aber sicher ist sicher.«

Hat Mama nicht erzählt, dass Matt den ganzen Tag in einem Holzfällercamp arbeitet und manchmal sogar mehrere Tage am Stück weg sein wird? Wieso habe ich mir nichts dabei gedacht? Klar, da bin ich noch davon ausgegangen, er würde in der Stadt wohnen und ich hätte genügend Möglichkeiten, mich ohne ihn zu beschäftigen. Mir wird ganz schlecht, als mir klar wird, dass ich tagelang allein in dieser Bruchbude herumsitzen muss, abgeschnitten von der Zivilisation, eingesperrt im Nirgendwo. Das ist doch alles nicht wahr.

Matt bleibt in der Tür stehen und lässt mir den Vortritt. Ich streife meine Schuhe ab und schiebe sie mit den Füßen unter einen Schemel. Links die Küche, die aus lauter zusammengewürfelten Schränken besteht, von denen kein Teil zum anderen passt. Dahinter soll wohl das Wohnzimmer sein, zumindest kann ich unter einem Stapel Kleidung den Zipfel einer Couch erkennen.

Matt steht nur da und wartet, also gehe ich einfach los, in den Raum hinein, der wenig Wohnliches an sich hat. Schreibtisch in der Ecke, vollgestapelt mit Zetteln, Zeitungen, Briefen, Prospekten und einer ausgekippten Stiftebox. Am Rand steht ein Mac, auf dem sich der Staub sammelt. Die Couch ist lieblos mitten in den Raum geschoben, die Wand wird von einem riesigen Schrank verstellt. Ein Fernseher kauert auf einer umgedrehten Kiste, das Kabel zieht sich quer durch den Raum. Durch ein großes Fenster sieht man raus in die trübe graue Bucht, die alles Licht und jede Farbe aufzusaugen scheint. Auf der Fensterbank davor stehen Schachteln mit Werkzeug, eine einzelne Schraubenmutter ist neben die Scheibe gekullert und starrt zu mir hoch wie ein blindes Auge.

Und ich dachte immer, Mama wäre chaotisch. Aber unsere Wohnung war warm und gemütlich, mit dicken Kuscheldecken in jeder Ecke und großen Sitzkissen auf weichen Teppichen, da hat es mich nie gestört. Seit Jörg ist natürlich alles anders, vor allem Mama. Jörgs Wohnung ist auch kühl und vollgestellt, aber mit Stil und außerdem – sauberer.

»Das Bad ist auf der anderen Seite.«

Ich habe Matt beinah vergessen, jetzt folge ich ihm zurück auf den Gang. Drei verschlossene Türen. Die mittlere führt ins Bad, das klein und grau und leer ist. Matt versperrt mir den Weg zur vordersten Tür gleich neben dem Eingang und zeigt stattdessen auf einen schmalen Durchgang zwischen

Wohnzimmer und Bad. Ich drücke die Tür auf und stehe in einem quadratischen Raum, der genauso lieblos eingerichtet ist wie der Rest dieser Hütte. Ein Schrank in der Ecke, ein selbst gezimmerter Tisch mit unterschiedlichen Beinen, ein Stuhl. Statt eines Bettes liegen zwei dicke Matratzen übereinander auf dem Boden, die weich und durchgelegen aussehen. Immerhin, jemand hat sich die Mühe gemacht, passende Bettwäsche aufzuziehen.

»Du bist was anderes gewöhnt«, vermutet Matt. Seine Stimme klingt traurig, und ich fühle mich mies, weil ich so versnobt auf sein Heim reagiere, und schüttle schnell den Kopf.

»Nein, es ist … nett, wirklich. Ich bin nur müde, der Jetlag …«

»Natürlich.« Matt geht rückwärts, bis er die Schwelle passiert hat. »Ach so. Wenn du hungrig bist, in der Küche stehen Sandwichs. Nimm dir, was du willst.« Er lässt die Arme sinken und schaut mich einfach nur an, mit einem so durchdringenden Blick, dass mir schwindlig wird. »Es ist schön, dass du hier bist«, sagt er, dann geht er und schließt die Tür hinter sich.

Kaum bin ich allein, fällt die Beherrschung von mir ab wie eine Maske. Ich drücke mir die Hände vors Gesicht und schreie lautlos hinein. Verdammt, Mama – unter was für einer Geschmacksverirrung hast du denn gelitten? Kurz überlege ich, noch mal zu Hause anzurufen, aber ich bin viel zu aufgewühlt, ich würde sie ja doch nur anblaffen, und ich will nicht, dass Matt das mitkriegt.

Draußen ziehen sich die Wolken zusammen und aus den Tropfen werden prasselnde Schauer. Ich öffne die Tür einen Spalt und lausche in den Gang. Von Matt höre ich nichts, aber er hat meinen schweren Koffer ins Haus geschleppt und vor meinem Zimmer abgestellt. Seufzend zerre ich ihn hinein, stelle ihn in die Mitte des kahlen Raums und fange an, die säuberlich gestapelten Klamotten auszuräumen. Nach dem fünften Teil höre ich auf, weil ich heulen muss.

Scheiße, was will ich hier eigentlich? Was hab ich mir nur dabei gedacht? Meinen Vater kennenlernen, nach siebzehn Jahren, hab ich das ernsthaft geglaubt? Dieser Typ da draußen ist so kalt wie Packeis und lebt allein mitten im Nirgendwo. Ich bleibe hier keine zwei Monate, nie im Leben. Ich bleibe hier nicht mal zwei Tage!

Nach einer Weile kommen keine Tränen mehr. Ich falte meine Sachen zurück in die Tasche und lasse mich auf das Matratzenlager sinken. So ganz ungemütlich ist es gar nicht, oder ich bin zu müde, um es zu beurteilen. Ich mache meine Augen zu und bin nur Sekunden später eingeschlafen.

Als ich aufwache, ist es stockfinster um mich. Seltsamerweise weiß ich sofort, wo ich bin, so als würde mir das jemand permanent zuflüstern. Ich rapple mich hoch und taste mich zum Fenster vor, rüttle daran, kriege es schließlich auf. Kühle, klare Nachtluft bläst ins Zimmer, die seltsam riecht – nach feuchtem Fisch und salzigem Regen. Nicht unangenehm, nur ungewohnt. In Schweden waren wir auch manchmal am Meer, mit meinen Großeltern, aber an den Geruch dort kann ich mich nicht mehr erinnern. Der Wind bläst immer noch heftig, ich höre es am Rauschen der Bäume – oder ist das auch das Meer?

Im Haus ist es still, also schleiche ich mich aus dem Zimmer und inspiziere das Bad. So spartanisch kann nur ein Mann ausgestattet sein – eine Zahnbürste, ein Kamm, ein Rasierer, Zahncreme, eine Seife und eine Tube Shampoo for men. Als hätte auch er seine Tasche noch nicht ausgepackt, seit er damals aus Kalifornien hergekommen ist.

Ich seufze. Kalifornien! Sommer, Sonne, Strand. Wieso

kann er nicht da leben? Wieso verlässt man einen Traumstaat, um hier in der Einsamkeit zu vergammeln? Ob Mama hofft, das durch mich rauszufinden? Gesagt hat sie nichts, nur dass sie seitdem keinen Kontakt mehr zu ihm hatte, bis auf das eine Mal vor drei Monaten, als sie im Internet über ihn gestolpert ist. Ausgerechnet jetzt, wo ich keinen Vater mehr brauche, wo ich mich endlich damit abgefunden hatte, nichts mehr über meinen Erzeuger zu erfahren. Wäre wohl auch besser so gewesen. Mit der Geschichte vom Abenteurer aus Kalifornien, dem sie einfach nicht widerstehen konnte, hätte ich besser leben können als mit der Realität.

Ich wasche mich, gehe aufs Klo, dann wandere ich weiter in die Küche. Ein Tisch steht mitten in dem kleinen Raum und darauf liegen tatsächlich drei Sandwichs auf einem Teller. Mein Magen brummt vor Hunger, also öffne ich die Deckel und schaue, womit die hellen Brotscheiben belegt sind. Unter dem ersten finde ich Schinken und schiebe ihn schnell zur Seite. Das zweite ist eindeutig mit Fisch belegt, auf dem dritten klebt eine undefinierbare Masse, die ich kurzerhand runterkratze, bis nur noch eine Tomatenscheibe und das Salatblatt übrig bleiben. Eilig schiebe ich mir das Eck in den Mund, drehe mich um und verschlucke mich vor Schreck daran.

Vor mir steht Matt. In Arbeiterhosen. Seine Haare wellen sich und kleben wie Wolle an seinem Kopf.

»Guten Morgen, Svenja.«

»Äh ... hi«, sage ich und fühle mich ertappt, keine Ahnung, warum.

»Ich muss zur Arbeit.« Er greift sich ans Gesäß und zieht seine Geldbörse aus der Hosentasche, angelt ein paar Scheine, die er mir gibt. »Hier, falls du was brauchst. Wenn es nicht reicht, Rosie im Laden oben weiß Bescheid.«

Ich kriege auf einmal Panik bei dem Gedanken, den ganzen Tag hier sinnlos abzusitzen. »Wie lange bist du denn weg?«

Er schaut zur Uhr an der Wand. »Ich bin erst am Abend zurück. Ach so, ich habe deiner Mutter gestern noch geschrieben, dass du heil angekommen bist. Sie sagt, sie meldet sich bei dir, bevor sie nach Afrika fliegt. Falls du ein Problem mit deinem Handy hast, melde dich bei Rosie.«

Ich nicke wie betäubt, sehe zu, wie er im Bad verschwindet. Draußen ist es noch dunkel und seine Definition von Abend war so klar wie der Himmel draußen.

Als er gegangen ist, mache ich überall Licht. Ich esse mein abgeräumtes Sandwich auf, finde in einem der Küchenschränke eine Tüte O-Saft und erkläre sie zum Highlight meines Tages. Dann schlurfe ich zurück in mein Zimmer und suche nach dem wärmsten Pullover, den ich mitgebracht habe.

Der nächste Schock lässt nicht lang auf sich warten. Nirgendwo im Haus habe ich Netz! Das heißt, ich kann weder telefonieren noch online gehen. Matts Mac will ich nicht einfach benutzen und ein Telefon finde ich nirgends. Toll, Mama. Und jetzt? Bleibt mir nichts anderes übrig, als doch vor die Tür zu gehen.

Draußen ist es wärmer, als ich gedacht habe, dafür regnet es wieder stärker, und der Wind lässt mich trotzdem frieren. Vermutlich ist die Sonne schon aufgegangen, irgendwo über Vancouver zumindest. Man könnte das Licht taghell nennen, aber eigentlich hat sich das dunkle Grau vom Morgen nur in ein helles Grüngrau aufgelöst. Ich stöpsle Kopfhörer in meine Ohren und drücke den Lautstärkeregler bis zum Anschlag durch. Egal, welche Musik, solange sie mich nur von diesem trüben Nichts ablenkt.

Ich wandere die Straße an den Felsen entlang, bis ich zu dem großen Parkplatz komme. Heute stehen immerhin ein paar Autos dort, die meisten riesige Geländewagen mit

Ladeflächen, auf denen irgendwelches Zeug herumliegt. Einer fährt ein Boot auf einem Anhänger spazieren. Überhaupt scheint es hier mehr Boote als Menschen zu geben, wem gehören die bloß alle? Von beiden Seiten sind sie an dem schaukelnden Holzsteg vertäut, der sich hufeisenförmig in die Bucht drückt, kleine Blechboote mit Dach, aufblasbare Schnellboote, aber auch protzige Segeljachten mit riesigen Masten und eine ganze Reihe großer Fischerboote. Am Ende des Platzes scheint das Holzfällerlager zu sein, zumindest treiben dort riesige Stämme im Wasser und ein kleiner Junge hockt am Steg und lässt lustlos die Beine baumeln. Dort arbeitet Matt? Ist ja mega.

Ich schaue auf mein Display, aber noch immer sind die Balken ausgegraut. Das kann doch nicht wahr sein! Voll sinnloser Hoffnung laufe ich die Straße entlang, halte das Telefon hoch und schwenke es herum. Irgendwer hat mal gesagt, dass es keinen Sinn macht, ein Handy in die Luft zu halten, weil das Netz nicht über unseren Köpfen hängt, aber irgendwas muss ich einfach damit machen.

Auf der gegenüberliegenden Straßenseite sehe ich doch tatsächlich Menschen, die Einkaufswagen in den kleinen Supermarkt schieben. Daneben, das scheint ein Waschsalon zu sein, dahinter eine Bar und ein Souvenirshop. Ein Restaurant, eine Art Reifenlager, und das war es auch schon.

Ich bin tatsächlich im Nirgendwo gestrandet.

Frustriert marschiere ich weiter, bis um mich herum das Gestrüpp ansteigt und ich auf einem Pfad lande, der parallel zu den Felsen immer höher hinaufführt. Im Nu ist alles grün um mich herum, Büsche, Blätter, das Licht, sogar der Regen. Die Luft riecht auch nicht mehr nach nassem Fisch, sondern nach Erde, Moos und Farnen. Ich halte mir das Handy vors Gesicht, um ein Foto davon zu schießen – und sehe, dass sich zwei der Balken auf dem Display dunkel verfärbt haben.

Sofort ziehe ich die Stöpsel aus den Ohren und wähle die Nummer von zu Hause an. Auf einmal kann ich es nicht mehr abwarten, endlich mit Mama zu reden – sie versteht bestimmt, dass ich mich getäuscht habe, dass alles ein riesiger Fehler war und ich hier nicht bleiben kann!

Es klingelt zweimal, dann wird abgehoben, und ich höre ein ruppiges »Jou?«, das meine Wut und Verzweiflung augenblicklich in wildes Herzklopfen verwandelt.

»Hi. Hier ist Svenja.«

»Oh, hi.« Mehr hat er nicht zu sagen? Dann fällt mir ein, dass ich ja angerufen habe. Was wollte ich noch mal? Jedenfalls nicht mehr mit Mama reden.

»Warum bist du noch in Berlin?« Meine Stimme zittert. Wie immer, wenn ich mit Tom rede. Ich hasse es, wenn das passiert.

»Kleine Planverschiebung, bei Steffen ist was dazwischengekommen. Übermorgen sind wir weg.« Etwas fällt zu Boden, der Hörer – er hebt ihn auf und klemmt ihn sich zwischen Schulter und Kinn, wie er es immer macht. Seine Stimme klingt auf einmal so nah, als würde er neben mir stehen und mir ins Ohr flüstern. »Wenn du deine Mam sprechen willst, hast du Pech. Die sind shoppen.«

»Oh. Okay.«

»Hast du letzte Nacht angerufen?«

»Was?«

»Du hast um zwei Uhr nachts angerufen. Kleines Problem mit der Zeitverschiebung, was?« Er lacht, während ich vor Scham in dem Grünzeug versinken will. »Ich leg ihr einen Zettel hin, dass sie dich zurückrufen soll.«

»Das wird nicht klappen, ich hab hier nur an einer Stelle Netz. Ich melde mich eben später noch mal.«

»Du bist also echt in der Wildnis gelandet?« Wieder lacht er und ich drücke das Handy noch fester an mein Ohr. »Ich will ein Selfie von dir, wenn du einem Grizzly begegnest, klar?«

»Haha.« Ich überlege fieberhaft, wie ich das Gespräch in die Länge ziehen kann, aber mir fällt nichts ein, was interessant genug wäre, um es ihm zu erzählen.

»Du, sorry, ich muss los.« Tom löst den Hörer von seinem Ohr, jetzt höre ich seine Stimme nur noch leise. »Du packst das schon, immerhin ist er dein Dad!«

Oh, wie gern würde ich ihm erzählen, was für einen tollen Dad Mama mir da ausgesucht hat, aber Tom hat es offenbar eilig, also verabschiede ich mich und wünsche ihm zum Abschied viel Spaß.

»Ich schicke Fotos«, verspricht er, dann ist das Gespräch beendet.

Ich lasse das Telefon sinken und starre missmutig vor mich hin. Wenigstens habe ich seine Stimme noch mal gehört, bevor er in seinen Spaßurlaub verschwindet. Acht Wochen Interrail quer durch Europa, im Zug schlafen und jeden Morgen woanders aufwachen. Das ist Freiheit pur, ein echtes Abenteuer, nicht so wie bei mir, wo es bloß Langeweile regnet. Aber er hätte mich ja doch nicht mitgenommen. Drei Rucksäcke voller Testosteron, da ist kein Platz für ein Mädchen.

Irgendwo in dem Gestrüpp raschelt es, und natürlich fällt mir sofort der Grizzly ein, von dem Tom geredet hat – aber hier gibt es bestimmt keine Bären, so nah an einem Dorf. Vorsichtshalber laufe ich trotzdem den Weg zurück, den ich gekommen bin. Als ich an dem Supermarkt vorbeikomme, fällt mir das Geld wieder ein, das Matt mir am Morgen zugesteckt hat. Warum eigentlich nicht? Kurzerhand gehe ich rein und schlendere die Reihen entlang. Die wenigen anderen Kunden mustern mich im Vorbeigehen, offenbar bin ich die aktuelle Sensation hier in Solitary Cove. Was für ein Dorf!

Ich entscheide mich für eine Packung Müsli mit Zimtgeschmack, das ich in den O-Saft mischen kann, dazu frisches Gemüse und eine Tüte Bagels, obwohl ich keine pflanzliche Margarine finde. Für mehr reicht das Geld ohnehin nicht.

An der Kasse sitzt eine mollige, dunkelhäutige Frau mit einem langen schwarzen Pferdeschwanz. Sie schüttelt den Kopf, als ich meine Einkäufe bezahlen will.

»Ich setze es auf seine Liste, behalte dein Geld, Schätzchen. Sag mal, wo treibt sich der alte Brummbär herum? Ist er zur Arbeit gegangen, an deinem ersten Tag hier? Unglaublich.«

Sie beäugt mich ebenso neugierig wie die Kunden im Laden, aber ihre Augen sind freundlich. »Ich bin übrigens Rosie.«

Sie redet schneller als Matt und verschluckt manche Buchstaben. Gut, dass Englisch nicht mein schlechtestes Fach war.

»Ich bin Svenja«, bringe ich heraus und deute zum Holzfällercamp. »Matt kommt erst am Abend zurück.«

Rosie schüttelt den Kopf. »Er war zu lang allein. Er kann es nicht zeigen, aber er hat sich wirklich auf dich gefreut, Schätzchen.«

Sie muss mir ansehen, was ich denke, denn sie lacht so laut, dass sich die Leute im Laden nach uns umsehen.

»Weißt du, was? Morgen kommst du mit mir nach Victoria. Ich muss da ein paar Dinge besorgen. Wenn sich der alte Brummbär schon nicht um dich kümmert.«

Dummerweise bin ich aber wegen dem Brummbären hier! Er wird nichts ändern, der eine Tag in Victoria. Trotzdem habe ich jetzt etwas, worauf ich mich freuen kann. Ich hebe die Tüte an. »Danke für die Sachen!«

BLACKFISH

Wir fahren am nächsten Tag nicht nach Victoria. Rosie ist etwas dazwischengekommen, sagt Matt. Also verbringe ich den Tag größtenteils wieder in meinem grünen Versteck oben auf dem Hügel hinter dem Holzfällerlager. Diesmal bin ich besser vorbereitet, ich habe meine Regenjacke mitgebracht und ein loses Holzteil, das ich zwischen den Felsen entdeckt habe. Darauf setze ich mich, ziehe die Füße an und versuche, nicht zu frieren. Es regnet nicht durchgehend, aber der Himmel bleibt den ganzen Tag trist und zugeklebt, und ich stelle mir vor, wie es wäre, hier leben zu müssen, das ganze Jahr über, ohne Farben. Kein Wunder, dass Matt depressiv wirkt. Würde ich hier auch werden.

Ich habe das Reisetagebuch mitgebracht und versuche zu malen. Zuerst habe ich keine Lust, weil alles, was ich sehe, auf dem Bild zu einer grauen Masse verschwimmen würde, dann fange ich an, stattdessen Bilder aus meinem Kopf zu malen. Von der Wand, auf die Tom sein Bild gesprayt hat. Vom Holi-Festival. Von Tom.

Tom.

Es frustriert mich, dass alles so gekommen ist. Mit Mama und Jörg in Afrika hätte ich endlich Gelegenheit gehabt, mit ihm allein zu sein. Aber er muss ja mit seinen Freunden verreisen. Und jetzt hocke ich im Ödland fest, weit weg von allen Gefühlen.

Als mir die Ideen ausgehen, versuche ich, zu Hause anzurufen, aber wieder geht niemand ran. Also surfe ich ein bisschen, schicke Nachrichten heim, nur gibt es nicht viel, was ich erzählen könnte – und Bilder kriegen sie schon gar nicht. Ein paarmal höre ich wieder das Rascheln, aber diesmal bleibe ich sitzen. Das ist der einzige Ort im ganzen Dorf mit Netzempfang und ehrlich gesagt glaube ich immer noch nicht an den Grizzly.

Später gehe ich heim, um mir etwas zu kochen. Inzwischen habe ich beobachtet, dass Matt am Abend immer Fisch mitbringt und isst. Ich habe nur den Kopf geschüttelt, als er mir etwas davon angeboten hat. Er fragt gar nicht, was ich esse, also habe ich mir auch nicht die Mühe gemacht, ihm meine Essgewohnheiten zu erklären.

Das mit dem Essen ist tatsächlich ein Problem, weil ich viele Produkte hier nicht bekomme. Mandelmilch finde ich nirgends, kein Tofu, kein Yuba, keine Sojasprossen, kein Lupinenkäse, keine Austernpilze. Dafür kaufe ich mir eine riesige Flasche Ahornsirup, den ich dann über meinen Obstsalat kippe. Daheim ist das alles so selbstverständlich, aber jetzt fehlen mir Jörgs allabendliche Kochexperimente. Oder wenigstens sein Thermomix.

In der Nacht schlafe ich schlecht und wälze mich hin und her. Die Matratze ist doch zu weich, meine Wirbelsäule liegt schief und schmerzt nach kurzer Zeit in dieser Position, und so wache ich dauernd auf. Nach ein paarmal bin ich so genervt, dass ich die obere Matratze auf den Boden neben die andere verfrachte und mich in die Kuhle zwischen beiden quetsche. Es wird schon hell draußen, aber ich sinke derart in Tiefschlaf, dass ich einen Riesenschreck kriege, als jemand heftig an mein Fenster klopft. Völlig benommen rapple ich mich hoch, wickle mich in meine Decke ein und ziehe den Vorhang zur Seite.

Draußen steht Rosie, die Ladenbesitzerin. Sie trägt einen Kapuzenpullover mit dem Namen irgendeines College darauf und sieht trotzdem noch aus wie eine Indianerin. Ich schiebe das Fenster hoch.

»He, Svenja. Willst du mit nach Victoria?«

Ich blinzle ins Licht. »Entschuldigung, ich wusste nicht ... Matt hat mir gar nicht gesagt, dass wir heute fahren!«

»Das habe ich auch eben erst beschlossen. Also los, ich warte im Wagen!«

Okay. Entweder passiert den ganzen Tag überhaupt nichts oder sie jagen mich im Schlafanzug auf die Straße. Ich bin noch so müde, dass ich ihr nachrufen will, dass ich doch dableibe, aber sie ist schon um die Ecke verschwunden.

Ohne groß nachzudenken, ziehe ich mich an, Jeans, T-Shirt, langer Pullover, Fleecejacke, Regenjacke. Sicher ist sicher.

Im Auto ist es warm und Rosie hat das Radio aufgedreht. Ich kenne den Song, der läuft – »Hello« von Adele. Rosie singt lauthals mit, nicht schön, aber mit ordentlich Inbrunst. Dann erzählt sie von ihrem Stamm und ihrer Tochter Sky, die nur ein paar Jahre älter ist als ich, und erst als wir schon eine gefühlte Ewigkeit unterwegs sind, fällt mir auf, dass ich mein Handy vergessen habe.

»Was ist los?« Rosie schaut mich besorgt von der Seite an. »Wird dir schlecht? Fahre ich zu wild?«

Kann ich sie ernsthaft bitten umzudrehen? Wegen dem Handynetz in Victoria? Ich überlege mir schon den englischen Satz, versuche, ihn möglichst rührselig zu formulieren – aber das ist lächerlich, das kann ich nicht bringen.

»Hab was vergessen«, erkläre ich vage. »Nicht wichtig.«

Von wegen – ich fühle mich, als hätte ich mein zweites Bein in Solitary Cove liegen lassen. Mama wieder nicht zu hören, ist wie ein Phantomschmerz, der Teil von mir, der nicht mehr da ist und mir mehr fehlt als die Sonne.

Ich lehne mich gegen die Scheibe und versuche, an etwas

anderes zu denken. Obwohl der Himmel wolkig bleibt, ändern sich die Farben, und die Umgebung wird von Kilometer zu Kilometer lebendiger. Häuser tauchen auf, Autos kommen uns entgegen. Bäume wechseln sich mit kleinen Ortschaften ab, deren Namen ich nicht alle behalte. Motels am Straßenrand, bunte Skulpturen oder aufwendig geschnitzte Totempfähle in Vorgärten. Wir passieren einen riesigen Parkplatz vor einem Einkaufszentrum mit Elektronikfachmarkt, Menschen in dünnen Sommerjacken und kurzen Hosen, die Einkaufswagen schieben oder ihre Autos beladen. Ich bin wieder in der Zivilisation gelandet.

Rosie dreht das Radio leiser und stupst mich mit dem Ellbogen an. »Keine Angst, du musst dich nicht mit mir im Großmarkt langweilen. Ich setze dich am Hafen ab. Du hast alle Zeit, in Ruhe shoppen zu gehen.«

Ich wäre lieber mit ihr zusammen losgezogen, aber vielleicht will sie das gar nicht und versucht nur, nett zu sein. Also nicke ich höflich und lasse mich von ihr quer durch die Stadt chauffieren. Victoria ist wenigstens eine Stadt, bunt, quirlig, mit kleinen Straßen und gepflegten Häusern. Die Bäume sind sorgfältig gestutzt und überall, sogar an den Straßenlampen, wachsen Blumen in allen Farben. Es ist, als hätten wir in nur anderthalb Stunden den Planeten gewechselt.

Rosie hält vor einem Palast, der »The Empress« heißt, und zeigt eine belebte Straße entlang. »Wenn du shoppen willst, bist du da richtig. Ich treffe dich in fünf Stunden wieder hier. Wenn du dich verläufst, frag einfach nach dem Empress-Hotel, das kannst du gar nicht verfehlen.«

Als ich aussteige, schlägt mir milde Seeluft entgegen. Es ist windig, aber dennoch angenehm und um etliche gefühlte Grad wärmer als in Solitary Cove. Ich warte, bis ein roter Doppeldeckerbus an Rosies Pick-up vorbeigezogen ist, und winke ihr noch nach, dann atme ich tief ein und wieder aus und wandere die Straße entlang. Government Street. Weit muss ich nicht gehen, ich lande wie von selbst im Bay Centre und bin im Himmel. Zuerst laufe ich ziellos von einem Laden in den nächsten, schaue mir alles an und lasse mich vom Menschenstrom treiben. Ich probiere wahllos Schuhe, stöbere durch Geschenkkarten und bleibe im Buchladen hängen. Als ich schließlich einen Imbiss mit veganer Speisekarte finde, bin ich restlos zufrieden. Ich bestelle mir einen Gemüse-Burger mit Quinoa und setze mich damit mitten in der Mall auf eine Bank. So habe ich mir das vorgestellt, so und nicht anders. Warum kann Matt nicht hier wohnen und so sein wie all diese stinknormalen Menschen um mich herum?

Weil ich immer noch ewig Zeit habe, bis Rosie zurückkommt, laufe ich die Parallelstraße entlang zurück zum Hafen. An einem Park mit lauter Totempfählen biege ich ab und schlendere zurück zum Empress-Hotel. Ein riesiges Fährschiff der BC Ferries legt eben im Hafen an, also wechsle ich die Straßenseite und schaue den Autos zu, die von Deck rollen.

Über eine ausfahrbare Brücke kommen auch Fußgänger an Land, und ich muss zur Seite gehen, um sie durchzulassen. Mein Blick bleibt an einem Mädchen kleben, vielleicht etwas älter als ich, das sich ungeduldig durch die Menge schlängelt. Sie hat ultralange Haare, dunkel, die sie zu einem seitlichen Zopf gebunden hat, und ihr Gesicht ist so schön, dass ich es am liebsten zeichnen würde. Bevor ich kapiere, was ich tue, habe ich mich schon an ihre Fersen geheftet und folge ihr den Hafen entlang. Sie geht schnell, aber sie ist mit sich beschäftigt und bemerkt mich gar nicht. Keine Ahnung, was das soll – etwas an ihr zieht mich mit. Plötzlich bleibt sie abrupt stehen, legt die Hand über die Augen und scannt die Wasserfläche ab. Dann wirbelt sie herum und kommt genau auf mich zu.

Erschrocken halte ich inne, aber sie sieht mich gar nicht an, sondern stürmt in den Laden, vor dem ich stehen geblieben bin.

»Rein oder draußen bleiben?«

Es dauert einen Moment, bis ich kapiere, dass sie mit mir spricht. Weil mir keine Antwort einfällt, folge ich ihr. Hat sie gemerkt, dass ich ihr nachgelaufen bin? Hinter mir fällt die Tür klirrend ins Schloss, aber das Mädchen hastet schon weiter. Im nächsten Moment fällt sie einem Jungen um den Hals, der hinter einem Schreibtisch gesessen hat und jetzt eilig aufspringt.

»Hey, Joni! Wow, wir haben uns ja ewig nicht gesehen!«

Der Junge ist eigentlich kein Junge mehr, sondern ein junger Mann. Er trägt ein kariertes Hemd mit angenähter Sweat-Kapuze, fast dasselbe hat Tom auch, und für einen kurzen, schmerzhaften Moment sehe ich ihn, wie er dieses Mädchen umarmt und die Augen nicht von ihr lassen kann.

»Willst du hier warten, bis die Tour vorbei ist?«

Das Mädchen sieht sich wieder suchend um, nickt dann und lässt sich kurzerhand auf seinem Stuhl nieder. Jetzt merkt der Typ, dass noch jemand im Raum steht.

»Hey. Hast du gebucht?«

Seine Augen sind geschäftsmäßig freundlich. Ich schüttle den Kopf, will schnell verschwinden. Erst dann fällt mir auf, dass ich nicht in einem Geschäft gelandet bin, sondern in einer Art Fotoausstellung. Lauter … sind das Wale? Nein, keine Ausstellung. Die Wände sind voll davon, aber es sind keine grandiosen Fotos, und da sind auch Menschen drauf, Boote …

»Und? Willst du buchen? Die nächste Tour startet gleich, und wir haben noch Platz auf dem Boot, du musst dich nur schnell entscheiden.«

Auf einem Bild ist ein Wal zu sehen, der dicht vor dem

Boot aus dem Wasser springt. Es sieht spektakulär aus und höllisch gefährlich, aber den Leuten scheint es zu gefallen. Plötzlich weiß ich, wo ich bin. Natürlich! Davon habe ich auch gelesen, bei meinen Nicht-Recherchen. Wie nennen sie das? Whale Watching. Mit einem Boot raus auf den offenen Ozean, Wale gucken.

Der Typ zieht einen Streifen Papier aus seiner Kasse und kommt damit auf mich zu. »Na los, das macht Spaß! Du siehst aus, als hättest du noch nie einen Orca aus der Nähe gesehen.«

Einen was? Wenn er die Wale meint, hat er recht. Dem einzigen, dem ich bisher nahe gekommen bin, ist der riesige Holzwal auf dem Spielplatz in Göteborg, wo Oma und Opa wohnen. Aber ich weiß, dass ich als Kind immer Wale gemalt habe – ein Bild davon hing jahrelang in unserer Küche. Ich muss wieder zu dem Foto mit dem springenden Wal schauen. Der ist schon ziemlich nah an dem Boot dran!

»Ist das ... ungefährlich?«

»Da sitzt die Expertin.« Der Typ deutet auf das Mädchen, das nun auf dem Stuhl thront, als gehöre der Laden ihr. Natürlich ist sie nicht nur hübsch, sie ist auch noch die Expertin – ich will am liebsten gehen, aber etwas hält mich zurück.

»Ach Quatsch. So nah kommen wir normalerweise nicht an sie ran, das Bild ist in einem absoluten Glücksmoment entstanden.«

Ich schaue auf das Ticket, das mir der Typ noch immer hinstreckt. »Was kostet das?«

»Hundert. Sonderpreis, weil du spät dran bist. Die Tour dauert zweieinhalb Stunden, den Anzug kriegst du von uns.«

Hundert Dollar! Viel mehr habe ich auch nicht mehr dabei, und eigentlich wollte ich noch – aber egal. Ich bin vielleicht nicht mehr lange hier und dieser Ausflug scheint das größte Abenteuer weit und breit zu sein. Außerdem kann ich mir so den Typen im Tom-Look noch eine Weile angucken und mir einbilden …

»Dann komm, wir müssen dich noch umziehen.« Er führt mich in einen Nebenraum, wo fünf Leute in leuchtend roten Ganzkörperanzügen hocken und ungeduldig zu uns hochschauen. Der Typ mustert meine Regenjacke, schüttelt dann aber den Kopf. »Die See ist ziemlich rau heute, zieh lieber den Anzug drüber.«

Hundert Euro für zweieinhalb Stunden in diesem Ding? Aber sonst ist alles klar bei mir? Ich nehme den Anzug trotzdem, stülpe die viel zu weiten Beine über meine Schuhe. Hier kennt mich ja keiner, es ist egal, wie ich aussehe. Ob die Expertin auch so eine unsexy Verkleidung tragen muss? Aber das Mädchen lässt sich nicht blicken, dafür drückt der Tom-Typ nun jedem von uns noch eine Schwimmweste in die Hand, die wir uns umbinden sollen.

Dann hält er uns die Tür auf und läuft voraus zum Hafen hinunter. Meine Mitstreiter zappeln eilig hinterher, die wissen wohl, was uns erwartet – im Gegensatz zu mir. Als wir den wackligen Steg entlanggehen, sehe ich, warum wir unsere Kostümierung brauchen: Unser Gefährt ist ein besseres Schlauchboot mit Motor und zwei parallelen Sitzreihen, auf denen man hintereinander wie auf einem Pferd hockt und sich nur an einem schmalen Metallbügel festhalten kann. Hier haben locker ein Dutzend Passagiere Platz – deshalb also der großzügige Sonderpreis.

Der Tom-Typ reicht mir die Hand und grinst, als ich zögere, an Bord zu gehen. »Immer noch Angst?«

»Seekrank«, lüge ich, weil mir gerade das englische Wort einfällt.

»Dann setz dich nicht nach vorn. Da wird es bei den Wellen richtig heftig.«

Mein Magen spielt verrückt, als das Boot unter mir

schaukelt und schwankt. Schnell setze ich mich ganz hinten in die letzte Sitzreihe. Oh Hilfe. Was habe ich nur getan? Ich scheine die Einzige zu sein, der mulmig wird, die anderen unterhalten sich aufgeregt miteinander. Außerdem haben alle eine Kamera umhängen, ein Paar schleppt sogar eine regelrechte Fotoausrüstung mit sich rum. Ich habe nicht mal mein Handy dabei.

»Also, Leute, viel Spaß da draußen!« Der Tom-Typ springt zurück auf den Steg und winkt uns zu. Er kommt gar nicht mit? Klar, er hat nicht mal eine Jacke angezogen – von wegen raue See und so.

Auf dem Steg kommt ihm ein anderer Typ entgegen, breitschultrig und in braune Regenkluft gehüllt. Die zwei unterhalten sich kurz, dann springt der andere mit einem Satz auf unser Boot und balanciert auf dem Rand, ohne sich festzuhalten.

»Hi, ich bin Alex, euer Skipper. Ihr seid gut angezogen, ist ziemlich wild da draußen. Wir haben Glück, es sind einige Wale vom J1-Pod gleich hier um die Ecke gesehen worden! Seid ihr bereit?«

»Jaa!«, rufen die fünf Menschen in Rot.

Ich kann gerade nicht reden, denn das Boot schaukelt schon wieder ziemlich heftig, dabei ist unser Skipper nur zu uns hereingesprungen. Er tritt hinter mich, streift meine Schulter. Dann spüre ich, wie der Motor anspringt, der Boden erzittert, und ich klammere mich fest an die Strebe vor mir.

Wir verlassen den Hafen fast gemächlich und drehen nach links ab. Victoria umschlingt seine Stege und Plattformen wie ein Hufeisen und wieder staune ich über die vielen Farben unter dem Himmel in Grau. Knallig rote und gelbe Kajaks, ein himmelblauer Katamaran, ein grünes Ausflugsboot. Sportboote in Blau, Orange, Weiß und Lavendel. Ein gelb-schwarzes Boot mit rundem Rumpf, auf dem H$_2$O-Taxi steht. Wir passieren ein Fish & Chips, eine Anlegestelle für Wasserflugzeuge, eine Ansammlung bunter Holzhäuser auf Stelzen im Wasser. Dann macht der Hafen auf, und plötzlich ist nichts mehr vor uns, nur noch aufgewühlter stahlblauer Ozean.

Ein Ruck geht durch den Boden unter meinen Füßen und unser Boot streckt seine Nase in den Himmel. Wow. Wir schießen los und springen über die Wellen. Ich sehe die Landschaft vorbeifliegen und die Häuser kleiner werden. Meerwasser spritzt uns um die Nase, der Fahrtwind beißt sich durch meine Kapuze und killt, was von meiner Frisur noch übrig ist. Das Tempo ist mir unheimlich, und ich klammere mich fest, aber irgendwie ist es auch cool.

Ich habe keine Ahnung, wonach ich Ausschau halten soll. Was sieht man vom Boot aus überhaupt von einem Wal? Ich hoffe nur, keiner springt so dicht vor uns aus dem Wasser wie auf dem Foto. Wir bleiben in dem Tempo, bis wir einer anderen Küste nahe kommen, einer anderen Insel, soweit ich erkennen kann, dann, ohne Vorwarnung, ruckt es wieder. Der Motor erstirbt und wir treiben still auf den Wellen. Ich höre ein Sirren, wie das schnelle Schlagen von Flügeln. Alle blicken sich suchend um, aber da ist nichts, nur Wasser – was hat dieser Alex gesehen, warum halten wir hier?

»Es sind drei oder vier!« Der Skipper verlässt seinen Platz am Steuer und steht auf einmal neben mir. »Sie sind auf der Jagd.«

Die Frau vor mir jauchzt auf, das Paar reißt die Kamera hoch. Ich sehe immer noch nichts.

»Was jagen sie hier – Seelöwen?«

»Lachse.« Der Skipper stellt ein Bein auf den Rand und starrt ins Wasser. »Unsere Residents stehen ausschließlich auf Fisch. Da!« Er lehnt sich halb über mich und zeigt aufs Wasser.

Und dort sind sie. Zwei schwarze Rückenflossen tauchen grazil aus dem Meer und wachsen, bis sie unsere Köpfe überragen. Es sieht aus, als würden sie aus dem Wasser gehoben. Ihre Körper sind schwarz und weiß, ich kann nicht genau erkennen, wo die dunkle Farbe endet und die helle beginnt, so schnell geht alles. Dunstwolken schweben über der Stelle, wo sie eben noch zu sehen waren, aber die Wale sind schon wieder im Wasser verschwunden. Etwas weiter entfernt dasselbe Spiel noch mal, zwei Wale, fast synchron, nur kleiner sind sie diesmal. Ein recht unspektakulärer Anblick, trotzdem spüre ich plötzlich, dass ich Gänsehaut habe. Sie wirken klein, weil das Meer um sie riesig ist. Trotzdem will ich nicht, dass sie näher kommen.

»Mutter und Tochter.« Ich habe ganz vergessen, dass der Skipper immer noch halb über mir steht. So nah, dass ich seinen Ärmel im Gesicht habe. »Die beiden anderen sind ihre Söhne.«

»Was ist mit dem Vater?«, will ein Typ wissen, der mutiger war als ich und sich ganz nach vorn gesetzt hat.

»Den kennen wir nicht. Die Väter gehören nicht zu ihrem Verbund. Wir wissen nur, dass die Kinder bei ihren Müttern und ihren Familien bleiben, ihr Leben lang. Aber sie paaren sich nicht untereinander, ihre Partner suchen sie sich in anderen Pods.«

»Woher wisst ihr das so genau?«, fragt eine Frau.

Der Skipper rückt ein Stück von mir ab und starrt auf ein Handy oder so was in seiner Hand.

»Na ja, manchmal machen sie es direkt vor unserem Boot!« Er grinst. »Und natürlich lässt es sich genetisch belegen. Unsere Residents gehören zu den am besten erforschten Orcas der Welt, weil sie jeden Sommer hierher zurückkommen.«

Die Wale tauchen wieder auf, ein gutes Stück weiter weg. Wieder sehen wir zuerst die beiden großen, die wohl schneller schwimmen, und dann, als hätten sie sich abgesprochen, die anderen zwei. Sie entfernen sich von uns, aber unser Skipper macht keinerlei Anstalten, ihnen zu folgen. Ich warte, bis die Wale abgetaucht sind, dann drehe ich mich zu ihm um. Er steht noch immer so da, mit einem Bein lässig auf dem dicken Bootsrand. Seine Stimme klingt schon voll erwachsen, aber jetzt sehe ich, dass er nicht viel älter als der Tom-Typ sein kann. Oder täuscht das? Er hat zerzauste, halblange Haare und einen Dreitagebart, und natürlich steckt er nicht in einem Ganzkörperkondom, sondern trägt ausgewaschene Outdoor-Hosen und eine stinknormale Regenjacke. Einen seltsamen Blick hat er drauf – so sehnsüchtig. Als würde er nicht nur nach den Walen Ausschau halten, sondern nach etwas ganz anderem da draußen. Okay, das bilde ich mir vermutlich ein.

»Wollt ihr sie hören?«, fragt er jetzt und lächelt ganz leicht.

Er langt in eine Kiste und angelt ein längliches schwarzes Gerät heraus, das an einem Kabel hängt, und lässt es langsam ins Wasser sinken. Dann dreht er an etwas in der Kiste herum und ein unangenehmes Rauschen und Glucksen ertönt. Was immer er tut, scheint nicht zu funktionieren, bis – Was ist das? Auf einmal überlagern Quietschlaute das Rauschen, einfache Tonfolgen, hell, klar, deutlich. Kommt das aus dem Meer?

Die anderen kapieren schneller als ich. »Kannst du sie unterscheiden? An ihren Rufen?«

»Nicht alle Individuen, aber ich kann dir sagen, welche Gruppe sich hier unterhält. Es gibt Forscher in Westkanada, die das seit Jahrzehnten aufzeichnen.«

»Das klingt, als würden sie sich Befehle zurufen.«

»Tun sie auch.« Der Skipper lächelt versonnen. »Sie sprechen ihre Strategie ab, wer von welcher Seite angreift und solche Dinge. Fische können in dieser Frequenz nichts hören, deshalb sind sie so laut. Wenn die Sicht schlecht ist oder sie zu weit voneinander entfernt sind, haben sie nur ihre Rufe, um sich zu verständigen. Sie jagen im Team, da sind Absprachen überlebenswichtig.«

Plötzlich dröhnt es in dem Lautsprecher, der Ton ist unangenehm und überlagert die Rufe der Wale. Am liebsten würde ich mir die Ohren zuhalten. Was ist das – ein Düsenjet? Als ich aufschaue, sehe ich, dass ein riesiges Fährschiff aus dem Hafen herauslaviert. Es fährt einen weiten Bogen, aber das Brummen wird trotzdem immer lauter.

Der Skipper zieht das Kabel wieder aus dem Wasser und deutet mit dem Kopf zu der Fähre. »Der enorme Schiffsverkehr ist echt ein Problem. Stellt euch nur mal vor, ihr müsstet diesen Lärm täglich aushalten. Orcas können sich weder die Ohren zuhalten noch einfach den Lautsprecher abdrehen, so wie wir. Sie sind dem Lärm im Wasser ausgeliefert, den wir verursachen.«

»Heißt das, sie können jetzt nicht weiterjagen?« Es ist die Frau mit der riesigen Kamera, die das fragt. Offenbar fürchtet sie um ihre Schnappschüsse.

»Wir werden sehen.« Der Skipper tut, als suche er die Wellen ab, aber ich glaube ihm keine Sekunde. Er weiß mehr als wir, ganz sicher. Wie hieß er noch mal? Auf einmal bin ich froh, dass er mit uns hier rausgekommen ist und nicht der Tom-Typ.

Eine Bewegung im Wasser lässt das Boot schaukeln, denn alle lehnen sich nun nach links. Ich brauche bestimmt wieder am längsten, aber dann sehe ich es auch.

Ein Fisch, riesig, dicht unter der Oberfläche. Ob er versucht, Schutz unter unserem Boot zu finden? Ein heller Fleck schiebt sich von unten heran, kommt näher – nein, kein Fleck. Es ist ein Schatten, plötzlich ist er schwarz, dann schießt er herauf, und ich schaue in ein geöffnetes Maul, das den Fisch packt und mit sich reißt. Ein Maul voll mit runden, fingerlangen Zähnen, so dicht neben unserem Boot, dass ich die Strukturen seiner Zunge erkennen kann. Der Skipper drückt sich an mir vorbei und stürzt zur linken Seite rüber, und ich bin froh, dass er nun zwischen mir und dem Walmaul kniet. Er hängt mit seinem halben Oberkörper über dem Bootsrand und kann wohl nicht nah genug rankommen.

Der Fisch versucht zu fliehen, verletzt, zappelnd. Ein zweiter Wal packt ihn von unten und diesmal kommt er nicht wieder zurück. Ich kann ungelogen sehen, wie der Wal den Fisch verschluckt.

»He, Alex«, keucht der Mann mit der Kamera. »Wie hast du denn diese Show wieder inszeniert?«

Unser Skipper ist immer noch damit beschäftigt, halb ins Wasser zu fallen. Erst als die Wale weg sind, rappelt er sich wieder hoch. Seine Augen leuchten wie die eines Kindes beim Geschenkeauspacken. »Das ist Natur pur! So was kriegt ihr in keinem Aquarium zu sehen.«

Die Wale interessieren sich nicht für uns, ich kann ihre mächtigen Rückenflossen zwar noch sehen, aber sie scheinen nun wirklich in die andere Richtung unterwegs zu sein. Alex ist wohl auch der Meinung, er tritt wieder ans Steuer und der Motor tuckert los. Wir folgen den Walen aber nicht, sondern fahren in einem Bogen Richtung Victoria zurück. Auf einmal poppt etwas neben uns aus dem Wasser und Alex lässt das Boot losschießen.

»Schweinswale«, schreit er über den Fahrtwind. »Wenn wir schnell genug sind, spielen sie mit uns!«

Ich klammere mich an den Haltebügel und blinzle gegen die Wassertropfen an, die mir ins Gesicht peitschen. Spätestens jetzt bin ich froh, nicht nur in meiner Jeans aufs Boot gestiegen zu sein. Die Schweinswale, die aussehen wie runde

Delfine, halten mühelos mit uns mit und scheinen sich null an dem Lärm zu stören, sie springen und wechseln tauchend die Seiten wie kleine glänzende Torpedos. Als Alex langsamer fährt, tauchen sie einfach unter und sind verschwunden.

Weiter hinten sehen wir nun wieder schwarze Rückenfinnen. Sie entfernen sich aufs offene Meer, und Alex folgt ihnen mit Abstand und bringt das Boot in Position, damit das Paar noch ein paar Bilder schießen kann.

»Keine Showeinlage diesmal?« Der Typ ganz vorn grinst.

»Nein.« Alex stellt sich auf den Bootsrand. »Das sind keine von uns. Das sind Transients.« Niemand sagt etwas, also erklärt er: »Wir treffen hier in der Juan de Fuca Strait drei Arten von Orcas an: Residents, Transients und Offshores. Über die Offshores weiß man so gut wie nichts, sie kommen und gehen, und niemand weiß, wo sie sich aufhalten. Mit den Transients ist es ähnlich, aber sie sind besser erforscht und kreuzen regelmäßig diese Gegend. Sie halten sich von den Residents fern, kommen ihnen auch nicht beim Futter in die Quere. Transients rühren Fisch nicht an. Die drei da vorne sind schon eine Weile in der Gegend, denen sind wir in den letzten Tagen ein paarmal begegnet.«

»Aber es gibt doch noch die Northern Residents. Können es nicht welche von denen sein?« Die Frau sieht ihn nicht mal an, sie kann ihren Blick nicht vom Display ihrer Kamera losreißen.

»Die Northern Residents triffst du oben in der Johnstone Strait. Genau wie unsere Southern Residents sind sie ortsansässig und bleiben in ihrem Gebiet und in ihren Clans. Es gab zwar mal einen Fall, in dem ein einzelner Orca vom A-Clan vor Seattle auftauchte, aber dieses Tier war von seiner Familie getrennt worden und fand hier keinen Anschluss. Wow, schaut euch das an!«

Einer der Wale springt aus dem Wasser, es ist genau wie

auf dem Bild. Und er ist groß, richtig groß, mindestens so lang wie unser Boot. Zum Glück sind sie sehr weit weg, zu weit, um Angst vor ihnen zu kriegen, aber mir läuft nachträglich noch eine Gänsehaut den Rücken runter, wenn ich dran denke, dass wir vorhin einem nicht minder großen Wal direkt in sein geöffnetes Maul geschaut haben.

»Mehr Show geht nicht für einen Trip.« Alex springt vom Rand und lässt das Boot herumdriften. Er fährt langsam, sodass wir den Walen noch nachgucken können, die jetzt der tiefer stehenden Sonne entgegenschwimmen. Doch irgendwie erreichen wir den Hafen von Victoria trotzdem viel zu schnell.

»Danke, Alex«, ruft der Fotografen-Mann. »Das war wieder ein super Trip!«

»Dann sehen wir uns da draußen wieder.« Unser Skipper hält das Seil fest, mit der anderen Hand hilft er uns vom Boot.

Auf einmal scheint er es eilig zu haben, von Bord zu kommen. Seine Hand ist kühl und fest, und ich habe nicht eine Sekunde lang Angst zu fallen, obwohl der Ausstieg aus dem zappelnden Schlauchboot gar nicht einfach ist. Wir schälen uns an Ort und Stelle aus unseren Anzügen und geben sie ihm, nur das Fotografen-Paar begleitet ihn zurück in den Laden. Ich würde auch gern noch mitgehen und zuhören, was er erzählt, aber ein Blick auf die Uhr sagt mir, dass es höchste Zeit ist, zum Empress-Hotel zu laufen.

Rosie wartet schon auf mich. Sie lächelt, als sie mich sieht, so als wüsste sie, was ich eben erlebt habe. Und weil es so wahnsinnig und unglaublich war und sie nun mal gerade neben mir sitzt, fange ich an zu erzählen, vom kalten Fahrtwind, den Gummianzügen, von dem armen Fisch und riesigen, hungrigen, wunderschönen Walen, die da draußen wild und frei im Ozean leben und unseren Krach aushalten müssen.

Rosie ist eine prima Zuhörerin, auch wenn ich sie bestimmt langweile. Kurz bevor wir Solitary Cove erreichen – der graue Nebelhimmel hat längst wieder alle Farben verschluckt –, verrät sie mir: »Die Nuu-chah-nulth glaubten, dass ein Wal aus freien Stücken zu ihnen kommen musste, bevor sie ihn jagen konnten. Sie fuhren hinaus auf den Ozean, der voller Wale war, aber sie warteten, bis sie den einen gefunden hatten, der sich ihnen auf geheimnisvolle Art verbunden hatte.«

Die Gänsehaut ist zurück, kalt wie der Seewind. »Kam der Wal, um sie zu töten?«, frage ich unsinnigerweise.

»Aber nein. Um ihnen seine Botschaft zu vermitteln.« Sie biegt in unsere Straße ein, hält vor dem mintgrünen Haus. Der blasse Ozean klatscht gegen die Felsen und fängt den Regen auf, Regen, natürlich wieder Regen. »Du bist nette Gesellschaft, Schätzchen. Sag das dem Brummbären!«

»Danke für den Trip«, verabschiede ich mich, dabei hätte ich gern noch länger mit ihr geredet. Ich warte, bis ich ihr Auto nicht mehr sehen kann, dann wappne ich mich und kehre zurück in die Einsamkeit.

BÄRENBRÜDER

Matt sitzt im Wohnzimmer an seinem Mac, einen leeren Teller zwischen all dem Gerümpel, und sieht auf, als ich hereinkomme.

»Spaß gehabt?«

Witzbold. Selbst wenn ich mich den halben Tag auf einer Toilette im Bay Centre eingesperrt hätte, hätte ich mehr Spaß gehabt als hier. Aber das sage ich natürlich nicht laut, ich nicke nur.

»Ich habe dir was zu essen warm gehalten. Steht in der Küche.«

Ich kann riechen, was da wartet, trotzdem gehe ich hinaus und hole mir den Teller aus dem Ofen. Lachs ist das vorherrschende Gericht darauf, garniert mit zwei kümmerlichen Kartoffeln. Mein Magen knurrt so sehr, dass es wehtut, aber den Fisch bekomme ich trotzdem nicht runter.

Den Teller in der einen Hand, einen Becher mit warmem Tee in der anderen, gehe ich zurück zu Matt und setze mich auf die Couch. Ich versuche, mir nicht anmerken zu lassen, dass ich nur in den Kartoffeln herumstochere, und nehme mir vor, den Lachs später klammheimlich verschwinden zu lassen.

»So einen Lachs habe ich heute live gesehen.« Kleiner Konversationsversuch. Vielleicht klappt es diesmal, Fische sind ja anscheinend sein Thema. »Leider nicht lange, er ist vor unseren Augen gefressen worden.«

Matt runzelt die Stirn. »Du bist doch mit Rosie ins Einkaufszentrum gefahren, oder?«

»Nein, ich war am Hafen. Ich bin mit einem Whale-Watching-Boot mitgefahren.«

»Aha.« Er tippt etwas, schiebt die Tastatur dann zur Seite.

»Das war total irre, dieser Wal kam direkt unter unserem Boot hoch und hat sich den Fisch geschnappt, unser Skipper ist selber halb über Bord gegangen, weil er gar nicht nah genug rankommen konnte! Diese Wale sind schwarz und weiß und riesengroß, aber ich glaube, ich habe noch nie ein faszinierenderes Tier gesehen.«

Matt blinzelt und schüttelt ganz leicht den Kopf. »Sie hat dich ganz allein da abgesetzt?«

Was geht denn jetzt ab? »Ja klar. Warum denn nicht? Ich bin doch kein kleines Kind mehr.«

»Du bist fremd hier. Und ich bin für dich verantwortlich. Das war mit Rosie anders abgesprochen.«

»Es interessiert dich doch auch nicht, was ich hier den ganzen Tag mache«, platze ich heraus. »Hier kann mir genauso viel passieren!«

Ich könnte im Regen ertrinken. Oder vor Langeweile sterben.

Er seufzt tief und schaut an mir vorbei aus dem Fenster. »Hier kenne ich jeden, Svenja. Wenn dir was passiert, macht deine Mutter mich einen Kopf kürzer.«

Ach so, darum geht es. Um seinen Kopf. Nicht um meinen. Ich schiebe die Kartoffeln über den Lachs. Dem erzähle ich nichts mehr.

»Rosie ist okay«, sagt Matt und steht auf. »Sie soll sich nur nicht in Dinge mischen, die sie nichts angehen.«

Er verlässt das Zimmer und ich schüttle fassungslos den Kopf. Hat er mir überhaupt zugehört? Oder interessiert es ihn echt so wenig, wie es mir geht und was ich hier erlebe, solange ich bloß brav in seinem verregneten Nest bleibe? Ich kann kaum fassen, dass ich anfangs mit Jörg nicht einverstanden war, dass ich dachte, er wäre eine schlechte Wahl von Mama. Dass ich irgendwie immer gehofft habe, mein perfekter Vater würde plötzlich auf der Bildfläche erscheinen und unsere kleine Familie komplett machen. Hätte ich nur niemals von ihm erfahren, dann wäre mir wenigstens die Illusion geblieben.

Wie es aussieht, ist es bei mir genau wie bei den Orcas – Mama und ich, wir sind ein Team. Meinen Vater brauche ich nicht.

Am nächsten Morgen bleibe ich im Bett, bis es zehn Uhr durch ist und Matt längst das Haus verlassen hat. In der Nacht habe ich geträumt, dass Rosie wieder vor meinem Fenster steht und nun jeden Tag nach Victoria fahren muss, aber natürlich kommt sie nicht, und ich verspüre null Elan, aufzustehen und etwas aus dem Tag zu machen. Schließlich hole ich mir einen Apfel zum Frühstück und verziehe mich damit wieder in mein Zimmer. Ich bin allein im Haus, aber die anderen Räume frustrieren mich nur.

Meine Sachen von gestern sind ganz steif und kleben, von der Salzluft vielleicht, also mache ich mich auf die Suche nach einer Waschmaschine. Ich finde sie im Bad, ein Kombi-Gerät zum Waschen und Trocknen. Leider ist sie gefüllt, mit dreckverkrusteten Arbeiterhosen, die nach verwestem Fisch stinken. Aus dem Fusselsieb quillt der Staub, selbst in der Trommel kleben Haare – igitt, hier kommen meine Sachen bestimmt nicht rein. Habe ich nicht an der Straße oben einen Waschsalon gesehen? Wenn nicht, wasche ich eben alles per Hand. Oder ich ziehe acht Wochen lang schmuddelige Jeans an.

Plötzlich muss ich raus aus dem Haus, nur weg, also hülle ich mich wieder in meine Regenkluft und stapfe den Weg zum Hafenbecken entlang. Nein, ich habe mich nicht getäuscht – da oben gibt es tatsächlich einen Waschsalon. Viel ekliger als Matts Trommel des Schreckens kann es da gar nicht sein.

Niemand kreuzt meinen Weg, bis ich oben zwischen den Farnen ankomme. Seltsamerweise habe ich heute das Gefühl, nicht allein hier zu sein. Das Gefühl ebbt ab und wird von einem anderen abgelöst – kribbelige Vorfreude. Zwei Balken auf meinem Handy. Ob Tom inzwischen das Land verlassen hat? Was hat er überhaupt bei uns gemacht, und woher wusste er, dass ich in der Nacht angerufen habe? Ich wähle, aber schon nach dem zweiten Läuten werde ich enttäuscht. Die Stimme klingt zwar ähnlich, aber viel ruhiger und abgeklärter als Toms.

»Hallo, Svenja, schön, dass du anrufst! Du fehlst uns, die Wohnung ist richtig leer ohne dich.«

»Hallo, Jörg.« Ich versuche, meine Enttäuschung zu verbergen. Schaffe ich aber nicht.

»Sie ist da, ich gebe sie dir gleich«, will er mich trösten. »Hier war so viel zu tun, und du bist so schwer zu erreichen, sei ihr nicht böse, dass es nicht geklappt hat mit dem Anruf. Aber jetzt erzähl mal, geht es dir gut?«

Er ist der Erste, der mich das fragt, und am liebsten würde ich mich bei ihm auskotzen. Aber das wäre nicht richtig. Nicht bei ihm.

»Es ist okay«, sage ich nur. »Es gibt hier kaum Empfang.«

Rascheln im Hintergrund, hektisches Gemurmel. Dann Jörg: »Vicky ist hier, ich gebe sie dir schnell, bevor du wieder im Netz-Nirwana verschwindest. Halt die Ohren steif, Svenja, und lass dich nicht unterkriegen. Jede Erfahrung hat ihren Sinn.«

Ich würde ihn am liebsten drücken für seine Worte. Außerdem fehlt er mir und dieses Gefühl befremdet mich am meisten. Allerdings nicht lang, denn Mama ist nicht so höflich.

»Svenja, hey! Tom hat gesagt, dass du angerufen hast. Sorry, wir haben wahnsinnig viel zu tun. Was ist los, schon am Jammern?«

»Du hast ja keine Ahnung«, platze ich heraus. Vor lauter Ärger kommen mir die Tränen. »Das ist die Hölle hier, ich sitze fest in einem winzigen Nest, wo es nur regnet, und Matt arbeitet nur, und wenn er mal da ist, redet er kaum mit mir! Es gibt jeden Tag Fisch, immer Fisch, alles an ihm riecht danach, ehrlich, Mama, was hast du an dem nur gefunden? Weißt du überhaupt, wie er jetzt drauf ist? Wie er aussieht?«

Mama seufzt tief, ich kann förmlich hören, wie sie die Augen verdreht. »Dass du immer alles dramatisieren musst. Nein, ich weiß nicht, wie er jetzt aussieht! Aber darum geht es doch nicht, oder? Er ist nicht so, wie du ihn dir vorgestellt hast. Du wolltest einen Vater treffen, den es nie gab, den du dir zurechtgeträumt hast. Matt ist vielleicht nicht der Mensch, den du erwartet hast, aber so falsch kann er gar nicht sein, immerhin hat er dich eingeladen. Wie wäre es, wenn du ihm ebenfalls eine Chance gibst? Auch wenn er heute nicht mehr so ein Adonis ist wie damals.«

»Ich halte es hier aber keine acht Wochen aus, Mama!« Ich klinge bestimmt weinerlich, aber das ist mir gerade egal. »Er interessiert sich überhaupt nicht für mich.«

»Du bist gerade mal vier Tage dort! Und jetzt willst du heim? Nachdem du mich monatelang angefleht hast, ihn kennenlernen zu dürfen?« Sie stöhnt genervt. »Ich habe mich dafür krummgemacht, dass du diesen Sommer noch zu ihm fliegen kannst, es ist alles organisiert, wie stellst du dir das denn vor? Alles abblasen, den Rückflug canceln, dich zurückholen, und dann? Wir sind quasi weg, das weißt du. Willst du allein hier rumsitzen? Ist das besser, ja?«

Schweigen. Natürlich hat sie recht und ich hasse es. So

lange habe ich gebettelt, ich wollte ihn so unbedingt sehen! Und jetzt, da das große Geheimnis um den schattenhaften Vater endlich gelüftet ist, muss ich auch mit seinem Gesicht leben. Ich schlucke.

»Irgendwas Positives musst du doch finden können«, sagt sie beinah sanft. »Es ist nie alles scheiße, auch wenn es im ersten Moment danach aussieht.«

»Ja, vielleicht«, schniefe ich. Sofort muss ich an die Wale denken, schwarz-weiße Orcas, die Fische am Stück verschlucken. »Du fehlst mir halt.«

»Du fehlst mir doch auch! Aber glaub mir, du würdest es bereuen, wenn du jetzt gehst. Du würdest dich immer fragen, ob nicht doch mehr in ihm steckt, ob du nur abgelenkt warst vom Regen und vom Heimweh und deshalb alles schwarzgesehen hast. Wenn es gar nicht anders geht, wenn du nach zwei Wochen immer noch alles schrecklich findest, dann buchen wir deinen Rückflug um, und du bleibst in Berlin, okay? Aber nicht nach vier Tagen, Svenja. Nicht bevor du es nicht ehrlich versucht hast. Und ich weiß, wie groß das Heimweh am Anfang ist, das ging mir damals nicht anders.«

»Ich habe ihn mir eben ganz anders vorgestellt. Nicht so kühl und abweisend. Er muss keine Brettspiele machen oder mit mir ins Kino gehen. Aber er hat so gar keine Lust, mit mir zu reden. Er tut, als ob es ihm unangenehm wäre, mich dazuhaben.«

»Aber so ist es nicht«, sagt sie mit fester Stimme. »Glaub mir, das siehst du falsch!«

Es klingelt an der Haustür, dann Stimmen im Hintergrund. Ich drücke das Handy fester an mein Ohr. Tom?

»Sorry, Svenja, ich muss Schluss machen. Der Projektleiter ist gerade gekommen. Wir melden uns, wenn wir gelandet sind, okay? Und jetzt hör auf zu weinen. Gib Matt eine

Chance. Ich versuch auch noch mal, mit ihm zu reden.« Sie seufzt wieder, diesmal klingt sie weinerlich. »Und jetzt leg schon auf, bevor ich mit dir mitheule!«

Ich lache schniefend. »Passt auf euch auf, ja? Und heil wiederkommen, ich brauch euch noch!«

Jörg ruft noch einen Gruß in den Hörer, dann ist die Leitung unterbrochen und ich sitze wieder allein im grünen Regen. Oder doch nicht? Plötzlich ist das Gefühl wieder da, dieses komische Kribbeln, das man spürt, wenn man nicht allein im Raum ist.

Ich richte mich auf und schaue mich um. Am Hafen ist alles wie immer, außerdem kann man mich von da aus kaum sehen. Mit einem Fernglas vielleicht. Ich suche die Boote ab, aber viel Auswahl bleibt da nicht, es sind nur zwei Sportboote auf dem Wasser und ein rundlicher Fischkutter. Ein Hund steht vorn auf dem Deck und kläfft, ich kann ihn bis hier rauf hören.

Kopfschüttelnd hebe ich das Handy wieder an und gehe online. Okay, Google, was weißt du über Orcas?

»Der Orcinus orca oder Schwertwal gehört zur Familie der Delfine. Die Bezeichnung Killerwal bekam er von Walfängern, die damit auf die brutalen Jagdmethoden dieser Raubtiere anspielten. Orcas sind sehr soziale Tiere, die in festen Familienverbänden leben und eigene Lautäußerungen und Jagdtechniken entwickeln, die jeweils an die Jungtiere weitergegeben werden ...«

Fasziniert schaue ich auf das Foto, das einen Wal zeigt, der komplett aus dem Wasser springt. Oh ja, kenne ich. Und plötzlich weiß ich, was Mama gemeint hat – es war nicht alles scheiße, selbst wenn ich jetzt hinwerfe und nach Hause fliege. Dieser Tag gestern, dieser Moment auf dem Wasser, der Skipper, der fast Nase an Nase mit dem riesigen Orca war – nie werde ich das vergessen.

Als es hinter mir im Gestrüpp raschelt, fällt mir das Handy aus den Fingern. Ich fahre herum und mein Körper erstarrt zu Eis.

Da sitzen zwei Bären im Farn, keine zwei Meter von mir weg, schwarz, kindergroß, und zupfen Blätter von den Büschen.

Irgendwo habe ich was über Bären gelesen, wie man sich verhalten soll, wenn man welche trifft, wie man solche Situationen vermeidet – aber ich weiß nur noch, dass ich nicht ohne mein Handy hier wegkann, dass ich mich bücken und es finden muss, bevor sie mich sehen oder irgendwie auf mich reagieren.

Blind taste ich den Boden ab, lande im Matsch oder auf einer Schnecke. Kein Handy. Todesmutig löse ich den Blick von den Bärenkindern und sehe es links neben meinem Fuß liegen. Schnell hebe ich es auf. Meine Finger zittern, aber hier habe ich Netz, ich rufe Hilfe, ganz einfach – nur wen? Ein tiefes Brummen vor mir, dann erhebt sich ein schwarzer Fellberg aus den Büschen und ich schaue der Bärenmama genau ins Gesicht. Und da setzt es bei mir aus. Ich springe hoch und schreie, so laut ich kann.

Nicht weglaufen, gar nicht laufen, sonst rennt sie mir nach! Unbeholfen tappe ich rückwärts, lande im Farn, weiche seitwärts aus. Der Bär rührt sich nicht, starrt mich nur weiter an. Es klappt! Vor Erleichterung schluchze ich auf. Wo bleibt nur die Crew dieses Fischerbootes? Die müssen mich doch gehört haben! Warum stürmt keiner zu mir rauf und rettet mich aus dieser Situation?

Mein Herz klopft so laut, dass ich es über meine Schreie hören kann, wumm – wumm, wumm – wumm. Die Bärenmama folgt mir mit den Augen und richtet sich noch ein Stück weiter auf. Ich stolpere, falle hin. Der Weg wird breiter und abschüssig und ich rutsche rückwärts den Hang hinab. Das Gestrüpp verdeckt jetzt die kleinen Bären. Und endlich nimmt die Bärin den Blick von mir und dreht sich um.

Ich rapple mich wieder hoch und renne den Hügel hinunter, schneller, immer schneller, bis ich keuchend beim Holzfällerlager ankomme. Matt muss hier irgendwo sein, warum hat er mich nicht gehört und gerettet? Tränen rollen meine Wangen herunter und ich lasse mich erschöpft gegen einen Stein sinken.

Die Bärenmama wollte nur ihre Kinder schützen. Jeder weiß, dass man Bärenkindern nicht zu nahe kommen darf. Wahrscheinlich war es mein Glück, dass ich laut telefoniert habe – die Bärin wusste längst, dass ich da bin. Hätte ich sie erschreckt, wäre die Sache vielleicht nicht so glimpflich für mich ausgegangen.

Wie können die Leute hier nur leben? In dieser Einöde, ohne Handyempfang, mit Bären vor der Haustür – ich würde draufgehen, wenn ich hierbleiben müsste!

Langsam beruhigt sich mein Puls und ich kann wieder normal atmen. Ich wette, Menschen sind für Bären viel gefährlicher als Bären für Menschen. Genau dasselbe sagt man auch von Haien. Trotzdem will ich keinem begegnen, nicht solange uns keine Glasscheibe trennt.

Ich hebe mein Handy hoch. Und jetzt? Wenn ich kein neues Fleckchen finde, an dem ich Netz habe, brauche ich es gar nicht mehr aufzuladen. Klar, die Bären werden nicht ewig da oben sitzen. Aber sie können jederzeit wiederkommen. Mein Daumen berührt den Knopf an der Seite und das Display springt an. Ich schaue genau auf den Wal, der seinen Körper kunstvoll aus dem Wasser katapultiert.

Für einen Orca muss ich nicht da raufklettern. Der ganze Trip kommt mir jetzt unwirklich vor, wie ein Bild, das man zu lange angeguckt hat. Und ich hatte Angst vor ihnen!

Gegen die zwei Bärenbrüder und ihre Mama war meine Bootstour die reinste Kaffeefahrt.

Ich schaue raus, auf die graue Suppe vor der Bucht, die im trüben Dunst müde Wellen schlägt. Wie schwierig muss es sein, sie da draußen zu finden? Der Ozean ist riesig. Ich müsste vielen Bären begegnen, bevor ich einen Wal zu Gesicht kriege. Woher wusste er es? Dieser Typ, unser Skipper. Er wusste sogar, wann der Wal unter unser Boot schwimmt.

Der Regen hat wieder eingesetzt, ich merke es kaum. Auf einmal habe ich Sehnsucht, aber nicht nach Mama oder Tom oder Berlin. Vielmehr ist es ein Gefühl, das ich vermisse. Ein Knistern, das man unter der Haut spüren kann.

Seufzend schiebe ich mein sinnlos gewordenes Handy in die Hosentasche, ziehe den Kopf zwischen die Schultern und stehe auf. Plötzlich nehme ich den Regen doch wahr, er tropft durch meine Haare und kriecht kalt und klebrig meinen Rücken hinunter. Ich will diese Orcas wiedersehen, einmal noch, unbedingt! Und ich werde Matt fragen, ob er mit mir nach Victoria fährt.

Er kriegt seine Chance.

FARBLOS

Ich verbringe die nächsten zwei Tage damit, mich mit den kanadischen Fernsehsendern vertraut zu machen – Werbung, ständig Werbung! –, langweilige Hörbücher zu hören und das Wasser vor meinem Fenster zu malen. Matt hat mir zwei Filme besorgt, aber ich kenne sie beide schon. Einen gucke ich trotzdem, auf Englisch. Aber nur, weil ich nicht weiß, was ich sonst tun soll.

Auch Bücher hat er mir mitgebracht, einen ganzen Stapel. Seit Jörg mir meinen Kindle geschenkt hat, habe ich kein richtiges Buch mehr in den Händen gehabt. Seltsamerweise fühlt es sich gut an, obwohl die Bücher secondhand aussehen, wie aus einer Bücherei, auch wenn nichts dergleichen draufsteht. Ich fange an, »The Brave« von Nicholas Evans zu lesen, aber die Geschichte fesselt mich so sehr, dass ich das ganze Buch in zwei Tagen (und zwei halben Nächten) ausgelesen habe.

Am dritten Morgen, als leiser Regen mich weckt, halte ich es schließlich nicht mehr aus. Ein Blick auf die Uhr sagt mir, dass es früh genug ist, um Matt noch anzutreffen, bevor er das Haus auf unbestimmte Zeit verlässt. Ich mache mir sogar die Mühe, mich anzuziehen, helle Jeans und meinen Lieblingspulli, und meine Haare zu einem Zopf zu binden. Vielleicht muss ich mir einbilden, dem jungen Abenteurer mit den lächelnden Augen gegenüberzustehen, dem von Mamas Foto. Nicht dem brummigen, angegrauten Langweiler, in den sich dieser Typ verwandelt hat.

Matt lehnt an der Anrichte und nippt an seinem Kaffee,

als ich hereinkomme. Er schaut mich an und lächelt, trotzdem sieht er traurig aus. »Guten Morgen, Svenja. Schon so bald wach?«

»Fahren wir nach Victoria?« Raus mit den Worten, bevor ich es mir anders überlegen kann.

Matt starrt mich an, als hätte ich verlangt, auf einem Wal hinzureiten.

»Wir sollten mal was zusammen machen.« Verdammt, warum zittert meine Stimme jetzt? Weil einiges davon abhängt, wie er reagiert. Es ist meine einzige Chance, noch mal die Orcas zu sehen, klar. Aber es ist auch die letzte Chance, die ich ihm gebe. Wenn wir nicht endlich mal aus diesem Nest rauskommen und normal miteinander reden, kann er mir mein restliches Leben lang gestohlen bleiben. Von meiner Begegnung mit den Bären habe ich ihm nichts erzählt, noch nicht, die bleibt mein Ass, falls er mir wieder damit kommt, wie behütet ich in Solitary Cove doch bin. »Bitte«, füge ich leise hinzu.

»Ich kann nicht«, sagt er, ebenso leise. Sein halbes Gesicht verschwindet hinter der Kaffeetasse. Ich will schon aufgeben, mich abwenden und gehen, da lächelt er. »Morgen. Da ist mein freier Tag. Wenn du nach Victoria willst, fahren wir hin.«

»Echt?« Ich kann kaum fassen, dass es geklappt hat. Ist der Brummbär doch nicht so brummig, wie er tut? »Cool, dann ... dann morgen!«

Er dreht sich um, stellt die Tasse in die Spüle. Verabschiedet sich karg und verlässt das Haus. Erst als er weg ist, fällt mir auf, dass die Tasse noch voller Kaffee ist.

Weil ich auch den Tag nun irgendwie rumbringen muss, lade ich meine getragenen Jeans und drei Shirts in eine der beiden Maschinen im Waschsalon und gehe dann weiter zum Supermarkt. Rosie ist nicht da, also kann ich ihr auch nichts von meinem geplanten Ausflug mit Matt erzählen. Dafür entdecke ich am Eingang einige Broschüren über die Gegend, Indianerschmuckwerkstätten, Wanderrouten, Campingplätze, dann etwas, wobei mir sofort der Atem stockt. Ein grauer Zettel mit der Aufschrift: »You are in Bear Country!«

Ich trete näher, schaffe es aber nicht, ihn in die Hand zu nehmen. Mein Magen dreht sich, als ich weiterlese. »Dies ist die Heimat des Schwarzbären. Du bist der Besucher. Wenn du einen Bären triffst: Bleib ruhig. Renne nicht davon, er kann dich leicht einholen. Wenn er aggressiv wird, sprich ruhig mit ihm. Halte dich fern von Bärenkindern – die Mutter ist in der Nähe und bereit, ihre Jungen zu verteidigen …«

Ruhig sprechen. Nicht rennen. Fernhalten von Bärenkindern. Super – alles richtig gemacht! Hiermit verabschiede ich mich für die restlichen Wochen vom Handynetz. Keine Macht der Welt kriegt mich noch mal diesen Hügel hinauf!

Ich mache ein Foto von dem Flyer, für Tom. Fehlt nur das Bild von der Bärenfamilie. Am besten mit mir im Vordergrund, als Selfie. Tja, die Chance ist verpasst. Ich hole mir Reis und Gemüse zum Mittagessen und verlasse den Supermarkt, ohne noch mal zu dem Flyer hinzusehen.

Am Nachmittag hocke ich mich wieder in meinem Zimmer ans Fenster und zeichne. Ich versuche mich an dem Orca unter unserem Boot, aber irgendwie sieht er aus wie der Fisch, nur größer. Szene für Szene versuche ich zu bannen, um möglichst viel davon zu behalten, aber ich kann mich nicht mehr genau an die Schwarz-Weiß-Färbung der Wale erinnern, und die Proportionen stimmen auch nicht.

Weniger schwierig ist es, die Menschen zu malen, den Skipper, wie er halb ins Wasser hechtet. Die Gesichter der anderen Mitfahrer, ihre roten Wangen und leuchtenden Augen. Ich will unbedingt noch mal dahin! Und Matt muss mitkommen. Vielleicht bricht so ein Trip sein Schweigen, vielleicht können wir dann wenigstens über irgendwas reden.

Zum Schluss zeichne ich Tom zwischen die Leute auf dem Boot. Er gelingt mir am allerbesten von allen. Seine Augen schauen nicht aufs Wasser, sondern zu mir, aber er hat denselben verträumten Ausdruck im Gesicht. Ich stelle das Buch auf, sodass die Seite offen bleibt und ich mein Bild ansehen kann, dann lege ich mich aufs Bett, mache Musik an und erlaube mir zu träumen.

Am nächsten Morgen geht Matt nicht zur Arbeit, er hält sein Versprechen und fährt mit mir nach Victoria. Ich weiß nicht, warum, aber ich bin tierisch nervös. Ich ziehe mich zweimal um, entscheide mich dann für Leggings und einen knielangen Strickpullover, der einmal Mama gehört hat und mich hoffentlich auch im Fahrtwind auf dem kleinen Boot warm hält. Frühstück fällt aus, weil wir beschließen, in Victoria zusammen in ein Café zu gehen. Es ist das erste Mal, seit ich hier bin, dass er keine anderen Pläne hat. Ich traue meinem Glück nicht, erst als wir in dem alten Ford sitzen und wirklich auf den Highway 1 auffahren, wage ich, mich auf den Tag zu freuen.

Diesmal bleibt der Himmel wolkig, und die Farben wollen nicht so richtig mitspielen, aber das ist mir egal. Auch dass Matt die Fahrt nicht laut singend oder mit witzigen Geschichten aus seiner Vergangenheit rumbringt, sondern nur leise Musik laufen lässt, eine ruhige, melancholische Frauenstimme, die ich nicht kenne. Es ist nicht unangenehm, mit ihm zu schweigen.

Er parkt den Ford in einer Seitenstraße, und wir gehen in einen kleinen Laden, der für die Uhrzeit schon relativ voll ist. Matt steuert einen Tisch in der hinteren Ecke an, wo wir ungestört sind, und wartet, bis ich die Karte studiert und mich für einen Kräutertee und die kandierten Früchte entschieden habe.

»Machst du das nie?« Ich versuche, meinem Vater in die Augen zu sehen, aber wir halten es beide nicht lange aus.

»Du meinst, das Café? Nein. Nie.«

»Aber Solitary Cove ist so ... abgeschieden. Fehlt dir nichts?«

»Ich arbeite lang, auch am Wochenende. In Solitary Cove gibt es alles, was ich zum Leben brauche. Was soll mir fehlen?«

Das ist eine Lüge, sonst würde er nicht dauernd wegschauen und aus dem Fenster oder zur Bar hinübergucken. Ich überlege, wie ich ihn zum Reden bringen kann, aber viel fällt mir nicht ein.

»Und Kalifornien? Wie war das damals? Ich kenne nur die Geschichte, die Mama erzählt hat, und bei ihr klingt alles immer nach einer riesengroßen Party. So war es aber nicht, oder?«

Matt streift mich wieder mit einem flüchtigen Blick. »Nein, so war es nicht. Wir waren ... verliebt. Aber du kannst dich nicht auf jemanden einlassen, der nur flüchtig da ist, auf den zu Hause jemand wartet. Jemanden mit einem Leben, einer Zukunft, einem Plan. Ich hatte keine Pläne damals. Es gab nur mich und meinen Job. Und einen einzigen kurzen Sommer.«

»Hast du dich deshalb nie gemeldet? Weil es ... dir nicht wichtig genug war?«

Fast bestürzt schaut er wieder zu mir. »Nein, Svenja! Ich wusste nichts von dir. Die Nachrichten deiner Mutter habe ich nie erhalten. Damals war ich schon weg aus Kalifornien ... Wir hatten keine Adressen getauscht, keine Telefonnummern, nichts. Wir hatten uns verabschiedet, für immer.«

Die Bedienung kommt, stellt seinen Kaffee und meinen

Tee auf den Tisch. Wir warten, bis sie auch unser Essen gebracht hat, dann lehnt Matt sich zu mir.

»Ich hätte es nicht ignoriert, wenn ich von dir gewusst hätte. Das ist die Wahrheit.«

Langsam nicke ich, obwohl ich nicht weiß, was ich glauben soll. Warum ist er denn so spurlos verschwunden? Alles an ihm wirkt so verschraubt, so weit weg. Im einen Moment tut er, als wäre ich ihm völlig egal, dann ist es auf einmal essenziell, was ich von ihm halte. Dabei würde es mir schon reichen, wenn er ehrlich wäre. Wenn ich wüsste, woran ich bei ihm bin.

»Warum bist du aus Kalifornien weggegangen?«

Es ist, als würde er ein paar Schritte von mir weg machen. Natürlich bewegt er sich nicht wirklich, aber sein Blick wird glasig, und er schaut aus dem Fenster, als würde er am liebsten aufstehen und da rauslaufen.

»Der Job«, sagt er langsam. »Es gab einen Unfall, danach konnte ich den Job nicht mehr machen. Kanada ist meine Heimat. Ich bin nur nach Hause gegangen.«

»Ein schlimmer Unfall?« Ich schiele unter den Tisch. Das Bein ... es muss was mit seinem Bein zu tun haben. Er hinkt, auch wenn er versucht, es sich nicht anmerken zu lassen. Außerdem verstehe ich das nicht, er arbeitet doch im Holzfällerlager und er sitzt dort nicht hinter einem Schreibtisch! Wenn er das körperlich schafft, wie schlimm kann seine Verletzung gewesen sein?

»Für mich schon«, sagt Matt und schaut mich wieder an. Er lächelt sogar, nur seine Augen sind immer noch kühl. »Aber wir sind nicht hier, um nur über mich zu reden.«

»Ach, meine Mutter hat dir bestimmt mehr von mir erzählt, als du wissen wolltest.«

Er lacht, kurz und dunkel. »Ich weiß nur, dass ihr euch sehr ähnlich seid. Und du siehst aus wie sie ... damals. Sie hat auch immer solche Pullover getragen, mit viel zu langen Ärmeln.«

»Der hat auch mal ihr gehört. Hoffentlich ist er nicht so alt wie ich.«

Wieder lächelt er. Sein ganzes Gesicht verändert sich, wenn er das tut, und einen winzigen Moment bilde ich mir ein, hinter seinen Bart schauen zu können, zu dem Mann, den er versteckt hält. »Wo lebt ihr? In einer Wohnung? Oder einem Haus?«

Ich spieße ein Apfelstück auf. »Wohnung, dritter Stock. Aber sie ist ziemlich groß, es gibt sogar noch ein Extrazimmer für Jörgs Sohn, der sonst bei seiner Mutter lebt. Jörg hat seine Praxis in derselben Straße. Wir können vom Küchenfenster aus in sein Büro gucken, was praktisch ist, so kann er Mama immer Zeichen schicken, wann er zum Essen heimkommt und so.«

Nicht alle diese Zeichen haben was mit Essen zu tun, aber das sind Bilder, die ich verdränge. »Wir essen jeden Abend zusammen«, sage ich schnell in die Stille, »egal, wie spät es bei ihm wird.«

Matt fährt mit dem Löffel durch die letzten Schlückchen Kaffee in seiner Tasse. Ich schiebe ihm meine Früchte rüber, aber er schüttelt ganz leicht den Kopf.

»Gehst du noch zur Schule?«, fragt er schließlich.

»Jetzt nicht mehr. Ich bin fertig.« Eigentlich bin ich keineswegs fertig, aber nach einem verlorenen Jahr und einem Zeugnis voller mieser Noten hat Mama es für das Beste gehalten, dass ich aufhöre. Und ich auch.

»Dann musst du dir einen Job suchen, wenn du nach Hause kommst?«

»Ich habe schon einen. Ich fange bei Jörg in der Praxis an.«

Er schiebt die Kaffeetasse von sich. »Als was? Ärztin?«

»Nein.« Mir fällt das englische Wort nicht ein, also erkläre ich: »Im Büro, Termine verteilen, Patienten empfangen und so.«

»Und das willst du den Rest deines Lebens machen?«

»Keine Ahnung. Es ist eben ein Job.« Ich schiele auf die Uhr. Wenn wir es pünktlich zur Waltour schaffen wollen, müssen wir langsam los. Hastig drücke ich die Serviette in meine leere Obstschale.

»Was interessiert dich denn?« Matt winkt der Kellnerin und bestellt noch einen Kaffee. »Was tust du, wenn du nicht in der Schule bist? Oder in der Arbeit?«

Ich muss tatsächlich überlegen, denn eigentlich gibt es nichts, was ich erzählen könnte. Keine Hobbys, keine spannenden Interessen. Außer Tom natürlich.

»Ich zeichne«, fällt mir ein. »Am liebsten Menschen.«

Das scheint ihn zu faszinieren. »Zeigst du mir mal was?«

»Ich bin nicht besonders gut.«

»Trotzdem würde ich es gern sehen.«

Ich zögere. Für Mama und Jörg zu zeichnen, macht mir nichts aus, bei Matt ist es anders. Es fühlt sich an, als müsste ich eine Prüfung bestehen – auf die ich mein Leben lang hingelernt habe. Nach ein paar Zögersekunden lange ich in die Tasche meiner Regenjacke, wo immer irgendein angekauter Bleistift steckt.

Die Serviette wellt sich unter dem Druck der Mine, sodass ich sie mit allen linken Fingern festhalten muss. Ich zeichne Mamas Gesicht, die Haare ohrenlang, die Augen weit offen, Neugier im Blick. Hunger nach Leben. Hülle sie in eines der langen, bunten Kleider, die sie neuerdings immer trägt. Dann lasse ich sie noch in meine Richtung schielen und schiebe Matt die Serviette hin.

»Wow«, flüstert er und schluckt. »Das ist … wirklich gelungen.«

»So sieht sie heute aus«, kläre ich ihn auf. »Die Haare

kürzer, die Kleider länger. Sie hat sich ziemlich verändert, seit wir in Berlin sind.«

Matt starrt das Bild an, als könne er nicht glauben, dass ich das gemalt habe. Er sieht wirklich beeindruckt aus und irgendwie ist seine Miene das größte Lob für mich. Die Kellnerin kommt und stellt den Kaffee neben der Serviette ab. Matt zuckt zusammen, schaut hoch und verlangt nach der Rechnung.

»Früher wollte ich unbedingt was damit machen«, erzähle ich ihm. »Illustratorin werden oder Kunst studieren. Aber wer kann schon vom Zeichnen leben? Es ist besser, einen richtigen Beruf zu haben und alles andere als Hobby nebenbei zu machen.«

Matt faltet die Serviette sorgsam und verstaut sie in seiner Hosentasche. Die Kellnerin bringt ein schwarzes Büchlein und Matt legt ein paar Scheine hinein. »Es ist leichter so. Wenn der Job nur ein Job ist.«

Wir verlassen das Café und wandern schweigend nebeneinanderher. Auch heute blüht und leuchtet und lebt die Stadt, aber der graue Regenhimmel legt einen Schleier über die Farben. Von hier aus kann ich den Hafen nicht sehen, aber das Empress-Hotel, und ab da kenne ich mich aus. Matt überlässt mir die Führung, obwohl er nicht weiß, dass ich ein Ziel habe.

Wir haben eben zum ersten Mal miteinander geredet, so richtig. Interessiert er sich doch für mich? Ich kann irgendwie nicht damit leben, dass er nur Mama einen Gefallen tut, denn genauso hat sich das für mich bis jetzt angefühlt. Nein. Es ist mir wichtig, was er über mich denkt, dass er mich sieht, mich und nicht sie, dass ich mehr für ihn bin als die Reinkarnation einer Erinnerung. Vielleicht hat Mama ja doch recht gehabt, und es war richtig, ihm Zeit zu lassen und es noch mal zu versuchen.

Matt bleibt stehen, als wir das Whale-Watching-Office erreichen, und ich spüre sofort, dass etwas nicht stimmt. Der Keil zwischen uns ist wieder da.

»Ich würde gerne noch mal mitfahren. Du weißt schon, zu den Orcas.« Komm schon, bettle ich stumm. Mach nicht gleich wieder alles kaputt.

»Ist das der Grund, warum wir hier sind?« Er nickt mit dem Kopf zu dem Flossen-Schild. »Du hast das geplant.«

Ich nicke zögerlich. Warum ist das schlimm? »Ich dachte, das können wir zusammen machen.«

Er schüttelt ganz leicht den Kopf, lacht, aber es hört sich eher an wie ein Stöhnen. »Du bist wie deine Mutter, Svenja. Sie hatte auch bei allem, was sie tat, ihre eigenen Pläne im Kopf.«

Bitte was? Ich kapiere gar nichts mehr. Er macht zwei Schritte rückwärts, weg von mir, und zieht die Schultern hoch.

»Kommst du nicht mit?«, frage ich noch dümmlich, dabei ist es offensichtlich, dass wieder alles schiefläuft.

»Fahr du nur«, sagt er belegt. »Ich warte beim Hotel auf dich.«

Ich kann kaum fassen, dass er sich einfach umdreht und geht, und vor lauter Verblüffung schießen mir Tränen in die Augen. Was jetzt? Ihm nach? Ich weiß nicht, wovor er wegläuft, aber falls ich es bin, werde ich ihm bestimmt nicht im Weg stehen.

Ein Boot kommt vom Hafen herein und macht an dem Steg fest, der aufs graue Wasser führt. Direkt neben dem Schlauchboot vom letzten Mal. Darauf habe ich mich so gefreut! Soll ich mir das verderben lassen?

Ohne die Orcas hätte ich überhaupt keine schönen Erinnerungen an meine erste Woche in Kanada. Es klingt verrückt, aber ich habe das Gefühl, ich bin es ihnen schuldig, noch mal hier zu sein. Ich denke jetzt einfach drei Stunden nicht mehr an Matt.

Entschlossen ziehe ich mein Handy raus und stapfe auf den Eingang zu. Heute bin ich besser vorbereitet. Ich mache ein Foto von dem Schild am Eingang – die Silhouette einer Rückenflosse, lebensgroß – und von der Tafel, auf der die Zeiten mit den Touren stehen, Preise, Beschreibungen, und die Skipper mit Foto. Da ist der vom letzten Mal: Alex. Der Tom-Typ heißt Ben, die schöne Expertin finde ich nirgends. Gehört sie gar nicht zum Team?

Die nächste Tour geht schon in einer Viertelstunde. Ich betrete das Office und muss mich hinter einer Gruppe schnatternder Asiaten anstellen. Anscheinend gehören die alle zusammen, sie machen Fotos voneinander, einige laufen bereits in den roten Ganzkörperkondomen herum und posieren vor Stoffwalen oder blättern Bildbände durch. Ich entdecke Ben, der in einer Schublade wühlt.

»Hi!«

»Oh, hi. Willst du mitfahren? Wir sind leider schon voll, die nächste Fahrt geht um drei. Macht hundertfünfzig.«

Er erkennt mich nicht. Und bis drei Uhr warten? Das kann ich nicht bringen. Enttäuscht schüttle ich den Kopf. »So lange bin ich nicht mehr da.«

Er scannt die Köpfe, seufzt. »Okay … weißt du, was, du kannst jetzt gleich mitfahren. Wird schon nicht auffallen.«

Er kassiert mich ab, keine Rede von Sonderpreisen diesmal, dann darf ich in die Umkleide eintreten und mich in rotes Plastik hüllen. Um mich quasselt die asiatische Truppe durcheinander, aufgeregt wie Kinder, und ich kann sie verstehen – mir ging es genauso beim letzten Mal.

Wie gern hätte ich da jemanden dabeigehabt, mit dem ich dieses Gefühl teilen konnte! Plötzlich bin ich doppelt wütend auf Matt, weil er nicht hier ist und weil ich in einer

Gruppe gelandet bin, in der alle zueinander gehören, alle, nur ich nicht.

»Zum Hafen geht es hier entlang!« Ben hält die Tür für uns auf und ich watschle hinter den anderen her und halte mich abseits. Auf dem Boot kann ich ja so tun, als würde ich zu Alex gehören.

Doch diesmal klettert Ben hinter mir auf den Rand des Schiffes und löst die Leine. Es fängt an zu regnen, ich ziehe mir die rote Kapuze tiefer ins Gesicht und lege die Schwimmweste an, die er mir reicht. Dann geht es los, und ich versuche wieder, Matt und die Gruppe um mich herum zu vergessen.

Wir fahren aus dem Hafen raus, genau wie beim letzten Mal. Ben hält die ganze Zeit Funkkontakt und fährt entsprechend langsam, dann tauchen am Horizont schwarze Rückenfinnen auf und endlich nehmen wir Fahrt auf. Die Wale ziehen in Richtung offenes Meer davon und eine Weile folgt Ben ihnen. Ich kann nicht viel mehr erkennen als ihre dampfenden Atemwolken und ihre glänzenden Rücken. Wir drehen einen Bogen und lassen die Orcas ziehen und kurz darauf taucht eine zweite Gruppe auf. Meine asiatischen Mitfahrer knipsen um die Wette, also ziehe auch ich mein Handy raus und filme das Auf und Ab der unterschiedlich hohen Rückenfinnen. Für gute Fotos sind sie viel zu weit weg, und Ben zieht auch kein Hydrofon aus dem Kasten, um uns ihre seltsamen Rufe hören zu lassen. Es regnet stärker, der kalte Seewind bläst meine Haare durcheinander. Trotzdem ist die Zeit viel zu schnell um und wir fahren wieder in den Hafen ein.

Ben hilft uns von Bord. Diesmal kann ich mit raufkommen in das Office, wo ich zwei Postkarten und einen schwarz-weißen Bleistift mit einem kleinen, recht schweren Miniorca am Ende erstehe. Ich drücke mich absichtlich herum, falls Matt die Ankunft des Schlauchboots beobachtet hat und sich fragt, wo ich bleibe.

»Wartest du auf jemanden?« Ben hat sich auf den Schreibtisch gehockt. Er kritzelt Zahlen in ein aufgeschlagenes Buch und lächelt mich höflich an.

»Nein, ich hab nur noch etwas Zeit.« Ich kann genauso gut gehen, aber etwas hält mich zurück. Ist es unhöflich, diese Frage zu stellen? »Wer ist denn heute Nachmittag der Skipper?«

»Ich vermutlich.« Er zieht die Brauen nach oben und grinst. »Oder hättest du gern einen bestimmten Skipper?«

Bestimmt bin ich knallerot, dabei ist es ja nicht so, dass ich wegen dem Typen da bin. Nicht direkt jedenfalls.

Ben schlägt sich gegen die Stirn. »Na klar! Du warst letztens schon mal hier. Der Fisch unter dem Boot, richtig?« Bedauernd schüttelt er den Kopf. »Tja, sorry. Alex kommt nicht mehr. Aber wir haben Wetten abgeschlossen, wer diesen Trip zuerst überbietet! Es lohnt sich also trotzdem, wenn du wiederkommst.« Er langt unter den Schreibtisch und drückt mir einen Flyer in die Hand. »Hier! Ruf das nächste Mal vorher an, dann hab ich sicher einen Platz für dich.«

Erst als ich draußen in der kalten Luft stehe und meine eigene Kapuze gegen den Regen aufstülpe, wird mir klar, dass ich nicht wiederkommen werde. Das heute war kein bisschen magisch, das war reine Touristenabzocke. Bestimmt hatte dieser Alex nichts anderes im Sinn, aber bei ihm hat es sich wenigstens nicht so angefühlt, als würde er da draußen nur seinen Job machen.

Und Ben sieht kein bisschen aus wie Tom, wenn man ihn sich aus der Nähe anguckt.

Matt wartet vor dem gewaltigen Empress-Hotel auf mich, auf der Hafenseite, im Regen. Falls er sich Sorgen gemacht hat, lässt er es sich nicht anmerken. Zu seinem Glück habe ich null Lust, über den Trip zu den Walen zu reden, also laufen wir schweigend die Straße zu seinem Ford zurück und fahren aus der Stadt hinaus. Wir halten bei einem großen Lebensmittelmarkt, wo er mich immer wieder verstohlen ansieht, während er seinen Einkaufswagen durch die endlos langen Reihen schiebt. Immerhin ist hier die Auswahl größer als in Solitary Cove, und weil Matt kein Wort dazu sagt, staple ich alle möglichen Zutaten hinein, die Jörg zu Hause für unsere Mahlzeiten benutzt und die Matt vermutlich noch nie gekauft hat. Ich will ihn provozieren, will ihm das mit dem Essen erklären, aber er bezahlt meine Waren ohne Kommentar.

Es ist, als hätte es den Morgen im Café nie gegeben, als wären wir wieder Fremde wie vor einer Woche am Flughafen. Ich bin so sauer, dass ich meine Kopfhörer aus der Tasche wühle und sie in meine Ohren stopfe, einfach nur, um seinem Schweigen zu entfliehen.

Im Auto ist es kalt, der Regen tropft aufs Dach. Meine Jacke ist durchnässt und die Stoffhose klebt mir am Leib. Ich würde jetzt so gern zu Hause sein, im Sommer! Mit Mama shoppen gehen, mit Jörg kochen, mit Tom ... ach, verdammt. Langsam arbeitet die Heizung und trocknet meine Hosen. Nur aus meinen Augen fließt unaufhaltsam trüber kanadischer Regen.

SCHWARZ-WEISSE NACHT

Am Nachmittag kommen wir wieder in Solitary Cove an. Alles in mir sträubt sich gegen diesen Ort, gegen das mintgrüne Haus und Matt. Es riecht feucht und modrig und an den Wänden läuft das Wasser herunter.

Matt bückt sich, hebt die Post auf. Er wartet, bis ich im Warmen bin, dann drückt er mir einen dicken Brief in die Hand.

»Ich mache uns dann mal was zum Essen«, brummt er, aber ich höre schon nicht mehr hin. Der Brief ist von Jörg – abgestempelt am Tag meiner Abreise! Was hat das zu bedeuten?

Ich verziehe mich in mein Zimmer und schäle mir die klebrigen, feuchtkalten Hosen von den Beinen. Weil es egal ist, was ich anhabe, und weil ich heute bestimmt nicht mehr vor die Tür gehe, schlüpfe ich in meine Schlafanzughose und ziehe zwei Paar Socken übereinander. Dann öffne ich den Umschlag beinah andächtig.

Zum Vorschein kommt ein weißes Blatt Papier sowie ein weiteres Briefchen, das ich aufklappen kann und das … Ich glaube nicht, was ich sehe, und falte schnell den Brief auseinander.

Liebe Svenja, Deine Mutter weiß nichts von diesem Brief und er soll bitte auch unser Geheimnis bleiben. Sie würde vermutlich glauben, ich wolle das Zusammentreffen von Dir und Deinem Vater boykottieren, und ich kann Dir versichern, dem ist nicht so. Doch ich weiß, wie unerträglich Heimweh schmerzen kann und dass es manchmal nur die Möglichkeit eines Ausweges braucht, um alles in einem anderen Licht zu betrachten. Genau darum bitte ich Dich. Ich weiß, Du bist die Vernunft in Person, daher habe ich auch kein schlechtes Gewissen dabei. (Tom hat mir zwar die Hölle heißgemacht, aber nachdem er mir eine Kreditkarte für seinen ach so abenteuerlichen Trip abgeluchst hat, finde ich es nur fair, Dir ebenfalls eine finanzielle Hilfe zu sein.)

Anbei findest Du ein offenes Rückflugticket, das Du jederzeit von Vancouver nach Berlin nutzen kannst. Man muss nur vorher bei der Airline anrufen und einen freien Platz erfragen.

Obwohl es nach diesem Geschenk nun heuchlerisch klingen mag, wünsche ich Dir und Deinem Vater eine wertvolle Zeit miteinander. Carpe diem, und denk daran – wir lieben Dich, egal, wie Du Dich entscheidest.

Jörg

Ich atme tief ein und wieder aus. Der Brief fühlt sich schwer an, bedeutungsschwer, und natürlich heule ich gleich wieder los. Ausgerechnet Jörg kann Gedanken lesen und schickt mir das Wertvollste überhaupt – einen Ausweg aus dem ewigen Regen mit Matt. Ich brauche nicht nachzudenken, was ich damit mache, es war in dem Moment entschieden, als ich das Ticket gesehen habe. Trotzdem kann ich nicht einfach packen und verschwinden, das geht nicht, sosehr mich sein

Schweigen auch ankotzt. Ich muss noch mal mit Matt reden, es wenigstens versuchen – dieses eine Mal noch.

Mein sogenannter Vater sitzt im Wohnzimmer vor dem ausgeschalteten Fernseher und löffelt eine breiige Masse in sich hinein, die mehr nach schon mal gegessen aussieht als nach einer ernst gemeinten Mahlzeit. Ich verzichte darauf, mir meine Portion aus der Küche zu holen, denn ich rieche bis hier, was da untergemischt ist. Neben ihn setzen will ich mich nicht, also bleibe ich im Türrahmen stehen und warte, bis er mich ansieht.

»Bleibt das so? Das … zwischen uns?« Ich umklammere Jörgs Brief, den ich nicht aus der Hand legen kann. Es ist, als würde er mir soufflieren, was ich sagen muss – oder sagen will.

Auch Matt schielt auf den Umschlag. Bestimmt will er wissen, was darin steht, er hat den Absender doch auch gelesen – aber er fragt nicht, natürlich nicht. »Du hast doch gekriegt, was du wolltest. Du hast deine Wale gesehen. Sag mir das nächste Mal gleich, was du vorhast, dann gibt es auch keine Missverständnisse.«

Fassungslos starre ich zurück. »Aber das stimmt nicht! Ich wollte den Tag mit dir verbringen, ich dachte, die Wale machen es leichter, über alles zu reden …«

»Ich will nicht darüber reden, Svenja. Ich will dir keine Geschichten von damals erzählen, und ich will mich nicht ständig dafür entschuldigen müssen, wie alles gekommen ist. Deine Mutter hatte sich gegen mich entschieden, sie war diejenige, die gegangen ist. Also belassen wir es doch dabei.«

»Wenn dir das alles so egal ist, warum bin ich dann überhaupt hier? Warum hast du nicht gleich gesagt, dass du von mir nichts wissen willst? Es ist sterbenslangweilig, den ganzen Tag hier sinnlos rumzusitzen! Ich dachte, du wohnst wenigstens in einer richtigen Stadt, nicht in dieser Einöde.«

Er stöhnt leise, greift nach der Fernbedienung und schaltet das Gerät an. Mir steigen Tränen in die Augen, aber ich bin wütend genug, um an den Türrahmen gepresst stehen zu bleiben.

»Tja, so sieht mein Leben nun mal aus. Ich kann dir kein buntes Ferienprogramm bieten. Das hat deine Mutter falsch verstanden.«

»Dann ist es wohl besser, wenn ich wieder nach Hause fliege«, presse ich heraus. »Jörg hat mir ein Ticket geschickt.«

Matt zuckt zusammen, als hätte ich ihm eine reingehauen, aber seine Stimme bleibt völlig ruhig, und er schaut mich auch nicht wieder an.

»Ganz wie du willst.«

Ich kann nicht fassen, dass er mich einfach so gehen lässt, kampflos, ohne ein Wort des Widerstands. Hat er das damals bei Mama auch so gemacht? Dann ist es kein Wunder, dass sie ihn zurückgelassen hat. Mein Körper glüht und fühlt sich gleichzeitig an wie aus Eis. Ich verliere die Kontrolle, also fliehe ich in mein Zimmer und drücke mich von innen gegen die Tür – ohne Hoffnung, dass Matt mir tatsächlich folgt.

Nach einer Weile merke ich, dass ich nicht mehr heule und dass meine Knie schmerzen, weil ich verkrampft und verbogen dastehe. Kein Wunder, hämmert es immer wieder in meinem Kopf. Kein Wunder, dass es nicht geklappt hat. Passen nicht zueinander. Die haben nichts gemeinsam, überhaupt gar nichts, das hätte niemals funktioniert. Das Schicksal hat richtig entschieden, jemand musste sie trennen. Ich muss ihr sagen, dass sie sich getäuscht hat, dass er sich sehr wohl verändert hat, und nicht zum Guten. Dass es richtig war, allein zu bleiben, all die Jahre. Richtig, so lang zu schweigen. Schweigen …

»Nein«, sage ich laut in den seelenlosen Raum. »Nein, es

reicht. Das ist mein letzter Feriensommer. Wenn ich schon einsam sein muss, dann wenigstens zu Hause!«

Es fühlt sich gut an, die wenigen Klamotten einzusammeln und wild in den Koffer zu stopfen. Gut, eine Entscheidung getroffen zu haben. Niemand wartet auf mich in Berlin, niemand holt mich ab, niemand wird das Schweigen füllen, und trotzdem freue ich mich so sehr auf daheim, dass ich es kaum erwarten kann, endlich wieder dort zu sein.

Ich lege den Brief sorgsam oben auf meinen verschlossenen Koffer und beschwere ihn mit dem Reisetagebuch, das unter meinem Kopfkissen versteckt war. Dann trete ich ans Fenster und öffne es weit. Klare, feuchtkühle Nachtluft schwappt ins Zimmer und lockt mich an. Ich habe nur Socken an den Füßen, also schnappe ich mir die Bettdecke und klettere damit aus dem Fenster.

Niemand kann mich sehen, es ist bereits dunkel um mich herum und Straßenlampen gibt es in Matts Gegend nicht. Die Decke um mich gewickelt, laufe ich los, in die Nacht hinein, bis meine Füße auf Felsen stoßen. Mit einer Hand ziehe ich mich hinauf, stolpere und stoße mir den großen Zeh. Gar nicht so einfach, heil hier hochzukommen. Auf einem kalten, glatten Riesenstein direkt über dem schwarzen Wasser lasse ich mich nieder und schlage die Decke über meine Füße. Unter mir gurgelt und schmatzt das Meer gegen den Fels und überschwemmt die kühle Luft mit seinem fischigen, salzigen Aroma. Viele, unzählig viele Atemzüge sitze ich einfach nur da und bin froh, aus dem Haus zu sein, weg von Matt, weg von seinem schweren Schweigen.

Was, was nur stimmt nicht mit mir? Warum lässt er mich einfach so gehen? Mein ganzes verfluchtes Leben lang habe ich auf diesen Menschen gewartet, habe von ihm geträumt und der Himmel weiß was in ihn hineininterpretiert. Er war mein Halt, wenn Mama alles zu viel wurde und ich allein zu Hause saß und mir nichts mehr wünschte als einen Papa, der diese Stimmung abfing. Der da war, wenn Mama weinte, die halbe Nacht. Der mich abholen kam, wenn sie wieder zu lang im Büro saß und die Erzieher schon auf die Uhr schauten, weil sie selbst nach Hause wollten. Der mit mir stritt und lachte und über meine halb erledigten Hausaufgaben schimpfte und mich in den Arm nahm, wenn mal wieder eine Note danebenging. Einen Papa, wie andere ihn hatten. Einen Papa, der mir gehörte, mir allein.

Diesen Menschen gibt es nicht. Es hat ihn nie gegeben, nicht in meinem Leben. Mit Matt wäre es niemals so geworden, wie ich mir das erträumt habe. Der einzige Mann, der an meinen Wunschvater heranreicht, ist Jörg. Jörg versteht mich, Jörg weiß, was es heißt, einsam zu sein. Matt wird nie mehr für mich sein als Biologie, das ist mir jetzt klar geworden. Dumm und naiv und kindisch, was anderes zu glauben.

Mein Entschluss zu gehen steht so fest, dass mir das Atmen wieder leichterfällt. Erst nach einer Weile merke ich, dass die Decke über meine Schultern gerutscht ist und ich trotzdem nicht friere. Es regnet gar nicht, der Himmel ist klar und mit winzigen Funkelsternen übersät. So viele Sterne habe ich überhaupt noch nie gesehen. Vielleicht weil es in der Stadt zu viele Lichter gibt, zu viel Ablenkung. Zu viel Staub in der Luft und zu viele Menschen, die dasselbe sehen wollen wie man selbst. Hier stört mich niemand, kein Licht, keine Partikel, keine anderen Seelen. Nur ich schaue hoch zum Himmel, der sich über der Bucht wölbt, als könne man von hier aus wirklich die Rundung der Erde erkennen. Es ist schön, hier zu sitzen. Allein.

Trotzdem wird das meine letzte Nacht auf kanadischem Boden.

Was wird Mama sagen, wenn sie es mitkriegt? Gut, erst mal kriegt sie es nicht mit, außer Matt verrät ihr, dass ich weg bin. Dürfte aber schwer werden – da, wo sie mit Jörg hingeht, gibt es vermutlich noch weniger Netzabdeckung als in Solitary Cove. Mir ist es nie egal, was Mama denkt, aber sie steht vor vollendeten Tatsachen, und außerdem glaube ich, dass sie mich im Grunde versteht. Schließlich hat sie Matt vor achtzehn Jahren genauso hocken lassen. Und er? Er hat sie gehen lassen, genau wie mich jetzt. Das macht man nicht, wenn man seine große Liebe vor sich hat, dann kämpft man und tut alles, damit sie bleibt. Zu pathetisch? In Filmen machen sie es so. In Büchern auch.

Was würde ich tun? Wann ist es die große Liebe – woher weiß man das? Hat Matt es vielleicht einfach nicht gemerkt, erst hinterher, als alles zu spät war? Aber warum hat er sich nie auch nur einmal umgedreht und gefragt, was aus ihr geworden ist?

Warum ... warum. Zu viele Fragen, immer noch. Und eine Antwort darauf werde ich nicht mehr kriegen. Nicht von Matt zumindest.

Wasser spritzt mir ins Gesicht. Die Wellen schlagen höher, dann ist wieder alles still. Auf einmal fühle ich mich beobachtet, doch meine Augen haben sich recht gut ans Sternenlicht gewöhnt, und ich sehe niemanden, nirgends. Vielleicht aus einem der Häuser? Aber wie viel von mir kann man sehen, hier unten am Ufer?

Ich strecke meine Hand aus und berühre das Meer. Kalt und klar küsst es meine Fingerkuppe. Klingt bescheuert, fühlt sich aber genauso an – als ob etwas dort unten zugehört hätte. Ich lasse meine Hand im Wasser verschwinden. Zwischen den Felsen ist es dunkel, trotzdem kann ich meine Haut noch sehen, hell und milchig im Meer. Es ist, als würde ich ein fremdes Wesen berühren. Das Salzwasser hält meine Hand fest und sicher.

Ich kann nicht gut schwimmen. Liegt vielleicht daran,

dass ich als Kind so selten im Schwimmbad war. Wenn meine Klassenkameraden ins Freibad durften, saß ich in der Mittagsbetreuung fest, und wenn Mama mich dann holen kam, war es zu spät zum Badengehen. Natürlich kann ich es, ich komme klar, gehe nicht unter – aber es fehlt die Leichtigkeit. Ich glaube, manche Dinge muss man als Kind lernen, wenn man sich noch nicht so viele Gedanken macht, wenn die Neugier größer ist als die Angst, was alles schiefgehen könnte. Tom hätte ich auch damals schon kennenlernen müssen. Dann wäre vieles anders zwischen uns, dann ...

Etwas ist da draußen im Meer, diesmal ist es keine Einbildung! Ich kann es hören. Es klingt wie ein Zischen, pfffff, ziemlich laut. So laut, dass ich meine Hand lieber aus dem Wasser ziehe. Sie ist ganz kalt, aber ich wische die Tropfen nicht weg, ich will, dass sie in meine Haut einziehen und für immer da bleiben, als Erinnerung.

Wieder das Zischen, noch lauter. Was ist das nur? Ein Fisch? Auf jeden Fall kommt es aus dem Wasser, denn ein Boot sehe ich nicht. Natürlich, vorn, im Hafen. Aber keines, das sich bewegt. Gibt es in Kanada Krokodile? Nein, oder? Solange da kein Bär auf mich zuschwimmt, ist alles gut. Zwar weiß ich nicht sicher, ob Bären schwimmen können, aber dann müsste ich doch seinen Kopf sehen. Vielleicht wäre es klug, langsam zurückzugehen. Aber ich kann nicht. Ich will nicht. Falls Matt sich überhaupt fragt, wo ich bin, hat er bislang keine Anstalten gemacht, nach mir zu suchen. Habe ich auch nicht erwartet. Ich habe es mir höchstens ganz kurz gewünscht.

Ein Auge starrt zu mir hoch, aus dem Wasser. Ich keuche und springe auf, verheddere mich dabei in der Decke. Das Auge verschwindet, taucht ab, und ich starre auf die Stelle und frage mich, ob ich jetzt völlig durchdrehe. Auf einmal hebt sich etwas aus dem Wasser, lang, spitz, schmal.

Glänzend vom Wasser und vom Sternenlicht. Dann – wieder das Zischen. Was ist das? Atmen? Da ist was im Meer, direkt unter mir, ein Schatten, nein, kein Schatten, hell, ein helles Tier – ist es ein Tier? Es hat Augen, ein Auge, mit dem es mich beobachtet. Mir wird heißkalt, und ich habe Angst, gleich umzukippen.

»Was bist du?«, wispere ich.

Alles in mir schreit nach Flucht, bring dich in Sicherheit, los, mach!, aber meine Socken kleben am Fels. Ich will wissen, was da zu mir hochstarrt. Was mich ansieht, als hätte es meinen Gedanken zugehört.

Das Tier bewegt sich und seine Farben wechseln. Es geht von Licht zu Schatten, hell, dunkel, weiß und schwarz ... Auf einmal weiß ich, was das ist. Kann das sein? Hier, so nah? Wie tief ist das Wasser vor den Felsen überhaupt?

Das lange Ding schiebt sich wieder nach oben. Wie haben sie es genannt? Rückenflosse. Nein: Schwert.

ORCA. Ich sehe die Buchstaben vor mir, als hätte ich sie eben erst gemalt. Und keuche auf, weil ich mich an die Szene erinnere, die ich auch gezeichnet habe – der Fisch unter dem Boot, die Reihe riesiger, runder Zähne im geöffneten Maul des Wals. Aber dieser Wal hat sein Maul geschlossen, und außerdem stehe ich an Land und er ist da unten. Solange ich nicht zu dicht hingehe, kann er mir nichts tun. Oder?

Verflixt, ich traue mich nicht. Das ist zu verrückt. Ein Wal, der mich anguckt, der so nah ist, dass ich ihn berühren könnte, das glaubt mir niemand! Natürlich habe ich kein Handy dabei, genau wie beim ersten Mal auf dem Boot. Ich muss das malen, sofort wenn ich ins Haus gehe.

Der Wal sinkt zurück ins Wasser, dreht sich, bis sein Bauch wieder dicht unter der Oberfläche treibt. Sein Bauch ist weiß, er leuchtet regelrecht im dunklen Meer. Er schiebt sich so dicht ans Felsenufer, wie es eben geht, und er schaut mich dabei die ganze Zeit an. Das ist unheimlich. Faszinierend, aber gruselig. Sein Auge schimmert, ich kann keine Farbe bestimmen, ich sehe nur, dass es ein Auge ist, groß wie meine Hand. Was ist so spannend an mir? Dasselbe muss er sich auch denken, schließlich stehe ich genauso hypnotisiert da und glotze ihn an.

Vorsichtig lasse ich mich in die Hocke sinken. Ich bräuchte nur meine Hand auszustrecken, um ihn anzufassen, aber das traue ich mich niemals. Wie würde er sich anfühlen? Hart und rau? Oder so weich und glatt, wie er aussieht? Irgendwo habe ich mal gelesen, dass Haie eine Haut wie Schmirgelpapier haben und Delfine sich eher wie Gummi anfühlen. Wie ist das bei so großen Walen?

Pffffft. Es ist tatsächlich sein Atmen, das ich höre. Jedes Mal, wenn er seine Rückenflosse nach oben dreht, macht er dieses Geräusch. Und sofort dreht er sich zurück und zieht unter mir durch, von links nach rechts, Atempause, und wieder zurück. Ich kann nicht gehen, ich kauere auf meinem Felsen wie festgewachsen.

Irgendwann scheint dem Wal das Spiel langweilig zu werden, denn plötzlich taucht er ab und verschwindet. Ich suche nach ihm, lausche auf sein Atmen. Wo ist er hin?

Da – vor mir, etwas gleitet durchs Wasser. Glitzernd und glitschig. Eine tote Schlange? Nein, nur das Zeug, das hier überall rumschwimmt. Kelp. Aber warum bewegt es sich? Eine schwarze Nase schiebt die Kelpschlange vorwärts, jetzt sehe ich sie. Der Wal spielt damit, schiebt sie herum, auf einmal packt er sie und schleudert sie in die Luft, wieder, immer wieder. Und wie ein Kind wird er auch dieses Spiels müde und lässt die Kelpschlange ziehen, um noch mal abzutauchen. Er verschwindet so vollkommen, als hätte ich ihn mir nur eingebildet.

Ich taste mich ein Stück vorwärts auf meinem Felsen, der

ein Stück übers Wasser hinausragt. Beinah rutscht mir die Decke weg, ich kann sie gerade noch packen und festhalten. Etwas klatscht in den schmalen Hohlraum zwischen Stein und Wasser, etwas Langes – die Kelpschlange. Als hätte sie Schutz gesucht unter meinem Fels. Ich hebe den Kopf, lausche. Der Wal taucht wieder auf, weit, viel weiter draußen im Meer. Sein Atmen füllt die Stille komplett aus. Schnell packe ich das Stückchen Kelp, mit dem er gespielt hat, und ziehe es zu mir herauf. Es glitscht beinah durch meine Finger, aber ich werfe es auf den Fels neben meinem und lege nur meine Hand darauf. Das ist quasi eine Berührung mit ihm. Oder besser, mit seinen Zähnen.

Ein Zischen unter mir. Genau unter mir. Sucht er seine Kelpschlange? Der Wal schiebt seinen Kopf ein Stück aus dem Meer. Oh, wow. Sein Körper glänzt in diesen beiden widersprüchlichen Farben, und ich kann ihn riechen, so nah ist er mir. Er taucht, kurz darauf erklingt sein Zischatem. Dann dreht er sich und schaut wieder zu mir rauf. Ich ziehe die Kelpschlange über den Rand und lasse sie langsam ins Meer zurückgleiten. Der Wal rührt sich nicht. Er guckt zu mir, unerbittlich, und ich kann kaum atmen, so verrückt ist das. Urplötzlich dreht er seinen Körper senkrecht, schnappt sich die Kelpschlange und springt ein Stück entfernt zusammen mit ihr aus dem Wasser.

Der Wal bleibt in der Bucht, bis Morgennebel übers Meer ziehen und ein grauer Schleier die Sterne auslöscht. Keine Regenwolken, trotzdem ist mir inzwischen so kalt, dass ich bibbere. Ich will bleiben, sehen, was geschieht, nicht die Erste sein, die geht und die Magie dieser Begegnung zerstört. Aber ich muss eine Entscheidung treffen.

Gehen oder bleiben.

UNDER MY SKIN

STAY, STAY, STAY

Matt fragt mich nicht, warum ich nun doch bleiben will. Alles, was er am Morgen sagt, ist: »Okay.« Anscheinend hat er auch nicht mitbekommen, dass ich die ganze Nacht draußen war, auf einem Felsen über dem Meer. Nicht gemerkt oder es war ihm egal.

Ich habe beschlossen, dass Matt mir ab sofort auch egal ist. Es gibt einen Grund, warum ich mich umentschieden habe. Und der hat nichts mit ihm zu tun.

Obwohl der Nebeldunst mit den Wolken davonkriecht und zum allerersten Mal, seit ich hier bin, die Sonne zu sehen ist, bin ich so hundemüde, dass ich, halb auf meinem gepackten Koffer sitzend, einschlafe. Die Decke fühlt sich klamm und kalt an, aber das merke ich schon gar nicht mehr. Ich sacke einfach weg.

Als ich die Augen wieder öffne, ist es nach Mittag, und mein Magen knurrt laut vor Hunger. Klar, seit dem spärlichen Frühstück gestern im Café in Victoria hat er nichts mehr bekommen. Ich will am liebsten sofort wieder raus, aber mein Hunger dirigiert die Richtung, also mixe ich mir schnell mein O-Saft-Müsli und hocke mich damit im Wohnzimmer ans Fenster. Von hier aus kann ich immerhin den Ozean sehen.

Den Ozean. Ob der Wal noch da ist? Ich bin wahrscheinlich verrückt, meine Pläne aufzugeben, er ist schließlich ein wildes Tier und macht, was er will. Vermutlich hat er sich in der Nacht nur mal kurz von seiner Gruppe abgesetzt und ist auf Streifzug in die Bucht geschwommen. Trotzdem ist der Wunsch, ihn wiederzusehen, stärker als der Zweifel. Und überhaupt. Ich kann jeden Tag hier verschwinden, ich habe ja jetzt das Ticket. Ein oder zwei Tage mehr tun auch nicht mehr weh.

Nur eines würde ich bereuen: jetzt zu gehen und nicht zu wissen, was geschehen wäre. Ist er noch hier? Und sehe ich ihn noch mal wieder?

Das Müsli schmeckt nach nichts, aber ich löffle trotzdem alles in mich hinein, so lange, bis mein Bauch Ruhe gibt und mich die Sonne blendet. Die Sonne! Ist das zu fassen? Ich hätte sie beinah verpasst. Oder nein – sie hätte mir den Weg nach Hause geleuchtet, heute in der Früh. Ob Matt mich gefahren hätte? Oder hätte er Rosie geschickt? Egal, alles egal, was Matt betrifft. Und nein, ich bin nicht sauer auf ihn, sondern auf mich. Weil ich nicht kapiert habe, dass da nichts ist. Matt ist nicht mein Vater, sondern nur zufällig mein Erzeuger. Zu einem Vater gehört mehr und das wird er nie, niemals aufholen!

Ich scheppere meine Müslischale in den Geschirrspüler und knalle die Tür zu. Regenjacke? Nein, wow, heute nicht. Aber ein Pulli. Kalt ist es trotzdem, die Kälte sieht man zwar nicht, aber so viel Sonne gibt es gar nicht, dass sie all die Kälte an nur einem Morgen vertreiben könnte. Ich stecke den Schlüssel ein und verlasse das mintgrüne Haus mit einem seltsamen Gefühl im Bauch. Diesem Kribbelgefühl.

Matts Haus ist das letzte in dieser Straße, wobei Straße übertrieben klingt, es ist nur ein betonierter Pfad, gerade breit genug für ein Auto. Es sieht aus, als hätten die Erbauer von Solitary Cove gar nicht vorgehabt, hier zwischen den Felsen und Bäumen überhaupt noch Häuser hinzupflanzen, als wären sie von ganz allein aus dem Boden gewachsen. Direkt hinter dem mintgrünen Haus schlängelt sich ein Geröllweg weiter zwischen die Felsen und verschwindet am Ende der

Bucht zwischen dichtem grünem Nadelwald. Heute sieht das sogar richtig malerisch aus, weil die Sonne auf dem Wasser funkelt und die Bäume in satten Farben leuchten. Eigentlich müsste ich mich jetzt hinsetzen und meine Stifte auspacken, auf so einen Moment warte ich schließlich schon die ganze Woche! Aber zuerst habe ich Wichtigeres zu tun.

Ich nehme den Geröllweg, komme zu dem Felsen, auf dem ich die Nacht verbracht habe. Er ist ein ganzes Stück vom Haus weg, ich habe gar nicht gemerkt, wie weit. Matt konnte mich hier gar nicht sehen, selbst wenn er nach mir geschaut hätte. Der Fels ist glatt geschliffen und bildet eine Art Überhang, wie ein Balkon über dem Meer. Deshalb konnte der Wal also unter mir auftauchen, weil sich dort ein Wasserloch befindet. Das, wie mir klar wird, ziemlich tief sein muss, wenn ein ganzer Wal hineinpasst. Also besser nicht zu weit drüberlehnen.

Eine Weile hocke ich mich auf den Felsbalkon und scanne die Wellen. Kelpschlangen treiben im Wasser, manchmal strecken sie ihre Köpfe aus den Kräuselwellen und funkeln in der Sonne wie lebendige Wesen. Aber es bleibt nur Seetang, und außer einem Fischerboot und zwei Seglern ist das Meer in der Bucht ruhig, nichts stört die Idylle.

Enttäuscht krabble ich von meinem Ausguck und stiefle zurück auf den Weg. Wenn ich schon mal hier bin, kann ich gleich weitergehen bis zum Waldrand und die Gegend erkunden. Vielleicht ist er ja aus der Bucht rausgeschwommen und ich sehe ihn von dahinten? Ich rutsche beinah auf den losen Steinen, weil meine Sneakers eine ziemlich strukturlose Kautschuksohle haben, aber es sind meine Lieblingsschuhe, und ich habe sie nun mal an, und umdrehen kommt jetzt überhaupt nicht infrage. An sich bleibt der Weg ziemlich unspektakulär, links Felsen, rechts die immer dichter rückenden Baumriesen. Als ich das Ende erreiche, tost mir kein wildes

Meer entgegen, wie ich es erwartet habe – die Bucht macht nur einen Schlenker und verschwindet weit, weit hinter dem Wald um eine weitere Kurve.

Enttäuscht lehne ich mich an den erstbesten Stamm. Auch hier bleiben die Wellen ruhig und still. Der Wal ist fort. Ich schließe die Augen. Wie schön, die Sonne auf der Haut zu spüren, trotz der frischen Brise und dem Fischgeruch. Das Niemandsland nimmt Farbe an, kriegt Konturen. Und Geräusche: Büsche rauschen, die Wellen glucksen, ein Adler schreit. Über mir raschelt etwas, und sofort muss ich wieder an den Bären denken und reiße die Augen auf, aber es ist nur ein Eichhörnchen, das über die Äste huscht und versucht, vor mir in Deckung zu gehen. Kein Wal, leider. Dafür zwei Weißkopfseeadler, die sich über die Wellen jagen und offenbar auf Beute aus sind. Jetzt hätte ich wirklich gern meine Malsachen dabei.

Irgendwann gehe ich zurück. Langsam, so als würde der Wal nur darauf warten, dass ich den Platz verlasse, um dann ebenso plötzlich aufzutauchen wie in der Nacht, aber nichts geschieht, nur ein Motorboot rauscht zum Anleger.

Ich laufe an Matts Haus vorbei, die Straße entlang, bis ich beim Steg angekommen bin. Die schaukelige Plattform bietet unzählige Versteckmöglichkeiten für einen Wal, aber auch hier ist er nicht. Habe ich mir doch alles nur eingebildet? Nein, unmöglich. Das kann ich nicht geträumt haben, so viel Fantasie habe nicht mal ich.

Also weiter, von wo könnte ich noch mehr sehen? Ganz klar, zwischen den Farnen. Der Weg steigt an, also habe ich von da oben eine viel bessere Sicht auf die Bucht. Aber um nichts in der Welt steige ich da noch mal rauf, keine Chance!

Ein bisschen enttäuscht bin ich schon, als ich schließlich zurücklaufe. Okay, mehr als nur ein bisschen. Ziemlich sogar. Ich bin doch nur wegen ihm hier, also warum zeigt er sich nicht? Weil ich schon wieder Dinge will, die es gar nicht gibt. So wie mit Matt. Und Tom.

Der Himmel ist jetzt völlig klar und ich schnappe mir mein Reisetagebuch und ziehe damit auf den Balkonfelsen. Als Proviant habe ich mir ein Sandwich mit Gurken, Tomaten und einer der Kräuterpasteten bereitet, die ich beim Großeinkauf mit Matt entdeckt habe. Wenigstens das Essen fühlt sich heute wieder gesund und richtig an.

Die Zeit verstreicht, während ich male, ich achte nicht darauf. Man könnte vermutlich am Stand der Sonne ablesen, wie viele Stunden vergangen sind, ich merke es daran, dass ich aufs Klo muss. Mein Bild ist gut geworden, zumindest mir gefällt es. Und außer mir wird es sowieso niemand zu Gesicht bekommen. Die Farben fließen richtig schön ineinander und das Glitzern auf den Wellen könnte ich noch mit …

Ein Fauchen, ganz nah. Beinah fällt mir der Stift ins Wasser. Was war das? Ein Tier? Keine drei Herzschläge später höre ich es wieder, ein Stück weiter weg, in der Bucht, da, er ist es, er ist es tatsächlich! Der Wal ist zurück, derselbe Wal, glaube ich zumindest. Er schwimmt zum Steg, dreht dann aber um und bleibt etliche Sekunden verschwunden, keine Spur mehr von ihm, dann schiebt sich das riesige schwarze Schwert aus den Wellen, und es zischt erneut, als sein Atem entweicht. Ein feiner Nebel hängt in der Luft, fällt herab wie winzige Perlen. Er schwimmt jetzt in meine Richtung, mein Herz pocht wie verrückt – ob er herkommt? So nah wie letzte Nacht? Aber er dreht ab, bevor er mich erreicht, schwimmt einen Bogen, taucht immer schneller auf und ab, auf und ab, bis er schließlich erschöpft – so sieht es zumindest aus – an der Oberfläche kleben bleibt, die Rückenflosse gen Himmel, das Atemloch nur knapp unter der Oberfläche. Wahnsinn, ich kann sogar die Färbung seiner Haut erkennen, das Schwarz, das Weiß, ein heller Fleck vorn, ein bumerangförmiges Abzeichen auf dem Rücken.

Blind angle ich nach meinem Buch, kritzle, schraffiere, versuche einzufangen, was meine Augen sehen. Er treibt ein ganzes Stück weit weg von mir, aber ich erkenne so viele Details, die mir auf keinem Foto der Welt aufgefallen wären. Zum Beispiel wie seine Haut im Licht der Sonnenstrahlen glänzt, wie das Wasser von seiner Flosse abperlt, wo das Atemloch auf- und zumacht, wenn er die Grenze zwischen Wasser und Luft überschreitet. Er liegt still, scheint zu schlafen oder zu träumen, oder er hat gesehen, dass ich ihn malen will, und bleibt deshalb hier. Ich wage kaum zu atmen, während ich ihn auf mein Kritzelbild banne.

Das Sportboot von vorhin verlässt den Anlegesteg und drängt sich lautstark in die Bucht. Sehen die den Wal gar nicht? Oder machen die mutwillig solchen Lärm? Der Orca verschwindet völlig lautlos, und er bleibt so lange weg, dass ich sein Luftholen beinah verpasse. Er schwimmt vor dem Lärm davon. Ich warte noch eine ganze Weile, aber ich sehe ihn nicht mehr. Vielleicht sucht er ja nach Futter. Wie lange kann er eigentlich unter Wasser bleiben?

Ein Gutes hatte die erneute Begegnung, wie ich mit einem Blick auf mein Bild feststelle – diesmal ist es richtig gut geworden. Das Meer, die Farben, der Wal ... am liebsten hätte ich mich selbst in das Bild gemalt. Aber damit hätte ich es bestimmt ruiniert.

Matt kommt spät nach Hause und natürlich bringt er wieder Fisch mit. Er hält das Tier so in der Tüte, dass oben der Kopf rausguckt und seine toten Augen mich anstarren. Der Anblick ist gruselig und grausam. Macht er das absichtlich, um mich zu vergraulen?

»Willst du mitessen?«

Ich schüttle den Kopf. »Hab schon gegessen.«

Er schaut auf seine Fischtüte hinab. »Ich kriege sie von den Fischern«, sagt er leise, fast entschuldigend. Dann lässt er die Schultern sinken und schlurft in die Küche, und ich nutze die Gelegenheit, um in meinem Zimmer zu verschwinden.

Eigentlich hätte ich ihm gern von dem Wal erzählt. Ob er ihn auch gesehen hat, von seinem Büro im Holzfällerlager aus oder wo immer er dort arbeitet? Aber die Orcas in Victoria haben ihn auch null interessiert, im Gegenteil, sie haben uns eher auseinandergetrieben.

Seufzend lasse ich mich auf mein Nachtlager fallen, stehe dann aber noch mal auf, um das Buch mit dem Bild aufzuklappen und so an die Wand zu lehnen, dass ich die ganze Nacht darauf schauen kann. Zum Glück gibt es noch eine andere Person in diesem Kaff, mit der ich reden kann.

Sogar über Wale.

GEHEIMNISTRÄUMER

Rosie räumt Regale ein, als ich am nächsten Morgen in den Laden komme. Sie reißt die Augen auf und nimmt mich in den Arm, als wären wir uralte Freunde und hätten uns jahrzehntelang nicht gesehen.

»Liebes, schön, dass du da bist!«

Ich muss blinzeln, als mir klar wird, dass Matt ihr vermutlich erzählt hat, was vorgefallen ist.

»Alles in Ordnung mit dir?« Sie lässt mich los und legt den Kopf schief, wie ein Hund.

»Wenn du Matt meinst, nein.«

Ich bin eigentlich nicht gekommen, um über Matt zu reden, und offenbar will sie das auch nicht, denn sie fängt wieder an, Schachteln zu stapeln. Nach fünf Packungen sinken ihre Hände wieder herab und sie schaut mich an. »Weißt du, Matt hat es nicht leicht gehabt. Er geht den meisten Menschen aus dem Weg, deshalb hat es mich so für ihn gefreut, dass du kommst. Glaub mir, er kann auch ganz anders sein. Man muss ihn nur aus seinem Schneckenhaus locken.«

»Das habe ich ja versucht«, rufe ich. »Wir sind vorgestern nach Victoria gefahren. Ich dachte, wir können was zusammen machen, dieses Whale Watching, ich dachte, dann haben wir was, worüber wir reden können, wenn wir schon sonst nicht miteinander reden, aber er hat total abgeblockt und mich einfach stehen lassen. Ich kapier das nicht, Rosie. Es ist, als ob er mich nicht hier haben will. Mein ... also, Jörg, der Freund meiner Mutter, hat mir ein Ticket geschickt, mit dem ich jederzeit nach Hause komme. Falls ich es nicht mehr aushalte. Vorgestern dachte ich, ich halte keine Sekunde länger aus.«

Rosie seufzt leise. Sie schiebt die Schachteln kreuz und quer ins Regal und schüttelt ganz leicht den Kopf. »Ich kann dich sogar verstehen. An deiner Stelle wäre ich wohl schon längst weg. Svenja, ich kenne den alten Brummbären jetzt schon ziemlich lange, und ich kann dir nur sagen, dass Matt im Grunde ein liebenswürdiger, anständiger Kerl ist, der es wert ist, dass du hergekommen bist. Sein Problem ist diese verdammte Einsamkeit. Er verkriecht sich da in seiner Höhle und vergisst das Leben um ihn herum.« Sie zögert kurz. »Und vielleicht war Whale Watching eine schlechte Idee.«

»Wie meinst du das?«

»Weißt du noch, was ich dir erzählt habe? Über Wale und Menschen, die einander Botschaften vermitteln?« Wieder stockt sie kurz, als würde sie ein Geheimnis preisgeben, wenn sie weiterredet. »In Matts Leben hat es diesen Wal schon gegeben. Belass es dabei.«

Ich habe keine Ahnung, wovon sie redet – soll das eine Metapher sein? Aber wofür, für die Sache mit Mama? Auf jeden Fall sind wir jetzt bei dem Thema, weshalb ich eigentlich zu ihr gekommen bin. Ich bücke mich und greife nach den Schachteln am Boden, um ihr beim Einräumen zu helfen. »In der Bucht schwimmt übrigens ein Wal herum.«

Rosie schiebt die Schachteln im Regal gerade. Schon funkeln ihre Augen wieder. »In unserer Bucht?«

»Ja, direkt hinter Matts Haus. Seit vorletzter Nacht. Heute habe ich ihn noch nicht gesehen. Vielleicht taucht er ja wieder erst gegen Mittag auf, so wie gestern.«

»Was für ein Wal, ein Orca?«

Ich nicke eifrig. »Meinst du, er bleibt länger hier? Oder schwimmen sie nur hier rein und schlagen sich den Bauch mit Fischen voll?«

Rosie sieht zum Fenster, als könnte sie den Wal von hier aus sehen. »Orcas verirren sich normalerweise nicht in unsere Bucht. Es ist ungewöhnlich, aber wenn du einen gesehen hast, wird es stimmen.«

Ich drehe die Müslipackung in meiner Hand. »Warum nicht? Ist das Wasser nicht tief genug?«

Rosie runzelt die Stirn. »Damit hat das nichts zu tun. Auch Fische gibt es reichlich, verhungern muss dein Wal also nicht. Aber Wale haben ein gutes Erinnerungsvermögen. Sie wissen genau, was ihnen hier angetan wurde. Die Alten waren selbst noch dabei.«

Ich schiebe die Müslipackung ins Regal und warte darauf, dass sie weiterspricht. Als sie nichts sagt, frage ich: »Wo waren sie dabei?«

»Früher hat man die Wale hier hereingetrieben, um sie einzufangen und für teures Geld zu verkaufen. Unsere Bucht hat nur einen Eingang, sie ist sehr schmal und lang und endet an den Felsen. Die Wale schwammen direkt in ihr Gefängnis. Seitdem meiden sie diese Bucht. Ich habe mein halbes Leben in Solitary Cove verbracht und nie hat es hier seither einen Orca gegeben.«

Jetzt schaue ich zum Fenster, aber natürlich sehe ich dahinter keinen Wal. »Er war ziemlich klein, glaube ich. Vielleicht weiß er nichts davon, was seinen Eltern oder Großeltern einmal hier passiert ist.«

Rosie lacht. »Da hat wohl einer in der Walschule geträumt!«

»Du glaubst also nicht, dass er hierbleibt?«

»Nein.« Rosie zwinkert mir zu. »Aber wer weiß? Vielleicht ist er zu dir gekommen. Einer muss sich ja um dich kümmern, wenn es der Brummbär schon nicht macht.«

Ich helfe ihr noch eine Weile beim Packungenstapeln, während sie von ihrer erwachsenen Tochter erzählt und davon, wie sie zusammen nach Alaska hochgefahren sind, um die erste Zeit am College gemeinsam zu verbringen. Sie sieht glücklich aus, wenn sie so von ihrem Mädchen spricht, und stolz. Aber langsam erwacht die Unruhe in mir. Ich will wieder raus, ans Wasser. Ich will zu ihm, zu meinem Wal!

»Ich muss los«, verabschiede ich mich, drehe mich aber noch einmal um. »Du, Rosie – was mache ich, wenn mir ein Bär begegnet?«

Rosie sieht mich einen Moment lang an, mit ihren dunklen Augen, die so viel mehr zu sehen scheinen als meine. »Was immer du tust, Mädchen. Nur eines nicht: Du läufst nicht vor ihm davon. Niemals.«

Der Wal kommt tatsächlich zurück. Kurz nach Mittag sehe ich ihn plötzlich am gegenüberliegenden Ufer in der Nähe der Felsen auftauchen. Seine Rückenflosse schiebt sich aus den Wellen und diesmal erkenne ich ihn sofort. Er taucht ziemlich lange, mehrere Minuten, kommt aber genau an der Stelle wieder hoch. Sucht er etwas? Oder jagt er Fische? Ich würde am liebsten hingehen, um näher dran zu sein, aber dann müsste ich über den Bärenweg laufen, und dazu ist meine Neugier dann doch nicht stark genug. Also bleibe ich sitzen, wo ich bin, und versuche, mit meinem Handy Fotos von ihm zu schießen, was natürlich nicht gelingt, er ist viel zu weit weg. Zumindest bin ich heute nicht die Einzige, die ihn bemerkt. Das Fischerboot, das gerade in den Hafen zurücksteuert, bremst ab und fährt einen Bogen um den kleinen Wal herum. Ich sehe Menschen an Bord zum Rand laufen und den dicken Hund, der wie verrückt nach unten kläfft. Die haben es gut, weil sie vom Wasser aus natürlich viel näher an ihn rankommen als ich. Das langsame Boot scheint den Wal null zu stören, er flieht nicht, so wie gestern, sondern taucht weiter auf und ab, als wären die Fischer gar nicht da.

Als es Nachmittag wird, kommt sogar die Sonne raus, und

ich kann meine Jacke ausziehen und es mir auf meinem Felsen gemütlich machen. Irgendwann schlafe ich ein, und als ich aufwache, ist die Sonne schon fast hinter den Bäumen verschwunden. Ich rapple mich hoch und suche nach dem Wal. Aber für heute ist sein Besuch beendet, zumindest kann ich ihn nirgends mehr entdecken.

Am Abend gehe ich wie immer Matt aus dem Weg und schreibe stattdessen einen langen Brief an Mama in das Reisetagebuch. Ich habe mir überlegt, das jetzt jeden Tag zu machen, solange ich hier bin, und am Ende lasse ich sie das lesen, damit sie weiß, wie es mir wirklich ging.

Ich warte, bis Matt schlafen gegangen ist, dann schleiche ich wieder raus und mache mir in der Küche einen Gurkensalat. Als ich gerade zurück in mein Zimmer gehen will, entdecke ich neben dem Herd eine Packung Gummibärchen. Die lag heute früh definitiv noch nicht da. Es sind keine normalen Gummibärchen, sondern welche ohne tierische Gelatine. Vegan Gummy Bears. Die Dinger liebe ich, schon immer. Ich weiß noch, wie ich immer heimlich Haribo-Gummibärchen gekauft habe, als wir zu Jörg gezogen sind, bis Mama das mitgekriegt und mir den Kopf gewaschen hat. Kurz darauf kam Jörg mit diesen veganen Dingern an und inzwischen schmecken sie mir genauso gut wie die normalen.

Ich kann mir nicht vorstellen, dass Mr Fishman plötzlich auf den Vegantrip gekommen ist. Ob er die wegen mir gekauft hat? Oder sogar für mich? Ein paar Minuten lang starre ich auf die Packung und merke, wie mir das Wasser im Mund zusammenläuft, dann ist die Versuchung zu groß. Ich schnappe mir die Packung und reiße sie auf. Zwei Gummibären verschlinge ich sofort, eine Handvoll nehme ich mit in mein Zimmer. Sie schmecken ein bisschen anders als zu Hause, aber auf jeden Fall besser als alles, was Matt sonst so anschleppt. Hoffentlich hat er sie nicht doch für sich gekauft oder für jemand ganz anderes und ich habe sie ihm jetzt weggefuttert. Aber dann ist er selbst schuld, wenn er sie so offen in der Küche herumliegen lässt.

Ich mache mein Fenster weit auf und setze mich auf das Sims. Kühle, salzige Nachtluft schwappt ins Zimmer. Seewind rauscht und Wasser gluckert an Felsen. Irgendwo dazwischen höre ich ein Zischen, aber erkennen kann ich nichts. Ich lausche und warte, aber die Nacht verschluckt meinen Wal, oder er war es gar nicht.

Wieder muss ich an Rosie denken und die Geschichte, die sie erzählt hat. Mein kleiner Wal weiß davon nichts, ganz bestimmt. Aber warum ist er hier? Ich kann ihn schlecht fragen, ich weiß nur, dass er der Grund ist, mein Grund, warum ich noch hier bin.

Am nächsten Tag stoppen zwei Sportboote auf dem Wasser, als sie den kleinen Wal bemerken, der dort mit einer Kelpschlange spielt. Sie halten nicht so respektvoll Abstand wie das Fischerboot, sondern umkreisen ihn ziemlich dicht, bis er schließlich abtaucht und davonschwimmt. Und am Tag darauf ist es eine Segeljacht, die ihn regelrecht verfolgt. Von meinem Balkonfelsen aus kann ich eine Familie in weißer Segelkluft erkennen, eine Frau, ein Mann, zwei Kinder. Sie lehnen sich weit hinaus, die Frau filmt den Wal, und die Kinder versuchen mit ausgestreckten Armen, ihn zu berühren, aber ganz so nah kommen sie doch nicht an ihn heran. Ich bin so neidisch, weil sie auf dem Wasser bei ihm sein können und ich nicht. Dem Wal scheint ihre Anwesenheit nichts auszumachen, vielleicht ja auch deshalb, weil ihr Boot keinen Lärm macht, so wie die beiden Sportboote gestern. Er spielt einfach weiter, als wären sie überhaupt nicht da.

Am dritten Tag halte ich es nicht mehr aus, sondern klettere in der Nacht wieder aus dem Fenster. Es wird doch recht kalt, wenn die Sonne verschwunden ist, also ziehe ich meine Regenjacke bis oben hin zu und kauere mich auf dem Balkonfelsen zusammen. Sterne leuchten über mir, und das Wasser wabert und flüstert, als wäre es lebendig. Ich suche angestrengt die Wellen ab, doch mein Wal ist nicht hier, zumindest nicht nah genug, um ihn in der Dunkelheit zu erkennen.

Dafür höre ich etwas. Zuerst denke ich, es sind die Masten der Boote, die im Wellengang klackern, oder ein Auto, das sich Solitary Cove nähert. Ein hoher Quietschton, verzerrt, verirrt. Wo kommt das her? Es klingt gar nicht nach einem Tier oder vielleicht doch? Können Bären Quietschtöne machen? Nein, das ist kein Tier, es kommt irgendwo vom Meer. Vielleicht ist da draußen ein großes Schiff, auch wenn ich keine Lichter sehen kann. Mein Wal lässt sich nicht blicken, und irgendwann wird mir das Quietschen doch unheimlich, also gehe ich wieder rein und male so lange dunkles Wasser, bis mir die Augen davon zufallen.

Am nächsten Tag schlafe ich bis Mittag. Matt ist schon weg, wie jeden Morgen, aber auf dem Herd liegen zwei Schokoriegel mit der Aufschrift »Milkless« quer über einem Bündel Dollarscheine. Die hat er definitiv für mich gekauft. Außerdem hat er mir seit Tagen kein Fischgericht mehr angeboten, was mindestens so eine Wohltat ist wie die Schokolade.

Der Wal ist noch nirgends zu sehen, also schlendere ich am Anleger vorbei und bringe einen Stapel Wäsche in den Waschsalon. Mich würde mal interessieren, wo Matt seine Sachen wäscht – ob er seine Maschine inzwischen sauber gemacht hat? Während ich das Pulver auffülle und die Tasten drücke, geht die Tür auf, und ein weiterer Waschkunde kommt herein, aber er hat Pech, ich habe eben die zweite Maschine belegt. Den Mann scheint das überhaupt nicht zu kümmern. Er lässt sich einfach neben einer alten Frau auf der

Holzbank neben dem Eingang nieder und die beiden beginnen ein Gespräch. Die scheinen hier echt alle Zeit der Welt zu haben. Als ich an ihnen vorbeigehe, höre ich, worüber sie reden, und werde unwillkürlich langsamer.

»… keine Orcas mehr hier.«

»Er treibt sich schon eine ganze Weile in der Bucht herum. Jake hat erzählt, er hat ihn schon letzte Woche gesehen.«

»Hoffentlich ist das nicht so einer wie Luna. Kannst du dich an die Aufregung erinnern?«

»Ich kann mich noch an ganz andere Geschichten erinnern.«

»Der Wal sollte verschwinden. Ich bete dafür, dass er verschwindet.«

Ich drücke die Tür auf und schiebe mich raus in die milde Windluft. Eigentlich ist der Frühling längst vorbei, wir haben immerhin Anfang Juli. Aber hier findet alles verlangsamt statt, auch der Jahreszeitenwechsel. Vielleicht überspringen sie den Sommer, kann ja sein. Auf der Straße drehe ich mich noch mal um, aber die Tür ist zu, und ich kann das Gespräch der beiden Alten nicht mehr hören.

Sie beten, dass der Wal verschwindet. Was haben die denn für ein Problem? Anscheinend haben alle in Solitary Cove den kleinen Wal lange vor mir bemerkt. Ich laufe wohl auch auf Energiesparmodus, seit ich hier bin.

Ein paar verwaiste Autos stehen auf dem Parkplatz vor dem Anleger und wie immer findet jede Aktivität auf dem Wasser statt. Ein bärtiger Typ, der mit hastigen Bewegungen sein Motorboot klarmacht, ein sehr verliebtes Pärchen, knutschend an Deck einer kleinen Jacht, eine Familie in Freizeitkleidung auf einem schönen sonnengelben Katamaran. Oder nein, halt. Ganz am Ende, ziemlich nah an der Wasserkante, parkt ein klappriger blauer Dodge-Pick-up. Auf der Ladefläche sitzt ein Typ mit windzerzausten Haaren und starrt auf ein kleines Kästchen in seiner Hand. Er hat einen Fuß lässig auf dem Rand stehen und pustet sich immer wieder die Haare aus der Stirn. Ich muss nicht direkt an ihm vorbeigehen, aber es ist egal, wie rum ich laufe, also drehe ich eine Runde über den Parkplatz und schlendere am Wasser entlang zurück. Ich kenne den Typen! Oder täusche ich mich? Die wirren Haare, der Dreitagebart. Braune Outdoor-Hose. Ich recke den Hals, bis ich sein Gesicht sehen kann. Doch, das ist er, er hat sogar dieselben Klamotten an wie auf dem Boot – der Skipper! Wie hieß er noch? Alex. Genau. Dann weiß ich, wen der sucht. Aber er guckt gar nicht aufs Wasser, sondern hält den Blick immer noch gesenkt, als würde er lesen. Ich wüsste ja zu gern, was er da macht, aber dazu müsste ich hingehen und ihn womöglich ansprechen, und das traue ich mich nicht.

Als ich ein paar Schritte von ihm weg bin, drehe ich mich noch mal um. Jetzt guckt er doch zum Wasser, oder nein – er kneift die Augen zusammen und sucht den Himmel ab. Was macht er da bloß? Ich merke, dass ich ihn anstarre, also laufe ich schnell weiter, drehe aber am Ende des Parkplatzes um und gehe in einem Bogen zum Waschsalon zurück. Von hier aus kann er mich nicht sehen, aber ich ihn. Ich will wissen, was er treibt und wen er da oben sucht. Warum sonst sollte er sein Auto direkt an der Wasserkante parken, wenn er nicht nach dem kleinen Wal Ausschau halten will?

Ich löse meinen Blick von ihm und scanne selbst die Wasserlinie. Nein, kein Wal. Aber es ist ja auch noch früh, die letzten Tage kam er nie vor Mittag in die Bucht. Ich nehme an, er schlägt sich zuerst den Bauch mit Fischen voll, weil er hier zwischen all den Booten nicht so viel Futter findet wie weiter draußen. Ob dieser Alex mehr über den Wal weiß als ich? Er ist jedenfalls zum ersten Mal hier, so viel ist sicher. Der wäre mir definitiv aufgefallen.

Der blaue Dodge wackelt ein wenig, als Alex aufsteht. Er legt etwas neben sich und springt mit einem Satz von der Ladefläche. Ich gehe ein paar Schritte Richtung Parkplatz, um besser sehen zu können. Stattdessen höre ich was, ein hohes Summen, wie von einem riesigen Schwarm Bienen. Ein einzelner schwarzer Punkt fällt aus den Wolken, wird größer und runder, und das Geräusch schwillt an, ganz plötzlich und rasend schnell. Ich sehe noch, wie Alex die Arme ausstreckt und das seltsame Flugding in der Luft auffängt. Dann läuft er los, denselben Weg wie ich vorhin, und biegt in Matts Straße ein. Mit etwas Abstand folge ich ihm.

Das Motorboot surrt langsam aus dem Anlegerbereich hinaus und laviert um ein paar Baumstämme herum, die vor dem Holzfällerlager lose im Wasser treiben. Ich warte darauf, dass Alex sein seltsames Flugzeug wieder loslässt, aber er trägt es die ganze Zeit im Arm. Er geht an Matts Haus vorbei, an meinem Balkonfelsen und folgt dem Pfad, der bis zu den Bäumen am Ende der Bucht führt. Ganz so weit kann ich ihm natürlich nicht nachlaufen, das würde er merken. Also setze ich mich auf den glatten Felsen und beobachte ihn von hier aus weiter.

Er scheint zu warten, bis der gelbe Katamaran aus der Bucht rausgesteuert hat, dann hebt er den Arm, und sein Flugzeug tanzt elegant nach oben. Es kreist einmal um seinen Kopf, hüpft ein Stück höher und schwenkt hinaus in Richtung offenes Meer. Sein Surren wird leiser, bis ich es kaum noch hören kann. Als ich wieder zu Alex schaue, sehe ich, dass er ihm nicht nachguckt, sondern wieder seine Hände fixiert. Muss er gar nicht aufpassen, wohin er fliegt? Anscheinend nicht, denn er hockt sich im Schneidersitz auf den Boden und hebt nicht ein Mal den Kopf. Vielleicht steuert sich dieses Ding ja von allein.

Das Pärchen auf der Jacht segelt jetzt auch aus der Bucht

hinaus. Zu zweit stehen sie am Steuer und halten sich an den Händen, lachen, lehnen sich aneinander. Früher habe ich mir immer solche Eltern gewünscht. Ich weiß noch, dass ich im Kindergarten eine Freundin hatte, deren Eltern ständig so herumgeturtelt haben. Bei Mama und Nils war das anders. Ich war zwar erst drei Jahre alt, als wir damals ausgezogen sind, aber ich erinnere mich noch gut an die Spannung zwischen den beiden. War ich mit einem von ihnen allein, war alles gut, aber gemeinsam konnten sie mich nicht ertragen. Dass ihre unterschwelligen Sticheleien mit mir zu tun hatten, habe ich aber erst später begriffen, als wir schon lange ausgezogen waren. Nils hat auch nie versucht, Kontakt mit mir zu halten. Vielleicht war es deshalb fast ein Befreiungsschlag für mich, als Mama mir erzählt hat, er wäre gar nicht mein richtiger Vater.

Ich blinzle die Erinnerung weg und stehe auf, ein bisschen zu schnell, denn ich verliere das Gleichgewicht. Hastig mache ich zwei Schritte rückwärts und stolpere zurück auf den Pfad, wo ich fast mit jemandem zusammenpralle.

Alex steht vor mir und bringt schnell das Steuergerät hinter seinem Rücken in Sicherheit. »Sorry«, sagt er, obwohl ich es doch war, die ihn fast umgerempelt hat.

»Äh, ja, sorry«, stammle ich. Verdammt! Warum habe ich ihn nicht kommen hören? Ich muss noch was sagen, irgendwas, aber mein Kopf ist völlig leer, und das Blut rauscht viel zu laut in meinen Ohren.

»Suchst du nach dem Wal?« Er deutet mit dem Kopf zum Wasser. »Er schwimmt südöstlich von hier, aber wenn er die Richtung beibehält, ist er bald in der Bucht.«

»Ich weiß.« Ich versuche, unauffällig ein Stück von ihm abzurücken. Er steht so dicht vor mir, dass ich ihm unmöglich in die Augen schauen kann.

»Was?« Er lacht kurz auf. »Und woher weißt du das?«

So, zwei Schritte und ich stehe wieder auf meinem Felsen. Jetzt traue ich mich, ihm ins Gesicht zu gucken. »Weil er immer um die Mittagszeit herkommt.«

Alex hebt die Brauen. »Okay, wow. Wie lange macht er das schon?«

Ich kann kaum glauben, dass ich hier im Nirgendwo stehe und mich mit ihm unterhalte, ganz allein. Mir ist klar, dass er nur an dem Wal interessiert ist und nicht an mir, aber trotzdem ist es aufregend. »Ich habe ihn vor fünf Tagen das erste Mal gesehen. Aber den Fischern ist er schon letzte Woche aufgefallen.«

Er fragt nicht, woher ich das weiß, sondern sucht mit den Augen die Bucht ab. Er hat ewig lange Wimpern, und seine Augen sind karamellbraun, genau wie seine Haare. Wie alt er wohl ist? Nicht so viel älter als ich, obwohl ich das zuerst gedacht hatte. Dort auf dem Boot wirkte er unheimlich erwachsen.

Unvermittelt schaut er mich wieder an. »Schwimmt er allein? Oder hast du ihn mit anderen Walen gesehen?«

»Nur den einen«, sage ich. »Er ist noch klein, oder?«

Alex lächelt etwas schräg. »Schwer zu sagen von oben. Ich müsste ihn aus der Nähe sehen.« Das Flugding landet sirrend in seiner Hand. Er legt es vorsichtig auf dem Boden ab und klettert zu mir auf den Felsen. Jetzt ist er schon wieder so nah, dass ich nicht weiß, wo ich hingucken soll. »Was dagegen, wenn ich mit dir auf ihn warte?«

Ich schüttle den Kopf und er lässt sich in die Hocke sinken. Nach einer Weile mache ich dasselbe und ein paar Herzschläge lang schauen wir beide raus aufs Wasser und suchen die Wellen ab.

»Ist das eine Drohne?«, frage ich ihn.

»Ja.« Er hebt etwas an, das wie ein Joystick aussieht, ein Kästchen mit zwei Steuerhebeln und einem oben eingeklemmten Bildschirm. Ach so. Deshalb brauchte er nicht nach oben zu schauen, er kann sehen, wohin das Ding fliegt. Er tippt auf den Bildschirm und wischt zweimal darauf herum, bis ein Bild erscheint. Dann dreht er es so, dass ich draufschauen kann, aber es dauert eine Weile, bis ich kapiere, dass er mir ein Video zeigt – etwa so lange, bis ich den kleinen Wal sehe, winzig klein zwischen den endlosen Wellen. Sein Körper gleitet nach oben, durchbricht die Luftlinie und taucht wieder ab, aber von oben verschwindet er nicht völlig, ich kann ihn immer noch sehen, sein dunkler Körper schimmernd im Blaugrün des Wassers.

Auf einmal bin ich wieder auf dem Boot, Alex neben mir, genauso dicht wie jetzt. Er hat gewusst, was die Wale vorhaben, weil er es gesehen hat!

»Das hast du auf dem Boot auch gemacht, oder?«, platze ich heraus. »Du hast die Wale von oben gefilmt!«

Er schaut mich überrascht an. »Auf dem Boot?«

Ich spüre, dass ich rot werde. Einfach nur, weil er so nah neben mir hockt und mich so verdammt direkt anschaut.

»Ja«, sage ich schnell und tue so, als ob ich wieder angestrengt die Wellen absuche. »In Victoria. Du hast vorher gewusst, dass der Wal unter das Boot schwimmt.«

Jetzt lacht er. »Oh, ach so. Auf dem Boot warst du? Ja, das war ein guter Trip. Du hattest Glück, so was sieht man nicht alle Tage.«

Ich will ihn gerade fragen, warum er nicht mehr da arbeitet, aber in dem Moment sehe ich den Wal. Er schiebt sich durch die Wellen, und mein erster Gedanke ist: Armer Kleiner, du siehst erschöpft aus. Schon stoppt er, wird langsamer. Sein Körper klebt dicht unter der Oberfläche und ich sehe sein Schwert in den Wellen auf und ab schaukeln.

Neben mir springt Alex auf. Er stolpert zum Rand der Felsen, als würde er sich am liebsten ins Wasser stürzen, genau wie auf dem Boot. Eine ganze Weile bleibt er so stehen und starrt hinaus, dann dreht er sich wieder um, hält kurz inne und flucht leise vor sich hin. »Mist, der Akku ist alle.«

Ich nehme an, er meint den Akku dieser Drohne. Eigentlich sieht sie nicht aus wie ein Flugzeug, eher wie ein Hubschrauber mit vier Rotoren. Alex trennt den Bildschirm von seinem Steuerkasten und schießt Fotos von dem Wal, dann tippt er eine ganze Weile darauf herum, bevor er sich daran erinnert, dass ich noch immer schräg hinter ihm hocke.

»Du hast recht, er ist jung. Höchstens zwei Jahre, schätze ich.«

»Oh.« Ich rücke vorsichtig ein Stückchen näher an ihn ran. Näher ans Wasser. »Müsste er dann nicht noch bei seiner Mutter sein?«

Alex sieht mich nicht an. »Nicht unbedingt, aber es ist auf jeden Fall ungewöhnlich, dass er allein unterwegs ist. In dem Alter trennen sie sich selten von der Gruppe, schon gar nicht so lange. Er hat vielleicht den Anschluss verloren … oder … hm.«

»Er ist aber nicht krank, oder?« Plötzlich mache ich mir Sorgen. Der kleine Wal wirkt so anders heute, so geschafft.

»Dazu müsste man ihn untersuchen. Wie lange, sagst du, ist er schon hier?«

»Seit letzter Woche.« Seit ich hier bin, schießt es mir durch den Kopf. Kann das stimmen? Vielleicht hätte ich ihn vorher schon sehen können, wenn ich nicht so mit Trübsalblasen beschäftigt gewesen wäre und die Augen mal richtig aufgemacht hätte.

»Dann schwimmt er vielleicht von selbst wieder raus.« Alex runzelt die Stirn. »Wollen wir's hoffen.«

Schon wieder einer, der ihn hier nicht haben will. Ich würde gern wissen, warum alle so ein Problem mit ihm haben, doch in dem Moment kehrt der gelbe Katamaran zurück, und in den kleinen Wal kommt Leben. Er taucht ab, aber nur kurz, und als er das nächste Mal Luft holt, hat er die Verfolgung aufgenommen. Wir können nur rumstehen und zuschauen, wie der Wal erst hinter dem Boot auftaucht, dann neben ihm und ihm schließlich sogar den Weg abschneidet. Die Familie auf dem Katamaran ist sichtlich begeistert von dem Überraschungsbesuch. Das Boot wird langsamer, und die Kinder lehnen sich weit hinaus und versuchen, dem kleinen Wal so nah wie möglich zu kommen.

Oh, wie gern wäre ich jetzt auch auf diesem Boot! Der Wal umkreist sie, taucht um sie herum und schiebt einmal sogar seinen ganzen Kopf aus dem Wasser, als würde er sie ebenso betrachten wie sie ihn.

»Macht er das immer so?« Alex hält den Bildschirm – scheint ein kleines Tablet zu sein – in der Hand und filmt die ganze Szenerie.

»Nein«, sage ich und fühle mich fast stolz, weil er mich über den kleinen Wal befragt. »Bisher ist er immer abgehauen, wenn ihm die Boote zu laut waren.«

Der kleine Wal hat seine Stippvisite beendet und taucht ein Stück weg. Die Menschen auf dem Katamaran versuchen anscheinend, ihn wieder anzulocken, aber er hat das treibende Holz vor dem Lager entdeckt und spielt lieber damit.

Alex lässt den Bildschirm sinken und schüttelt ganz leicht den Kopf. Dann macht er plötzlich einen Satz und springt von dem Felsen zurück auf den Weg. »Ich muss gehen.« Er hebt seine Drohne auf, dann scheint ihm etwas einzufallen, denn er sieht mich wieder an. »Lebst du hier?«

Leben, ha – definitiv nicht! Aber ich nicke trotzdem. »Zurzeit schon. Ich bin … bei jemandem zu Besuch.«

»Dann kannst du ihn im Auge behalten, ja?«

Wieder flammt Stolz in mir auf, weil er mit mir redet, als würden wir uns kennen. Schon seltsam, dieses

Niemandsland – auf einem Boot voller Menschen hat er mich überhaupt nicht bemerkt. Ich nicke und würde am liebsten fragen, ob er wiederkommt, aber er scheint es wirklich eilig zu haben, denn er spurtet schon los und läuft den Weg zurück und verschwindet für ein paar Augenblicke zwischen den Häusern. Ich sehe ihn erst wieder, als er am Parkplatz ankommt und in sein Auto steigt. Der blaue Dodge wendet und verlässt Solitary Cove.

Am liebsten wäre ich mitgefahren.

Am Abend ist der Wal immer noch da, er zieht durch die Bucht, als würde er jeden Winkel hier erkunden. Ich verschwinde nur kurz zum Essen im Haus und kehre dann mit einer Decke zurück, auf der ich es mir gemütlich mache. Im Dämmerlicht sehe ich zu, wie er auftaucht und das Wasser in Perlen von seiner Haut tropft. Einmal kommt er so nah, dass ich unwillkürlich die Hände ausstrecke, aber er taucht urplötzlich weg. Wahrscheinlich wollte er gar nicht zu mir, sondern folgt einem Fisch oder sonst einem Wassertier zwischen die Felsen.

Ich bleibe, bis es dunkel wird, bis ich sein Atmen überlaut im Wasserrauschen hören kann, bis wir beide die einzig wachen Wesen in dieser Bucht zu sein scheinen. Und irgendwie ist es richtig, hier zu sein, hier bei ihm. Endlich macht diese Reise Sinn.

Der Wal taucht erneut auf, nur wenige Meter von meinem Felsen entfernt. Er schiebt seinen Kopf senkrecht aus dem Wasser, genau so, wie er es heute bei dem Katamaran getan hat. Ein glasiger Schimmer überzieht die weiße Stelle seiner Haut, den lang gezogenen Fleck schräg über seinem Auge. Sieht er mich an? Auf einmal schlägt mein Herz heftig und schnell. Nur wir beide sind hier, so allein.

»Ich habe was für dich«, flüstere ich ihm zu. »Einen

Namen. Er klingt traurig, aber das ist er gar nicht, weil es nicht schlimm ist, allein zu sein. Nur einsam sein ist schlimm. Aber einsam sind wir nicht, okay? Wir haben jetzt uns. Schlaf gut, kleiner Wal – kleiner Solo!«

UNTER DISTANZ

Am nächsten Tag nehme ich mein Handy mit, als ich aus dem Haus gehe. Nebel verschleiert den Himmel und taucht die Bucht in ein unwirkliches Zwischenlicht, noch dazu ist es komplett windstill, so als würde das Meer den Atem anhalten.

Wo er wohl steckt?

Der Balkonfelsen liegt höher über dem Wasser als in der letzten Nacht. Gezeitenströme. Kaum spürbar, aber sie erinnern mich daran, wie wenig Einfluss man auf manche Dinge hat. Kommt Solo deshalb nur in der Nacht zu mir? Weil er nur bei Flut zwischen die Felsen schwimmen kann? Auf jeden Fall lässt er sich nicht sehen, und nach Mittag bin ich so duselig vom Nebellicht und der Warterei, dass ich zurück ins Haus gehe und mich noch mal zwei Stunden ins Bett lege.

Als ich später zurückkomme, steht der blaue Dodge wieder auf dem Parkplatz. Es ist verrückt, deshalb flatterig zu werden, also bleibe ich erst einmal stehen und atme tief durch. Der Nebel hat sich verkrochen, und die Sonne strahlt jetzt in die Bucht, Glitzerwasser, wie es auf Postkarten gehört – oder auf Profilbilder, also ziehe ich mein Handy raus und mache zwei Bilder aus unterschiedlichen Blickwinkeln. Dabei entdecke ich Alex.

Er hockt wieder am Ende des Trampelpfads, ganz hinten bei den Bäumen, und hält den Kopf gesenkt. Diesmal weiß ich, was er da treibt, aber seine Drohne ist nirgends zu sehen. Er muss direkt an Matts Haus vorbeigelaufen sein, sogar an meinem Zimmer, während ich geschlafen habe!

»Mist«, murmle ich vor mich hin. Natürlich könnte ich einfach hingehen, schließlich kennen wir uns jetzt. Ein bisschen. Aber lieber wäre es mir gewesen, wir wären uns zufällig an meinem Felsen begegnet. Außerdem weiß ich ja überhaupt nicht, warum er das mit der Drohne macht. Er kommt doch aus Victoria, oder? Das ist eine ganz schöne Strecke. Und Wale haben sie dort schließlich genug. Warum also fährt er bis nach Solitary Cove, um einem einzelnen Wal aufzulauern? Er muss eine Absicht haben, irgendeinen besonderen Grund.

Ich schlendere zurück zu meinem Felsen und setze mich auf den warmen Stein. Die Sonne brennt jetzt richtig vom Himmel. Ich beobachte Alex, wie er reglos am Ufer hockt und sieht, was ich nicht sehen kann. Ob er Solo heute gefunden hat, da draußen?

Nach einer Weile höre ich das Summen seiner Drohne, zuerst leise und weit entfernt, dann schneller, lauter, nah. Vor dem blauen Himmel zeichnet sie sich deutlich ab und landet dann zielgenau in Alex' Schoß. Ich richte mich auf. Er bleibt eine ganze Weile vornübergebeugt sitzen, dann dreht er sich blitzschnell um und stellt eine kleine schwarze Tasche hinter sich.

Erst jetzt fällt mir auf, dass er einen Rucksack dabeihat, aus dem er jetzt ein anderes schwarzes Gerät zieht. Er klettert damit an den Felsen entlang nach unten.

Verdammt, ich wüsste zu gern, was er da treibt! Ob ich doch hingehen soll? Ich könnte ja einfach sagen, dass ich nach Solo Ausschau halte, genau wie er. Und wenn ich merke, dass ich ihn störe, gehe ich eben wieder. So mache ich das. Ganz einfach.

Ich stehe auf. Okay, nein, zuerst überlege ich mir, was ich zu ihm sage. Einfach »Hallo«? Erkennen wird er mich doch. Wobei er sich gar nicht vorgestellt oder mich nach meinem

Namen gefragt hat. Wahrscheinlich war ich für ihn nur der erstbeste Mensch, den er nach dem kleinen Wal fragen konnte. Aber »Hallo« ist gut, damit kann ich ausloten, ob er in Stimmung für Small Talk ist.

»Hallo!«

Ich fahre herum. Rosie steht hinter mir, beladen mit zwei Einkaufstaschen, und lacht mich an. Ich lächle zurück. »Suchst du Matt? Der ist noch nicht wieder da.«

»Ich weiß, deshalb wollte ich auch zu dir.« Sie wackelt mit den Taschen. »Ich habe Sachen für ein anständiges Abendessen mitgebracht. Und wir zwei Hübschen kochen heute zusammen.«

Ich versuche, nicht enttäuscht auszusehen. Ein rascher Blick zu den Bäumen zeigt mir Alex, der die Felsen wieder hochgeklettert ist und nun halb hockend, halb stehend an einem schrägen Stein lehnt. Er fummelt an dem anderen Gerät herum, das er vorhin aus dem Rucksack gezogen hat, und ich wüsste so, so gern, was er da macht!

»Ich weiß, dass es schwierig für dich ist«, sagt Rosie hinter mir und legt mir die Hand auf die Schulter. »Aber du wirst sehen, wenn ihr euch nur ein bisschen besser kennenlernt, wird alles gut. Du darfst nicht mit diesem Gefühl nach Hause fahren, Svenja. Sonst bist du umsonst gekommen. Das willst du nicht, oder?«

Ich schüttle den Kopf, reiße meinen Blick von Alex los und drehe mich zu ihr um. »Nein, natürlich nicht. Ich hab nur ... ich warte auf So... den kleinen Wal.«

Rosie lässt ihren Blick durch die Bucht schweifen. »Wenn er hier ist, schwimmt er dir nicht davon. Aber du fällst uns vom Fleisch, wenn du nicht anständig isst.« Sie legt mir den Arm um die Hüfte und schiebt mich sanft in Richtung Haus zurück.

Ich sehe ein letztes Mal zu Alex hinüber. Vielleicht ist es

besser so. Er hätte am Ende noch gedacht, ich würde ihm nachlaufen.

Rosie sperrt die Tür auf – wieso hat sie überhaupt einen Schlüssel? – und stapft mit forschen Schritten in die Küche, wo sie ihre Taschen abstellt und sich die Schultern reibt. Dann erst zieht sie ihre Schuhe aus und bedeutet mir mit dem Kopf, ihr zu folgen. Ich schließe die Haustür, steige ebenfalls aus meinen Schuhen und tappe ihr ergeben hinterher.

»Also gut.« Rosie krempelt ihre Ärmel hoch und schaut mich an. »Matt sagt, du isst nicht richtig. Was ist es, hast du ein gesundheitliches Problem?«

Ich muss lachen. »Nein, habe ich nicht. Ich bin Veganerin.«

Rosie nickt verstehend. »Ach so. Also ... kein Fisch, kein Fleisch. Nur ... Gemüse. Und das machst du freiwillig?«

Ich nicke glucksend. »Als Veganer verzichtet man nicht nur auf Fleisch, sondern auf alle tierischen Produkte. Also auch Milch, Joghurt, Eier, solche Sachen.«

Entsetzt schaut Rosie mich an. »Ja, und was isst du dann?«

Na, ganz offensichtlich kriege ich mich ernährt. Ich bin nicht gerade ein Hungerhaken. »Daheim kochen wir viel mit Getreide und Soja, es gibt Lupinenkäse, und wenn man Gemüse richtig zubereitet, schmeckt es besser als jedes Fleischgericht. Jörg ist ein super Koch, er kann tolle vegane Menüs zaubern.«

Rosie leert ihre Einkaufstaschen aus und stellt die Produkte der Reihe nach auf den Küchentisch. Alles ist dabei, alles, was sie in ihrem Laden finden konnte und kein Fleisch enthält. Sie sieht ein bisschen verzweifelt aus, also helfe ich ihr und sortiere zuerst einmal die Butter und den Käse aus.

»So. Mit dem Rest können wir kochen.«

»Und was? Da fehlt ja alles für ein ordentliches Essen!«

Ich muss schon wieder lachen. Irgendwie ist sie süß. Und sie fragt wenigstens und interessiert sich, anstatt nur klammheimlich vegane Gummibären zu kaufen.

»Ich habe noch Hirse und Lupinenkäse da. Du wirst sehen, damit kriegt man ein richtig gutes Essen hin.«

Eigentlich koche ich nicht gern, aber seit wir bei Jörg wohnen, sind Fertiggerichte von unserem Speiseplan gestrichen, und inzwischen habe ich mich so an seine Kreationen gewöhnt, dass mir das Packzeug aus dem Supermarkt schon gar nicht mehr schmeckt, so vegan es auch sein mag. Rosie sieht zu Anfang noch ziemlich skeptisch aus, aber mit Gemüse kennt sie sich aus, und schon bald schnippeln wir gemeinsam, und sie lacht, als ich erzähle, wie Tom immer heimlich seine Wiener im Kühlschrank versteckt hat, wenn er auf Wochenendbesuch bei uns war.

Das Küchenfenster geht zur Straßenseite raus. Ob Alex noch bei den Bäumen sitzt? Von hier aus kann ich ihn weder sehen, noch kriege ich mit, wenn er zu seinem Auto zurückläuft. Als Rosie das Gemüse in die Brühe wirft, verdrücke ich mich kurz auf die Toilette. Das Bad hat ein Fenster zur Meerseite, ich schiebe es auf und lehne mich hinaus, so weit es geht.

Wirklich, er ist noch da! Ganz allein hockt er auf einem Felsen, aber sein Blickwinkel hat sich geändert, er schaut jetzt zum Holzfällerlager hinüber. Sein Profil ist klar konturiert, das Kinn kräftig, die Nase gerade. Seine Haare stehen in alle Richtungen, obwohl es windstill ist.

Ich folge seinem Blick und sehe eine Wasserfontäne aus dem Meer aufsteigen. Solo schwimmt mitten in der Bucht, ganz in der Nähe des Fischerboots mit dem kläffenden Fellknäuel. Ich kann das Gebell des Hundes bis zu mir herein hören.

Das Boot fährt langsamer, ob wegen dem Wal oder weil

es zurück zum Anleger steuert, kann ich natürlich nicht erkennen. Solo und das Boot begegnen sich da draußen, dann taucht der Wal ab, aber er folgt dem Boot in einigem Abstand bis fast zum Holzsteg. Das hat er bisher nie gemacht! Morgen muss ich mich unbedingt auf den Anleger setzen, dort könnte ich ihm viel näher kommen als von dem Felsen aus.

»Svenja? Alles klar bei dir?«

Rosie klopft an die Tür und ich ziehe meinen Kopf zurück und schließe das Fenster. Ich weiß nicht, zu wem ich jetzt lieber gehen würde – Alex oder Solo. Auf jeden Fall weiß ich, auf wen ich gerade überhaupt keine Lust habe, aber es steht mir nicht zu, mich nun vor Matt zu drücken. Immerhin lässt Rosie extra wegen mir ein veganes Essen über sich ergehen.

Matt wirft mir immer wieder seltsame Seitenblicke zu. Er hat eine ziemlich intensive Art, einen nicht anzuschauen. Nicht ein Wort hat er über das Essen verloren, nur genickt, und ich könnte schon wieder ausrasten bei all dieser Gleichgültigkeit. Wahrscheinlich findet er es scheußlich, ist aber zu höflich, um mir das ins Gesicht zu sagen.

Die gute Rosie versucht die ganze Zeit, ein möglichst unbefangenes Gespräch in Gang zu halten, bei dem Matt und ich uns in einsilbigen Antworten untertrumpfen. Immerhin sagt sie, dass es ihr schmeckt – »Ich weiß gar nicht, warum ich das nicht schon früher ausprobiert habe!« –, und ich glaube ihr. Sie verspeist ganze zwei Portionen und erklärt Matt haarklein, was es mit meinem Essverhalten auf sich hat.

»Seit wann machst du das schon – dieses Vegan?« Rosie lehnt sich über den Tisch, um sich eine dritte Portion auf den Teller zu laden, und bleibt mit dem Ärmel an ihrem Glas hängen. Eine Mischung aus grünem Tee und

Canada-Dry-Limonade ergießt sich über den Tisch und tropft auf meine Hose, bevor ich reagieren kann.

»Oh nein, das tut mir so leid!« Rosie springt auf und reicht mir ein Tuch. »Gib sie mir mit, Liebes, ich wasch sie dir.«

»Nicht schlimm«, versuche ich, sie zu beruhigen. »Wenn ich es nachher gleich rauswasche, passiert nichts.«

»Es macht mir nichts aus.« Rosie macht ein zerknirschtes Gesicht. »Gib mir auch ruhig deine andere Wäsche gleich mit.«

Ich schüttle den Kopf und vermeide es, Matt anzuschauen. »Das erledige ich oben im Waschsalon. Kein Problem.«

Rosie wendet sich Matt zu. »Hast du ihr gar nicht …? Nein, hast du nicht. Oh, Matt.« Sie rollt mit den Augen und deutet auf meine Hose. »Du kannst gern bei mir waschen. Matt tut das übrigens auch, seine Maschine hat schon vor einem halben Jahr den Geist aufgegeben, aber ich habe dummerweise angeboten, seine Wäsche zu übernehmen, und deshalb hat er es nicht sonderlich eilig, sie zu reparieren.«

Matt verzieht die Mundwinkel zu einem Lächeln, das allein Rosie gilt. »Dafür habe ich deinen Wäschetrockner wieder in Gang bekommen. Ich finde, das ist ein fairer Deal.«

»Du warst ja auch nicht unerheblich schuld daran, dass er kaputtgegangen ist«, sagt sie, und Matt lacht auf. Sie sieht wieder mich an. »Er ist zu mir gekommen, um seine Jacke zu trocknen. Ich glaube, es war fünf Uhr morgens, ich hatte meine Augen noch gar nicht richtig auf. Also schmeiße ich die Jacke in den Trockner, ohne nachzusehen. In der Tasche steckt ein komplettes Essbesteck, das sich mit jeder Umdrehung langsam durch den Stoff bohrt. Die Trommel sah hinterher aus wie nach einem Hagelsturm.«

»Ich hatte es vergessen.« Matt grinst. »Wenigstens war es so gleich sauber.«

Rosie schaufelt sich die letzten Reste aus der Schüssel auf

den Teller. »Dass ihr Jungs da draußen im Holzfällercamp überhaupt mit Messer und Gabel esst!«

»Dann arbeitest du gar nicht in Solitary Cove?« Diese Info ist neu für mich. »In diesem Holzlager am Steg?«

Matts Blick flackert zu mir. »Nein. Ich bin Holzfäller, wir haben unsere Camps oben im Norden von Vancouver Island. Aber zurzeit fahre ich nur den Truck.«

Holzfäller? Schau mal an. Also doch kein Bürojob. Das erklärt zumindest, warum er immer in diesen Karohemden rumläuft. Ob Mama das weiß?

»Welchen Truck?«, frage ich ihn.

Er lächelt wieder und diesmal gilt es mir. »Die Baumstämme werden meist mit Wasserflugzeugen oder Schiffen die Küste runtertransportiert. Aber manchmal ist es sinnvoller, sie mit dem Truck zu holen, wenn man wie hier einen riesigen Umweg um die Landzunge herumfahren müsste. Von hier werden sie dann weiterverschifft.«

»Aha«, mache ich nur. Das klingt ja nicht gerade abenteuerlich. Warum bitte tauscht man einen Job in einem kalifornischen Vergnügungspark gegen Baumstämmekutschieren im Nirgendwo?

»Er macht das deinetwegen«, mischt Rosie sich nun wieder ein und zwinkert Matt zu. »Wenn er im Camp arbeitet, ist er immer gleich zehn Tage weg. Nur deshalb fährt er in diesem Sommer den Truck.«

Matt steht auf und stellt die Teller zusammen. »Das Essen war gut. Ihr solltet öfter zusammen kochen.«

Rosie und ich sehen uns an. Sie grinst, und ich weiß genau, was sie denkt: Sie hat die Tür zwischen Matt und mir wieder ein Stück aufgeschoben. Die Tür, die wir beide nach der ersten Woche zugeworfen haben.

Später am Abend lasse ich Rosie und Matt mit ihren Weingläsern in der Küche zurück und steige durch mein Zimmerfenster raus in die Nacht. Es ist schon fast dunkel, aber das Licht reicht aus, um zu sehen, dass Alex nicht mehr an der Felskante hockt. Auch sonst herrscht Stille in der Bucht, die Boote vertäut, der Parkplatz verwaist. Das Wasser gluckert ruhig und schlafend in die Höhlen im Stein.

Ein lang gezogenes Zischen ertönt und aus dem Meer steigt eine glänzende schwarze Finne empor. Es sieht gespenstisch aus und mein Magen hüpft vor Aufregung.

»Solo«, flüstere ich ihm zu. »He, Solo!«

Der Wal schwimmt einen Bogen, dicht unter der Oberfläche hält er auf mich zu. Ob er mich gehört hat? Oder weiß er inzwischen, dass ich jeden Abend hier sitze und auf ihn warte?

Kurz darauf ist er so nah, dass ich den weißen Schimmer seiner Haut im dunklen Wasser erkennen kann. Er spielt wieder mit einer Kelpschlange, genau wie bei unserer ersten Begegnung. Sein Kopf schnellt herum und er wirft sie aus dem Wasser, fängt sie auf, schleudert sie erneut. Eine ganze Weile macht er das, und ich würde am liebsten mitspielen, aber obwohl er so nah ist, komme ich nicht an ihn heran. Ich klettere über die Felsen zum Wasser, bis ich die Hand hineinstrecken kann. Solo taucht mit seiner Kelpschlange ab. Einen kurzen Moment lang kriege ich Panik, er könnte unter mir hochschnellen und mich packen, und dann wäre ich das Spielzeug, das er herumschleudert – obwohl er so klein ist, kleiner als die Wale, die ich vom Boot in Victoria aus gesehen habe, ist er doch riesig, größer als ein Delfin und ganz bestimmt stark genug, um mich unter Wasser zu ziehen. Ein Blubbern steigt zwischen meinen Fingern auf, Luftblasen, die meine Haut kitzeln und mir eine Gänsehaut über den Rücken jagen. Sofort ziehe ich die Hand wieder raus und nur einen

Herzschlag darauf schiebt sich ein schwarz-weißer Schatten unter mir aus dem Meer. Ich schwanke und klammere mich an den rauen Fels hinter mir. Solo öffnet sein Maul, und ich sehe die Kelpschlange, die zwischen seinen Zähnen hängt wie ein erlegtes Tier. Nur wenige Zentimeter trennen mich von diesen Zähnen, auf einmal ist die Distanz zwischen uns verschwunden, aber ich kann mich auch nicht bewegen, ich fühle mich wie hypnotisiert. Etwas klackert, dann spült er die Kelpschlange aus seinem Maul und schiebt sie zwischen die Felsen. Langsam sinkt er zurück ins Meer. Als ich ihn das nächste Mal sehe, schwimmt er ein gutes Stück weiter draußen in der Bucht.

Ich strecke die Hand aus und ziehe die Kelpschlange zu mir auf den Felsen. Ich hätte ihn berühren können, so nah war er mir. Habe ich mir das nicht die ganze Zeit gewünscht? Ich bleibe still sitzen und warte darauf, dass er zurückkommt und seine Kelpschlange wiederhaben will, aber nichts geschieht. Solos Zischen verklingt in der Nacht, und ich weiß nicht, ob ich erleichtert sein oder heulen soll.

ORCAKUNDE

Ich liege mit Stöpseln in den Ohren auf meinem Felsen, als ich die Drohne sehe. Sofort schnelle ich hoch. Der blaue Dodge steht auf dem Parkplatz, aber diesmal bin ich rechtzeitig dran, denn Alex lehnt an seinem Auto und schaut ihr nach, wie sie in den Wolken verschwindet.

Solo ist noch nirgends zu sehen. Ich konnte die halbe Nacht nicht schlafen und habe die Szene gemalt, von oben, so als würde ich mich und ihn betrachten. Ein Mädchen mit ausgestreckter Hand auf den Felsen kniend, unter ihr im Meer das Maul des riesigen Orcas. Obwohl ich bei den Proportionen vielleicht etwas übertrieben habe, sieht es nicht halb so unheimlich aus, wie es sich in dem Moment angefühlt hat.

Als ich wieder zum Parkplatz schaue, ist Alex verschwunden, und ich versuche, ganz ruhig sitzen zu bleiben. Auf keinen Fall darf es so aussehen, als hätte ich auf ihn gewartet. Ich schalte die Musik ab und klemme mir die Stöpsel wieder in die Ohren.

Er braucht eine Ewigkeit, um zwischen den Häusern durchzulaufen. Die Drohne ist schon nicht mehr zu hören, als er endlich um Matts Haus herumkommt, den Blick gesenkt auf das Display, mit dem er das Meer absucht. Er trägt einen schwarzen Hoodie mit doppeltem Kragen. Seine Haare sind windzerzaust und hängen ihm in die Augen, und er ruckt immer wieder mit dem Kopf, um sie aus der Stirn zu kriegen. Ich halte den Atem an. Er tippt irgendwas auf seinem Display herum, schaut aber nicht hoch. Das darf nicht wahr sein! Er läuft an mir vorbei und sieht mich nicht, und ich werde wieder hier hocken und mich nicht zu ihm trauen. Durch die Stille aus meinen Ohrstöpseln höre ich den Kies unter seinen Schritten knirschen.

Alex bleibt stehen. Ohne den Blick von seinem Display zu nehmen, sagt er: »Hi!«

»Hi«, gebe ich zurück und ziehe die Stöpsel aus meinen Ohren. Soll ich aufstehen?

Er schaut mich immer noch nicht an. »Hast du ihn heute schon gesehen?«

Wie kann er mich erkennen, wenn er mich nicht anguckt? Dann hat er bestimmt auch bemerkt, dass ich ihn beobachtet habe.

Ich schüttle den Kopf. »Nein, noch nicht.«

Er runzelt die Stirn, dann lässt er das Display sinken und klettert zu mir auf meinen Felsen. Bevor ich mich entscheide, doch aufzustehen, hat er sich schon in die Hocke niedergelassen und streckt mir seine Hand hin. »Ich bin Alex. Aber das weißt du ja schon. Verrätst du mir, wie du heißt?«

Er ist mir plötzlich so nah, dass es mir geht wie letzte Nacht, mit Solo. Hypnoseanfall. Ich brauche einen Moment, bis ich merke, dass er wartet. Schnell hebe ich den Arm und greife nach seiner Hand, die sich trocken und fest anfühlt, genau wie beim letzten Mal – warum weiß ich das überhaupt noch?

»Und?« Er grinst.

»Was?«

»Hast du einen Namen?«

»Äh, ja. Svenja.«

»Svenja«, wiederholt er. Bei ihm klingt es anders, als würde er u statt v sagen, aber ich mag den Sound. Matt spricht ihn deutscher aus und Rosie nennt mich nur immer »Mädchen« oder »Schätzchen«.

Alex lässt meine Hand los und rutscht neben mich, sodass ich mit auf sein Display sehen kann. »Er ist direkt vor dem Eingang zur Bucht. Gestern habe ich ihn beobachtet, wie er die Fischer abgepasst hat. Vielleicht kriegt er das mit dem Jagen noch nicht allein hin und hat rausgefunden, dass sie ihn zu den Fischen führen, auf jeden Fall scheint er auf die Boote zu warten.«

Solo sieht winzig klein aus auf seinem Display, vielleicht auch nur, weil er diesem riesigen Fischkutter hinterherschwimmt. Immer wieder taucht seine Finne aus dem Meer auf, mal links, mal rechts vom Heck des Boots. Die Crew sieht ihn entweder nicht oder er ist ihnen egal, die sind mit Fischen beschäftigt. Es sieht so leicht aus, wie ein Spiel – als könnte er sie im entscheidenden Moment mühelos überholen und ihnen die Fische vor der Nase wegschnappen.

»Das ist nicht gut«, sagt Alex neben mir. »Siehst du, wie dicht er hinter dem Boot schwimmt? Wenn ihn die Schiffsschraube erwischt, war's das.«

»Du meinst, er könnte sterben?«

»Auf jeden Fall würde sie ihn verletzen. Jede Infektion kann tödlich sein, selbst wenn ihn die Verletzung nicht umbringt.«

Erschrocken schaue ich hoch. »Dann müssen wir den Fischern das sagen!«

Alex lächelt mild. »Und was sollen die machen? Aufhören mit ihrem Job? Er ist es, mit dem wir reden müssen.«

»Er? Du meinst Solo?«

Alex lacht auf. »Solo?« Bestimmt werde ich knallrot, denn er macht gleich wieder ein ernstes Gesicht. »Wer hat ihn so getauft, die Leute im Dorf? Oder du?«

»Ich. Die Leute in Solitary Cove wollen ihn überhaupt nicht hier haben.«

»Na ja, da haben sie schon recht.« Er legt den Kopf schräg.

»Es geht nicht darum, dass sie ihn nicht haben wollen. Für den Wal – sorry, für Solo – wäre es besser, er würde von hier verschwinden.«

»Warum?«

»Zu viele Boote. Zu viele Menschen. Potenzielle Gefahren. Weißt du noch, was ich euch erzählt habe, in Victoria? Wale sind Familientiere. Die schwimmen nicht allein herum. So ein kleiner Kerl schon gar nicht. Da stimmt was nicht. Entweder er ist von seiner Familie getrennt worden oder seine Mutter ist gestorben. Er ist nicht der erste kleine Wal, der vor der Küste auftaucht und die Nähe zu Booten und Menschen sucht, es hat solche Fälle schon früher gegeben, weißt du?«

»Und was ist mit diesen Walen passiert?« Ich bin mir nicht sicher, ob ich das wirklich hören mag. Andererseits will ich auch verstehen, warum Solo nicht hier sein soll – und ob wir ihm helfen können, seine Familie wiederzufinden.

Alex legt das Display zwischen uns auf den Stein. »Zwei kleine Wale, beinah zur selben Zeit. Springer gehörte zur Gruppe der Northern Residents und tauchte allein vor Seattle auf, nachdem ihre Mutter gestorben war. Niemand weiß, wie sie dorthin gelangte. Resident Orcas sind ortsgebunden, es gibt feste Gruppen im Norden und im Süden der Insel und sie vermischen sich niemals. Zu ihrem Glück sind die Residents hier in British Columbia die am besten erforschten Orcas der Welt, und so haben Forscher ihren Dialekt erkannt und konnten genau sagen, zu welcher Familie sie gehört. Man hat sie eingefangen und zurück in die Johnstone Strait gebracht, ganz oben im Nordosten von Vancouver Island. Das war damals eine Sensation, denn sie war der erste Wal, der eingefangen und wieder freigelassen wurde. Das Ganze hat nur wenige Wochen gedauert, und sie hatte nie mehr Kontakt zu Menschen als nötig, denn man wollte, dass sie ein wildes

Tier bleibt mit ihren natürlichen Instinkten. Als ihre Gruppe in der Nähe war, ließ man sie frei, und sie schloss sich ihnen an. Das ist jetzt sechzehn Jahre her. Springer ist inzwischen selbst Mutter, sie hat einen festen Platz in ihrer Familie.«

»Wow.« Diese Geschichte ist ja irre. Auf einmal habe ich Mitleid mit Solo, der vielleicht auch auf die falsche Seite der Küste geraten ist und nun nicht mehr allein zu seiner Familie zurückfindet. Aber wenn man diese Springer retten konnte, dann geht das doch bestimmt auch mit Solo, oder?

»Was ist mit dem anderen Wal passiert?«, frage ich. »Du hast gesagt, es waren zwei.«

Alex' Blick wird trüb. »Ja, Luna. Luna war ein Southern Resident, der irgendwie in den Nootka Sound an der Westküste von Vancouver Island gelangt war. Seine Familie hatte in diesem Jahr etliche ihrer Mitglieder verloren, keiner weiß, wie. Luna schloss sich den Menschen an. Er folgte den Booten, wie Solo es tut. Und er wurde ihnen gefährlich, weil er komplett die Scheu vor den Menschen verloren hat.«

»Hat man ihn nicht ebenfalls eingefangen und zurück zu seiner Familie gebracht?«

Alex schüttelt langsam den Kopf. »Das war nicht so einfach. Luna war in einem Gebiet gelandet, in dem seine Anwesenheit lange unbemerkt blieb. Als die Öffentlichkeit anfing, sich für ihn zu interessieren, war es schon zu spät. Man hat ihn dort gelassen, in dieser Bucht, und gehofft, er würde von selbst wieder verschwinden. Fünf Jahre lang.« Alex macht eine Pause und sieht raus aufs Meer. »Dann kam Luna einem der Boote zu nah und geriet in die Schiffsschraube.«

»Er ist gestorben?«, frage ich leise.

Alex nickt. Sein Blick flackert wieder zu dem Display, auf dem jetzt nur noch Solo zu sehen ist, allein, wie er mit hoher Geschwindigkeit durch die Wellen pflügt. Ein kleiner Wal irgendwo im großen, weiten Ozean.

»Deshalb soll Solo nicht hierbleiben«, murmle ich. »Damit ihm so was nicht passiert.«

»Wale gehören nicht in die Nähe von Menschen. Vor allem keine kleinen Wale, die noch nicht gelernt haben, sich vor Gefahren zu schützen.«

»Und was kann man machen? Wie kriegen wir ihn dazu, wieder zu seiner Familie zurückzuschwimmen? Wir wissen doch überhaupt nicht, warum er hier allein ist.«

Alex muss lachen. »Du kannst ja mal mit ihm reden. Am besten bei Vollmond. Vielleicht klappt es ja!«

Er verarscht mich, also bin ich besser ruhig. Das Schicksal dieses zweiten Wals, Luna, nagt an mir. Und ich habe ein schlechtes Gewissen, weil ich mir die ganze Zeit gewünscht habe, Solo würde hierbleiben, damit ich ihn sehen und zeichnen kann.

»Okay, sorry.« Alex deutet auf sein Display. »Das Wichtigste überhaupt ist es herauszufinden, wer dein Solo überhaupt ist. Woher kommt er? Zu welcher der beiden Gruppen gehört er? Ich habe Fotos von ihm gemacht, aber sie waren nicht gut genug. Weißt du, wie man Wale identifiziert?«

Das hat er doch schon mal erwähnt, oder? »An ihren Geräuschen«, vermute ich.

»Dialekt.« Alex nickt. »Stimmt. Aber es gibt noch eine Möglichkeit. Mit ein bisschen Glück finden wir sogar seinen Namen heraus. Seine wissenschaftliche Namenszuordnung, meine ich.«

»Und wie?« Er hat »wir« gesagt. So als wären wir ein Team. Ein Solo-Team. Das ist definitiv cool.

»Pass auf.« Er tippt auf seinem Display herum, bis ein Foto von Solo erscheint, wie er seine Finne aus den Wellen schiebt. Man sieht nicht viel mehr als das schwarze Schwert und den oberen Teil seines Rückens. Alex deutet auf den weißen Fleck hinter der Finne, der halb von Wasser verdeckt ist.

»Diesen hellen Schatten nennt man Saddle Patch. Bei jedem Wal sieht er anders aus. Als man anfing, Wale zu katalogisieren, wurden sie immer von der linken Seite fotografiert, sodass man diesen Fleck vergleichen konnte. Wenn du dann noch Form und Größe oder Vernarbungen an der Rückenfinne dazunimmst, kannst du so ziemlich jeden Orca unterscheiden. Wir müssen also nur ein Foto von Solo kriegen, auf der genau diese Stelle gut zu sehen ist. Dann finden wir mit großer Wahrscheinlichkeit auch heraus, wer er ist.«

»Aber du hast keines?«

»Noch nicht, nein.« Alex flippt durch die Bildersammlung, die immer Solo zeigt, immer von links. Auf allen Fotos ist der weiße Fleck halb unter Wasser, so als wollte er sich der Kamera nicht zeigen.

Ich bin ziemlich sicher, dass ich ihm diesmal was voraushabe. »Mir hat er diesen Fleck gezeigt.«

Alex richtet sich ein Stück auf. »Du hast nicht zufällig ein Foto davon gemacht?«

»Nicht direkt.« Will ich ihm das wirklich zeigen? Aber warum nicht? Es geht ja um die Wissenschaft. Und ich möchte Solo helfen, vor allem nachdem ich die Geschichte von Luna gehört habe. »Ich habe ihn gezeichnet.«

»Echt? Hast du das Bild hier?«

»Nein, zu Hau… ähm … nein, ich müsste es erst holen.«

Über unseren Köpfen brummt es nun, ich höre die Drohne näher kommen. Wenige Sekunden später taucht Solo am Rand der Bucht auf und schwimmt auf das Holzlager zu.

»Okay.« Alex steht auf und streckt den Arm aus. Wie ein folgsamer Falke schraubt sich die Drohne tiefer und tiefer und landet zielgenau in seiner Hand. »Treffen wir uns morgen Mittag wieder hier? Du bringst deine Zeichnung mit und ich die Kataloge mit den Walen. Bestimmt wissen wir dann, wer dein Solo wirklich ist.«

Ich schaue ihm nach, bis er wieder auf dem Parkplatz ist, die Drohne in seiner Tasche verstaut und in sein blaues Auto steigt. Morgen Mittag wieder hier. Er hat nicht spezifiziert, wann Mittag ist, aber wir haben einen Treffpunkt. Er wird kommen und auf mich warten und ich kann einfach hingehen und mich zu ihm setzen.

Ein warmes Gefühl kriecht in mir hoch. Endlich bin ich nicht mehr allein in Solitary Cove! Und es ist nicht irgendwer, der sich zu mir ins Niemandsland verirrt hat, sondern ausgerechnet Alex, der coolste Skipper aus Victoria.

Ich schaue wieder raus, zu Solo, der angefangen hat, mit den im Wasser treibenden Holzstämmen Mikado zu spielen. Vorn am Steg stehen ein paar Leute, die ihn dabei beobachten, Fotos machen, versuchen, ihn anzulocken. Solo reagiert nicht auf sie, aber ich habe das Gefühl, er ist sich ihrer Anwesenheit durchaus bewusst und zieht absichtlich eine Show ab, schubst die Stämme herum, treibt sie wieder zusammen, ordnet sie neu. Bestimmt hat Alex recht, Menschen und wilde Wale – das verträgt sich nicht. Trotzdem kann ich die Leute verstehen, auch ich würde am liebsten mit ihm spielen.

Am Abend fragt Matt, ob ich mit ihm essen möchte. Ich wollte ihm zwar eigentlich aus dem Weg gehen, aber nach gestern bringe ich es nicht übers Herz, Nein zu sagen. Er hat Brot mitgebracht und eine ganze Tasche voll mit verschiedenen Belägen. Offenbar hat er verstanden, worauf es ankommt. Wir sitzen uns gegenüber und schweigen uns an, bis ich schließlich aufstehe und mein Reisetagebuch hole. Ich blättere zu der Seite, die ich damals gemalt habe, nach meinem ersten Trip nach Victoria mit Rosie. Seltsam, es jetzt zu betrachten. Alex ist gut getroffen, die Haare, die ihm immer in die Stirn fallen, die gerade Nase, das kräftige Kinn … nur seinen Mund würde ich heute anders malen. Auf gar keinen

Fall darf ich das Buch aus der Hand geben und riskieren, dass er das sieht! Aber Matt kann ich es zeigen.

»Der Typ ist Skipper auf einem Whale-Watching-Boot in Victoria«, fange ich an und beobachte ihn genau.

Matt verzieht keine Miene, starrt nur auf die Zeichnung und nickt dann anerkennend. »Das ist großartig, Svenja. Du hast wirklich Talent.«

Ich fühle mich zwar geschmeichelt, aber eigentlich wollte ich nicht schon wieder so schnell das Thema wechseln, also rede ich einfach weiter. »Er kommt hierher, nach Solitary Cove. Wegen dem kleinen Wal da draußen. Morgen treffe ich mich mit ihm.«

Jetzt sieht Matt auf. »Mit diesem Jungen?«

»Jap.«

»Wie gut kennst du ihn denn?«

»Na ja … genau genommen noch gar nicht.« Er hat ja nur über die verwaisten Walkinder geredet, nicht über sich. Und morgen wird das nicht anders laufen, aber ich mache trotzdem weiter. »Er ist … nett.«

»Nett.« Matt schmunzelt. »Nett ist die kleine Schwester von scheiße, oder?«

Ich schaue ihn erschrocken an, aber dann müssen wir beide lachen. »Okay, dann ist er halt cool.«

»Hast du denn zu Hause einen Freund?« Er senkt den Blick wieder auf seinen Teller und schiebt mit der Brotkante die Reste seiner Fischpastete zusammen.

»Nein.« Keine Lüge. Aber auch nicht die ganze Wahrheit. Nicht so, wie er es gefragt hat. »Es gibt jemanden … den ich mag. Also, ziemlich mag.« Mein Blick fliegt zu der Zeichnung. Mitten unter den Zuschauern steht Tom und beobachtet mich, seine Augen sehen aus, als würde er sich königlich über mich amüsieren.

»Aber derjenige mag dich nicht?«

Jetzt kratze ich auf meinem Teller herum. »Ach, na ja … wir sind halt … puh. Er mag mich nicht so, wie ich ihn mag.« Das wollte ich ihm gar nicht alles erzählen. Zu Hause weiß niemand von meinen Gefühlen für Tom. Er wahrscheinlich schon, er merkt das, auch wenn er immer so tut, als wäre alles ganz normal zwischen uns.

Ich weiß noch gut, wie er mit seinem Vater gestritten hat, als er bei unserem Kurzurlaub im Tropical Islands mit mir losziehen sollte. Da habe ich begriffen, dass er mich nie so wahrnehmen wird wie ich ihn. Und trotzdem schleicht er noch immer in meinen Träumen rum. Es ist wie verhext – lässt sich einfach nicht abstellen.

Matt rutscht zu mir und legt mir ganz sacht seine Hand auf die Schulter. Sehe ich so traurig aus?

»Du kannst dir nicht aussuchen, in wen du dich verliebst. Das passiert einfach. Auch wenn alle Umstände dagegensprechen. Und das ist gut so. Aber es ist eine rationale Entscheidung, was du daraus machst. Ob du für immer an jemandem hängst, der dich nicht will, oder das Gefühl genießt und dennoch … ohne ihn weiterlebst. Weiterliebst.«

Ich nicke. Natürlich, er hat recht, absolut. Ging es ihm so, mit Mama? Wenn er das geschafft hat, gelingt mir das auch. Irgendwann hört das auf, mit Tom. Seit ich hier bin, denke ich auch gar nicht mehr ununterbrochen an ihn, vielleicht brauche ich nur Abstand, um ihn endlich aus meinem Kopf zu kriegen?

»Und dieser Typ …«, fängt Matt an und räuspert sich.

»Der kommt nur wegen dem Wal, keine Sorge.« Ich muss grinsen. »Dass ich ihn cool finde, weiß er nicht.«

Matt lässt seine Hand wieder sinken und nickt. Sieht er erleichtert aus? »Übrigens hat deine Mutter geschrieben. Sie fragt, wie es dir geht. Ich wusste nicht, was ich ihr antworten soll.«

Mama! Ein Blitz zuckt durch meinen Bauch. Plötzlich vermisse ich sie wieder, so sehr, dass es wehtut. »Ich habe hier nirgendwo Netz, wie kann ich ihr denn schreiben?«

»Du kannst an meinen Computer«, bietet Matt sofort an und deutet in Richtung Wohnzimmer. »Ist eine alte, langsame Kiste. Aber er funktioniert noch.«

»Echt, darf ich?«

»Na klar. Ich benutze ihn sowieso kaum. Ein Passwort gibt es nicht, mach damit, was du willst.«

»Okay. Danke!«

Er sieht mich wieder an, nickt, lächelt. Aber seine Augen bleiben verschattet, so als würde es ihn traurig machen, mich anzugucken.

Ich stehe auf, klemme mir mein Buch unter den Arm und stelle das Geschirr zusammen. Matt räumt es in den Geschirrspüler und ich wische den Tisch sauber. Bevor wir uns im Gang trennen, muss ich ihm noch eine letzte Frage stellen.

»Hast du ihn auch gesehen? Den kleinen Wal?«

Matt zögert einen winzigen Moment, so als müsse er überlegen. Dann senkt er den Blick. »Natürlich habe ich ihn gesehen. Jeder hat ihn inzwischen bemerkt.«

»Und? Was sagst du dazu?«

Diesmal muss ich länger auf meine Antwort warten. Matt runzelt die Stirn und legt den Kopf schief. »Ich glaube, die Leute vergessen über all ihrer Handyfilmerei, mit wem sie es zu tun haben. Orcas sind Raubtiere. Sie können dich unter Wasser ziehen und in Stücke reißen. Vergiss das nie, Svenja.«

Der Morgen vergeht schleppend. Ich bin in der Nacht nicht mehr rausgeschlichen zu Solo, sondern habe nur mein Fenster offen gelassen und dem Rauschen der Wellen im Wind gelauscht. Manchmal hat sich noch ein anderes Geräusch dazugemischt, ein hohes Pfeifen, aber das kann auch von den Masten der Segelschiffe gekommen sein. Der Wind blies heftig und ungemütlich, doch das war nicht der Grund, warum ich dringeblieben bin. Matts Warnung hat mir Angst gemacht.

Unter Wasser ziehen. In Stücke reißen. Warum sagt er so was? Weil er recht hat, verdammt. Weil ich genau diese Angst schon hatte, bevor ich auf das Boot in Victoria gestiegen bin. Die Leute verherrlichen diese Tiere, weil sie faszinierend sind und in dieser fremden Welt unter den Wellen leben, Warmblüter wie wir, uns gar nicht so unähnlich. Aber ungleich größer und stärker. Wie denkt ein Wal? Kann der mich überhaupt von einem großen Fisch unterscheiden? Wenn ich mir vorstelle, wie ich am Wasser knie und meine Hand in die Wellen strecke, nur Sekunden bevor Solo darunter auftaucht, wird mir jetzt noch ganz kribbelig. Ja, das war irre, klar, aber es war auch gruselig, und eigentlich habe ich keine Ahnung, was ich da eigentlich tue. Es schadet nicht, ein bisschen vorsichtiger zu sein. Matt hat Schiss vor den Orcas, so viel ist klar. Das war wahrscheinlich auch der Grund, warum er nicht mit mir auf das Boot wollte.

Da frage ich mich ja nur, warum er dann seelenruhig zugelassen hat, dass ich mich in die vermeintliche Gefahr begebe.

Der blaue Dodge biegt auf den Parkplatz vor dem Anleger ein und augenblicklich fangen meine Hände an zu schwitzen. Alex ist hier, und diesmal weiß ich, dass wir uns treffen! Ob ich ihm entgegenlaufen soll?

Nein, besser nicht. Ich nehme mein Tagebuch mit und warte am vereinbarten Treffpunkt auf ihn. Heute habe ich sogar an eine Decke gedacht, das alte Wollfilzteil aus dem Regal. Ich breite sie auf dem Felsen aus und warte, aber Alex kommt nicht, und auch seine Drohne höre ich nirgends. Verwirrt schaue ich wieder zum Parkplatz. Der Dodge steht noch da, an der Wasserkante, wie jedes Mal. Nur Alex ist verschwunden.

Enttäuscht ziehe ich den Stift raus und beginne, sinnlos Kreise und Dreiecke auf eine freie Seite zu malen. Dabei schaue ich immer wieder zu seinem Auto und zwischen den Häusern hindurch. Als ziemlich nah vor mir ein lautes Zischen ertönt, fällt mir vor lauter Schreck der Stift aus der Hand und kullert über den Stein ins Wasser.

Ich springe hoch und hechte zum Rand, aber der Stift ist bereits unerreichbar weit abgetrieben. So ein Mist, das war ausgerechnet der mit dem Orcaaufsatz, den ich in Victoria gekauft habe! Das schwere Ende zieht den Stift nach unten und er versinkt mit dem Miniorca voran im dunklen Wasser. Na toll.

»Hey!«

Ich wirble herum. Alex steht vor mir und schaut auf mich herab, zwei Dosen Canada Dry in der Hand, und deutet auf mein provisorisches Lager. »Darf ich?«

»Klar.« Ich rutsche zur Seite und mache ihm Platz. Er schielt zum Wasser hin und verengt die Augen. Hoffentlich hat er das mit dem Bleistift nicht mitgekriegt.

»Er ist hier, dein Wal.«

»Ich weiß. Wir waren schließlich verabredet.«

Alex grinst. Er lässt sich in die Hocke nieder und stellt die Dosen zwischen uns auf den Boden. Dann zieht er seinen Rucksack vom Rücken und kramt einen dünnen Bildband und einen Ordner hervor, die er ebenfalls zwischen uns ablegt. Der ist wirklich zum Arbeiten hier. Was er wohl treibt, jetzt, wo er nicht mehr auf dem Touristenboot arbeitet? Er weiß so unglaublich viel über die Wale, das kann doch nicht bloß ein Hobby von ihm sein, oder?

»Dann zeig mal deine Zeichnung. Ich bin schon total gespannt.«

Ich zögere nur einen winzigen Augenblick, dann gebe ich ihm das Buch. Um die vollgezeichneten ersten Seiten habe ich ein Gummi geschlungen, damit er gar nicht auf die Idee kommt, sie aufzublättern. Er starrt eine ganze Weile auf mein Bild von Solo, und ich komme mir unendlich dumm vor, weil ich ihm Hoffnungen gemacht habe, darauf irgendwas Wichtiges zu erkennen. Immerhin ist er extra deshalb aus Victoria hierhergefahren, oder? Aber dann lässt er sich in den Schneidersitz gleiten, legt das Buch auf sein Knie und schaut mich an.

»Wow.«

»Was?«

»Deine Zeichnung. Die ist wow.«

Jetzt bin ich knallrot, ganz bestimmt.

»Ehrlich gesagt hab ich nicht gedacht, dass ich mit einer Zeichnung was anfangen kann.« Er grinst wieder. »Aber die hier ist mindestens so gut wie meine Fotos.«

Solo prustet wieder, diesmal ein Stück weiter entfernt. Das Fischerboot mit dem kläffenden Hund kommt um den Felsen herumgefahren, und es sieht aus, als würde Solo darauf zusteuern.

»Finden wir damit raus, wer er ist?«, frage ich Alex und hoffe, dass er das Buch wieder aus der Hand legt, aber er lässt es auf seinem Knie liegen und greift nach dem Bildband. Der Titel lautet »Killer Whales« und verschwimmt im Dunst der Atemwolken einiger Orcas, die aus graugrünem Wasser tauchen. Es ist ein wissenschaftliches Buch mit lauter Fotos von Walen darin, aber die Bilder zeigen nur Ausschnitte, immer die nach oben gereckte Rückenfinne und den weißen Fleck dahinter, den er bei Solo zu fotografieren versucht hat. Tatsächlich sehen die Wale alle unterschiedlich aus, aber das fällt erst auf, wenn man diese Fotos anguckt. In der halben Sekunde, die sie sich aus dem Wasser erheben, könnte ich sie nicht mit bloßem Auge voneinander unterscheiden.

»Wir nennen sie Clans«, klärt Alex mich auf, während er langsam durch die Seiten blättert, »die dann noch mal in Pods unterteilt sind. Jeder Pod hat unterschiedlich viele Mitglieder, und jedes Mitglied trägt den Namen des Pods und eine Nummer, anhand der wir sie identifizieren. So ist es möglich, dass wir uns über die einzelnen Gruppen austauschen, zum Beispiel draußen auf dem Wasser. Und jeder weiß sofort, wer gemeint ist. Unsere Residents sind so gut erforscht, dass wir ziemlich genau sagen können, wer ein Kalb dazubekommen oder ein Familienmitglied verloren hat. Aber natürlich ist Solo noch jung, und da ist es möglich, dass er noch nicht katalogisiert worden ist … zumindest nicht hier.«

Ich versuche, dasselbe auf den Bildern zu erkennen wie Alex, aber er sieht feine Unterschiede, die mir verborgen bleiben. Als er die letzte Seite mit Fotos umblättert, runzelt er die Stirn.

»Nichts?«, frage ich unnötigerweise.

»Nein.«

»Und jetzt?«

»Suchen wir weiter. Ich habe ein paar Leute angeschrieben und mir sämtliches Material aus den letzten drei Jahren schicken lassen. Älter als drei ist Solo auf keinen Fall, eher jünger.« Er klopft auf den Ordner. »Darf ich deine Zeichnung haben?«

Erschrocken schüttle ich den Kopf. »Äh, das geht nicht, ich habe … also, das ist so was wie ein Tagebuch.«

»Oh.« Er hebt das Buch an. »Okay, klar. Dann mach ich ein Foto davon, okay?«

»Ja, natürlich.«

Während er mit seinem Handy Fotos von meiner Zeichnung schießt, schaue ich wieder nach Solo. Sein Prusten und

Atmen ist schon so vertraut, dass ich kaum noch darauf achte. Er hat das Boot verfolgt und streckt seinen Kopf senkrecht aus dem Wasser. Der Hund führt sich auf wie verrückt, er bellt und springt herum, aber er kann nichts machen, er kommt nicht an den Wal heran. Die Fischer stehen daneben und lachen, einer ruft dem Hund etwas zu und die anderen lachen nur noch mehr. Solo lässt sich zurück ins Wasser sinken, dreht sich auf den Bauch und platscht mit den Flossen auf die Oberfläche, dass es nur so spritzt. Einer der Fischer holt sein Handy raus und filmt die Szenerie. Der Hund dreht beinah durch, jede Sekunde fällt er ins Wasser – nein, einer der Männer packt ihn am Halsband und weist ihn zurecht, zum Glück. Ich will gar nicht wissen, was Solo mit ihm gemacht hätte.

»Zumindest wissen wir jetzt, dass du recht hast«, sagt Alex neben mir und gibt mir endlich mein Tagebuch zurück.

»Womit?« Ich schüttle den Kopf. Der Hund ist ja verrückt, legt sich mit einem riesigen Orca an!

»Mit Solo. Du hast recht – er ist männlich.«

Verwirrt starre ich den kleinen Wal an, der noch immer falsch herum im Wasser treibt, als würde er dem kläffenden Hund hinterherwinken, aber ich kann nichts erkennen, was nach einem … äh … Indiz seiner Männlichkeit aussieht.

Alex beugt sich näher zu mir und deutet auf Solo. »Du siehst es an den Farben. Männchen haben einen dunklen Fleck an der Stelle, wo ihr Geschlecht, na, versteckt ist.«

»Aha.« Ich sehe gar nichts. Aber plötzlich bin ich wieder auf dem Boot, unter uns der Fisch, der jeden Moment Walfrühstück wird, und Alex steht halb über mir und wirkt, als wüsste er genau, was geschieht.

»Die Fischer lachen darüber«, sage ich kopfschüttelnd und bringe ein bisschen Abstand zwischen uns. »Haben die gar keine Angst?«

»Warum sollten sie Angst haben?«

Ich schlucke, weil er mich jetzt direkt anschaut. »Na ja … mein Vater hat gesagt, Orcas können einen unter Wasser ziehen und … in Stücke reißen.«

»Hat dein Dad irgendwas mit Orcas zu tun?«

Ich schüttle den Kopf. »Nein. Er ist … Holzfäller.«

Alex beißt sich auf die Lippe. »Theoretisch stimmt es, was er sagt. Aber Wale ziehen Menschen nicht unter Wasser und reißen sie auch nicht in Stücke. Das sind Geschichten aus ziemlich schlechten Filmen. Wir stehen überhaupt nicht auf ihrem Speiseplan.«

»Und wenn sie uns verwechseln? Mit einem großen Fisch oder so?«

»Würdest du einen Hund mit einer Katze verwechseln?«

Ich zucke mit den Schultern. »Nein, aber …«

»Eben«, unterbricht er mich. »Wale sind hochintelligente Wesen. Die wissen genau, was sie tun. Die einzigen Fälle, in denen Wale Menschen angegriffen haben, sind mit Tieren in Gefangenschaft passiert, aber das ist was völlig anderes, die Bedingungen sind da auch komplett widernatürlich. Du brauchst keine Angst zu haben. Wenn Solo ein Resident Orca ist, frisst er ausschließlich Fische und hat längst kapiert, dass du kein aquatisches Wesen bist.«

»Es ist also noch nie was passiert? Bei diesen Bootsausflügen in Victoria auch nicht?«

Alex zieht den Ordner auf seinen Schoß und schlägt ihn auf. Er legt den Kopf schräg und scheint zu überlegen. »Na ja, es gibt schon Situationen, die kritisch sind. Aber uns hat noch nie ein Wal angegriffen, wenn du das meinst. Mein Dad hat die Töne von Orcas immer mit Unterwassermikrofonen aufgezeichnet. Einmal ist er mit dem Boot rausgefahren und hat den Walen diese Töne vorgespielt. Ich war nicht dabei, aber er hat mir die Geschichte wohl hundertmal erzählt: Bei einer bestimmten Tonfolge kamen zwei Wale plötzlich an die Oberfläche geschossen und rammten sein Boot, als wenn sie sauer wären über das, was er da zu ihnen gesagt hat.«

»Und ist ihm was passiert?«

»Nein. Getan haben sie ihm ja nichts. Aber sie hätten es tun können. Wir hatten ein kleines Ruderboot mit Außenbordmotor, so ein Teil schubst du leicht um. Haben sie aber nicht. Nie.«

»Ich wäre nie wieder in dieses Boot gestiegen«, murmle ich.

»Solange du Respekt hast und auf Distanz bleibst, passiert dir nichts«, meint er. »Mein Dad war in beidem nicht sonderlich gut.«

»Und macht er das heute auch noch? Die Wale aufnehmen, meine ich.«

Alex schüttelt nur abwesend den Kopf und senkt die Nase in den Ordner auf seinem Schoß. Blatt für Blatt studiert er Schwarz-Weiß-Bilder und Zahlen-Buchstaben-Kombinationen. Nach einer Weile trennt er einen Stapel Blätter aus dem Ordner und reicht ihn mir.

»Hier, du kannst helfen. Such nach Gemeinsamkeiten. Schau dir zuerst die Rückenfinne an. Wenn du meinst, dass sie identisch sein könnte, dann vergleich den Saddle Patch. Manchmal steht auch nur eine Info dabei, hat ein Kalb oder so ... das könnte auch ein Hinweis auf Solo sein.«

Eine ganze Weile hören wir nur das Gluckern des Wassers und Solos regelmäßige, schnelle Atemzischlaute. Aber wir sind beschäftigt, und es ist auch schön, mit Alex zu schweigen. Von der Bucht her nähern sich wieder Boote, eine Segeljacht diesmal. Die Leute darauf sind wohl nicht aus Solitary Cove, denn sie flippen völlig aus, als sie Solo entdecken – oder besser, als Solo sie entdeckt. Er zieht dieselbe Show ab wie vorhin bei dem Fischerboot, folgt ihnen, reckt den Kopf aus dem Wasser, dreht sich auf den Rücken, schlägt mit den Flossen. Die Leute locken ihn und strecken die Hände nach ihm aus. Ich gucke schnell wieder auf mein Blatt, schiele aber immer wieder hin, weil ich insgeheim doch Angst habe, dass er sie schnappen und ins Wasser ziehen könnte. Was nicht geschieht, die Jacht gleitet an den Anleger, die Leute steigen aus, Solo bleibt allein zurück. Er dümpelt wieder in die Mitte der Bucht und sucht sich eine Kelpschlange zum Spielen, aber so richtig Lust scheint er heute nicht zu haben. Ob ihn etwas traurig macht? Hat er vielleicht doch Heimweh?

»Das geht nicht mehr lange gut«, sagt Alex neben mir und klappt den Ordner zu. »Es wird sich rumsprechen und dann hast du hier einen wahren Zirkus auf dem Wasser.«

»Hast du ihn gefunden?«, frage ich und reiche ihm den Blätterstapel zurück. Ich kann mir beim besten Willen nicht vorstellen, wie er einen einzelnen Wal unter diesen Hunderten identischen Bildern erkennen will, aber er scheint sich seiner Sache sehr sicher zu sein.

Alex sortiert den Stapel wieder zu den anderen Blättern und lässt den Ordner in seinem Rucksack verschwinden. »Bei den Twelves gab es im letzten Jahr ein Kalb, das in diesem Jahr aber noch niemand gesehen hat. Der Spur können wir nachgehen.« Er runzelt die Stirn, als wieder ein Boot vom Anleger abfährt und Solo sich ihm sofort anschließt. Die Typen in dem Boot liefern sich ein kleines Rennen mit ihm, einer von ihnen filmt die Szene mit seinem Handy.

»Siehst du, das meine ich. Je eher wir rauskriegen, wer dein Solo ist, desto besser.«

»Und wenn er zu diesen ... Twelves gehört, kann man ihn dann dorthin zurückbringen? Wie diesen anderen Wal, von dem du erzählt hast?«

»Möglicherweise. Die Twelves gehören zu den Northern Residents. Sie bleiben den Sommer über oben zwischen den

Inseln der Inside Passage in der Johnstone Strait, aber sie kommen niemals bis hier herunter nach Victoria. Wenn Solo dieses verschwundene Kalb ist, wissen wir zumindest, wo wir seine Familie finden können.«

Der Wind bläst das Lachen der Männer von dem Boot zu uns herüber. Sie umkreisen Solo jetzt, aber noch ist der kleine Wal schneller als sie und taucht einfach unter ihnen durch. Mir läuft ein Schauer über den Rücken. Solo ist noch so klein, er hat doch gar keine Ahnung, wie man sich benehmen muss, um zu überleben.

»Sollten wir nicht jemandem Bescheid sagen? Irgendwelchen ... Behörden oder so? Damit sie ihn zurückbringen können.«

»Viel zu früh.« Alex schüttelt so vehement den Kopf, als hätte ich ihn beleidigt. »Weißt du, sobald du Leute einschaltest, entscheiden die über Solos Schicksal. Die würden die ganze Bucht abriegeln und niemanden mehr in seine Nähe lassen. Das willst du doch auch nicht, oder?«

Nein, das will ich nicht. Aber ich wohne hier, die könnten uns ja schlecht aus dem Haus werfen. Ich kann Solo von meinem Zimmerfenster aus sehen, wenn ich will.

Alex zieht einen Stift raus und kritzelt ein paar Notizen vorn in den Bildband, ehe er auch den wegpackt. »Wir kriegen raus, wer er ist. Ich hab schon eine Idee, aber dazu müssen wir näher an ihn ran.«

Näher ran ... oh ja. Außerdem hat er »wir« gesagt. Gehöre ich schon zum Team?

Ich schaue wieder nach Solo, aber der kleine Wal hat sich aus dem Staub gemacht und das Motorboot fährt seiner eigenen Wege. Die hatten ihren Spaß. Alle drei. Ich kann es ihnen ja schlecht verübeln, genau das habe ich mir schließlich auch gewünscht. Zumindest, bevor Matt mit seiner blöden Warnung angekommen ist.

Alex klickt den Verschluss einer Canada-Dry-Dose auf und reicht sie mir. Dann öffnet er die zweite und wir stoßen miteinander an. Ich, die immer allein herumrennt, sitze im kanadischen Nirgendwo auf einem Felsen und trinke mit einem echt coolen Typen auf unsere gemeinsame Walmission. Im Traum hätte ich mir das nicht besser ausmalen können.

»Hast du ihn schon singen hören?«, fragt Alex nach einer Weile.

Singen? »Nein.«

»Ich bringe morgen ein Hydrofon mit. Über seinen Dialekt verrät er uns nämlich auch, aus welcher Familie er stammt.«

Und dann ist der Moment der Vertrautheit vorbei. Alex packt seinen Rucksack auf den Rücken und steht auf. Ohne Solo hat er keinen Grund, länger hier zu sein.

»Arbeitest du wieder auf einem Whale-Watching-Boot?«, frage ich ihn, bevor er geht.

»Nein, gerade nicht. Ich treffe heute noch meinen Prof.«

»Was studierst du?« Ich will nicht, dass er schon geht, aber mit Small Talk werde ich ihn wohl kaum dazu kriegen hierzubleiben.

»Meeresbiologie. An der Uni in Victoria.« Er wirft einen Blick auf sein Handy. »Und ich komme definitiv zu spät, was einen super Eindruck machen wird.« Er grinst, dann hebt er die Hand und wendet sich endgültig zum Gehen. »See you, Svenja. Und danke für die Zeichnung!«

Er geht. Ich schaue ihm nach, wie er vorn am Parkplatz in seinen Dodge steigt, wendet und davonfährt, zurück in die Zivilisation. Auch auf dem Wasser ist es still geworden. Die meisten Boote haben den Anleger verlassen, nur der Wind bläst kühl und wispernd über die grauen Wellen. Solitary Cove, wie es leibt und lebt.

Und da weiß ich wieder, wie sich Heimweh anfühlt.

GERÄUSCHENTWICKLUNGEN

Ob meine seltsamen Gedanken schuld daran sind oder unser Gespräch von gestern, weiß ich nicht, aber ich stelle fest, dass ich regelrecht darauf warte, Matt nach Hause kommen zu hören. Ausgerechnet heute lässt er sich damit besonders viel Zeit. Mir fällt ein, was er gesagt hat – Mama hat ein Lebenszeichen gefordert. Also setze ich mich an seinen minimalistischen Schreibtisch und schalte den Mac ein. Mir ist ein Rätsel, wie man einen Schreibtisch und eine Couch mitten ins Zimmer stellen kann. Von Feng-Shui hat der auch noch nie was gehört. Jörg würde Zustände kriegen, wenn er das sehen könnte. Er hat sogar seine Praxis mit Kristallprismen vollgehängt, um die Energie im Raum zu verteilen. In seinem Wartezimmer ist es gemütlicher als hier.

Aber darum geht es ja nicht. Oder doch? Ein bisschen schon. So lieblos, wie er mit sich umgeht, hat er sich auch eingerichtet. Ich kann immer noch nicht fassen, dass Matt wirklich Holzfäller ist. Das ist so dermaßen Klischee, dass es wehtut.

Der Mac hat sich endlich hochgefahren und ich schaue auf ein Standard-Hintergrundbild aus Schlieren und Mustern. Ob ich ein bisschen rumstöbern sollte? Er hat mir schließlich erlaubt, an seinen Rechner zu gehen. Mit schnellen Bewegungen, so als würde ich was Verbotenes machen, klicke ich mich durch die wenigen Symbole auf dem Schreibtisch. Da gibt es nicht viel zu verbergen: Work, Documents, Bills, Woods. Im ersten Ordner befinden sich PDFs, die alle mit Ortsnamen und Nummern versehen sind. Ich mache eins auf, lese aber nur eine Beschreibung der Gegend, wo welche Bäume stehen, irgendwas zu einem Lager – nichts über die Holzfäller selbst oder von Matt. Ich öffne »Documents«, aber hier sind nur ein paar Vorlagen gespeichert, öffentliche Briefe, irgendwas zu seinem Umzug vor achtzehn Jahren, ein Schreiben an den Stromnetzbetreiber. »Bills« – das hört sich schon todlangweilig an. Tatsächlich stoße ich wieder auf PDFs, das scheinen alles Rechnungen zu sein. Im Ordner »Woods« sind dann tatsächlich ein paar Fotos zu finden, unsortiert durcheinander, aber es sind sowieso nicht viele, also klicke ich mich einfach schnell durch alle durch. Auf ganzen zwei Bildern ist Matt zu sehen, mit einem Bier in der Hand, wie er am Lagerfeuer sitzt, inmitten einer ganzen Truppe anderer Männer in Flanellhemden und Arbeitswesten. Mir fällt auf, dass die meisten Kerle auf den Bildern recht fröhlich aussehen, sie lachen miteinander, winken in die Kamera oder gucken zufrieden in die Landschaft. Nur Matt nicht. Zwar lächelt er auf beiden Bildern, aber es wirkt distanziert. Seine Augen bleiben stumm und verschlossen. Da könnte man jetzt schön viel reininterpretieren, aber vielleicht hat der Fotograf auch nur einen ungünstigen Moment erwischt, und er hat gerade ... einen Baum auf den Fuß bekommen oder so.

Ich versuche es noch über die anderen Symbole, den Finder, aber Matt scheint tatsächlich null versteckte Geheimnisse auf seinem Rechner zu haben. Leider auch keine weiteren Fotos oder irgendwas, was mir verraten hätte, was für ein Mensch er früher gewesen ist.

Ich installiere mir zuerst mal Skype und melde mich an, aber niemand, den ich kenne, ist gerade online, also starte ich den Browser und wähle mich in meine Mails ein. Zwei Nachrichten von Mama. Sie schickt Bilder, von der Gegend, wo sie wohnen, von dem Krankenhaus, in dem Jörg arbeitet, von einer schwarzen Frau mit nur einem Arm, die schon ihre neue beste Freundin geworden ist. »Wir haben wenig Zeit für uns«, schreibt sie, »weil es so viel zu tun und zu helfen gibt.« Trotzdem hat sie mir eine ellenlange Mail geschickt und nach dem zweiten Lesen sehe ich die kahlen Wände und verschmutzten Straßen richtig vor mir. »Es ist kein Zuckerschlecken hier«, schreibt sie, »aber es tut gut, etwas Sinnvolles zu machen. Die Menschen hier sind so dankbar für unsere Hilfe.«

Ich kann nicht anders, ich muss ihr von Solo erzählen. Sogar Alex kriegt eine kleine Rolle in meinem Bericht, wobei ich nichts davon sage, wie er aussieht oder wie alt er ist, ich schreibe nur »ein Meeresbiologe«.

»Wir wollen ihm helfen«, verrate ich ihr, »wir wollen seine Familie finden und ihn dorthin zurückbringen, wo er sie verloren hat.« Ich schreibe alles auf, was ich von Alex über Orcas gelernt habe, und mit jedem Wort merke ich, wie sehr mich diese Wale inzwischen faszinieren. Mama wird das nicht verstehen können, sie hat Solo ja nicht gesehen und erlebt, aber sie spürt sicher, was er mir bedeutet. Als PS setze ich noch hinzu, dass ich mit Matt geredet habe und wir jetzt besser klarkommen. Und dass es eine Frau hier gibt – Rosie –, von der ich glaube, dass sie was mit Matt hat. Als ich fast fertig bin, hole ich das Reisetagebuch und fotografiere die Zeichnung von Solo mit meinem Handy, so wie Alex es heute gemacht hat. Dann lade ich das Bild auf den Computer und hänge es Mama an die Mail mit dran, damit sie wenigstens etwas von Solo zu sehen kriegt.

Als ich wieder in den Posteingang zurückkehre, ist eine neue Mail eingetroffen. Mein Herz macht einen kleinen Satz, als ich den Absender lese. Tom! Bestimmt will er wissen, ob ich das Selfie mit dem Grizzly vergessen habe. Meine Finger zittern ein bisschen, als ich die Mail anklicke, und die Enttäuschung sackt augenblicklich in meinen Magen, denn es ist nur eine Massenmail an so ziemlich alle Leute, die er halbwegs kennt.

»Hey, Folks, sitzen in Nizza am Strand und hatten gerade nichts Besseres zu tun, als einen Reiseblog zu schreiben! Schaut doch mal rein! Gr33z from Steffen, Flo und Tom!«

Darunter ein Link, der zu ihrem komischen Blog führt. Jede Menge Bilder. Text ist auch gar nicht nötig, die Fotos sagen alles. Die Jungs Arm in Arm am Strand, in den Händen ein Bier, laut singend. Die Jungs im Zug, mit verstrubbelten Haaren und noch in ihren Schlafsäcken. Von einer Brücke hängend. Grinsend mit ein paar Mädels im Arm. Die Fotos hätten überall entstanden sein können.

Ich schaue mir Tom an, vor allem auf dem Bild, wo er den Arm um eine dunkelhaarige Schönheit schlingt und breit lächelt. Der denkt nicht eine Sekunde an mich. Hält es ja nicht mal für nötig, mir eine persönliche Nachricht zu schicken. Obwohl, vielleicht hat er das ja doch gemacht, aber ich habe sie nicht gelesen, weil mein Handy nutzlos ist und mir keine Nachrichten mehr übermittelt.

Ich habe keine Lust mehr auf Tom und seine blöden Partybilder, also melde ich mich ab, ohne ihm zu antworten, und will den Mac eben ausschalten, als ich mit dem Cursor zufällig über einen weiteren Ordner fahre, den ich vorhin gar nicht gesehen habe, weil die weiße Schrift auf der hellen Seite des Hintergrundbildes unsichtbar war. Als ich darüberfahre, schimmert der Ordner plötzlich wie aus dem Nichts zu mir durch. Ich klicke darauf, ohne zu überlegen. Der Ordner heißt »Californication«, und es befindet sich nur eine einzige Datei darin: ein Songfile, nur mit einer Nummer beschriftet. Eine Aufnahme von damals! Kann das sein? Aus seiner Zeit in Kalifornien? Vielleicht von ihm und Mama? Ich lausche, aber von Matt ist noch nichts zu hören, also klicke ich zweimal auf die Datei und halte den Atem an.

Es ist ein Song. Nur ein Song. Ich kenne ihn, den habe ich schon tausendmal gehört. Mama hat ihn früher dauernd gespielt. Das sind die Red Hot Chili Peppers. Und der Song heißt »Californication«. Kein Geheimnis, keine geheimnisvolle Enthüllung. Nur ein alter Song. Na super, Matt. Ich mache die Augen zu, und plötzlich höre ich etwas, was mir vorher noch nie aufgefallen ist. Das ist nicht einfach nur ein Song! Es ist das einzig Private, was Matt auf seinem Rechner hat. Er erzählt von »kleinen Mädchen aus Schweden«, die ihre Träume in Kalifornien wahrmachen. Nie und nimmer ist das ein Zufall.

Als ich Matts Ford vor dem Haus halten höre, mache ich den Song schnell aus und fahre den Mac herunter. Jetzt habe ich zwar nichts wirklich Interessantes gefunden, aber immerhin weiß ich, dass Matt doch noch Gefühle hat. Auch wenn er sie gut versteckt hält.

Ich wache auf, als die Sonne ins Zimmer blinzelt und kühler Wind meine Oberarme kitzelt. Die Vorhänge bauschen sich zu gruseligen Wesen und flüstern mir zu: Hast du überhaupt keine Angst, dass jemand nachts einsteigen und dich im Schlaf erwürgen könnte?

»Nee«, murmle ich schläfrig. »Hier doch nicht.«

Bilder in meinem Kopf, durcheinander. Was war gestern noch mal? Nichts eigentlich. Nichts Besonderes. Ich bin auf der Veranda sitzen geblieben, nachdem Matt ins Bett gegangen ist. Das Meer hat gegluckert und die Boote geklackert, wie immer, und über mir waren so viele Sterne zu sehen, dass ich noch nicht ins Bett gehen konnte. Also habe ich mich vor meinem Zimmerfenster an die Hauswand gelehnt und aufs Meer geschaut, ewig lange. Der Wind pfiff durch die Felsspalten, und die Luft war erfüllt von seltsamen Tönen, hoch und klagend, wie das verzerrte Weinen eines Kindes.

Irgendwann habe ich dann Solo gehört und bin zu den Felsen vorgelaufen, aber ich konnte ihn nicht sehen, er war wohl zu weit weg. Über all dem Lauschen und Warten bin ich dann eingeschlafen, genau dort, auf den Steinen, und tief in der Nacht frierend wieder wach geworden. Zum Glück hatte ich mein Fenster offen gelassen, also brauchte ich nur wieder reinzuklettern und weiterzuschlafen, aber während ich mich jetzt aufrichte, spüre ich das ungewohnte Felsenbett doch in allen Knochen.

Ich strecke mich und will eben das Fenster zumachen, als ich den blauen Dodge am Anleger entdecke. Alex hat so dicht an der Bootsrampe geparkt, dass seine Reifen das Meer berühren. Die Ladeklappe des Pick-ups steht offen, aber er ist nirgends zu sehen. Oder halt – doch. Über einen Gegenstand gebeugt, der im Wasser treibt. Etwas Langes, Schmales, das auf den ersten Blick wie ein verirrter Baumstamm aus dem Holzlager aussieht.

Beim genaueren Hinsehen erkenne ich aber, dass er ausgehöhlt ist und so was wie Bänke besitzt, und als Alex sich jetzt aufrichtet und das Holzding an einem Pfosten vertäut, hält er ein Paddel in der Hand. Ein Boot! Der hat ein Boot mitgebracht! Vor Aufregung werden meine Hände feucht. Hat er das gemeint gestern? *Wir müssen näher ran.* So hat er es ausgedrückt. Ob er mich mitnimmt? Mit, da raus – zu Solo?

Ich schaue zu, wie Alex den Dodge wieder rauffährt und auf dem Parkplatz zwischen zwei anderen Geländefahrzeugen abstellt. Er springt raus, schlägt die Tür hinter sich zu und sieht sich um. Sucht er mich? Nein, er sucht nur irgendwen, denn jetzt geht er zu einem Fischer, der gerade auf seinen Kutter zuläuft, und fragt ihn etwas. Sie reden und gestikulieren, am Ende lachen beide. Alex zieht seinen Rucksack auf die Schulter und tippt mit der Fußspitze gegen das Boot.

Schaut hinaus in die Bucht, sucht – Solo wahrscheinlich. Der ist nicht hier. Aber bestimmt kommt er bald.

Ich mache das Fenster zu und sehe in der Reflexion der Scheibe, dass ich furchtbar aussehe. Meine Haare haben seit gestern früh keine Bürste mehr gesehen und ich trage immer noch die Baumwollhose von letzter Nacht. Okay, so kann ich auf keinen Fall raus zu Alex. Ich werfe einen letzten Blick nach draußen, aber er ist vom Anleger verschwunden, und ich habe nicht mitgekriegt, wohin.

Jetzt muss es schnell gehen. Ich suche nach einer neuen Jeans, aber alle habe ich schon mindestens zweimal angehabt. Ich muss wieder waschen gehen, unbedingt. Meinen rostroten Lieblingspulli kann ich aber auch über Leggings anziehen, er ist inzwischen so ausgeleiert, dass er bis über den Po reicht. Mit den Sachen unter dem Arm husche ich ins Bad. Ich kämpfe mit der Bürste, aber meine Haare sind so eine Katastrophe, dass ich mich fluchend ausziehe und unter die Dusche springe.

Warum ist er denn heute schon so früh gekommen? Die Antwort liegt auf der Hand – weil er keine Zeit hat, lang zu bleiben. Ob er schon rausgefunden hat, wer Solo ist? Ich drehe das Wasser ab, springe aus der Dusche und rubble mich in Windeseile mit einem von Matts wenigen und viel zu kleinen Handtüchern trocken. Meine Haare tropfen auf den Boden, während ich in die Leggings steige und meine noch feuchten Füße in Socken mühe. So kann ich auch nicht raus, ich muss mich erst föhnen und wenigstens so tun, als hätte ich ihn zufällig entdeckt. Am Ende denkt er noch, ich habe extra wegen ihm geduscht.

Dreieinhalb Minuten später habe ich Sneakers und eine Fleecejacke an und schlendere hinauf zu meinem Felsen. Von Alex keine Spur. Sein Baumstammboot liegt immer noch vertäut an dem Pfosten und auch mit dem Auto ist er nicht weggefahren. Wo kann er nur sein? Ich laufe ein Stück den Pfad weiter, auf die dichten Bäume zu, aber dort sehe ich ihn auch nirgends. Komisch. Ob er zu diesem Fischer von vorhin ins Boot gehüpft ist? Nein, der Kutter liegt noch am Steg und der Fischer wurschtelt irgendwas an seinem Netz herum. Vielleicht ist er ja im Shop bei Rosie – da könnte ich zumindest vorbeischauen, ohne dass auffällt, dass ich ihn suche.

Als ich an dem Baumboot vorbeikomme, bleibe ich stehen. Das ist ja ein irres Ding – komplett aus einem Stamm gefertigt. Innen drin sind tatsächlich Sitzbänke und auch das Paddel scheint aus demselben Holz geschnitzt zu sein. Ich gehe daneben in die Hocke und fahre ganz leicht mit der Hand darüber. Schöne, weiche Kanten. Auf der Seite entdecke ich eingeschliffene Buchstaben, womöglich seine Initialen: AMC. Das Boot treibt im Wasser wie ein Korken und sieht aus, als würde es an diesen Ort gehören.

Ich richte mich wieder auf und will eben zur Straße abbiegen, als ich eine Stimme höre.

»Suchst du den jungen Mann?«

Ich drehe mich um. Der Fischer von vorhin, mit dem Alex gesprochen hat. Ich brauche gar nicht zu antworten, er kann an meinem ertappten Gesicht ablesen, dass er recht hat.

»Der ist da raufgelaufen.«

Ich folge seinem ausgestreckten Arm mit den Augen und mein Herz fängt an zu rasen. Oh nein – ausgerechnet da lang? Die Farne rascheln, wo der Pfad endet. Der Pfad, den ich zuletzt auf der Flucht vor einer wilden Bärenmama entlanggerannt bin.

»Danke.«

Ich drehe mich wieder zu dem Fischer um. Mein Magen macht einen Hüpfer, als ich all das Blut sehe, das über sein Boot ins Wasser rinnt. Wahrscheinlich sehe ich ziemlich geschockt aus, denn er hebt das Netz an und deutet auf den Kadaver, der sich in den Maschen verfangen hat.

»Reh«, erklärt er knapp und zieht an dem verbliebenen Vorderlauf. Jetzt kann ich sogar den Kopf erkennen, die langen Ohren, die geschwungene Nase. Ein Auge hängt aus der Höhle und glotzt uns triefend an, während das Blut aus dem zerfetzten Körperteil strömt, den der Fischer nun mit einem Messer zerteilt. Wahrscheinlich muss er das tun, um den Kadaver aus den Maschen zu befreien. Der Anblick ist trotzdem so gruselig, dass ich einfach loslaufe und dem Pfad zwischen den Farnen folge.

Alex, denke ich. Alex ist hier irgendwo! Wenn Alex da ist, fürchte ich mich nicht vor Bären. Da, genau da ist die Stelle, wo ich beim letzten Mal die Bärenjungen gesehen habe. Diesmal blitzt kein Fell durch das Grün, aber ich sehe auch Alex nirgends. Wo führt der Pfad hin? Noch weiter hinauf? Wo steckt der bloß?

Die Farne wachsen immer dichter, wuchern nun beinah über den Pfad. Mein Herz klopft so laut und schnell, dass ich es hören kann. Irgendwo neben mir raschelt es und ich sehe etwas Langes, Dünnes weghuschen – oh Gott, gibt es hier etwa Schlangen? Wie angewurzelt bleibe ich stehen und rühre mich keinen Schritt mehr.

Was, wenn ich auf eine drauftrete? Vorsichtig drehe ich mich um, sehe nichts, nur Grün, zugewuchert, voller Verstecke. Scheiße, was mache ich hier nur? Ich muss weg, aber nicht zu schnell, die Schlange ist hier noch irgendwo, bestimmt spürt sie die Erschütterung am Boden und wird dann erst recht aggressiv. Wieso hat mich denn niemand gewarnt, dass es hier Schlangen gibt?

Ein Rascheln, hinter mir. Direkt hinter mir. Die Schlange ist mir egal, ich fahre herum und schreie.

»Ssscht, hey, cool down, alles gut!«

Vor lauter Erleichterung könnte ich heulen. Alex packt mich an den Schultern und hält mich fest. Er schaut mir so tief in die Augen, dass meine Knie sofort wieder weich werden.

»Da … war … eine Schlange …«

»Und?«

»Direkt vor mir!«

Er lächelt ganz leicht. Amüsiert.

»Eine verdammt große Schlange!«

»Die hat schon gefrühstückt. Hast du nicht die Knochen von den Wanderern da vorn gesehen?«

So ein Blödmann. Ich beiße mir auf die Lippen und mache einen Schritt rückwärts und er lässt die Hände sinken.

»Komm schon. Es gibt hier keine Giftschlangen. Solange du nicht auf sie drauftrittst, tut sie dir nichts.«

»Hast du denn gar keine Angst?«

»Vor Schlangen? Nein. Die fürchten sich doch vor uns viel mehr als wir vor ihnen.«

»Als ich das letzte Mal hier oben war, bin ich Bären begegnet. Zuerst nur zwei kleinen, aber dann hat sich ihre Mama aus dem Grünzeug erhoben.« Ich schaue ihn herausfordernd an. Wenn eine Bärenmama ihn auch nicht beeindruckt, gebe ich es auf.

Alex hebt die Augenbrauen. »Dann hast du hoffentlich nicht versucht, die Kleinen zu streicheln. Da können die Alten echt ungemütlich werden.«

»Das war nicht lustig!«

Er grinst. »Okay, schon gut. Vor Bären darf man Respekt haben. Also erzähle ich dir jetzt lieber nicht, was hier in den Wäldern wirklich gefährlich ist.«

»Ins Wasser fallen und von einem Orca gefressen werden?«

Er deutete mit dem Kopf zu den Bäumen. »Pumas. Die sitzen auf den Ästen und warten, bis du unter ihnen bist.

Dann lassen sie sich auf deine Schultern fallen und beißen dir die Kehle durch.«

Ich starre ihn mit offenem Mund an. »Verarschst du mich gerade?«

Er schüttelt den Kopf. »Nein. Ganz ehrlich. Also nicht zu intensiv nach Schlangen gucken. Aber ich kann dich beruhigen, das passiert nicht allzu oft.«

»Nur diesen Wanderern, die ihre Knochen hier vergessen haben.«

Jetzt lacht er. »Warum bist du dann hergekommen, wenn du solchen Schiss hast?«

Keine Ahnung, warum ich immer noch hier stehe und nicht längst losgerannt bin. Bären, Schlangen und jetzt auch noch Pumas? Aber in Alex' Nähe fühlt sich das alles so unwirklich an. Als ob – ich weiß nicht – er mich vor diesen Dingen beschützen könnte, weil er sie kennt, weil er weiß, worauf man aufpassen muss. Genau wie bei den Orcas.

»Na komm.« Er berührt mich wieder am Arm, ganz sanft diesmal. »Ich zeig dir was.«

Ich folge ihm durch die dichteren Farne bis zum Rand des Felsens. Hier geht es steil nach unten, aber die Büsche und Sträucher bilden einen natürlichen Zaun, und man kriegt zumindest das Gefühl, ein wenig geschützt zu sitzen.

Alex lässt sich auf einen Vorsprung nieder und hebt die Fernbedienung mit dem Display auf, die zwischen den Farnen gelegen hat. Er wartet, bis ich mich neben ihn gesetzt habe, dann schaltet er das Display an und nickt zufrieden.

»Hier, guck mal. Kennst du den?«

Klar kenne ich den. Er sieht so klein aus, allein in den Wellen. »Solo! Wo ist er?«

»Ein Stück nordöstlich im zweiten Arm der Bucht. Er ist mit einem Katamaran rausgeschwommen, aber irgendwann hat er kehrtgemacht und kommt jetzt zurück.«

»Wie hast du ihn gefunden? Mit der Drohne?« Es ist faszinierend, was dieses kleine Flugding alles kann. Vor allem, da es dem Wal offenbar zu folgen scheint, obwohl Alex gar nicht steuert.

»Ich teste da was. Eine Software – TRACK heißt sie. Ist so ein Studienprojekt, deshalb war ich auch gestern bei meinem Prof.«

Ich halte den Atem an. Noch nie hat er mir was Privates erzählt, irgendwas von sich, was nichts mit Orcas oder anderen gefährlichen Tieren zu tun hat. Wenn ich dafür hier raufgekommen bin, hat es sich auf jeden Fall gelohnt.

»Die meisten Drohnen können dir inzwischen folgen, das heißt, du bestimmst dich als Ankerpunkt und sie merken sich dann verschiedene Details, was du anhast, wie dein Gesicht aussieht, Hut, Haare, so was. Dann folgen sie dir, und du kannst deine Aktion durchführen und brauchst dich um sie nicht zu kümmern, sie filmen, was immer du tust. Actionsportler nutzen das zum Beispiel, Surfer, Mountainbiker, eben alle, die keine Hand zum Filmen frei haben.«

»Und bei dir ist Solo dieser ... Ankerpunkt?«

Er lächelt wieder ganz leicht. »Sozusagen. Ihm zu folgen, ist nicht schwer. Aber ich will, dass sie ihn findet.«

»Wie – findet?«

»Ich schicke die Drohne los, und sie fliegt dann selbstständig die Bucht ab, bis sie Solo gefunden hat. Vereinfacht gesagt.«

»Wow.«

»Ja, na ja, ich bin noch in der Testphase. Es klappt nicht immer – kommt darauf an, wie weit ein Wal weg ist, ob er gerade taucht und wie tief und ob andere Wale in der Nähe sind. Ich muss es schaffen, dass TRACK sich winzige Details einprägt und genau diesen Wal findet, diesen bestimmten.«

»Und wozu ist das gut?«

»Wenn die Drohne diesen einen Wal finden kann, ist es auch möglich, eine Datenbank zu haben, in der die Merkmale verschiedener Wale gespeichert sind. Ungefähr so, wie ich es dir in dem Buch gestern gezeigt habe. Nur dass du nicht selbst mit dem Boot rausfahren musst, das erledigt dann die Drohne für dich.«

Ich fange langsam an zu verstehen. »Die Drohne macht weniger Lärm«, sage ich. »Man braucht keine Boote mehr, um die Wale zu finden.«

»Exakt.« Alex nickt. »Wenn du weißt, welche Wale du wo findest, vermeidest du es zum Beispiel, dass zwanzig, dreißig Whale-Watching-Boote am Tag zu derselben Walgruppe fahren und sie beim Jagen oder Schlafen stören. Du musst außerdem nicht rausfahren, wenn gar keine Wale in der Nähe sind. Man wüsste genau, welche Gruppe an welchem Tag in welches Gebiet kommt, ganz ohne Bootslärm. So ähnlich wird das hier schon gemacht, es gibt viele Forschungseinheiten an Land und auf den kleinen Inseln. Die haben Ferngläser und Hydrofone und bestimmen die Walgruppen auf Sicht und nach Gehör. Aber trotzdem fahren täglich noch Hunderte Boote mit Touris raus und stellen den Tieren nach. Das kannst du eindämmen. Und du kannst die Whale Watcher kontrollieren und aufpassen, dass sie die Richtlinien einhalten, sich nicht von vorn einer Gruppe nähern, keinen Walen nachjagen und so weiter.«

»Du hast die Drohne auf dem Boot dabeigehabt«, fällt mir ein. »Dieser Fisch unter dem Rumpf – du hast von oben gesehen, was der Wal macht.«

»Genau.« Er grinst. »Du kriegst eine spektakuläre Show hin und bist der Skipper des Monats!«

»Warum hast du dann aufgehört?«

»Habe ich nicht. Die haben mich rausgeworfen.«

»Was? Warum?«

Alex zuckt mit den Schultern. »Weil ich den Fehler gemacht habe, ihnen davon zu erzählen. Ich dachte, sie finden es cool und unterstützen mich dabei. Aber der Chef ist ein Arsch, er hat mir verboten, die Drohne mitzunehmen. Na ja, und dann bin ich einmal zu lang draußen geblieben, weil wir einen Superpod hatten – das sind mehrere Pods, die zusammen unterwegs sind – und ich geniale Bilder schießen konnte. Die Leute waren total begeistert! Nur der Chef nicht. Da hat er mich gefeuert.«

»Weil du die Drohne natürlich trotzdem dabeihattest«, vermute ich.

Er grinst. »Ja, klar. Sie folgt mir von allein, ich brauchte nichts zu tun, sie nur starten lassen und wieder landen.«

»Und warum wollte er das nicht? Ist doch auch sein Vorteil, wenn sich rumspricht, dass seine Skipper mehr sehen als andere.«

»Ich denke, er fühlt sich bedroht. Schau mal, dieser ganze Waltourismus bedeutet Megastress für die Wale. Wo sollen sie denn hin? Die sind dem wachsenden Lärm ebenso ausgesetzt wie der Meeresverschmutzung durch uns Menschen. Die Drohne macht schon auch Lärm, aber sie fliegt über Wasser und mischt sich nicht ein. Und sie hinterlässt auch keine Spur an Abgasen.«

»Eigentlich eine geniale Idee.«

Er lächelt wieder und deutet plötzlich auf den Horizont, wo ein dunkler Fleck vor dem Blau schwebt. »Solo ist hier!«

Wir stehen beide auf. Tatsächlich, weit draußen, winzig klein, schießt eine Wasserfontäne in die Luft. Solo kommt näher und schwimmt so dicht an dem Balkonfelsen vorbei, als würde er nach mir gucken. Auf einmal werde ich zappelig. Ich will zu ihm, ich will da unten bei ihm sein!

Alex tippt auf sein Display, kurz darauf nähert sich die Drohne und sirrt auf uns zu. Als sie direkt über uns steht, empfinde ich ihre Rotoren schon als ziemlich laut, aber da landet sie auch schon in Alex' Hand, und der Ton erstirbt.

»Findet dein Professor das Projekt denn gut?«, frage ich, während ich die Dohne betrachte. Ein unscheinbares schwarzes Ding, nicht größer als zwei Zigarettenschachteln. Die Kamera sitzt vorn und starrt nach unten wie ein riesiges Auge. Obendrauf überkreuzen sich zwei Achsen und tragen an jedem Ende einen Propeller, die Alex jetzt sorgsam einklappt, bevor er die Drohne in seinem Rucksack verstaut.

»Der findet das super. Und er hilft mir. Du darfst nämlich nicht überall fliegen, aber für wissenschaftliche Zwecke gibt es Sonderregelungen. Ich kenne jemanden von der Regierung, der uns die nötigen Papiere unterschrieben hat. Deshalb ist es mir auch egal, dass ich rausgeschmissen wurde. Jetzt jobbe ich eben wieder als Barkeeper.«

Wir gehen hintereinander den Pfad hinunter, und Alex läuft so dicht hinter mir, dass ich keine Angst habe, weder vor Schlangen noch vor Bären oder Pumas. Das alles scheint so weit weg im Moment, wie eine Geschichte, die nur bei Dunkelheit gruselig ist.

»Hast du das Reh gesehen?«, frage ich ihn, als wir bei dem Fischkutter vorbeikommen. Das Netz liegt in einer Blutlache am Boden, aber von dem Fischer und dem halb zerfetzten Tier ist nichts mehr zu sehen.

»Hm«, macht Alex und schließt zu mir auf. »Vielleicht ein Bär. Die reißen schon mal Rehe.«

»Aber wie kommt es ins Wasser?«

Alex sieht mich schräg von der Seite an. Seine Augen blitzen schon wieder amüsiert. »Du weißt, dass Bären schwimmen können, oder?«

Oh Gott. Dann bin ich ja nirgends vor denen sicher!

»Hoffentlich tun sie Solo nichts«, murmle ich, aber darauf lacht er nur.

Alex geht einen Schlenker, bis wir vor seinem Auto stehen. Es ist ein ziemlich alter Dodge, er hat etliche Dellen und Rostflecken, aber dafür sieht er aus der Nähe riesig aus. Groß genug, um ein Boot zu transportieren. Alex sperrt die Beifahrertür auf und wirft den Rucksack hinein. Dann zieht er eine schwarze Tasche vom Sitz, hängt sie sich über die Schulter und schließt die Tür wieder ab.

»Komm mit«, sagt er und macht eine Kopfbewegung zum Wasser hin.

»Ist das deins?«, frage ich, als wir vor dem Baumstammboot stehen bleiben.

Plötzlich werden meine Knie wieder weich. Es ist offensichtlich, was er vorhat.

»Es gehörte meinem Dad. Er hat es selbst gebaut. Als ich klein war, sind wir zusammen damit rausgefahren und haben nach Walen gesucht.« Alex bindet das Seil los und lässt das Boot ein Stück durchs Wasser gleiten. Dann springt er auf den Steg und zieht es zu sich heran, sodass es genau unter ihm treibt. »Er hat es aus dem Stamm einer einzigen Red Cedar gemacht. Genau wie die Nuu-chah-nulth, die damit früher Wale gejagt haben. Du könntest damit auf den offenen Ozean paddeln und würdest nicht untergehen.«

»Das ist ja super.« Ich bleibe auf festem Boden stehen. Meine Beine fühlen sich an wie Wackelpudding. Soll ich ihm sagen, dass ich nicht richtig schwimmen kann? Aber dann fährt er ohne mich und vielleicht fragt er nie wieder.

Alex hebt ganz leicht die Brauen. »Nicht mit?«

Doch, natürlich will ich mit! Ich trete auf den Steg, neben ihn. Er streckt die Hand aus, und ich ergreife sie, genau wie auf dem Boot in Victoria, als wir ausgestiegen sind. Da habe ich ihm auch vertraut. Das hier ist nichts anderes.

Das Kanu schaukelt, als ich meinen Fuß hineinsetze. Es gibt drei Sitzbänke, also Platz genug für uns beide. Schnell lasse ich mich auf der hintersten nieder und klammere mich fest.

Alex lässt meine Hand los, schubst das Kanu ein Stück seitwärts und springt dann mit einem schnellen Satz hinein. Wie er es schafft, gleichzeitig das Seil, seine Umhängetasche und das Paddel mitzunehmen, auf dem wackligen Boot zu landen und dabei nicht hintenüberzukippen, ist mir ein Rätsel. Das Seilende wirft er vorn auf den Boden, mit dem Paddel stößt er uns vom Steg ab. Schon treiben wir auf den Wellen und werden in ihrem Takt hin und her geschaukelt.

Alex geht vor mir in die Hocke. »Alles klar?«

Ich nicke und versuche zu lächeln.

»Hast du Schiss?«

»Nein!« Doch. Verdammt.

»Wir bleiben in der Bucht«, verspricht er und legt den Kopf schräg. »Die Notausgänge befinden sich rechts und links von dir.«

Ich muss lachen. »Schwimmwesten unter dem Sitz, schätze ich?«

»Na klar. Wir haben sogar ein Rettungsboot dabei. Du siehst, kann gar nichts passieren.«

»Ich kriege eine Ahnung, warum sie dich rausgeschmissen haben.«

Jetzt muss er lachen. »Dann halt dich mal lieber gut fest, ich werfe jetzt den Motor an.« Er streift seine Umhängetasche ab, hebt das Paddel an und kniet sich vorn in den Bug. Dann fängt er an zu schaufeln, eine Seite, die andere, immer abwechselnd, und wir werden tatsächlich ziemlich schnell! Mein Magen macht einen Hüpfer, aber ich schaue nur zu Alex, auf seinen Rücken, der sich mit den Wellen bewegt, bis wir genügend Fahrt haben und er sich auf die Bank vor mir zurücksetzt.

Jetzt sticht er nur noch ab und zu ins Wasser, um die

Richtung zu korrigieren. Eine unsichtbare Kraft trägt uns vorwärts, ganz von selbst. Eine Kraft, die aus dem Meer kommt.

»Wie lang bleibst du hier?« Alex zieht das Paddel ins Boot und lässt es zwischen seine Füße fallen. »In Solitary Cove?«

»Nur während der Ferien«, antworte ich und blicke hoch zu den Felsen, die von hier unten wie ein Schutzwall wirken. »Ich besuche meinen Vater.«

»Also lebt er hier?«

»Mhm.«

Alex zieht die schwarze Umhängetasche hervor und wickelt ein Kabel ab, das um ein schwarzes Hydrofon geschlungen ist. Das Kabel läuft in einen schwarzen Kasten, den er zwischen uns auf den Boden stellt, während er das Hydrofon ins Wasser hinablässt. Er stöpselt einen Kopfhörer in den Kasten ein und hängt ihn sich so über die Schulter, dass er mit einem Ohr hineinhören kann.

»Und woher kommst du?«

»Aus Deutschland. Ich wohne in Berlin.«

»Oh, wow.« Er schaut kurz hoch. »Riesige Stadt.«

»Warst du schon mal dort?«

»Nein. Ich war noch nirgendwo. Aber eine Freundin von mir war letzten Sommer dort. Ist ein kleiner Schock, wenn man von Berlin hierherkommt, oder?«

Du hast ja keine Ahnung! »Ich bin nicht wegen Solitary Cove gekommen, ich wollte nur … meinen Vater kennenlernen.«

»Mein Vater …«, fängt Alex an, aber genau in dem Moment taucht Solo auf. Plötzlich ist er ganz nah, seine schimmernde Rückenfinne schneidet wie ein Messer durch die Wellen. Alex zerrt sich den Kopfhörer über beide Ohren und dreht an einem Regler. Sein Blick wird trüb und seine Stirn zieht sich ganz leicht zusammen. Hoffentlich lässt er mich später mithören – ich will unbedingt wissen, wie Solos Stimme klingt!

Solo umkreist unser Boot. Er schwimmt einen Bogen um uns herum, dicht unter der Oberfläche. Wie von selbst wird unser Boot langsamer und dreht sich sacht. Macht er das? Nein, unmöglich. Wir müssen in einen Strudel geraten sein. Ein kleiner Wal kann unmöglich einen ganzen Baumstamm bewegen, oder? Alex greift nach dem Kabel und schwenkt es herum wie eine Angel. Er sieht nicht gerade panisch aus, aber er ist es ja auch gewohnt, dass riesige Wale um sein Boot herumtanzen.

Solo taucht ab, jetzt kann ich ihn gar nicht mehr sehen. Ich richte mich ein wenig auf, aber er ist verschwunden.

»Solo«, flüstere ich, genau wie in der Nacht auf den Felsen.

Natürlich kann er das nicht hören, aber es fühlt sich an, als würde ich mit ihm kommunizieren. Und dann ist er wieder da, genau unter unserem Boot – genau unter mir. Ich kann das Schimmern seiner hellen Hautflecken durch das Wasser sehen, sogar sein Auge, wie es durch den Schleier zu uns hochschaut, er sieht uns an, nein, mich – im nächsten Moment fährt ein Ruck durch unser Boot und wir schleudern herum. Das Kanu schwankt und ich zucke vor Schreck zusammen. Alex reißt sich die Kopfhörer herunter und greift mit beiden Händen nach dem Rand und endlich wird das Schaukeln langsamer, das Boot stabilisiert sich und ich kann wieder normal atmen.

»Wow«, sagt er gedehnt und grinst.

»Was ist passiert?« Meine Stimme klingt dünn und ängstlich. Außerdem habe ich keine Ahnung, wo Solo hin ist. Was, wenn er wiederkommt? Wollte er das Kanu umwerfen?

Ich schaue mich um. Die Felsen sind ziemlich weit weg, obwohl wir gar nicht weit in die Bucht rausgefahren sind. Wenn wir jetzt umkippen, schaffe ich es nie, schwimmend zum Ufer zu kommen. Panik erfasst mich. Ich umklammere die Sitzbank und suche wieder nach Solo, irgendwo muss er schließlich sein – was will er von uns? Alex hat gesagt, wir stehen nicht auf seinem Speiseplan, aber irgendwie komme ich mir trotzdem vor wie in einem dieser Horror-Hai-Streifen, als Solos Finne jetzt wieder langsam aus den Wellen hochtaucht.

Alex beugt sich über den Rand und fischt das Hydrofon aus dem Wasser.

»Was … was hat er zu dir gesagt?«, frage ich schwach.

»Nichts.« Alex folgt Solo mit den Augen. »Er hat sich das Hydrofon geschnappt.«

»Was?!«

»Er will nur spielen.«

Das glaube ich schon keinem Hundebesitzer, der sein Riesenvieh frei auf mich zulaufen lässt. Und überhaupt, woher will er das wissen?

»Aber er hätte uns fast umgeworfen.«

»Hat er aber nicht.« Alex sucht seinen Schwerpunkt im Boot, dann lehnt er sich vor und streckt eine Hand ins Wasser. Nicht!, will ich rufen, aber da taucht Solo neben uns hoch, und der Gischtnebel seiner Atemwolke landet auf unseren Gesichtern wie feiner Regen.

»Oh … mein … Gott«, keuche ich.

Alex' Gesicht glüht. »Komm schon«, flüstert er mit rauer Stimme.

Solo stößt gegen das Kanu, so nah ist er nun. Ich kann direkt in sein Blasloch gucken, das sich nach vorn öffnet. Ein Zischen ertönt, dann ein metallenes Klacken, als er es wieder schließt. Meine Finger zittern so sehr, dass ich mich kaum noch festhalten kann.

»Alex«, wispere ich, aber Alex hört mich nicht. Er hat nur Augen für Solo. Seine Hand liegt auf dem Wasser wie ein

Köder, und Solo ist das Raubtier, das langsam, wie in Zeitlupe, darauf zugleitet. Jeden Moment packt er zu, ich weiß es!

Alex streckt den Arm aus und seine Finger berühren Solos Haut. Für einen Moment steht die Zeit still. Solo dreht sich im Wasser, und ich sehe sein Auge, sehe Weiß, sehe, wie sich die Pupille dreht. Er schaut uns an, genau wie wir ihn. Wieder das Zischen, dann ein Klackern. Er atmet, aber er rührt sich nicht. Alex streckt seine freie Hand nach mir aus, macht eine ungeduldige Handbewegung. Was? Nein, nein, keine Chance!

»Trau dich«, flüstert er, ohne mich anzusehen. Eine seltsame Stimmung befällt mich. Ich will ja, ich will, was er sich traut, aber meine Knie zittern so sehr, dass ich mich kaum rühren kann. Alex, denke ich. Alex weiß, was er tut. Wie ferngesteuert sinke ich von der Bank auf die Knie und robbe auf ihn zu.

Er greift nach meiner Hand und zieht mich zu sich heran. Sein Körper ist wohlig warm und mein Zittern lässt ein wenig nach. Er schlingt seine Finger durch meine, von oben, sodass meine Handfläche nach unten zeigt. Dann zieht er die andere Hand zurück, und wir strecken uns gemeinsam über den Bootsrand, ganz langsam, ganz sacht. Solos Auge sieht zu mir auf, unscheinbar klein in seinem riesigen Gesicht. Wir sind fast auf Augenhöhe.

Dann dreht er sich ein Stück und meine Haut berührt seine.

Kühl an meinen Fingern. Weich. Fest. Glitschig. Ein bisschen wie Gummi. So fremd und schön. Alex lässt meine Finger los, und ich streiche über Solos Kopf, vorsichtig, wie man einen gefährlichen Hund streichelt. Mein ganzer Körper bebt wie im Fieber. Wie lange dieser unwirkliche Moment andauert, weiß ich nicht, weil ich kein Gefühl mehr für irgendwas anderes habe außer Solo.

Das Kanu schaukelt wieder heftiger. Dann sind da noch andere Boote, zwei Motoren, die sich gegenseitig übertönen und sich uns rasend schnell nähern. Solo dreht sich, schiebt uns ein Stück mit, und dann ist er weg, noch ehe uns die anderen Boote erreicht haben, wie ein Schatten, der von den Wolken geschluckt wird. Die Boote rasen an uns vorbei und folgen seiner Spur, aber Solo ist schneller. Im Nu ist er im Meer verschwunden.

Ich drehe mich zu Alex um und wir sehen uns an.

»Diese Bekloppten lernen es nie.« Er schüttelt den Kopf und lächelt dann. »Hey, Orcamädchen, das war mutig von dir! Hätte nicht gedacht, dass du dich traust.«

Na danke. Dabei ist nur er allein schuld daran, dass ich mich jetzt wie ein lebender Schluckauf fühle!

»Heute kriegen wir keine Aufnahmen mehr«, sagt er und packt das Hydrofon zurück in die Tasche. »Schätze, wir müssen noch mal wiederkommen.«

Wieder dieses »wir«. Mir wird flau im Magen, ich könnte schreien und heulen und lachen, alles gleichzeitig. Alex greift wieder nach dem Paddel und wir drehen uns zu den Felsen und gleiten wie selbstverständlich darauf zu.

»Alex?«, sage ich, als wir wieder festen Holzboden unter den Füßen haben und er das Kanu an einen Pfosten bindet.

»Hm?« Er dreht sich zu mir um. Seine Augen leuchten noch immer.

»Danke.«

Langsam schüttelt er den Kopf. »Oh no. Der ist nicht zu mir gekommen.« Er lächelt, streckt die Hand aus und berührt mich an der Schulter, ganz kurz nur. »Ich danke dir!«

FISCHGERICHTE

Wir haben gar nicht ausgemacht, wann wir uns wiedersehen, aber das fällt mir erst auf, als ich am nächsten Morgen die Augen aufmache.

Wilde Nacht. Verrückte Träume! Wir sind auf Solo geritten, mitten durch die Wellen, und haben laute Sportboote gejagt. Ich weiß gar nicht, wer präsenter war in dem Traum – Solo mit seiner kühlen, weichen Gummihaut oder Alex, der hinter mir saß und seine Finger um meine geschlungen hielt, während wir uns an der Finne festklammerten. Ich weiß nur, dass ich nicht aufwachen wollte, aber ein wirres Kribbeln in meinem Magen macht es unmöglich, länger ruhig liegen zu bleiben.

Es ist noch früh, die Sonne ist noch gar nicht richtig da. Silbergrauer Nebel verschleiert die Bucht. Ich höre Schritte auf dem Gang, und als ich mein Zimmer verlasse, steht Matt auf einmal vor mir, die Zahnbürste zwischen den Zähnen, und wühlt in seiner Jacke herum.

Ich fliege halb auf ihn zu und hätte ihn fast umarmt. »Guten Morgen, Matt!«

»Svenja! Hey.«

»Musst du schon los?«

Er sieht mich ein wenig seltsam an und hebt die Augenbrauen. »Hast du den coolen Jungen getroffen?«

Ich bleibe in meinem Schlafanzug hängen und stolpere einen Schritt rückwärts. »Äh – was?«

Matt lacht auf. »Also ja. War es schön?«

Ich weiß gar nicht, was ich darauf jetzt sagen soll. Muss ich aber auch nicht. Das sieht man mir wohl an.

»Und? Triffst du ihn wieder?«

»Ich weiß nicht, ob er heute herkommt.«

»Du kannst ihn gern mit herbringen.« Matt zögert einen Moment, schaut sich um. »Also, wenn du magst, natürlich nur.«

Mir ist klar, dass ihm das nicht leichtfällt. Bestimmt hat er nicht oft Gäste hier zu Besuch, mit Ausnahme von Rosie natürlich. Ich nicke schnell und lächle ihm zu. »Danke. Das ist echt ... nett.«

»Nett.« Matt verdreht die Augen und wir müssen beide lachen. Er schlüpft in seine Jacke und wendet sich wieder zu mir. »Ich habe kein Kleingeld mehr da, aber du kannst bei Rosie alles holen, was du brauchst. Wir können ja ... also, wir können am Abend wieder zusammen essen.«

»Okay.« Ich nicke schnell. Essen klappt ja inzwischen ganz gut zwischen uns, und ich bin auch echt froh, dass wir überhaupt eine Basis gefunden haben, auf der wir klarkommen. Ich bin also doch nicht umsonst hergekommen – auch was ihn betrifft!

Als Matt weg ist, schaue ich mich um. Solitary Cove schläft noch, die Boote dümpeln glucksend und klackernd am Anleger und von dem blauen Dodge keine Spur. Alex mit herbringen, hat er gesagt. Das wäre zu schön! Allerdings ... würde ich ihn lieber mit in ein Haus bringen, in dem die Möbel nicht kreuz und quer im Raum stehen und alles voll grauer Ungemütlichkeit ist. Ob Matt was dagegen hat, wenn ich ein bisschen umräume?

Ich hole mir Socken und einen langen Pullover, gehe zurück auf den Gang und schaue mich um. Hier gibt es nichts aufzuräumen – hier gibt es nur schlichtes Garnichts. Ein Kleiderhaken an der Wand, ein Schemel, darunter unsere Schuhe. Etwas Farbe würde der Wand guttun! Aber Farbe habe ich nicht, zumindest nicht genug für eine ganze Wand. Also weiter. Das Bad könnte ebenfalls einen Klecks gebrauchen, doch ich finde nichts, womit ich seiner minimalistischen Ausstattung etwas Leben einhauchen könnte. Wo ich definitiv was machen kann, ist das Wohnzimmer. Zuerst räume ich allen herumliegenden Kleinkram – vorrangig Werkzeug, Schrauben und so ein Zeug – in Kästen, die ich im Schrank finde, und sortiere alles, so gut ich kann, ein. Dann schleife ich das Sofa quer durch den Raum, bis es neben dem Schrank steht und sich schön in die Ecke kuschelt. Der Fernseher kommt an die gegenüberliegende Wand, und das Antennenkabel klebe ich mit Tesa an der Fußleiste entlang, damit es sich nicht mehr mitten durch den Raum schlängelt. Schon viel besser! Den Schreibtisch drehe ich um, sodass man mit dem Rücken zur Wand sitzt und nicht zur offenen Tür. Das ganze Zimmer wirkt plötzlich viel größer. Außerdem entdecke ich ein Festnetztelefon unter einem Stapel Papiere. Im Schrank finde ich ein Fell – Bär? Schaf? Keine Ahnung, will ich auch gar nicht wissen –, das ich auf die Fensterbank lege. Jetzt kann man dort sitzen und in die Bucht hinausschauen. Die einzigen zwei Bücher, die Matt im Schrank hat, lege ich daneben, damit der Raum nicht ganz so kahl ist.

Es ist neun Uhr durch und von Alex ist noch nichts zu sehen, also schlüpfe ich in eine der alten Jeans und mache mich auf zum Waschsalon. Als ich meine Klamotten abgeliefert habe, ziehe ich weiter zu Rosies Laden. Sie sitzt selbst an der Kasse und lacht laut mit zwei alten Frauen, die nur ein paar Zeitschriften kaufen, also störe ich sie nicht weiter, sondern stöbere in Ruhe durch die Reihen. Obwohl der Laden so klein ist, finde ich eine Vase, zwei dunkelrote Sofakissen, je zwei hellgrüne und pazifikblaue Duschtücher, einen Badvorleger in etwa denselben Farben, durchschimmernden grünen Stoff und eine gewebte Wohndecke, die in wunderschön aufeinander abgestimmten Orange-Rostrot-Braun-Tönen gehalten ist und ideal zu Matts Holzfußboden passt. Wandfarbe gibt es nicht, dafür aber Pinsel und Acrylfarben zum Malen auf Leinwände. Damit kann ich auf jeden Fall was anfangen.

Rosie hebt nur die Brauen und sieht mich verwundert an, als ich mich an der Kasse anstelle. Die beiden Zeitschriften-Ladys machen Platz für mich und ich lege meine Schätze vor ihr aufs Band.

»Matt hat gesagt, ich kann alles holen, was ich brauche«, sage ich und deute auf die Sachen. »Oder ist das zu teuer?«

»Oh, nein, nein, das geht in Ordnung. Matt kauft sowieso nur, was er unbedingt zum Leben braucht.« Sie lächelt breit. »Die Decke habe ich übrigens selbst gemacht. Nach einer alten Tradition, wie meine Großmutter!«

»Ehrlich? Sie ist total schön.«

»Bei euch ist sie gut aufgehoben.« Rosie tippt die Sachen ein, aber ich bin mir nicht sicher, ob sie die Decke nicht einfach so weitergeschoben hat. Vielleicht war sie sogar für Matt gedacht, aber sie hat sich nie getraut, sie ihm zu geben?

»Danke«, sage ich und grinse ihr zu. Sie wird garantiert heute oder morgen zufällig bei uns aufkreuzen, um zu sehen, was ich aus dem Haus gemacht habe.

Auf dem Rückweg stromere ich eine Weile am Anleger herum. Das Kanu schaukelt an seinem Steg im Takt der Wellen auf und ab. Es sieht superkippelig aus, ganz anders als das fette Schlauchboot mit seinen Sitzreihen und Haltegriffen. Wie hat er es nur geschafft, mich da reinzukriegen?

Zwei Segelboote sehe ich auf dem Wasser. Und das Fischerboot mit dem kläffenden Hund. Das Vieh steht vorn am Bug und rennt aufgeregt hin und her – ob es Solo entdeckt hat? Von hier aus sehe ich nichts.

Der Morgennebel lichtet sich endgültig und die Sonne schüttet rotgoldenes Licht über die Wellen. Letzte

Dunstschwaden kriechen ins Wasser wie Erinnerungen. Die Luft riecht nach Frühling und Meer. Wie konnte ich es nur so schrecklich finden hier? Der Anblick ist unglaublich, so magisch, dass ich ihn sofort malen will. Aber Alex kann jederzeit aufkreuzen, und dann will ich wenigstens so weit fertig sein, dass ich ihn mit ins Haus bringen könnte.

Wieder zurück, breite ich zuerst die Webdecke über der Couch aus und stelle die Kissen darauf. Unglaublich, welche Wirkung das hat – es verändert die ganze Atmosphäre des Raums. Dann gehe ich ins Bad, lege die Handtücher farblich sortiert aufs Fensterbrett und den Badvorleger mitten auf den Boden. Jetzt gibt es hier wenigstens zwei Farbtupfer, von den Zahnbürsten einmal abgesehen. Die Vase kommt in der Küche auf den Tisch, sie muss erst einmal leer bleiben. Aus dem grünen Stoff schneide ich Bahnen heraus und zwirble sie mit Gummis so zusammen, dass man die Schnittkanten nicht sieht. Dann hänge ich sie an die leeren Vorhangstangen in der Küche. Im Wohnzimmer gibt es Vorhänge, graue, schwere Dinger, die einfach nur hässlich sind. Nach kurzem Überlegen schneide ich sie auseinander, sodass sie nur noch halb so breit sind, und male mit roter und brauner Acrylfarbe kleine Muster darauf, die in etwa dem auf der Wohndecke entsprechen. Zum Trocknen hänge ich sie gleich wieder hin und reiße beide Fenster weit auf.

Zuletzt mache ich mich an die Wand im Eingangsbereich. Da ich keine Wandfarbe habe, muss ich improvisieren. Am liebsten würde ich Solo malen, aber Matt hat ziemlich klargemacht, dass er mit Orcas nichts am Hut hat. Also keine gute Idee. Stattdessen fange ich einfach an, Ornamente zu pinseln, dünnere, dickere, in leichten, unaufdringlichen Farben – Hellgrün, Sonnengelb, Pazifikblau. Irgendwann werden daraus verschlungene Buchstaben und winzige Fantasiewesen mit langen Bärten und kleinen Gesichtern. Ich höre erst auf, als mir die Farbe ausgeht. Die halbe Wand ist nun bunt, aber die Pinselstriche sind dezent und fallen einem nicht ins Gesicht, wenn man zur Tür hereinkommt. Ich bin ja so gespannt, wie Matt reagieren wird!

Alex ist immer noch nicht hier. Zumindest kann ich sein Auto nicht entdecken. Also wasche ich mir die Farbe von den Fingern, esse ein Sandwich und laufe zurück zum Waschsalon, um meine Sachen in den Trockner zu werfen.

Als ich wieder rauskomme, sehe ich Solo, der ganz nah bei den Felsen schwimmt, meinen Felsen, und renne zurück.

»Solo, hey!«

Keuchend lasse ich mich auf den Balkonfelsen sinken. Solo schiebt seinen Oberkörper aus dem Wasser, so weit, dass sein ganzer Kopf zu sehen ist, und wir schauen uns an. In Stücke reißen, schießt es durch meinen Kopf. Die Worte klingen wie eine Farce. Nichts an Solo wirkt gefährlich, nichts ist fremd – er gehört zu Solitary Cove wie der Morgennebel und der Regen. Wie die grünen Schnecken und die Bären im Farn. Es gibt kein Schwarz-Weiß-Gefüge, kein Gut und Böse, es gibt nur ... alles. Und alles hat seinen Platz und seine Berechtigung und verschwimmt ineinander, sogar ich, obwohl ich am wenigsten von allen hierhergehöre.

Langsam strecke ich die Hand aus. Ich berühre Wasser, kühle, feuchte Fremde. Solo taucht ab, aber er kommt nicht näher. Wahrscheinlich kann er es auch nicht, denn wir haben Ebbe und die Wasserlinie hat sich ein gutes Stück nach unten verschoben. Wo bleibt er nur? Ich sehe seinen hellen Schatten am Grund, er scheint sich an den Felsen zu reiben. Tut das nicht weh? Er gleitet weiter und aus meinem Sichtfeld, aber kurz darauf ist er wieder da.

Er spielt mit etwas, was er auf dem Grund gefunden hat. Eine Kelpschlange? Nein, zu klein. Ein Zweig. Immer wieder lässt er ihn sinken und fängt ihn mit dem Maul wieder auf.

Solo ist zwar noch jung, aber er hat riesige Zähne. Und seine Zunge könnte locker mein Gesicht umschließen. Ich ziehe meine Hand zurück und schiebe mich ein Stück die Felsen hinauf.

Genau in dem Moment schießt Solo heran. Er ratscht gegen den Stein, aber das stört ihn anscheinend nicht. Er hat den Zweig ausgespuckt und schiebt ihn vor sich her durchs Wasser, mit der Oberseite seiner Nase. Ein Stück Holz, das immer wieder nach unten sinkt. Das ist doch kein Holz! Aber … nein, unmöglich. Nie im Leben.

Solo schnappt nach dem Gegenstand, der wieder in seinem Maul verschwindet, bevor ich genauer hinschauen kann. Er taucht damit ab. Als er ihn noch mal ausspuckt, gleitet das Ding ein Stück durchs Wasser, bevor es untergeht. Ein kleiner Wal an einem Bleistift.

Aus einem Souvenirshop in Victoria.

»Das glaub ich jetzt nicht.« Ich krieche bis ganz nach vorn an den Rand und versuche, nach dem Walstift zu angeln, aber er gleitet vor mir durch die Wellen und zieht eine feine Luftperlenspur hinter sich her. Als würde der Miniwal ausatmen. Solo taucht so plötzlich neben ihm auf, dass ich keuchend zurückweiche. Er nickt mit dem Kopf und erzeugt damit winzige Wasserwirbel, die den Stift in meine Richtung tragen. Will er ihn mir etwa geben? Das Wasser steht viel zu tief unter den Felsen, da komme ich im Leben nicht dran. Ich falle rein, wenn ich auf die glitschigen unteren Steine klettere. Der Miniwal dreht sich einmal, dann zieht er den Bleistift mit der Schwanzflosse voran nach unten. Ich muss einfach versuchen, ihn zu erwischen! Vorsichtig setze ich meinen Fuß auf den Stein unter mir und drücke ihn in eine Vertiefung. Mit der linken Hand halte ich mich fest, mit der rechten greife ich nach dem Wal, aber er gleitet unter mir weg und strudelt davon. Mist. Solo kann nicht näher kommen, hier sind überall Felsen und Spalten. Der Wal zieht den Bleistift zurück ins Meer.

»Nicht schlimm«, sage ich zu Solo, der kleine Luftblasen ausstößt. Sein Körper scheint im Wasser zu schweben, denn er bewegt sich null, nur sein Kopf ruckt ein wenig hin und her, so als würde er schnüffeln. Ich höre ein hohes Pfeifen und drehe mich um, aber hinter mir ist niemand. Wieder Töne, anders diesmal – eher quietschig, wie ein rostiges Scharnier.

Das kommt von Solo! Er singt, darauf hat Alex doch gewartet – aber irgendwie habe ich mir Walgesang anders vorgestellt. Melodischer und mystischer, nicht wie einen pfeifenden Teekessel. Urplötzlich schnellt Solo herum und taucht ab, so schnell, dass ich ihn aus dem Blick verliere.

Mein Fuß schläft ein, also ziehe ich ihn aus der Vertiefung und bewege ihn hin und her. Er kribbelt und schmerzt, jetzt, wo wieder Leben in ihn strömt. Mit einer Hand am Felsen versuche ich, ihn zu massieren, aber der Stein unter mir ist so glitschig, dass ich ausrutsche und mit dem verschlafenen Fuß im Wasser lande.

Ich keuche auf, weil es so kalt ist. Etwas zischt neben mir, dann kriege ich einen Tropfenregen ins Gesicht. Der Fuß tut immer noch weh, und ich finde keinen richtigen Halt, verdammt, bloß nicht ins Wasser fallen! Solo ist neben mir, nein, ich bin neben ihm – jetzt sind wir wirklich auf Augenhöhe. Er streckt seinen Kopf ein Stück aus dem Wasser, und ich sehe nur sein Maul, das sich langsam öffnet, Zähne, seine Zunge – etwas sirrt dicht an meinem Ohr vorbei, und ich ziehe instinktiv den Kopf ein. Wenn Solo mich jetzt packt und mit sich zieht, dann ... Aber Solo gleitet zurück ins Meer, langsam, lautlos, fast andächtig. Und ich krabble rücklings drauflos und bleibe an dem Glitschfelsen kleben, bis ich wieder normal atmen kann. Mein Fuß ist nass und kalt, aber immerhin hat der Schmerz nachgelassen, also stemme ich mich hoch und versuche, an einem anderen, trocken aussehenden Felsvorsprung nach oben zu gelangen. Diesmal klappt es, mein nasser Schuh findet Halt und ich kann mich hochziehen. Puh. Ich habe mich schon im Wasser planschen sehen.

Als ich mich wieder umdrehe, ist Solo ein gutes Stück von mir weggeschwommen. Menschen versenken ist wohl nicht sein Lieblingsspiel. Er hat ein kleines Fischerboot entdeckt, dem er, wie es aussieht, hinterherschwimmt. Ich gehe in die Hocke und ziehe den nassen Schuh aus und den Socken gleich mit. Eine feine Wasserspur sprenkelt den Balkonfelsen bis zu den dürren Grasbüscheln. Da liegt was drin. Ich schaue wieder zu Solo, aber der hat das Fischerboot bis zum Eingang der Bucht verfolgt und achtet nicht mehr auf mich.

Mit zwei Fingern biege ich die Grashälmchen zur Seite und angle den Bleistift heraus. Die Mine ist abgebrochen, und er hat ein paar Kratzer abbekommen, die aussehen wie winzige Bissspuren. Der Miniwal ist noch dran, stolz und anmutig, wie ich ihn gekauft habe. Aber jetzt ist es nicht mehr einfach nur ein Souvenir oder ein Bleistift. Jetzt ist er eine Erinnerung.

»Solo«, flüstere ich und schüttle den Kopf, immer wieder. »Danke, Solo!«

»Ich habe ihn singen hören«, sage ich zu Alex, als er aus seinem Auto steigt. Heute habe ich nicht gewartet, bis er mich zufällig findet, heute bin ich gleich zu ihm gelaufen, weil ich es nicht abwarten kann, ihm von meinem Vormittag zu erzählen.

»Hey erst mal!« Alex schlägt die Autotür hinter sich zu, den Rucksack in der einen Hand, die schwarze Tasche zu seinen Füßen. »Noch mal, bitte. Du hast ihn gehört? Singen?«

»Nicht wirklich singen. Oder … keine Ahnung, es klang eher wie ein Quietschen und Pfeifen.«

»Hm.« Alex legt den Kopf schräg. »Das ist gut. Kannst du es nachmachen?«

»Äh, was?«

»Mach mal! Wie Solo.«

»Kann ich nicht!«

»Waren es mehrere Laute hintereinander? Oder nur ein Ton?«

»Erst … ich glaube, nur ein Ton. Total hoch, ich dachte erst, jemand kommt auf einem rostigen alten Fahrrad hinter mir angefahren. Aber da war niemand, nur Solo.«

»Wo war das, an der Küste? Oder draußen auf dem Meer?«

Wie soll ich denn bitte ohne ihn da rauskommen? Ich strecke den Arm aus. »Da zwischen den Felsen.«

»Dann hat er etwas verfolgt und du hast sein Sonar gehört. Einen kleinen Fisch vielleicht. Kann das sein?«

Ich muss lächeln. »Einen Bleistift.«

»Einen *was*?«

Ich erzähle ihm, was geschehen ist. Von dem verlorenen Stift und dem Miniwal, den Solo irgendwie entdeckt hat. Von seinem Spiel mit den Luftblasen. Wie er den Stift ins Maul genommen und immer wieder ausgespuckt hat. Und ihn schließlich auf den Felsen geschleudert hat, so als wüsste er, dass er einmal mir gehört hat. Ich erzähle mit Händen und Füßen, und als ich fertig bin, muss ich erst einmal nach Luft schnappen, um wieder zu Atem zu kommen.

Alex fährt sich mit beiden Händen durch die Haare und lacht. »Das ist unglaublich, weißt du das?«

»Ich kann dir den Stift zeigen!«

»So mein ich das nicht. Ihr zwei seid unglaublich! Dieser Wal kommuniziert mit dir. Wahrscheinlich beobachtet er dich genauso wie du ihn, Orcamädchen.«

Ich muss schlucken und merke, wie mir warm wird. Hat Rosie nicht was ganz Ähnliches zu mir gesagt? Wale kommen, um Menschen Botschaften zu vermitteln. Ich verstehe zwar nicht, was Solo mir sagen will, aber ich freue mich so sehr über das Bleistiftgeschenk, dass ich am liebsten laut singen würde.

»Und, bereit für eine neue Runde?« Alex deutet mit dem Kopf auf sein Kanu. »Vielleicht singt er uns ja noch mal was vor.«

Ich nicke, bevor ich überhaupt überlegen kann. Auf das wacklige Ding würde ich gern verzichten, aber solange Alex dabei ist, habe ich keine Angst.

Er stellt sich so hin, dass er mit einem Fuß das Kanu festhält, und reicht mir die Hand, um mir reinzuhelfen. Dann springt er selbst hinterher, und das Kanu wackelt nur ganz leicht, als er uns abstößt.

Der Fischer mit dem toten Reh im Netz dümpelt an uns vorbei und winkt uns zu wie ein paar alten Bekannten. Alex grüßt lässig zurück.

»Dich kennt schon jeder hier in Solitary Cove«, sage ich und recke meine Nase in den Salzwind. Die Luft riecht nach frischem Regen, dabei hat es nur ein bisschen getröpfelt in der Nacht.

Alex legt den Kopf in den Nacken und lacht. »Das ist ja nicht schwer. Wie viele Leute leben hier, zwanzig?«

»Höchstens.«

Er guckt mich schräg von der Seite an. »So schrecklich?«

Jetzt nicht mehr, nein. Das Kanu ruckelt und ein breiter Katamaran schaukelt an uns vorbei. Alex taucht das Paddel tief ins Wasser und wir gleiten aus dem Strudel des Boots heraus. Der Wind bläst mir einen feinen Gischtnebel ins Gesicht. In der Ferne entdecke ich ein Segelboot, ansonsten ist es ruhig in der Bucht.

Alex zieht das Paddel aus dem Wasser und holt die Drohne aus dem Rucksack. Mit geübten Bewegungen macht er sie startklar und lässt sie über unseren Köpfen davonsirren.

Ich beobachte ihn, während er der Drohne hinterherschaut. Er hat wieder diese rotbraune Jacke an, die ihm zu groß ist. Ob er sich keine andere leisten kann? Er ist Student, so viel weiß ich von ihm. Und jobbt als Barkeeper und Skipper, wobei er Letzteres aktuell nur für mich ist. Ich wüsste gern, wo er wohnt, wie er lebt, was er macht, wenn er nicht an Drohnen rumschraubt oder mit seinem Dad Boote bastelt, aber Alex ist tief versunken in seinen Gedanken, und dann taucht unvermittelt Solo auf, so schnell, als hätte er auf uns gewartet.

Jetzt ist Alex voll in seinem Element. Er stülpt sich Kopfhörer über und hängt das Hydrofon ins Wasser, allerdings lässt er es neben dem Rumpf des Kanus treiben und versenkt es nicht mehr so tief im Wasser wie gestern. Solo spielt mit etwas, was aussieht wie ein toter Fisch. So genau will ich es gar nicht wissen. Er zieht das Ding durchs Wasser, wirft es in die Luft, fängt es wieder auf, schnappt danach, taucht damit ab. Er kommt mir vor wie ein Hund, der einen alten Knochen gefunden hat. Wenn das ein Fisch ist, kann er ihn doch einfach fressen. Warum muss er damit rumspielen? Alex findet das offenbar komisch, denn er filmt die Szene hoch konzentriert mit seinem Handy. Die Drohne steht genau über uns, so dicht, dass ich den Luftzug ihrer Rotoren spüre. Bei dem Lärm kann er doch gar nichts hören. Oder doch? Vielleicht macht Solo diese Quietschgeräusche ja auch nur, wenn er etwas zwischen den Zähnen hat, so wie meinen Bleistift vorhin.

Nach einer Weile streift Alex den Kopfhörer ab und reicht ihn mir. »Nichts. Willst du mal versuchen? Vielleicht redet er nur mit dir.«

Das ist natürlich Blödsinn, trotzdem setze ich den Kopfhörer auf, und augenblicklich ist das Sirren der Drohne verschwunden, und ich höre nur noch das Glucksen des Wassers und ein Platschen, das wohl von unserem Kanu kommt. Kein Quietschen, kein Singen, kein Ton, kein Garnichts. Solo ist so mit seiner Beute beschäftigt, dass er uns völlig zu vergessen scheint. Alex schaut mich abwartend an, aber ich kann nur den Kopf schütteln.

Irgendwann gibt Solo den Fisch frei. Das arme Tier treibt an die Oberfläche und bleibt dort kleben, ein Auge leblos in den Himmel gerichtet. Alex lässt die Drohne runtergehen und fängt den skurrilen Anblick in Großaufnahme ein. Igitt. Solos Zähne haben tiefe Rillen in den toten Körper gerissen, die komplette Rückenflosse fehlt. Ich kapiere echt nicht, warum er ihn verschmäht hat. Ob was mit dem Fisch nicht in Ordnung war? Oder er war ganz einfach satt, aber dann hätte er ihn auch gar nicht zu ermorden brauchen.

Wir reden nicht viel, als wir zurückfahren. Die Sonne sinkt hinter uns ins Meer, aber die Bäume fangen ihr Licht ab, und so streut nur ein goldroter Schimmer übers Wasser. Wie lange waren wir da draußen? Ich habe überhaupt nicht bemerkt, wie die Zeit verflogen ist, aber mein Magen knurrt plötzlich so laut, dass ich mir erschrocken die Hand auf den Bauch presse. Alex lässt die Drohne zwischen uns landen und klappt sie zusammen, während er uns mit einer Hand zurückrudert.

Der Fischkutter überholt uns kurz vor dem Anleger, und ich halte mich verstohlen am Rand fest, bis das Schaukeln aufhört. Alex sieht null besorgt aus, also kippt das Kanu auch nicht um. Trotzdem bin ich froh, als ich wieder festen Boden unter den Füßen habe.

»He, ihr zwei!« Der Fischer winkt Alex zu sich, und ich warte, während die beiden miteinander reden. Ein Eimer wird hochgehoben, dann baumelt auf einmal ein weiterer lebloser Fisch in der Luft. Dieser hat wenigstens noch alle Körperteile. Ich sehe, wie der Fisch in dem Eimer verschwindet und Alex damit zu mir zurückkommt.

»Du hast doch Hunger«, sagt er und schwenkt den Eimer herum, dass es nur so klappert.

Ich komme gar nicht dazu, ihm zu erklären, warum sich mein Hungergefühl auf einen Schlag in etwas ziemlich Gegenteiliges verwandelt, denn er legt mir den Arm um die Schultern und zieht mich einfach mit sich mit. Wie ein Pärchen gehen wir zu seinem Auto, wo er mich loslässt, um Rucksack und Tasche zu verstauen. Mein ganzer Körper glüht, ganz besonders an der Stelle, wo er mich eben noch berührt hat.

»Dein Solo hat ja keine Ahnung, was er verpasst.« Alex grinst und schlägt die Autotür zu. Ich wünschte, er würde den Arm wieder um mich legen, aber diesmal greift er mit beiden Händen nach dem Eimer und trägt ihn so vorsichtig vor seinem Bauch, als wäre ein zerbrechlicher Schatz darin statt einem toten Fisch. Ich gehe neben ihm her oder eigentlich er neben mir, denn wir folgen der Straße zu Matts Haus. Erst als wir daran vorbeigehen, wird mir klar, dass Alex überhaupt nicht weiß, wo ich wohne.

Das ist die Gelegenheit – ich könnte ihn reinbitten, er könnte sich seinen Fisch braten und dann … keine Ahnung, was dann. Ich weiß nur, dass es mir plötzlich peinlich ist, dass ich extra wegen ihm umdekoriert und aufgeräumt habe, so als würde ich mich für Matts Zuhause schämen. Vielleicht flippt Matt auch aus, wenn er zurückkommt – nein, lieber nichts riskieren.

Aber Alex scheint gar nicht zu erwarten, dass ich ihn zu meinem Zuhause führe. Er folgt dem Pfad an den Felsen entlang, bis wir beim Ende der Bucht ankommen, dort, wo der Wald beginnt.

»Hilfst du mir?« Alex stellt den Eimer ab und deutet mit dem Kopf zu den Bäumen hin. »Wir brauchen ein paar dicke und dünne Äste, trocken, also schau eher im Unterholz.«

»Willst du ein Feuer machen?«

»Nein, eigentlich wollte ich ein Floß bauen, damit wir den Lachs auf See bestatten können.«

Okay. Die Frage war überhaupt nicht dämlich.

Er grinst und stapft in den Wald, wo im schwindenden Tageslicht längst Schatten lauern. Wie war das mit den Pumas? Ich folge ihm mit Abstand, zum Glück, denn er wirft ein paar Stöcke auf einen Haufen und dreht sich dann zu einer mannsdicken Fichte, um etwas zu tun, bei dem ich ihm bestimmt nicht zuschauen soll. Als er fertig ist, sammelt er zwischen den Baumschatten weiter, bis er den Arm voll Holz hat. Meine paar kümmerlichen Äste wirken dagegen wie ein Witz.

»Der ist gut.« Er nimmt mir den einzig dicken Stab aus der Hand und dreht ihn herum. »Damit wird er perfekt.«

Ich wünschte, ich hätte mein Handy dabei, um zu filmen, wie er Feuer macht. Kein Feuerzeug, sondern zwei Steine, etwas Moos, ein paar dürre Zweige, die er ein paarmal anpustet, und schon züngeln die ersten Flammen aus dem Gestrüpp. Er schichtet die anderen Hölzer sorgsam zu einem Dach darüber und schaut mich an.

»Keine Angst, Orcamädchen. Ich hab das schon mal gemacht.«

»Musst du heute gar nicht arbeiten? Oder haben sie dich schon wieder gefeuert?«

Er lacht leise. »Freier Abend. Heute wirst du mich also nicht so schnell los.«

Das Feuer streckt sich und die ersten Flammen lecken an dem Holzdach. Wärme breitet sich aus, und beinah habe ich vergessen, warum wir hergekommen sind.

Alex steht auf und zieht den toten Fisch aus dem Eimer. Er sieht genau aus wie der, den Solo vorhin zwischen den Zähnen hatte. Mir wird schlecht. Aus seiner Hosentasche zaubert Alex ein Taschenmesser, lässt es aufschnappen und schlitzt dem Fisch mit einer einzigen Bewegung den Bauch auf. Blut schießt auf den Fels und tropft ins Meer wie ein dunkelroter Fluss. Bevor ich kapiere, was er macht, hat Alex dem Fisch die Eingeweide entfernt und wirft das triefende Bündel in hohem Bogen ins Wasser. Dann fängt er an, zu beiden Seiten die Haut herunterzuschälen. Er spielt nicht mit dem Fisch, so wie Solo, sondern arbeitet routiniert und schnell, bis er den kompletten Lachs zerlegt hat. Als er fertig ist, bricht er meinen Stab in zwei Hälften und tunkt sie in das frische Fischblut. Dann steht er auf, schraubt die Stöcke schräg neben dem Feuer in den Boden und klemmt den Lachs dazwischen.

Der Blutfluss tropft unaufhörlich ins Meer, aber Dunkelheit verschluckt den Felsen, und unser Feuer ist das einzige Licht weit und breit. Als würden wir auf einer Insel sitzen, nur wir zwei allein. Ich rutsche vorsichtig näher an die Flammen und lasse mir die Knie wärmen, während Alex mit einem Stock prüfend gegen den Fisch klopft.

»Was sollte das mit dem Blut?«, frage ich und deute auf die Zweige.

»Hat mein Dad mir beigebracht. So brennt nichts an.«

»Du machst viel mit deinem Dad, oder?« Ich hoffe, er hört nicht aus meiner Stimme raus, wie neidisch ich auf einen Vater wie seinen bin, der mit ihm Fische brät und ihm lauter nützliche Sachen zeigt, anstatt nur stumm und verschlossen und abwesend zu sein.

»Als ich klein war, ja.«

»Warum jetzt nicht mehr?«

Alex stößt wieder leicht gegen den Fisch. Im Flammenschein sehen seine Augen dunkel und traurig aus. »Weil er tot ist«, sagt er mit ruhiger Stimme.

Oh nein. Und ich frage noch so dumm. »Das tut mir leid«, murmle ich nur.

»Ist schon okay.« Er geht in die Hocke und sein Blick gleitet raus, zum Meer. »Ist lange her. Acht Jahre.«

»Das macht es nicht besser.«

Er schaut mich nicht an. »Er war Fischer. Niemand kannte das Meer besser als er. Aber eines Tages ... ist er einfach da draußen geblieben. Sein Boot wurde erst Tage später angespült, als man die Suche schon aufgegeben hatte.«

Ich merke, dass er mit seinen Gedanken ganz bei seinem Dad ist, dass er ihn vielleicht sogar spüren kann, draußen auf dem Meer – ist er deshalb so versessen darauf, auf dem Wasser zu sein? Ich bleibe sitzen und sage gar nichts, schaue ihn nur vorsichtig von der Seite an, bis er von selbst weiterredet.

»Ich musste zu meiner Mutter nach Vancouver ziehen. Sie hat dort eine neue Familie, diesen Kerl und zwei kleine Mädchen – Zwillinge –, ein komplett neues Leben. Das war fast noch schlimmer, als ihn zu verlieren.«

Ich wage nicht, mich zu bewegen. »Dann passt er auf dich auf«, flüstere ich. »Immer wenn du da draußen bist.«

Alex hebt die Schultern. »Ja. Irgendwie schon.«

Eine Weile sagt keiner von uns ein Wort. Die Flammen zischeln und etwas tropft auf die Glut, aber Blut kann es nicht sein, denn der Fisch ist längst krustig gegart und verströmt einen intensiven, herben Geruch. Alex tippt wieder dagegen und diesmal ist er zufrieden. Mit wenigen Handgriffen hat er den Fisch vom Feuer gezogen und teilt die Filethälften in kleine Streifen, die er auf den zusammengelegten Hölzern anrichtet und mir hinhält. Die Nacht und der Fischduft schmelzen zu einem einzigen Gefühl in meinem Bauch.

Aber das alte Gefühl ist stärker. Ich schüttle den Kopf. »Eigentlich … also, ich esse keinen Fisch.«

»Warum nicht?«

»Weil ich Veganer bin.« Auch wenn mein Bauch gerade eine andere Sprache spricht.

Alex nimmt sich einen Filetstreifen und lässt ihn langsam in seinen Mund gleiten. Genüsslich verdreht er die Augen. »Du verpasst was. So frisch sind sie am besten.« Er hält mir die Hölzer erneut unter die Nase. »Echt nicht? Wenigstens probieren?«

Was ist das nur? Bei Matt hat Fisch nie so gerochen. Nach Feuer und Salzluft und … Alex.

Ich schüttle den Kopf. »Ich kann nicht!«

Er legt den Kopf schräg und lässt einen weiteren Filetstreifen in seinem Mund verschwinden. Mein Magen knurrt wie verrückt. »Was wird denn Schreckliches passieren, wenn du von dem Lachs probierst?«

»Meine Mutter sagt immer, ein bisschen vegan geht nicht. Entweder du hältst dich an die Regeln oder du kannst es gleich bleiben lassen.«

»Aha«, macht Alex und hält mir den Fisch unbeeindruckt weiter unter die Nase. »Deine Mutter ist nicht hier. Nur wir beide. Und ich verrate dich nicht.«

Es ist höllisch, ihn essen zu sehen, während ich solchen Hunger habe. Und überhaupt. Er hat recht – wo ist das Problem? Wenn ich von dem Lachs probiere und er schmeckt mir nicht, dann ist das nur eine Bestätigung, dass ich mir meine Haribos nicht umsonst abgewöhnt habe.

Ich strecke die Hand aus und nehme eines der Filets zwischen die Finger. Es ist noch warm, aber fest und voller öligem Saft. Das Wasser läuft mir im Mund zusammen. Ich glaube, ich hatte noch nie solchen Appetit auf irgendwas.

Bevor ich es mir anders überlegen kann, beiße ich rein.

Zuerst schmecke ich gar nichts, das Filet zerfließt förmlich auf der Zunge. Aber kaum habe ich runtergeschluckt, fühle ich das kühle, würzige Fett in meinem Gaumen explodieren. Im Nu habe ich den ganzen Filetstreifen aufgegessen, nein – ich habe ihn wie ein Tier verschlungen und angle schon nach dem nächsten.

»Du bist so was von kein Veganer mehr«, zieht Alex mich auf und stellt die Hölzer mit dem Fisch zwischen uns ab.

Es schmeckt so gut, dass ich gar nicht mehr aufhören kann, aber nach dem dritten Streifen tut das Fett seine Wirkung, und ich merke, wie das Sättigungsgefühl einsetzt. Warum hat Solo seinen Lachs nicht gefressen? Er hat ja keine Ahnung, was ihm entgangen ist.

Alex legt den Kopf in den Nacken und lacht. Dann zieht er sein Handy raus. »Hey, soll ich dich filmen? Für deinen Blog oder so? Du könntest noch mehr Veganer bekehren.«

»Ich hab überhaupt keinen Blog.«

»Mit dem Film kannst du einen anfangen.«

»Außerdem bin ich noch immer Veganer. Das war eine einmalige Sache.«

Alex' Augen flackern im Feuerschein wie riesige Glühwürmchen. »Du kannst dich ja weiter an all diese seltsamen Regeln halten. Der Lachs ist deine heimliche Sünde.«

Ich muss grinsen, als ich mir Jörgs Gesicht vorstelle, wenn ich zu Hause anfange, Lachs zu braten. Alex hat ja keine Ahnung. In unserer Küche gibt es sogar extra Messer für Fleisch, sofern mal etwas davon für Tom zersäbelt werden muss. Ein Lachs am blutgetränkten Ast aus dem Wald über kokelndem Lagerfeuer? Absolut undenkbar in Jörgs Kosmos.

Ein Zischen lässt uns beide hochschrecken. Wir schauen in die Bucht hinaus, aber die Nacht ist zu dunkel oder unser Feuer zu hell, von Solo ist nichts zu sehen. Nur seinen Zischatem hören wir, ganz in der Nähe, immer wieder.

»Der wird langsam ortstreu«, murmelt Alex und schüttelt den Kopf. »Das ist gar nicht gut.«

Irgendwann ist das Feuer heruntergebrannt, und es gibt noch so viele Dinge, die ich über Alex wissen will, über ihn und Solo und auch über mich selbst, aber mit dem Feuer verschwindet auch die Wärme, und Alex steht auf, um den Eimer mit Meerwasser zu füllen. Er löscht die Glut, stampft sie sorgfältig aus. Dann gehen wir zurück und ich verabschiede mich direkt vor dem mintgrünen Haus von ihm. Die Dunkelheit verschlingt jede Farbe, wahrscheinlich weiß er morgen gar nicht mehr, welches Haus es war. Und es ist auch egal.

Er bleibt stehen und sieht mich an. Das Meer rauscht an die Felsen, und meine Hand zittert so sehr, dass ich sie tief in meinen Ärmel grabe, damit er es nicht merkt.

»Gute Nacht, Orcamädchen. Bis morgen.«

»Bis morgen.« Meine Stimme klingt nicht wie meine Stimme. Ich fühle mich nicht wie ich. Wenn ich jemand anders wäre, würde ich ihn jetzt küssen. Aber ich bin noch ich, und so wünsche ich nur stumm, dass er es tut.

Er hebt die Hand. Berührt meinen Arm. Und dann dreht er sich um und verschwindet in der Dunkelheit wie ein Geist, dem man nicht schnell genug gesagt hat, dass man an ihn glaubt.

»Nacht, Alex«, flüstere ich, als er längst weggefahren ist und Solos ferner Atem alles ist, was ich noch höre.

WHALE'S TAIL

Ich wandere durch ein fremdes Haus, als ich am Morgen erwache. Etwas ist anders, und es sind nicht nur meine Ornamente an der Wand, die Webdecke auf der Couch, das Kuschelfell auf der Fensterbank. Es duftet nach Kaffee, nach frischen Brötchen, nach … Zimt? Ich höre jemanden lachen, Matt, der – in Jeans und T-Shirt – aus der Küche kommt, mich sieht und breit lächelt.

»Svenja.« Sogar mein Name klingt heute anders bei ihm. Vielleicht weil er lächelt.

»Du bist nicht sauer«, stelle ich fest und deute mit dem Kopf auf seine vollgepinselte Wand.

»Sauer?« Er lacht. Hab ich ihn schon mal laut lachen hören? »Ich bin doch nicht sauer! Das ist wunderschön. Du solltest dich dafür bezahlen lassen.«

Weil ich nicht rot werden will, schnuppere ich in Richtung Küche. »Was duftet denn hier so?«

»Eine Überraschung. Komm mit!« Er verschwindet wieder in der Küche und kehrt mit einem Tablett zurück, auf dem drei Tassen stehen. Drei? Mein Herz macht einen kleinen Hüpfer. Alex – ist Alex hier? Er weiß jetzt, wo ich wohne. Hat Matt deshalb …

»Ich muss mich zuerst anziehen«, sage ich und schaue an mir runter. Leggings, Schlafshirt, Kuschelpulli. Wenn wirklich Alex auf unserer Veranda hockt, geht das gar nicht!

Matt nickt nur und verschwindet mit dem Tablett nach draußen, und ich widerstehe der Versuchung, hinter ihm herzuschielen. In eiliger Hast schlüpfe ich in ein frisches

Shirt, ziehe Jeans an und bürste wenigstens notdürftig durch meine Haare. Ich sehe immer noch aus wie eben aus dem Bett gekrochen, aber so kann ich ihm unter die Augen treten.

Matt hat einen runden Holztisch auf die Veranda gestellt. Die Sonne malt Lichtflecken auf Teller und Tassen und wärmt mir den Nacken, als ich mich auf den letzten freien Stuhl sinken lasse. Rosie lächelt mich so ehrlich erfreut an, dass ich nur einen winzigen Moment lang enttäuscht bin – vor allem, als sie mir etwas auf den Teller schaufelt, was wie ein platt gedrückter Donut aussieht und einfach nur himmlisch riecht.

»Extra für dich ohne Ei gebacken!«

»Was ist das?«

»Wir sagen dazu Whale's Tail.«

Ich beäuge das Gebäckstück auf meinem Teller. Aber lange halte ich es nicht aus und beiße rein. Es schmeckt supersüß, nach Zimt und Zucker, und ich höre erst auf zu kauen, als ich das komplette Teil vertilgt habe. Vom Fisch zum Walschwanz. Wenn Mama wüsste, was hier mit mir passiert!

»Und? Gut?«

»Ultralecker!«

»Wusste ich doch, dass du sie magst!« Rosie schaufelt mir zufrieden noch ein Stück auf den Teller. »Du bist ja eine richtige Künstlerin. Magst du in meinem Haus nicht auch ein bisschen malen?«

Nicht schon wieder. »Mit Malen hat das nicht viel zu tun, ich hab doch nur herumgepinselt.«

»Sie kann malen«, behauptet Matt und gießt Milch in Rosies Kaffee. »Richtig gut sogar.«

»Oh, bitte, machst du das?« Rosie legt mir beide Hände auf den Arm. »Du kannst malen, was du willst!«

Hinter Rosie kann ich eine Bewegung sehen. Etwas taucht

aus den Wellen, winzig klein in der Ferne, aber ich erkenne es trotzdem. Ein schwarzes Dreieck, gefolgt von einem feinen Sprühnebel. »Solo«, flüstere ich.

»Was?« Rosie schaut mich immer noch an.

Sonne, Zimtwalschwänze, Matt. Ich muss blinzeln, dann bin ich wieder hier. »Na schön, ich mach's.«

»Solo?«, fragt Rosie nach. »Ist das der Junge?«

Matt gestikuliert mit der flachen Hand in der Luft herum, aber Rosie grinst nur.

»Nein«, sage ich und schaue zwischen den beiden hin und her. »Der Wal!«

»Ach so.« Rosie zwinkert Matt zu. »Und wie heißt der Junge?«

Eigentlich will ich nicht mit ihr darüber reden, aber offenbar hat Matt das eh schon gemacht. »Der heißt Alex.«

»Alex, ah. Sieht er gut aus?«

Oh Mann, Matt! Er vergräbt das Gesicht in den Händen, dabei sehe ich genau, dass er lachen muss. Ich beiße in den Walschwanz, atme Zimtzucker ein und muss furchtbar husten.

»Also ja«, stellt Rosie fest und nickt zufrieden. »Ich glaube, ich habe ihn schon mal gesehen, kann das sein? Er hat zwei Dosen Canada Dry bei mir gekauft.«

»Hm«, röchle ich und wische mir Hustentränen aus den Augenwinkeln.

»Kommt er heute wieder?«

»Ich glaub schon.«

»Du weißt es gar nicht?«

»Er kommt ja nicht zu mir. Sondern zu Solo.« Komisch, dasselbe hat er zu mir auch gesagt – dass Solo zu mir gekommen sei. »Er will rauskriegen, zu welcher Familie er gehört, aber in der Fotokartei war Solo nirgends zu finden, und jetzt versucht er, seinen Gesang aufzunehmen, weil er ihn damit einer Gruppe zuordnen kann. Er sagt, vielleicht gehört Solos Familie zu den Orcas, die im Norden der Insel leben, den Northern Residents.«

Matt stellt die dritte Kaffeetasse vor mich hin und lehnt sich vor. »Habt ihr gewusst, dass der Name Orca bei den alten Römern Teufel des Meeres bedeutet?«

»Ach, du wieder.« Rosie schüttelt den Kopf. »Mein Urgroßvater hat mit den Walen zusammen gejagt, und es gibt Geschichten, dass Menschen und Wale den Fisch teilten. Mein Volk hat die Orcas schon immer als das gesehen, was sie sind: Raubtiere, die keine natürlichen Feinde zu fürchten brauchen. Euer Volk hat sie verteufelt und sie dann zu ihrem Spielzeug gemacht.«

Matts Blick wird trüb, und er schaut hinaus zu der Stelle, wo Solo eben verschwunden ist. Aber heute hält er mir keinen Vortrag darüber, wie gefährlich diese Tiere sind. Er sagt einfach gar nichts mehr dazu und schlürft nur weiter seinen Kaffee.

»Solo – ein schöner Name.« Rosie legt den Kopf schief und schaut mich aus ihren tiefschwarzen Augen an. »Bei meinen Leuten heißt es, sobald du einem Tier einen Namen gibst, gehört es dir.«

Später schleiche ich wieder am Hafen herum, damit ich Alex' Ankunft nicht verpasse. Mir würde bestimmt was einfallen, um an seine Handynummer zu kommen, aber hier draußen nützt sie mir ohnehin nichts, und irgendwie ist es auch ganz spannend, auf ihn zu warten und mir dabei auszumalen, was wohl diesmal geschehen wird. Als er dann endlich angefahren kommt, bin ich so gefangen in meinen Träumereien, dass ich schier kein Wort rausbringe und ein paar Minuten brauche, bis ich normal mit ihm reden kann.

Wir paddeln wieder mit dem Kanu raus, diesmal aber mit

einem klaren Ziel: »Wir fahren nicht eher zurück, bis wir Aufnahmen von ihm haben!«

Alex erzählt mir von einem Freund, der in einem Forschungslabor arbeitet, auf einer kleinen, unbewohnten Insel oben in der Johnstone Strait. Jeden Sommer verbringt er dort, und deshalb kennt er die Wale, die dort ortsansässig sind, inzwischen ziemlich gut.

»Er könnte uns sagen, ob Solo einer von ihnen ist«, meint er. »Aber dazu brauchen wir irgendwas von ihm, was uns zu seiner Familie führt.«

Wir verbringen Stunden auf dem Wasser. Als es Abend wird, ist mir so flau im Magen, dass ich kaum noch zu sprechen wage. Außerdem muss ich echt dringend aufs Klo. Alex ist sichtlich frustriert, dass wir schon wieder nicht weitergekommen sind. Solo hat sich uns zwar zweimal genähert und ist eine ganze Weile neben uns hergeschwommen, aber er hat dabei nicht einen Laut von sich gegeben.

Am Tag darauf hat Alex ein durchsichtiges Döschen dabei, eine runde Schale mit Deckel, die er mit Solos Atemluft füllen will.

»Damit können wir checken, ob er gesund ist«, erklärt er. »Solange wir keine Blutprobe von ihm besitzen.«

Ich habe überhaupt nicht damit gerechnet, dass Solo krank sein könnte. Ist er womöglich deshalb hier, in dieser Bucht?

Aber Alex beruhigt mich: »Er sieht nicht krank aus. Auch nicht unterernährt. Wir machen das nur, um sicherzugehen.«

Für die Atemprobe müssen wir ziemlich dicht an ihn ran, also warten wir, bis Solo in der Bucht ist, und stellen uns einfach in seinen Weg. Wir dürfen das, denn wir sind sozusagen nur ein treibender Baumstamm und kein lautes Motorboot – wir stören ihn nicht.

Aber gerade an dem Tag hat Solo natürlich keine Lust zu

spielen, und Alex schafft es nicht, nah genug an sein Blasloch zu kommen, ohne samt dem Kanu – und mir! – in die Wellen zu kippen.

Ich habe mein Tagebuch dabei und versuche, die Szene zu zeichnen, und dabei kommt mir die Idee. Während Alex eine kleine Drehung steuert und sich Solo langsam von der Seite nähert, lasse ich meinen Bleistift ins Wasser fallen. Dieser hat zwar keinen Wal am Ende, der ihn unter die Wellen zieht (besagten Bleistift bewahre ich in meinem Zimmer auf der Kommode auf und hüte ihn wie einen Schatz), aber Solos Aufmerksamkeit ist geweckt. Er beginnt, das seltsame Ding zu fangen und herumzuschieben.

Während Alex sich mit den Füßen an der Sitzbank festklammert und, so weit es geht, über den Rand hinauslehnt, spiele ich Bleistiftschubsen mit Solo. Er nimmt ihn zwischen die Zähne, zieht ihn herum, und dann bringt er ihn tatsächlich zum Boot, so als wüsste er, dass der Stift mir gehört. Drei- oder viermal stupse ich den Bleistift von mir, bis Solo das Interesse verliert. Vielleicht fragt er sich auch, warum ich andauernd diese kleinen Holzdinger ins Meer werfe.

»Du bist echt cool«, sage ich zu ihm, und Solo taucht halb unter uns auf und prustet uns ins Gesicht. Schnell hebt Alex den Arm und hält die Schale über sein Atemloch, mit so viel Abstand, dass Solo gar nichts davon mitbekommt. Ich lasse meinen Arm über den Rand baumeln und versuche, nicht an runde, lange Orcazähne zu denken (was ungefähr so gut klappt wie bei dem blauen Elefanten), aber Solo ist ja unter uns und kann mich eigentlich auch gar nicht sehen. Trotzdem schiebt er seinen Körper nach vorn, bis meine Fingerspitzen seine Haut berühren. Er gleitet unter uns durch, und ich halte den Atem an, damit der Augenblick länger dauert. Wie kühles Gummi, aber von einer energetischen Kraft umspült, als würde er unter Strom stehen. Mein Herz klopft wie verrückt. Es fühlt sich nicht an wie eine Berührung – es fühlt sich an wie ein Kuss.

Und dann ist er vorbei, mein Augenblick, und ich kann weiteratmen. Solo taucht ab und verfolgt ein anderes Boot, aber nach ein paar Metern taucht er noch mal hoch und wirft seinen ganzen Körper aus dem Wasser. Es platscht, als er zurückklatscht, und unser Kanu fängt an zu schaukeln, und ich muss lachen, weil das alles so total wahnsinnig ist!

Alex angelt nach dem Bleistift, rubbelt ihn an seinem Shirt trocken und reicht ihn mir. »Also, wenn du mein Mädchen wärst, ich wäre eifersüchtig auf den Kerl.«

»Was?« Ich muss noch mehr lachen. »Dabei habe ich das nur gemacht, um dir zu helfen!«

Alex grinst. Er hebt die Plastikschale, die er wieder gut mit dem Deckel verschlossen hat, beschriftet sie und verstaut sie in seiner Tasche.

»Was machst du jetzt damit?«, will ich wissen.

»In der Uni können wir untersuchen, ob sich Keime darin befinden. Du kriegst einen Haufen Informationen aus dem Atem eines Wals, ganz ähnlich wie aus einer Speichelprobe beim Menschen.«

»Und können wir ihn damit identifizieren?«

»Kann ich dir so nicht sagen. Im besten Fall haben wir jetzt seine DNA. Warten wir's mal ab!« Er legt mir die Hände auf die Schultern und grinst wieder. »Das habt ihr zwei Turteltauben sehr gut hingekriegt!«

»Haha.« Ich halte still, ganz still, weil mein Herz plötzlich wieder schneller klopft und ich nicht will, dass er es merkt. Aber da lässt er mich schon wieder los, und wir paddeln zurück, weil Solo ja nicht mehr da ist.

Unterwegs hebt Alex plötzlich das Paddel hoch, dann drückt er es in die Wellen und das Kanu fährt einen kleinen Bogen.

»Schau mal, da.« Er deutet ins Wasser, wo ein kleiner bläulicher Ballon aus der Tiefe aufsteigt.

»Ist das ein Tier?« Ich beuge mich darüber, aber dann ziehe ich meinen Kopf lieber zurück. Irgendwo habe ich mal Bilder von Quallen gesehen, die hatten eine ganz ähnliche Form und Farbe.

Alex legt den Kopf schräg, dann zieht er den Ärmel zurück, langt ins Wasser und zieht den blauen Ballon vorsichtig zu uns herauf. Kaum an der Luft, fällt er in sich zusammen, und jetzt sehe ich auch, was es ist. Keine Qualle, nur eine simple Plastiktüte. Oder nein, da hängt noch etwas dran – eine Schnur? Alex zieht daran und sein Gesicht verdüstert sich.

»Oh Mann. Ich hasse das!«

Eingewickelt in der Schnur hängt ein riesiger Seestern, der von der Plastiktüte offenbar durchs Meer getragen wurde wie von einem Gasluftballon. Er ist riesig, mit roten Armen und orangerosa Flecken überall. Ich hab schon Seesterne gesehen, im Aquarium, aber dieser hier würde mein Gesicht komplett bedecken.

Alex fackelt nicht lang, sondern packt den Seestern einfach an einem seiner Arme. Da sind Fühler oder Stacheln dran – sind die nicht giftig? Offenbar nicht, zumindest schreit er nicht auf. Ohne hinzuschauen, greift Alex nach seiner Tasche und wühlt blind darin herum, bis er sein Klappmesser gefunden hat. Ich schlucke. Er wird doch nicht … Aber da säbelt er schon an der Schnur herum. Der Seestern zappelt, also zieht er ihn auf seinen Schoß, bis er die vielen Schlingen der festen Schnur endlich gekappt hat. Genau in dem Moment löst sich der Arm des Seesterns, den er noch immer festhält, und Alex rutscht mit dem Messer ab, schreit auf – und der befreite Körper gleitet zurück ins Meer, wo er wie eine rote Sonne untergeht.

Ich knie mich neben ihn und greife nach dem Messer. Blut klebt daran. Alex hält seinen Daumen hoch, aus dem noch mehr Blut tropft. Schnell – irgendwas! Ich finde keine Taschentücher, also wickle ich mein Halstuch ab und reiche es ihm. Er schaut mich zweifelnd an, aber ich drücke es ihm gegen die Brust.

»Du musst die Blutung stillen! Was anderes hab ich nicht.«

Er wickelt sich mein Halstuch um den Finger und lächelt schon wieder. »Wenn du dankbare Forschungsobjekte willst, darfst du nichts mit Tieren machen«, meint er und hebt den Arm hoch, den der Seestern abgeworfen hat. »Hier. Magst du den als Souvenir behalten?«

Igitt. Ich schüttle den Kopf und Alex wirft den Arm in hohem Bogen hinaus in die Bucht. Vielleicht findet Solo ihn ja – oder hätte er mehr Spaß mit dem amputierten Seestern selbst?

»Ein Sonnenstern«, klärt Alex mich auf. »Davon gibt es hier viele. Plastiktüten und verirrte Angelleinen leider auch.«

Kurz frage ich mich, wie wir jetzt zurückkommen sollen, aber Alex greift schon wieder nach dem Paddel. Bis wir beim Steg ankommen, hat seine Wunde mein Halstuch durchtränkt. So kann ich ihn unmöglich heimfahren lassen!

»Alex«, beginne ich vorsichtig. »Die Wunde muss versorgt werden. Ich könnte ... also, ich weiß, wie das geht. Wenn du willst, kannst du mitkommen, und ich, äh, sorge dafür, dass du wenigstens nicht dein Auto vollblutest.«

Alex vertäut sein Kanu und hält den Kopf gesenkt. Bestimmt hasst er es, Hilfe zu brauchen – er ist so ein Typ. Aber als er sich aufrichtet, lächelt er mich an. »Das ist nett von dir.«

Nett – na toll. Aber immerhin, er kommt mit! Gut, dass ich vorbereitet bin, gut, dass ich aufgeräumt habe – oh Gott, wie sieht eigentlich mein Zimmer aus? Liegt der Schlafanzug noch auf dem Bett? Habe ich die Dreckwäsche schon eingepackt? Lieber zuerst nachsehen, bevor ich ihn dort reinlasse!

Matts Tür ist nicht abgeschlossen, also gehen wir einfach hinein. Ich lasse Alex den Vortritt und merke, wie er stockt und sich umschaut. Mit den Füßen streift er die Schuhe ab, ohne den Blick von den Wänden zu nehmen.

»Das hast du gemacht«, stellt er fest.

»Mhm.«

Er lässt das Halstuch auf den Schemel fallen und ich lotse ihn ins Badezimmer. Hier kann er seine Wunde ausspülen, schließlich hat er mit demselben Messer vor wenigen Tagen einen Fisch zerlegt. Unterdessen hole ich das Erste-Hilfe-Set, das Jörg mir mitgegeben hat. Es fühlt sich seltsam an, einmal diejenige zu sein, die weiß, was zu tun ist. Insgeheim danke ich Jörg für seine pedantischen Erste-Hilfe-Vorträge, nie hätte ich gedacht, dass sie mich einmal in diese Situation bringen.

Alex' Arm ruht auf meinem Bein und seine Hand liegt in meiner, während ich den Schnitt säubere und mit Wundspray versorge. Er hat sich ziemlich fies erwischt, aber wahrscheinlich kommt er ohne Nähen aus – wenn er es schafft, den Finger ein paar Tage lang ruhig zu halten.

Sein Atem streift mein Gesicht, als er sich über die Wunde beugt. Ich glaube, so nah waren wir uns noch nie, obwohl wir auf dem Kanu ja auch beieinandersitzen, und ich bin froh, eine Aufgabe zu haben, auf die ich mich konzentrieren kann.

Er hat starke, warme Hände mit ein paar rauen Stellen, die bestimmt vom vielen Seewind kommen. Ich verbinde den Daumen und er zieht seine Hand langsam aus meiner heraus.

»Danke.«

»Bitte.«

Er schaut mich an. Ich schlucke. Oh Mann, sag was, bitte! Sein Lächeln kriecht mir tief unter die Haut. Solo, denke ich, nur um Solo geht es hier, nicht um mich, nicht ...

Langsam steht Alex auf. Er streckt mir die gesunde Hand hin und wartet, bis ich sie ergriffen habe. Dann zieht er mich hoch, und wieder stehen wir so nah voreinander, dass ich das Atmen vergesse. Jetzt bloß nichts falsch machen, bloß keine ... Ein Hupen ertönt von draußen, von irgendwo, und zerstört den Bann.

Alex lässt meine Hand los und tritt einen Schritt zurück. Er räuspert sich. »Nette Hütte«, sagt er und schaut raus in den Flur. »Wohnt dein Dad hier allein?«

Ich stoße die Tür auf und gehe voran ins Wohnzimmer. Mein Magen ist immer noch ganz flatterig, aber Alex bleibt so cool, dass mir meine Gedanken fast peinlich sind.

»Ja«, erzähle ich so unbekümmert wie möglich. »Er und meine Mama waren nie so richtig zusammen. Die kannten sich nur einen Sommer, als sie beide in Kalifornien gewohnt haben.«

Alex wandert durch den Raum, bleibt vor dem Fensterbrett mit dem Fell stehen. Er guckt nach draußen, also kann ich ihn in aller Ruhe betrachten. »Dann hast du ihn vorher gar nicht gekannt? Bevor du hergekommen bist?«

»Nein. Ich wusste nichts von ihm, nur dass er aus Kanada stammt.«

»Und wie versteht ihr euch?«

Ich muss lächeln. »Eigentlich ganz gut. Er ist ... hm. Er redet nicht so wahnsinnig viel. Erzählt nichts von sich und so. Und am Anfang hatte ich das Gefühl, er will auch gar nichts von mir hören, von meinem Leben. Aber inzwischen ... also, eigentlich klappt es ganz okay. Wir sind uns nicht mehr so fremd und lernen uns langsam kennen.«

Er dreht sich zu mir, schaut mich an. »Nicht einfach, was?

Sie sind unsere Eltern, aber das heißt noch lange nicht, dass es eine Verbindung zwischen uns gibt.«

Das ist eine sehr seltsame Umschreibung, aber ich glaube, ich weiß, was er meint, also nicke ich.

Wieder schaut er aus dem Fenster. »Mit meiner Mum war es ganz ähnlich«, sagt er leise. »Sie hat meinen Dad und mich verlassen, als ich noch ein kleiner Stöpsel war. Ich konnte mich kaum an sie erinnern. Als mein Dad gestorben ist, haben sie mich zu ihr geschickt, aber sie war nicht scharf auf einen Wildfang wie mich.« Er zuckt mit den Schultern und lächelt ganz leicht, als er sich wieder zu mir dreht. »Manchmal ist es besser, allein zu bleiben.«

Das klingt traurig und irgendwie erinnert es mich ein bisschen an Matt. »Hast du dich wenigstens mit deinen Schwestern gut verstanden?«

»Den verwöhnten kleinen Prinzessinnen?« Er grinst und pustet sich die Haare aus der Stirn. »Ja, schon. Die zwei waren echt süß. Auch ihr neuer Mann ist ganz okay, aber er war halt nicht mein Dad. Immerhin hat er sich weniger an mir gestört als meine Mum.«

An mir gestört – das klingt fürchterlich. Sieht er es wirklich so? Andererseits ... was für eine Mutter verlässt ihr Kind? Natürlich stimmt da was mit der Verbindung nicht.

Schweigen macht sich breit, es ist nicht unangenehm, aber es fühlt sich nach Abschied an, und ich will nicht, dass er schon geht. Fieberhaft überlege ich, wie ich ihn dazu kriegen kann, noch hierzubleiben.

»Willst du was trinken? Oder ... hast du Hunger?«

Seine Mundwinkel zucken, als hätte er meine Gedanken gehört. »Keine Umstände, okay?« Er hebt seinen bandagierten Daumen. »Ich bin nur ein bisschen invalide.«

Das reicht mir schon. Ich husche in die Küche, suche die Schränke durch, bis ich zwei verschiedene Saftsorten gefunden habe und einen Krug, den ich mit Wasser fülle. Matts Geschirr ist grausam altmodisch, aber das ist jetzt egal. Ich stelle alles auf ein Tablett, dann fällt mir ein, dass Rosie doch ihre restlichen Walschwänze hier irgendwo gelassen hat, also reiße ich den Kühlschrank auf und jauchze beinah auf, als ich sie dort entdecke, säuberlich mit Folie abgedeckt. Ich lade zwei davon auf einen Teller und balanciere alles zurück ins Wohnzimmer.

»Hey, wow!« Alex schnuppert. »Whale's Tails!«

»Keine Sorge«, verrate ich schnell. »Hab nicht ich gemacht.«

»Sind also nicht vegan.« Er grinst.

»Oh doch, das sind sie allerdings!«

Alex greift nach einem der Stücke und beißt hinein. Ich weiß genau, wie es ihm schmeckt – diesmal kann ich seine Gedanken sehen.

»Dafür würdest du deinen Lachs stehen lassen, oder?« Ich muss lachen, als er die Augen verdreht. Und dann schiebe ich ihm das zweite Stück auch noch hin, weil ich jetzt sowieso nichts essen kann.

Wir reden über Berlin, und ich erzähle, was ich an der Stadt liebe, und auch, was ich nicht leiden kann. Was schwierig war, als wir in die Großstadt gezogen sind. Dass ich Jörg anfangs nicht leiden konnte, weil ich dachte, er nimmt mir Mama weg. Von dem Lärm.

Und irgendwie lande ich beim Holi-Festival, dem verrückten Farbrausch, und wie ich dachte, es kann überall schön sein, sogar in Berlin, es kommt nur darauf an, in welchem Licht man es sieht.

Alex ist ein prima Zuhörer, er unterbricht mich nur, wenn er merkt, dass ich ausweichen will. Und so gelange ich schließlich zu Tom – keine Ahnung, wie. Ich will das gar nicht, Tom geht ihn nichts an, aber er ist Teil meiner

Geschichte, meines Lebens, und irgendwie will ich es ihm auch erzählen.

»Dein Freund?«, fragt Alex.

»Nein. Mein ... wie heißt das Wort? Er ist der Sohn von Jörg. Mamas Lebensgefährte.«

»Dein Stiefbruder.« Alex sagt das Wort so vorsichtig, als könnte es mich beißen. »Aber du wärst gern seine Freundin.«

Ich werde bestimmt rot wie eine Ampel. Schnell schüttle ich den Kopf. Tom ist gerade ziemlich weit weg. Nicht nur physisch.

»Hast du es ihm mal gesagt?«

»Natürlich nicht! Warum auch? Für ihn war ich immer nur wie eine kleine Schwester, auf die man aufpassen muss.«

Alex lächelt ganz leicht. »Wenn du jemanden magst, solltest du ihn das wissen lassen. Ganz einfach.«

Ganz einfach, haha. Für ihn vielleicht! Er kann das, ganz bestimmt. Ich würde ja zu gern wissen, ob er jemanden hat, ein Mädchen, mit dem er sich trifft – obwohl ich mir das bei seinem momentanen Zeitmanagement kaum vorstellen kann. Es sei denn, er führt eine Fernbeziehung. Aber bevor ich danach fragen kann, steht er auf und streckt sich.

»Ich fahre mal besser. Die Probe muss heute noch ins Labor.«

Ich bringe ihn noch zur Tür, bis zum Auto mitzugehen, traue ich mich nicht.

Er hebt den kaputten Daumen hoch zum Abschied. »Danke, Doc Svenja. Ohne dich wäre ich da draußen verblutet.«

»Haha.«

»Was machen wir jetzt mit deinem Schal?« Er bückt sich und hebt das blutverkrustete Stoffstück von dem Schemel.

»Waschen.« Ich strecke die Hand danach aus, aber er gibt ihn mir nicht.

»Das ist mein Job«, sagt er nur, und dann geht er einfach,

und ich schaue ihm nach, bis er und sein Pick-up aus Solitary Cove verschwunden sind.

Waltöne sind in den kommenden Tagen alles, was Alex interessiert. Wir machen nichts anderes, als auf Solo zu warten und auf Gesänge zu hoffen. Langsam schleicht sich eine regelrechte Routine ein – ich lebe nur noch für die Momente mit Alex auf dem Wasser, davon träume ich, darauf warte ich, sobald ich die Augen aufklappe. Bis es so weit ist, verbringe ich den Vormittag damit, Matts Haushalt zu schmeißen, Solo an die Wand im Flur von Rosies kleinem Haus zu pinseln oder an Matts Computer über Orcas zu lesen.

Was Rosie gesagt hat, geht mir nicht mehr aus dem Kopf. In den Sechzigerjahren hat man die Orcas tatsächlich verteufelt, sie für gefährliche Mörder gehalten und deshalb gnadenlos gejagt und abgeschossen. Bis der erste Orca in Gefangenschaft landete und damit alles änderte. Überall an der Küste entstand plötzlich ein regelrechter Hype um die angeblich so mörderischen Killerwale, die von tollkühnen Wilderern eingefangen und für teures Geld an Aquarien und Meeresparks verkauft wurden. Man sperrte sie in kleine Becken und begann, sie zu studieren und zu dressieren. Für die jungen Wale, die aus ihrem natürlichen Lebensraum und ihrem Familienverbund gerissen wurden, muss das schrecklich gewesen sein. Aber ohne diese Entwicklung gäbe es heute vermutlich keine Orcas mehr. Der Mensch hätte sie an den Rand der Ausrottung gebracht, wenn er nicht plötzlich angefangen hätte, von ihnen fasziniert zu sein.

Am nächsten Tag erzähle ich Alex davon, oder besser, ich deute es an, aber er hält davon gar nichts. Wale gehören nicht in ein Becken, sagt er. Das sei das Schlimmste, was man ihnen antun kann. Wahrscheinlich hat er sich selbst wie ein gefangener Orca gefühlt, den man aus seinem Habitat gerissen hat, als er damals zu seiner Mutter nach Vancouver gebracht wurde. Er weiß genau, wie sich das anfühlt.

Die Abende verbringe ich meistens mit Matt auf der Veranda, und zweimal kriege ich Alex dazu, uns beim Abendessen Gesellschaft zu leisten. Matt verzieht keine Miene, als wir zusammen beim Haus auftauchen, begrüßt Alex freundlich mit Handschlag und fängt einen gelassenen Small Talk über Solitary Cove und die Holzindustrie mit ihm an. Ich habe den Eindruck, dass Alex vorsichtig mit ihm umgeht und keine allzu starken Meinungsäußerungen von sich gibt. Aber vielleicht täusche ich mich auch und die beiden sind einfach nur höflich zueinander.

»Er ist nett«, sagt Matt später zu mir, als Alex gegangen ist.

»Nett«, gebe ich zurück.

Matt wirft den Kopf in den Nacken und lacht. »Also gut, er ist der Knaller! Wir sollten deiner Mutter von ihm erzählen.«

Mama – plötzlich fällt mir ein, dass ich schon ewig nicht mehr nach neuen Mails geguckt habe. Sofort kriege ich ein schlechtes Gewissen. Aber warum? Sie ist nicht hier, und es ist mein gutes Recht, mit Matt Geheimnisse zu haben.

Ich schüttle den Kopf. »Du brauchst keine Angst zu haben. Er ist nicht an mir interessiert. Nicht … als Mädchen, meine ich.«

Matt sieht mich lange an und dann lächelt er. Nur ganz leicht, seine Mundwinkel bewegen sich kaum hinter seinem Bart, aber seine Augen blitzen, und einen Augenblick lang kann ich ihn sehen – den Mann, in den Mama sich damals rettungslos verliebt hat.

Witzigerweise scheint niemand mehr in Solitary Cove was gegen den kleinen Wal zu haben. Er gehört zum Alltag, zum Bild des kleinen Ortes. Die Fischer grüßen ihn, wenn sie rausfahren, die Segler freuen sich, wenn er sie ein Stück begleitet, und leider suchen auch die Sportboote nach ihm, was Alex und ich wiederum nicht ganz so super finden.

Als ich am nächsten Morgen auf Alex warte, sehe ich einen Typen über den Steg schlendern und Ausschau nach Solo halten. Er sieht ein bisschen aus wie Nico Santos, und ich beobachte ihn eine Weile, bis er mich bemerkt und fragt, ob ich den Wal gesehen hätte. Alex hat fast dasselbe zu mir gesagt, vor einer gefühlten Ewigkeit. Der Typ ist bestimmt auch so ein Motorbootfahrer – vielleicht kann ich ihm ja ein paar Benimmregeln mit auf den Wasserweg geben.

»Heute noch nicht«, berichte ich so freundlich wie möglich. »Er kommt aber sicher gegen Mittag. So wie immer.«

Der Typ dreht sich zu mir um, und ich sehe, dass er ein Tote-Hosen-T-Shirt trägt. Verblüfft starre ich ihn an.

»Was?« Er lacht und schaut an sich runter. Und dann fragt er auf Deutsch: »Kennst du die etwa?«

»Na klar«, gebe ich zurück. Wow, wie seltsam, so unvermittelt wieder Deutsch zu reden – dabei träume ich schon auf Englisch!

»Hi, ich bin Mike.« Er streckt mir die Hand hin. Ich schüttle sie und merke, dass mich sein gutes Aussehen völlig kaltlässt. »Was macht dieser Wal hier? Ist er wirklich ganz allein?«

Diesmal bin ich diejenige, die Bescheid weiß. Ein absolut großartiges Gefühl! Ich berichte ihm alles, was ich von Alex über Wale gelernt habe, über ihre Sozialstruktur und wie wichtig es ist, seine Familie wiederzufinden, über ihr Jagdverhalten, ihre hohe Intelligenz und die Töne, die wir so dringend brauchen, damit wir endlich wissen, wohin er gehört. Natürlich halte ich ihm auch einen kleinen Vortrag über Bootslärm und erwähne, dass Schall sich unter Wasser fünfmal schneller ausbreitet als in der Luft. Mike hört sich alles interessiert an, und ich bin stolz auf mich, weil ich so viele Details behalten habe.

»Hat er einen Namen?« fragt er. »Oder nennen ihn die Leute einfach nur Wal?«

»Er heißt Solo.« Ich muss grinsen. »Okay, den Namen habe ich ihm gegeben. Die Leute hier sagen wirklich nur ›kleiner Wal‹, wenn sie über ihn reden.«

»Solo«, wiederholt Mike langsam. »Das ist gut.«

Ich will eben fragen, was er daran so gut findet, aber da sehe ich den blauen Dodge auf den Parkplatz einbiegen, und sofort sind Mike und seine Toten Hosen vergessen.

»Ich muss gehen«, verabschiede ich mich hastig und springe förmlich vom Steg. »Mach nicht so viel Bootslärm da draußen!«

An diesem Tag bleiben wir lang auf den Felsen sitzen und Alex folgt Solo mit seiner Drohne. Er braucht noch ein paar Praxistests für sein TRACK, und die Situation hier ist perfekt, meint er. Solo hält sich sowieso vor dem Eingang zur Bucht auf, wo ich mit dem Baumstammkanu nicht freiwillig hinfahre.

Erst spät, als es bereits dämmert, kommt er in die Bucht geschwommen und spielt mit den treibenden Stämmen vor dem Holzlager. Wir fahren zu ihm und Alex schwingt sein Hydrofon durchs Wasser.

»So langsam glaube ich, der verarscht uns.« Alex wirft die Kopfhörer ins Boot und schnauft frustriert.

»Vielleicht kann er nicht reden. Müssen kleine Wale das nicht lernen? So wie Babys auch? Wenn seine Mutter weg war und er niemanden hatte, der ihm das Sprechen – also, das Singen – beigebracht hat, woher soll er dann wissen, wie es geht?«

Alex lacht, aber plötzlich wird er wieder ernst. »Weißt du, was? Vielleicht hast du sogar recht.« Er schüttelt den Kopf.

Dann greift er unvermittelt nach meiner Hand und drückt mir das Kabel des Hydrofons in die Hand. »Versuch du mal dein Glück. Auf dich hört er doch sonst auch.«

Aber diesmal nicht, leider. Wir kriegen wieder keine Aufnahmen, und ich merke, dass Alex schlechte Laune hat. Obwohl es dunkel um uns wird und schummriges Mondlicht auf Solos Rückenfinne fällt, bleibt die Stimmung zwischen uns gedrückt.

»Sorry«, entschuldigt Alex sich, als wir den Baumstamm am Anleger festmachen. »Nicht mein Tag heute.«

»Warum?«, frage ich, ohne nachzudenken.

Alex schaut mich an. Und dann lächelt er. »Ach, egal! Alte Geschichten. Weißt du, was, Orcamädchen? Du und dieser Wal, ihr seid das Beste, was mir in diesem Sommer passieren konnte.«

Er macht einen schnellen Schritt nach vorn und umarmt mich. Ich kann seine raue Wange an meiner spüren und seinen Arm, der um meine Hüfte geschlungen ist. Bevor ich wirklich kapiere, was passiert, ist es schon vorbei, und er tritt von mir zurück.

»Gute Nacht, Svenja«, flüstert er. Und ich kriege mal wieder kein Wort heraus.

Matt wartet mit dem Essen auf mich, als ich nach Hause komme, aber essen funktioniert nur ohne Magenflattern. Ich setze mich trotzdem zu ihm und lasse ihn zur Abwechslung mal reden. Rosie und er planen einen Ausflug, nach Tofino – ob ich Lust habe mitzukommen? Ja, klar, irgendwie schon. Etwas sehen von der Insel. Ich weiß nur nicht, ob ich drei ganze Tage auf Alex und Solo verzichten will.

In der Nacht kann ich nicht schlafen. Ich drehe mich von einer Seite zur anderen, aber die Bilder in meinem Kopf wirbeln ineinander wie ein Daumenkino, Sequenzen von Alex, wie er im wackligen Boot nach meiner Hand greift oder sich die Haare aus dem Gesicht wirft und mich dann anschaut, mit diesem versteckten Lächeln in den Augen. Ich kann gar nicht aufhören, an ihn zu denken.

Ich wälze mich auf den Rücken und starre an die Decke. Es ist so finster, dass ich kaum meine Hand sehen kann. Wenn Alex noch mal herkommt, bin ich nicht mehr so dumm und nehme ihn mit, in mein Zimmer. Was sagt er wohl, wenn er hier reinkommt? In meinen Gedanken sagt er gar nichts, sondern schließt die Tür hinter sich und sieht mir tief in die Augen. Ich merke, wie mein Herz schneller klopft – keine Einbildung, diesmal ist es real. Alex macht zwei Schritte auf mich zu und nimmt meine Hände in seine. Seine Finger schlingen sich um meine, so wie auf dem Boot, als wir zusammen Solo berührt haben. Dann zieht er mich zu sich heran und küsst mich, langsam, ohne zu fragen, auf den Mund. Mir wird schwindlig, als ich seine Zunge schmecke, seine Lippen sind fest und weich und wissen genau, was sie machen müssen, damit mir noch schwummriger wird. Ein Lichtschimmer dringt ins Zimmer, und ich kann die Konturen an der Zimmerdecke erkennen, den Balken, der die Decke abstützt. Mein Traum löst sich auf wie Puderzucker auf zu heißen Plätzchen. Nur das Herzklopfen bleibt, das Gefühl seiner Lippen auf meinen, und auch wenn ich niemals erfahren werde, wie es wirklich ist, ihn zu küssen – in meiner Vorstellung war es perfekt.

A-l-e-x.

Ich muss schlafen. Schlafen, schlafen, verdammt! Wie soll das gehen, wenn die Gedanken machen, was sie wollen? Ich will nicht mehr träumen. Ich will nicht mehr an ihn denken. Seine rotbraune Jacke, die eigentlich scheußlich ist, aber wenn er sie trägt, ist sie alles, was ich sehen will.

Wenn du mein Mädchen wärst, hat er gesagt. Sein

Mädchen ... Warum kann ich nicht sein Mädchen sein? Was für ein Mädchen will er? Ob er auch an mich denkt? Von mir träumt? Eigentlich müsste er das, denn wo sollen diese Gedanken alle hin, die ich an ihn versende, wenn sie nicht in irgendeiner Weise bei ihm landen? Er muss doch spüren, was hier mit mir passiert. Mein Kosmos hat sich verrückt, alles kreist nur noch um ihn. Alex. Alex, Alex. Sein Mädchen.

Ach, verdammt.

Als ich wegdöse, liege ich in seinen Armen. Wir haben Solo zurück zu seiner Familie gebracht. Vorher sind wir durch die Bucht aufs offene Meer gepaddelt und haben dort die Nacht verbracht, wir beide zusammen auf dem Wasser. Solo ist uns gefolgt, und nun ist alles gut, Happy End, wir sind wieder sicher zurückgelangt und nichts kann uns nach diesem Abenteuer je wieder trennen. Er streicht mir über die Stirn und flüstert leise in mein Ohr, bis ich endlich, endlich einschlafe.

Mitten in der Nacht werde ich wach. Eine Uhr tickt leise und der Kühlschrank rattert, ansonsten ist alles still. Warum bin ich aufgewacht? Bestimmt, weil ich aufs Klo muss.

Während ich zum Bad schlurfe, kommt der Traum zurück. Ich verdrehe die Augen und lege meine Hände übers Gesicht. So ein Bullshit! Ich sollte so was nicht fühlen, nicht mal denken. Ehrlich, wie bekloppt bin ich eigentlich? Wie soll ich weiter mit ihm da draußen sein, wenn ich jedes Mal Herzrasen kriege, sobald er mich anguckt? Das geht nicht. Ich muss ihn aus meinem Kopf bekommen, irgendwie!

Zurück in meinem Zimmer stoße ich das Fenster auf und lasse kühle Nachtluft hereinströmen. Das war es – deshalb bin ich aufgewacht! Ohne Meeresrauschen kann ich nicht mehr schlafen. Ich schließe die Augen und strecke meinen Kopf hinaus. Und beinah sofort reiße ich sie wieder auf.

Was war das?

Suchend schaue ich aufs Wasser. Nein, kein Solo. Aber dieses Quietschen – so ähnlich hat er sich doch schon einmal angehört, bei dem Felsen, und Alex meinte, das wäre sein Sonar, das ich gehört habe! Da, schon wieder! Hohe Pfeifgeräusche. Quietschklappern, wie von einem rostigen Scharnier. Wenn das Solo ist, muss ich es wissen!

Ich schnappe mir mein Handy, klettere aus dem Fenster und lande auf steinigem Grund. Mit bloßen Füßen habe ich auf den Felsen einigermaßen guten Halt und kann bis ganz nach vorn klettern, bis an die Kante. Die Flut ist da und schwemmt Kelpteilchen in die Ritzen unter dem Fels. Ich könnte das Meer berühren, aber ich halte lieber Ausschau nach Solo.

Wieder dieses Geräusch. Sind das Töne? Alex hat mir doch vorgespielt, wonach wir suchen. Das klang irgendwie anders … mehr wie ein Ruf, eine Botschaft.

Das Wasser teilt sich und Solo taucht daraus auf. Er springt komplett aus dem Meer, bis ich sogar seine Schwanzspitze sehen kann. A Whale's Tail. Einen Moment scheint er in der Luft zu stehen, dann platscht er zurück ins Wasser. Jetzt bin ich sicher, dass die Geräusche von ihm stammen! Er ist zu weit weg, leider, und ich komme allein nicht zu ihm. Ein Hydrofon habe ich auch nicht.

Mein Handy fällt mir wieder ein, also filme ich einfach drauflos und hoffe natürlich, dass Solo noch mal so spektakulär in die Luft springt, aber nichts passiert. Ob man auf der Aufnahme überhaupt was hört? Das Quietschen wird immer höher oder es entfernt sich. Verdammt, nein! Fünfmal schneller, denke ich. Das habe ich heute noch zu dem Typen am Steg gesagt. Schall breitet sich unter Wasser fünfmal schneller aus als in der Luft. Wenn … nein, das mache ich nicht, das traue ich mich überhaupt nicht.

Aber diese Nacht ist schon verrückt. Niemand sieht mich! Nur ich, nur Solo. Eine Chance. Was würde Alex sagen? Ein Schauder läuft durch meinen Körper. Ich klettere auf den nächsttieferen Felsen und steige über zwei Steinkanten, bis ich einen gefunden habe, der mit zwei Stufen ins Meer führt. Sieht mich wirklich niemand? Ich lausche. Das Quietschen ist jetzt so weit weg, dass ich es kaum noch ausmachen kann. Und Solo taucht in der Mitte der Bucht auf. Ich atme einmal tief ein und schlüpfe aus meinem Shirt. Brr, ist das kalt! Vorsichtig taste ich mich bis ganz nach vorn und gehe in die Hocke. Bitte nicht über die Kante rutschen! Nein, es geht. Ich mache mich klein, lehne mich vor, hole noch einmal tief Luft und halte den Atem an, bevor ich mich kopfüber ins Wasser beuge.

Zuerst ist es nur kalt, saukalt! Ich ziehe den Kopf zurück und das Wasser tropft an meiner nackten Haut herunter. So kalt war mir noch nie im Leben! Noch mal. Los, Svenja, stell dich nicht so an – jetzt bist du eh schon nass! Ich bibbere ein bisschen, dann hole ich noch mal tief Luft und kippe meinen Oberkörper nach vorn, bis mein Kopf im Wasser steckt.

Und diesmal kann ich ihn hören. Kein Quietschen, kein Klackern. Ein lang gezogener, fast menschlicher Ruf, der wie ein Echo widerhallt. Er weint! Solos Gesang ist eine Melodie aus traurigen Tönen, die so klar in meinen Kopf strömt, dass ich sie im Leben nie mehr vergessen werde.

GLOW IN THE DARK

Ich verrenke mir den Hals, als wir auf den Walmart-Parkplatz einbiegen und Matt den Ford abstellt.

»Willst du wirklich nicht mit uns bis Parksville fahren?«, fragt er, nachdem wir alle ausgestiegen sind.

Rosie lacht laut auf, kommt zu mir und schließt mich in ihre Arme. »Das will sie ganz bestimmt nicht. Viel Spaß da oben, Liebes!«

Matt schafft es nicht, mich zu umarmen, aber er drückt mir zwei Geldscheine in die Hand. »Wenn du Hilfe brauchst, wenn irgendwas komisch ist, dann ruf an! Wir holen dich jederzeit, von überall. Ja, Svenja?«

Ich muss mir auf die Zunge beißen, um nicht zu lachen. Als ob ich dreizehn wäre und auf dem Weg zu meiner ersten Übernachtungsparty, bei der auch Jungs anwesend sind! Oh Mann. Was soll schon passieren? Ich weiß ziemlich genau, was wir dort tun werden, und auch wenn ich mir heimlich was anderes wünsche, wird es sicher nicht geschehen.

»Das ist eine Forschungsstation«, sage ich ganz sacht. »Da sind noch andere Leute, es wird alles gut gehen!«

Hat er etwa gehofft, ich würde es mir noch mal anders überlegen? Matt war enttäuscht, als ich ihm eröffnet habe, dass ich nicht nach Tofino mitkommen kann. Er hat es nicht gesagt, aber ich konnte es ihm ansehen. Natürlich bin ich auch traurig, es wäre eine schöne Gelegenheit gewesen, ihn noch einmal von einer ganz anderen Seite kennenzulernen. Aber ich bin ja noch eine Weile hier, wir haben noch so viel Zeit miteinander. Und er ist nicht allein, er fährt schließlich mit Rosie. Auf gar keinen Fall sage ich den Trip mit Alex ab! Vor lauter Aufregung könnte ich schreien, und wenn er nicht bald hier auftaucht, mache ich das auch.

Matt hat Mama erzählt, was ich vorhabe; ich glaube, die beiden schreiben sich ganz schön lange E-Mails, zumindest ertappe ich ihn in letzter Zeit ständig am Computer, wie er dort sitzt und in Gedanken versunken vor sich hin tippt. Und kurz darauf erzählt er mir dann, was Mama gerade tut oder dass sie mich grüßen lässt. Ich frage mich, warum sie die ganzen Jahre null Kontakt hatten, wenn sie sich doch anscheinend so viel zu sagen haben – aber das geht mich nichts an, und eigentlich ist mir diese Erwachsenenwelt im Augenblick auch ziemlich egal.

Natürlich bin ich nicht halb so cool, wie ich tue. Mein Magen flattert wie verrückt, und ich überlege zum hundertsten Mal, ob ich passend gekleidet bin. Jeans, dünner Pulli, Regenjacke darüber. Fleecejacke und T-Shirt im Rucksack. Ich habe keinen Schlafsack, also hat Rosie mir einen ihrer Tochter geliehen, der noch bei ihr zu Hause herumlag. Diese Forschungsstation liegt auf einer Insel ein gutes Stück nördlich von Solitary Cove, in der Johnstone Strait, am oberen Zipfel von Vancouver Island. Ich habe nur gehört, dass sie unbewohnt ist und dass die Forscher dort in Zelten im Wald campieren – wo genau wir schlafen werden, wusste Alex selber nicht.

»Wir finden schon einen Platz«, hat er grinsend gesagt. »Außerdem fahren wir nicht zum Schlafen hin, sondern zum Arbeiten. Beim Forschen gibt es kein nine to five!«

Es ist unglaublich, wie schnell manchmal alles geht. An manchen Tagen bewegen sich in Solitary Cove kaum die Zeiger an der Uhr, an anderen passiert alles auf einmal. Gestern zum Beispiel. Alex stand mit Frühstück vor unserer Tür, was er noch nie gemacht hat. Und ich habe es glatt verpennt.

Er saß schon eine halbe Stunde mit Matt auf der Veranda, als ich dazukam, mit Schlafshirt und Strubbelhaaren, aber dafür haben sich die beiden anscheinend ganz gut unterhalten. Alex hat begriffen, dass Matt mit Orcas nichts am Hut hat, und ganz automatisch um das Thema herumlaviert. Dafür hat er seinen Kaffee verschüttet, als ich ihm von meiner nächtlichen Aktion erzählt habe.

»Du hast *was*?«

»Ich habe Hydrofon gespielt.«

»Und du konntest ihn hören? Ernsthaft?«

»Ich kann es sogar beweisen.«

Ich glaube, er hat mit einer Handy-Aufnahme gerechnet. Oder vielleicht dachte er auch, ich singe ihm Solos Lied vor. Als ich ihm mein Tagebuch gezeigt habe, sah er einen Moment lang fast enttäuscht aus.

»Was ist das?«

»Solos Song.«

»Ähm …«

»Tut mir leid, besser kann ich es nicht!« Und dabei war ich in der Nacht so stolz auf meine Idee mit der Notenzeile. »Das ist alles, was im Musikunterricht hängen geblieben ist.«

»Du hast es aufgemalt.« Er rauft sich die Haare und lacht plötzlich los. »Eigentlich war das ja klar!«

»Noten«, sage ich und ziehe ihm das Buch schnell wieder aus den Fingern, ehe er auf die Idee kommt, darin zu blättern. »Es sind Noten und die ergeben seinen Song! Vielleicht stimmt die Oktave nicht, aber die Melodie ist richtig.«

»Und was sollen wir damit anfangen? Sollen wir den Forschern das vorsingen?«

Na toll, dachte ich, er macht sich über mich lustig! Ehrlich gesagt war mir schon klar, dass mein Gekritzel nicht viel weiterhelfen würde. Aber dann hat Alex mit seinem Freund telefoniert, diesem Typen auf der Forschungsinsel, und der hat uns direkt eingeladen, zu ihm zu kommen, um die Aufnahmen im Labor mit unserem Song zu vergleichen. Von jetzt auf gleich hatten wir eine echte Spur und einen Reiseplan – und ich die Option, ein oder zwei Nächte mit Alex am selben Ort zu verbringen. Ich bin froh, dass er mit Matt gefrühstückt hat, sonst hätte der mir den Trip womöglich noch verboten.

Ich schaue auf die Uhr. Jetzt müsste er eigentlich kommen! Matt und Rosie laden meine Sachen aus dem Kofferraum: Ruck- und Schlafsack und die Kühltasche mit den Getränken und Snacks, die ich mir am Morgen noch aus Rosies Laden besorgt habe.

Dann stehen wir unschlüssig herum, nein, die anderen beiden stehen, ich zapple und hüpfe von einem Bein aufs andere. Um mich abzulenken, male ich mit der Fußspitze Solo auf den Asphalt. Oh Mann. Ich habe den kleinen Wal am Morgen gar nicht mehr gesehen. Dabei bin ich sogar bis zum Ende der Bucht vorgelaufen. Ich hätte ihm so gern erzählt, was wir vorhaben! Es fühlt sich komisch an, ohne ihn in seiner Mission unterwegs zu sein.

»Da ist er ja«, ruft Rosie, und ich frage mich, wie Solo hier sein kann – da sehe ich den blauen Dodge auf uns zukommen. Er dreht einen Halbkreis, bremst abrupt und steht neben uns.

Jetzt bin ich richtig nervös. Die Tür geht auf, und Alex steigt aus, die Haare voller Wind, und begrüßt zuerst Matt und Rosie mit Handschlag und dann mich mit einem Lächeln.

»Das perfekte Wetter für einen Trip«, meint er und greift nach meinem Rucksack. »Hey – alles klar? Du bist so blass um die Nase.«

Nein, nicht alles klar, aber das kann ich dir ja schlecht erzählen! Ich nicke schnell und versuche, ganz cool dreinzuschauen. Rosie stupst Matt in die Seite und die beiden schlendern in Richtung Wal-Mart davon.

Alex wirft meinen Schlafsack auf die Rückbank und läuft um den Pick-up herum. Auf der Ladefläche hat er allerlei Zeug verstaut, keine Ahnung, was, weil er eine große graue Plane darübergebunden hat. Er hält mir die Beifahrertür auf und ich ziehe mich auf den Sitz hinauf.

Sein Auto ist aufgeräumt und sauber, nur die Scheiben sind staubig. Ich könnte mit dem Finger von innen darauf malen. Alex steigt wieder ein und wir fahren los. Über uns hängt eine dicke Regenwolke, aber die Chancen stehen gut, dass wir die hierlassen.

»Gut, dass wir heute auf kein Boot steigen müssen«, sage ich und kuschle mich tief in den Sitz.

»Wer sagt das?« Alex wirft mir einen Seitenblick zu und grinst. »Keine Panik. Es ist definitiv größer als unser Kanu. Und das Wetter kann da oben auch ganz anders aussehen als hier.«

Na prima, davon war vorher aber nicht die Rede! Einen winzigen Moment wünsche ich mir, ich wäre doch mit Matt und Rosie nach Tofino gefahren, in die Pension ihrer Tante … aber dann dreht Alex das Radio lauter und fängt an mitzusingen, und augenblicklich ist mir die Aussicht auf Schaukelboote egal. Ich muss lachen, er kann echt nicht singen, aber das stört ihn nicht, und irgendwann singe ich auch mit, ganz leise, weil ich den Song nicht so gut kenne wie er.

Wir folgen dem Highway 1 durch den Goldstream Provincial Park und kommen durch eine Reihe winziger Orte, die nur aus Tankstelle, Autowerkstatt und Bungalows oder Wohnwagenparks für Touristen zu bestehen scheinen. Als ich einen schönen Totempfahl am Wegrand entdecke und mein Handy rauskrame, fährt Alex langsamer und lässt das Fenster runter, damit ich fotografieren kann. Auf dem Pfahl sind verschiedene Tierfiguren abgebildet – ein Bär, ein Biber, ein Adler. Und ganz zuoberst: ein Orca. Ich liebe diese geschnitzte Darstellung, die nach unten geneigte Schwanzflosse, die beinah seinen Kopf berührt. Sie sieht auf den ersten Blick aus wie ein grinsender Fisch, aber ich weiß, was sie bedeutet, denn Rosie hat so eine Skulptur in ihrem Wohnzimmer stehen. Alex erklärt mir, dass ein Totempfahl eine Geschichte erzählt und immer von unten nach oben gelesen wird. Nur der Schnitzer und der Besitzer des Pfahls kennen seine Bedeutung, ein ahnungsloser Betrachter kann nur die Symbolik der Tiere herauslesen, aber nicht, was sie erzählen.

Ich stecke mein Handy wieder ein. Diese Geschichte endet also mit dem Wal. Hoffentlich geht sie gut aus.

In Nanaimo, einer kleinen Stadt direkt am Wasser, endet der Trans Canada Highway und zweigt zum Fähranleger ab. Wir legen eine kurze Pause ein und ich packe meinen Proviant aus.

»Vegane Sandwichs?«, fragt Alex zweifelnd.

Ich hebe die Brothälften an, damit er die Lachsstreifen sehen kann.

»Klar«, sage ich, und er wirft den Kopf zurück und lacht.

Wir sind mittlerweile über eine Stunde unterwegs, trotzdem kommt es mir so vor, als würde die Zeit fliegen. Schon durchqueren wir Parksville, wo der Highway 4 nach Westen führt, zum Pacific Rim National Park. Außerdem fahren wir jetzt ständig am Wasser entlang.

Als wir Campbell River hinter uns gelassen haben, kommt eine ganze Zeit lang nichts mehr außer dichter grüner Bäume. Die Gegend wird immer einsamer. Sind wir noch richtig? Alex dreht das Radio wieder auf und eine Weile lassen wir die Musik für uns reden. Dann knistert der Sender und Alex dreht das Radio ab.

»Erzähl mir noch mal, wie du Solo hören konntest.«

Das habe ich schon dreimal gemacht, aber von mir aus – er kriegt die Story noch einmal zu hören. Mein nächtlicher Tauchgang. Es klingt eindeutig heroischer, als es war.

»Und du bist einfach mit Klamotten ins Wasser gegangen? Oder hast du vorher deinen Badeanzug angezogen?«

»Ich war ja nur mit dem Kopf im Wasser.«

»Also, das hätte ich zu gern gesehen!«

»In dem Fall hätte ich mein T-Shirt anbehalten.«

Alex wirft mir einen Seitenblick zu und grinst. »Das ist komplett irre. Bin gespannt, was Paul sagen wird, wenn er deine Walgesang-Aufnahme sieht.«

Was er dazu sagt, ist mir eigentlich egal. Viel wichtiger ist, ob er uns helfen kann! Ich will endlich wissen, wo Solo hingehört. Seit Alex' Prof meinte, Solo müsste noch jünger sein, als wir angenommen haben, mache ich mir noch mehr Sorgen um ihn.

Der Wald lichtet sich, und vor uns erhebt sich eine ganze Bergkette, majestätisch schön. Wie auf ein geheimes Kommando hin reißt der Himmel auf und die Baumspitzen funkeln goldgrün über uns. Ich liebe diesen Anblick und klebe an der Scheibe, weil ich ihn spätestens zu Hause genau so malen möchte. Zeitgefühl habe ich keins mehr, aber wir sind bestimmt zwei oder drei Stunden gefahren, als Alex abbremst, den Blinker setzt und scheinbar willkürlich nach rechts abbiegt. Habe ich ein Schild übersehen? Eine einspurige Straße schlängelt sich durch bewaldetes Gebiet und wird immer schmaler.

Wir kommen an einem Holzlager vorbei. Ist er falsch gefahren? Jetzt geht die schmale Straße in eine Schotterpiste über, was uns ziemlich egal sein kann, die Riesenreifen des Dodge klettern bestimmt auch über Felsen hinweg, aber ich zweifle doch langsam an seinem Richtungssinn. Der Wald wächst immer dichter um uns und die Kurven werden enger.

Wo will er denn hin? Wir rumpeln durch ein Schlagloch und mein Magen zieht sich zusammen. Da habe ich gedacht, ich komme endlich mal raus aus dem Niemandsland, und dann das hier! Ich schaue zu Alex und sehe, dass er lächelt. Okay, wenigstens weiß er noch, was er tut. Aber der Weg wird nicht besser, und ich muss an Matt denken und das Handy in meiner Tasche, das hier bestimmt genauso nutzlos ist wie in Solitary Cove.

»Alex …«, fange ich an, aber er schüttelt ganz leicht den Kopf.

»Warte«, sagt er. »Warte einfach!«

Und dann ist die Straße zu Ende und der Wald öffnet sich zu einer kleinen, kunterbunten Wasserwelt. Sonnengelbe, grasgrüne und karmesinrote Holzhäuser, auf Stelzen um einen hufeisenförmigen Steg gebaut. Dazwischen Boote in jeder Größe, Form und Farbe, die in der Sonne baumeln und aussehen, als würden sie gemütlich schlummern. Das Wasser unter ihnen glitzert und fließt hinter der Bucht zu einem hellblauen Band zusammen, auf dem ich ein großes Fährschiff erkennen kann, weit, weit draußen. Überall laufen Leute herum – wo kommen die alle her? Auf dem Steg, zwischen den Häusern, auf ihren Booten. Es gibt sogar eine Sonnenterrasse, die zu einem Restaurant gehört. Von wegen Niemandsland. Wo bin ich hier bloß gelandet?

Alex hält vor einem schwarz-weißen Schild mit der Aufschrift »Welcome – Telegraph Cove«. Er stellt den Motor ab und dreht sich zu mir.

»Nicht schlecht, was?«

»Totaler Wahnsinn!« Ich kann es nicht fassen. Ich habe eine einsame Insel erwartet – und jetzt das hier?

»Leider bleiben wir nicht lang«, zerstört er meine Illusion sofort. »Aber ich zeige dir wenigstens noch das Museum.«

»Was ist das für ein Ort?«, frage ich, als wir aussteigen.

Rechts von uns gibt es so was wie eine Rezeption, dahinter parken Wohnwagen mit ausgeklappten Sonnensegeln, unter denen Familien mit kleinen Kindern beim Mittagessen sitzen.

»Früher war hier mal das nördlichste Ende einer Telegrafenlinie«, erklärt er mir. »Heute kommen hauptsächlich Touristen nach Telegraph Cove. Du siehst ja, was hier los ist!« Er deutet auf die Wohnwagen, dann zu einem Weg, der in den Wald hochführt. »Da oben gibt es noch einen Campingplatz. Das ist schon lange kein Geheimtipp mehr. Aber wir sind hier mitten in der Johnstone Strait und außerdem nicht weit vom Robson Bight Ecological Reserve, einem Schutzgebiet für Wale. Von hier aus kommen wir am schnellsten nach Hanson Island.«

Die abgelegene Insel kommt mir gar nicht mehr so einsam vor, wenn diese Wunderwelt so nah sein soll. Wir schlendern nach links und ich atme tief ein. Es riecht nach Salzwasser, genau wie in Solitary Cove, aber hier mischen sich süße und würzige Düfte darunter, die es bei uns nicht gibt. Ein paar Kinder spielen Fangen auf dem Steg und rennen uns fast um. Ein Stück weiter steigt Rauch hoch, weil ein Mann im Karohemd mit hochgekrempelten Ärmeln pfeifend seine Fische räuchert. Die bunten Häuser stehen ein Stück versetzt hinter dem Steg und haben alle Namen, und wir kommen an einem kleinen Laden vorbei, der doch tatsächlich Beobachtungstrips zu wilden Bären anbietet. Die Sonnenterrasse gehört zum »Killer Whale Café«. Alex lacht, als ich erstaunt stehen bleibe.

»Du bist hier unter Gleichgesinnten, Orcamädchen. Die Leute leben mit den Walen und kennen sie beim Namen. Ab und zu kommt sogar einer von ihnen in die Bucht und schaut nach dem Rechten.«

»Aber hier gehören sie her. Das ist ihr Zuhause.«

»Das der Northern Residents, ja. Lass dich nicht vom Namen täuschen, es kommen auch noch andere Wale hier durch. Buckelwale zum Beispiel oder Schweinswale. Auch die sieht man häufig. Delfingruppen jagen zum Teil Seite an Seite mit den Orcas.«

Trotzdem sind Orcas die Hauptattraktion. Im Schaufenster des nächsten Ladens – einem Souvenirshop – entdecke ich Plüschorcas und Stifte, ganz ähnlich dem meinen, mit Miniwalen an ihrem Ende. Unzählige Bücher zeigen ihre Bilder. Ihr Zauber liegt vermutlich in ihrer Präsenz an diesem Ort, aber ich glaube, es gibt noch einen anderen Grund. Orcas stehen an der Spitze der Nahrungskette. Das macht sie uns ähnlich, und wir reagieren darauf, vielleicht unbewusst, mit einer gewissen Ehrfurcht.

Alex wartet, bis ich mir alles angesehen habe, dann gehen wir weiter bis zum Ende des Stegs. Hier gibt es noch ein Gebäude, das von vorn aussieht wie eine Lagerhalle. Als wir es betreten, bleibt mir die Luft weg. Wir sind in einer Totenstätte gelandet – einem Friedhof für Wale. Knochen und Schädel bilden seltsame Skulpturen, und würde draußen nicht die Sonne scheinen, hätte ich mich vor ihnen gegruselt.

»Das war mal ein Finnwal«, klärt Alex mich auf. »Keine Zähne, siehst du? Der gehört zu den Bartenwalen. Er hat etwa vierhundert davon am Oberkiefer, durch die filtert er sein Futter aus dem Wasser.«

Er führt mich weiter, bis wir vor dem Skelett eines Orcas stehen, und ich weiß nicht, was ich unheimlicher finden soll – die Tatsache, dass über mir ein toter Wal hängt, oder seine beeindruckende Größe und vor allem seine Zähne, die ich mir noch nie aus dieser Nähe anschauen konnte. Matts Worte flackern durch meinen Kopf. Raubtiere, denke ich. Es sind Raubtiere, auch wenn sie nur Fische damit kauen und keine Menschen. Und dann fällt mir wieder ein, was Solo mit dem Lachs angestellt hat. Matt hat bestimmt mal eine ähnliche Szene beobachtet. So was vergisst man nicht.

»Siehst du, wie groß ihr Kopf ist?« Alex lehnt sich zu mir, damit er leise reden kann. Unsere Arme berühren sich und ich bleibe ganz ruhig stehen und bewege mich nicht. Seine Haut ist warm, oder fühlt sich das nur so an, weil ich fröstle? »Sie sind so intelligent wie wir. Es ist vermessen, über sie bestimmen zu wollen.«

Ich wage kaum zu atmen. Für einen kurzen, schrecklichen Moment sehe ich Solo über mir hängen. Wenn wir es nicht schaffen, ihn zu seiner Familie zurückzubringen – endet er dann eines Tages auch als Skelett in einem Museum?

»Lass uns gehen«, sagt Alex, als hätte er meine Gedanken gehört. Auf einmal wollen wir beide nicht mehr hier sein, unter den toten Walen. Lieber retten wir einen, der noch am Leben ist!

Wir holen unsere Rucksäcke aus dem Auto und Alex schultert einen monströsen grauen Seesack. Die schwarze Tasche mit der Drohne muss natürlich auch mit, und ich frage mich, wie wir von hier wegkommen wollen – aber da bleibt Alex schon vor dem Steg stehen, und mir fällt wieder ein, was er gesagt hat: Das Boot ist größer als unser Kanu.

Größer ist es, ohne Frage, und einen Motor besitzt es auch. Und es heißt Wassertaxi. Aber als es uns aus der Bucht hinaus zwischen die freien Wellen schaukelt, wünsche ich mich doch wieder in den Baumstamm zurück. Der Fahrer nimmt wenig Rücksicht auf meine Wasserangst und lässt das Boot durch die Kurven sägen, bis mir richtig schlecht ist. Haufenweise Kajaker kommen uns entgegen – haben die keine Angst, so dicht an den Walen dran zu sein?

Alex beugt sich zu mir und streckt die Hand aus. »Die Insel da vorn – der Ort heißt Alert Bay. Es gibt noch mehr Inseln, aber die meisten sind unbewohnt – nichts als dichter Wald.«

Das Boot hüpft über eine Fährschiffwelle und ich werde gegen Alex gedrückt. Ich würde am liebsten die Augen zumachen und nicht hinschauen, da bremst das Boot ab und steuert auf eine kleine Bucht zu, in der zwei Blockhäuser auf Stelzen stehen. Ein Holzsteg führt von einem der Häuser einmal um die Spitze der Bucht herum und endet an einer überdachten Plattform, wo zwei junge Frauen stehen und mit Ferngläsern das Wasser scannen.

Das Wassertaxi schaukelt dicht genug an die spitzen Felsen heran, dass wir hinausklettern können. Alex schultert die schwarze Tasche und wirft unser Gepäck nach oben, dann streckt er mir die Hand hin und passt auf, dass ich nicht in eine Felsspalte rutsche. Mir ist heiß und kalt, und ich weiß wirklich nicht, ob das von der Schüttelfahrt, dem Felsenpfad oder seiner Haut kommt, die ganz leicht an meiner reibt.

»Willkommen auf Hanson Island, Orcamädchen«, sagt er leise, und einen Augenblick stehen wir voreinander, auf dieser fremden Insel, auf der wir nun zusammengehören.

»Hey, Alex!«

Ein Junge sprintet auf uns zu. Er muss aus dem Schuppen gekommen sein, der an die Plattform anschließt. Alex und er begrüßen sich mit Handschlag und umarmen sich dann kumpelhaft. Er hat kurze braune Haare, ein stoppeliges Kinn und freundliche Augen.

»Du bist also das Orcamädchen«, sagt er zu mir und reicht mir die Hand. »Hi! Ich bin Paul. Na, dann kommt mal rein in die gute Stube.«

Wir folgen ihm über einen Trampelpfad und betreten den Schuppen. Unsere Sachen lässt Alex einfach auf den Felsen liegen – wer sollte die hier auch stehlen? Der Schuppen entpuppt sich als das eigentliche Labor und wirkt ein bisschen wie eine Kommandozentrale: Auf einem langen Tisch steht ein Pult mit Reglern, an dem Kopfhörer hängen. Ein zierliches, dunkelhaariges Mädchen sitzt davor und notiert eifrig etwas in ein Notizbuch. Zur Plattform hin besteht das Labor aus einer Reihe langer Fenster, durch die man jede Bewegung auf den Wellen beobachten kann, aber was immer das Mädchen hört – Wale sind nicht zu sehen.

»Was macht ihr hier?«, frage ich Paul.

Er deutet auf das Mädchen. »Miyu hat Wale gehört, drüben am Cracroft Point. Wir kennen die Gruppe, es sind die A12s. Jetzt zeichnen wir ihre Rufe auf und warten, bis wir sie sehen können.«

Alex zieht sich einen Stuhl heran und tippt Miyu auf die Schulter, bis sie ihm die Kopfhörer überlässt. Sie lächelt Alex an und erklärt ihm, wo er am Regler drehen muss, damit er hört, was sie gehört hat. Ich wende mich ab.

An der Wand steht ein Aufnahmegerät, in dem eine Kassette läuft – tatsächlich! Und im Regal darunter stapeln sich noch mehr davon, viele, unzählig viele mehr, alle beschriftet mit Jahreszahlen und Nummern ... Wie um alles in der Welt sollen wir hier Solos Stimme finden? Will Alex etwa die ganze Nacht Kassetten durchspulen?

Unschlüssig stehe ich herum und warte. Alex und das Mädchen stecken immer noch die Köpfe zusammen. Und dann sind sie da, wie aus dem Nichts!

Paul zieht mich mit nach draußen, auf die Plattform. Die haben wirklich eine Terrasse über dem Meer. Fünf, sechs Schwerter tauchen fast gleichzeitig aus den olivgrünen Wellen. Zuerst zwei, die deutlich größer sind als Solo. Dann ein riesiges Männchen – seine Finne ist bestimmt so hoch wie ich! – und dann ... Sind das Delfine? Ja, drei graue, kleine Körper, die sich unter die Wale geschummelt haben. Unglaublich. Zwischen ihnen taucht ein Orca hoch, aber das scheint sie nicht zu stören, sie tauchen sogar gemeinsam ab. Zuletzt schwimmt eine Orcamutter mit ihrem Kalb. Es muss die Mutter sein, denn das Junge drückt sich an ihre Seite und ahmt ihren Flossenschlag nach. Meine Kehle wird eng, als ich das sehe.

Dieses Walkalb könnte Solo sein! Es ist nur ein wenig kleiner und genauso verspielt wie er. Mit einem Satz springt es über die Wellen und purzelt kopfüber zurück ins Wasser. Sofort ist es wieder neben seiner Mutter und beide schwimmen synchron weiter. Nach wenigen Minuten ist die ganze Gruppe davongezogen, und wir sehen ein Walbeobachtungsboot, das in ihre Richtung steuert.

»Wie alt ist das Kleine?«, frage ich Paul.

»Es müsste jetzt etwa anderthalb Jahre alt sein«, meint er. »Eigentlich alt genug, um allein zu schwimmen. Aber es hängt noch sehr an seiner Mutter.«

Ich fange gleich an zu heulen. Was, wenn es Solo genauso geht? Was passiert mit einem kleinen Wal, der plötzlich aus seiner Familie gerissen wird, weg von seiner Mutter, deren Seite er bis eben kaum verlassen musste?

»Sie haben kaum eine Chance«, sagt Paul, als hätte ich laut gedacht. »Allein. Wenn sie so jung sind.«

Aber Solo ist nicht allein, denke ich. Er hat uns! Entschlossen drehe ich mich um und stapfe zurück in das Labor, wo Alex immer noch mit Miyu hinter dem Tisch sitzt und Knöpfe drückt. Er schaut auf, als ich reinkomme.

»Wo willst du schlafen?«, fragt er mich. »Miyu hat angeboten, dass wir im Labor übernachten können. Es gibt ein Bett und zwei Matratzen da oben.«

»Oh ja«, flötet Miyu. »In dem Bett haben schon richtige Berühmtheiten geschlafen! Jacques Mayol zum Beispiel – der französische Freitaucher.«

Und sie gedenkt, dort heute Nacht neben Alex zu liegen? Auf keinen Fall! »Wo schlaft ihr denn?«, frage ich statt einer Antwort.

Miyu legt ihre Hand um den Kopfhörer. »Einer von uns bleibt immer hier im Labor. Die anderen schlafen im Zelt.«

Alex wirft mir einen seltsamen Blick zu, und ich denke: Klar, er würde auch am liebsten hier sein, ganz nah bei den Walen. Also nicke ich. Unvermittelt steht er auf, bleibt aber in der Tür stehen und wartet auf mich. Wir stapfen über einen weiteren Pfad in den Wald, und ich erzähle ihm von dem Babywal und den Delfinen. Hier stehen drei Zelte, und ich sehe die beiden Mädchen, die vorhin an den Ferngläsern waren, in einem davon verschwinden. Außerdem gibt es eine Art Freiluftküche mit Campingkocher und Wassertank und etwas versteckt hinter Bäumen eine Sichtschutzwand aus Holz – ach, du heiliger Bimbam. Während Alex ein paar Sachen in der Kühlbox verstaut, gehe ich nachgucken. Natürlich habe ich recht: eine Klobrille auf einem Holzkasten. Und darunter eine Grube. Ich weiß jetzt schon, wer heute Nacht nicht pinkeln muss.

Wir vertilgen ein paar der Snacks, die wir mitgebracht haben, und Alex schaut die ganze Zeit zum Wasser hinüber. Er wirkt so abwesend ... Ob er an Solo denkt? Oder an seinen Dad? Ich warte, bis er wieder zu mir guckt, lächelt und aufsteht.

»An die Arbeit, Orcamädchen. Wir sind nicht zum Spaß hergekommen.«

Wir sammeln unsere Sachen von den Felsen und werfen alles vor die Holzleiter, die zur Kammer über dem Labor hinaufführt. Paul sitzt jetzt vor dem großen Panoramafenster, aber er schaut nur kurz auf, als wir reinkommen.

»Kommt ihr klar, Alex?«

»Ja, denke schon.« Alex kramt in einer Schublade, bis er gefunden hat, wonach er sucht: einen Walkman. Du meine Güte. Er stöpselt seine Ohrstecker ein und reicht mir einen davon. Ich muss mich ziemlich dicht neben ihn setzen, damit das Kabel für uns beide reicht, und Paul schiebt Alex eine Kiste voller staubiger Notizbücher hin. Alex blättert darin, dann zieht er eine Kassette aus dem Regal und schaut mich an.

»Also, Svenja, ich spiele dir jetzt verschiedene Rufe vor. Sie gehören alle zu unterschiedlichen Gruppen. Hör sie dir in Ruhe an, und wenn dir was bekannt vorkommt, sagst du es, ganz egal, was, okay?«

Ich nicke. Das klingt nicht so schwierig, aber schon bald merke ich, dass es beinah unmöglich ist, Solos Gesang unter all diesen Walstimmen herauszuhören. Sie klingen alle wahnsinnig ähnlich und doch ist keine davon Solo.

»Nein?« Alex legt die nächste Kassette ein, spult zu der Stelle vor, bei der laut den Eintragungen eine bestimmte Walgruppe zu hören ist. »Die vielleicht?«

Ich höre, schüttle den Kopf, lausche noch mal genauer und zucke mit den Schultern. Keine Ahnung, vielleicht? Nein, eher nicht. Oder doch? Mann, ist das frustrierend! Warum höre ich keine Unterschiede heraus? So langsam vergesse ich, wie Solos Stimme geklungen hat. Nein, stopp. Die Tonlage war eine ganz andere, das sind andere Stimmen. Waren es vielleicht doch die Wale von der ersten Kassette?

»Leute«, mischt Paul sich ein, als Alex bei der zehnten Kassette angelangt ist. »Könnt ihr mir das Ding nicht einfach mal vorsingen?«

Ich sinke in mich zusammen. »Bitte nicht! Ich kann überhaupt nicht singen.«

Alex schaltet den Player aus und seufzt. »Holst du mal dein Buch?«

Gute Idee – mir tun schon sämtliche Gelenke weh vom langen Sitzen. Vor den Fenstern sammelt sich rotgraues Abendlicht. Ich stehe auf und krame das Tagebuch aus meinem Rucksack. Diesmal habe ich die vorderen Seiten mit keinem Gummiband fixiert, und ich zögere kurz, aber mir fällt keine Ausrede ein, die nicht peinlich wäre, also schlage ich schnell die richtige Seite auf und gebe es an Paul weiter.

Der muss grinsen, als er meine Noten sieht. Kleine Walfinnen in einer wellenförmigen Notenzeile. Er fängt an zu pfeifen und Miyu kommt herein und hält sich theatralisch die Ohren zu.

»Ist das der sterbende Wal?«, fragt sie und setzt sich neben uns.

»Haha.«

Alex nimmt Paul das Buch aus der Hand und schaut einen Moment lang auf die Zeichnung. Dann beginnt er zu summen, tief und dunkel. Die Tonlage ist falsch, aber die Melodie stimmt. Ich kriege eine Gänsehaut am ganzen Körper. Bei ihm klingt es beinah noch melancholischer, als ich es in Erinnerung habe, und sogar Miyu lächelt, als er schweigt.

»Puh.« Paul steht auf und geht in dem kleinen Raum auf und ab. »Ja, hört sich bekannt an. Ich habe eine Vermutung, aber dazu müsste ich euch die anderen …«

Er verstummt, weil plötzlich lautes Quieken und Pfeifen den Raum erfüllt. Orcas! Erst als Paul an den Kopfhörer stürzt, kapiere ich, dass wir sie über den Lautsprecher an der Wand hören, der die ganze Zeit nur ein leises Glucksen ausgesendet hat. Wir lauschen gebannt, bis die Gruppe an dem Hydrofon vorbeigezogen ist.

»Habt ihr Hunger?« Miyu deutet zur Tür. »Ich habe Salat gemacht, ihr könnt gern mitessen.«

Wir folgen ihr nach draußen auf die Plattform vor den Laborfenstern, wo die Ferngläser stehen. Miyu schiebt ein paar Sitzkissen heran und stellt die Salatschüssel einfach zwischen uns auf den Boden. Keine Ahnung, was sie da reingemischt hat, aber es schmeckt megalecker. Wir tunken Brot in die Soße und nach einer Weile gesellt sich auch Paul zu uns.

Kein Stern leuchtet am Himmel, nur der Lichtschimmer aus dem Labor scheint in unsere Schüsseln.

Paul erzählt, dass er aus Quebec stammt, aus einem kleinen Dorf namens Tadoussac. Das liegt direkt am Sankt-Lorenz-Strom und deshalb kennt er sich mit Minkwalen und Belugas auch besser aus als mit Orcas.

»Aber ich liebe sie einfach.« Er grinst. »Seit drei Jahren komme ich jeden Sommer hierher und studiere ihr Verhalten. Es ist faszinierend – obwohl du sie nur hörst, bist du ihnen so nah wie keiner sonst.«

»Müsstest du Solo nicht kennen?«, will ich wissen. »Wenn ihr die Wale so genau studiert, die hier leben, dann müsste euch doch auffallen, ob einer fehlt.«

»Ja, na klar.« Paul stellt seine Schüssel zur Seite und leckt sich die Lippen ab. »Aber Walkälber sterben leider ziemlich häufig. Wir können nicht nach jedem verschwundenen Wal suchen, meistens sind sie einfach … nicht mehr da.«

»Das ist genau wie bei den Southern Residents«, klärt Alex mich auf. »Es passt keine Beschreibung auf Solo. Wir vermissen immer wieder Kälber, aber keines von ihnen ist unser kleiner Freund.«

»Paul«, sage ich langsam. »Du hast etwas gehört in Solos Melodie. Also, in Alex' Melodie, meine ich.«

Siedend heiß fällt mir ein, dass mein Tagebuch immer noch offen im Labor herumliegt. Ich muss das unbedingt einpacken, bevor noch jemand auf die Idee kommt, darin zu blättern!

Paul nickt langsam. »Ja, ich denke, dein aufgemalter Song ist tatsächlich eine Spur. Aber sicher bin ich mir noch nicht. Passt auf, ich übernehme gleich die erste Schicht, da suche ich euch die entsprechenden Notizbücher raus, okay? Geht schlafen für heute. Ist spät geworden.«

Ich rolle meinen Schlafsack auf der Matratze aus und stopfe meine Jacke als Kopfkissen darunter. Unten höre ich Alex und Miyu lachen. Schnell tausche ich meine Jeans gegen Leggings und schäle mich aus meinem BH, ohne den dünnen Pulli auszuziehen. Es ist ziemlich kühl hier oben, und falls ich in der Nacht aufstehen muss, will ich nicht im Nachthemd vor den anderen stehen. Okay, hauptsächlich nicht vor Alex. Dann schnappe ich mir mein Waschzeug und klettere die Leiter wieder nach unten.

Alex springt auf, als er mich sieht. »Warte mal!«

Ich bleibe stehen und er reicht mir eine schmale Taschenlampe. Einen Moment weiß ich nicht, was ich damit anfangen soll. Dann fällt es mir plötzlich wieder ein: Das Klo steht mitten im Wald. Ich nehme ihm die Taschenlampe ab, knipse sie an und schlucke.

»Keine Sorge, Hanson Island ist zu klein für Bären.«

»Was ist mit Pumas?«, wispere ich.

»Nur Orcas«, beruhigt er mich. »Und Schnecken. Pass auf, wo du dich hinsetzt.«

Ich versuche ein Lächeln, drehe mich um und trete aus der Tür. Es ist wirklich stockfinster hinter dem Labor, die Bäume schlucken sofort jeden Lichtstrahl, und es gibt keine andere Lichtquelle, nichts, was irgendeinen Schimmer in die Finsternis werfen könnte. Dafür knistert und knackt es aus der Richtung, in die die Lampe zeigt.

Ich will da nicht raus. Kann ich mich nicht morgen waschen? Doch, kann ich schon. Aber aufs Klo muss ich heute noch. Ich mache zwei Schritte in die Dunkelheit hinein. Etwas flüchtet unter meinem Fuß, und ich richte hastig den Lampenstrahl darauf, sehe aber nur noch Fell davonhuschen. Oh Gott. Nein, niemals!

Ich wirble herum, springe zurück auf den Holzsteg und stolpere Alex in die Arme.

Er schaut mich an und verzieht ein winziges bisschen die Mundwinkel. »Soll ich mitkommen?«

Das ist überhaupt nicht peinlich, aber ja, verdammt, ich will ihn dabeihaben! Statt einer Antwort gebe ich ihm die Taschenlampe zurück. Er nimmt sie und dann legt er einen Arm um meine Schulter und wir verlassen gemeinsam den Steg, nebeneinander.

Noch immer schluckt die Finsternis unser Licht, noch immer flüstert, rauscht und schuhut der Wald, aber ich nehme nur die Hand wahr, die nun auf meinem Rücken liegt, zwischen den Schulterblättern, und mich sanft führt. Alex stoppt vor dem Waschschuppen und wartet, bis ich mir die Zähne geputzt habe. Als ich zurückkomme, leuchtet er die Zelte an, die unter schräg gespannten Planen stehen.

»Sieht doch kuschelig aus.«

Es sieht einfach nur gruselig aus, und ich bin echt dankbar, dass wir im Labor schlafen dürfen, auch wenn ich natürlich gern mit Alex allein gewesen wäre. Weil der Pfad schmal ist, laufen wir jetzt hintereinander, das heißt, ich laufe hinter ihm und versuche, nicht über Wurzeln und lose Äste zu stolpern. Unvermittelt bleibt Alex stehen und richtet den Lichtstrahl auf die Sichtschutzwand, dann reicht er mir die Lampe und tritt zwei Schritte zurück.

»Wartest du nicht auf mich?« Meine Stimme klingt panisch.

»Klar. Aber ich an deiner Stelle würde die Lampe mitnehmen.«

Erst als ich hinter der Wand stehe und meine Hose herunterstreife, wird mir klar, dass er wahrscheinlich keinen Meter von mir entfernt ist. Egal. Solange er da ist – egal! Ich leuchte das Klo an und weiß, was Alex gemeint hat. Dicke grüne Schnecken hocken auf dem Holzkasten, eine sogar genau auf dem Klodeckel. Igitt. Ich klappe den Deckel mit

Schwung auf und hoffe, dass sie im Farn gelandet ist. Die anderen Schnecken beobachte ich genau, während ich mich hinsetze, aber ich bin schneller als sie, und schon habe ich meine Leggings wieder an und flüchte zurück in den Wald.

Kalt ist es hier draußen. Wo ist Alex? Ich leuchte einmal im Kreis, kann ihn aber nirgends entdecken. Fröstelnd ziehe ich die Schultern hoch. Der wird doch nicht …

Plötzlich eine Bewegung hinter mir. Ich zucke zusammen, aber Alex berührt mich ganz leicht an der Hüfte und bleibt dicht neben mir stehen. Er umschlingt mein Handgelenk und drückt es nach unten, bis sein Pulli das Lampenlicht verschluckt.

»Sssch«, flüstert er.

Ich rühre mich nicht. Kann ich gar nicht, so nah bin ich ihm. Die Dunkelheit umschlingt uns wie eine Decke, und ich bin nah dran, die Orientierung zu verlieren. Da sind Schritte, leicht und schnell, hinter uns, jetzt neben uns – ich drücke mich an Alex' Seite, aber die Schritte sind so sacht, dass ich kaum Angst vor ihnen habe.

»Ein Reh«, raunt Alex neben meinem Ohr. »Es ist ganz nah!«

Jetzt nicht mehr, denn wir hören es wegspringen und Alex hebt ganz leicht meine Hand an und der Lampenstrahl fällt auf geflecktes Fell.

Das Reh ist klein, bestimmt noch ein Kitz! Um es nicht zu erschrecken, warten wir noch ein paar Augenblicke und lassen es davonhuschen.

»Wo ist seine Mama?«, frage ich, als wir durch den schlafenden Wald zurückgehen.

»Vielleicht hat ein Bär sie erwischt.«

»Du hast doch gesagt, hier gibt es keine Bären!«

»Sie leben nicht hier. Aber Bären können schwimmen.«

Ich bleibe stehen und höre, wie er leise lacht.

»Ich bin seiner Mama begegnet, als du auf dem Klo warst. Die hat mich fast umgerannt.«

»Ehrlich?«

»Ja klar. Schau!« Diesmal umfasst er meine ganze Hand. Als er sie anhebt und zwischen die Bäume leuchtet, sehe ich mindestens drei Augenpaare aufblitzen. »Der Nachtwald ist voller Leben.«

Ich glaube, ich zittere schon wieder, aber diesmal nicht vor Kälte. Seine Hand ist warm, und er steht so nah, und obwohl ich nur einen blassen Schimmer von ihm sehe, weiß ich, dass er mich ansieht. Von irgendwo höre ich das Quietschen einer Tür, dann Miyus Stimme, die nach ihm ruft – Miyu mit ihren schönen Mandelaugen. Aber Alex rührt sich nicht.

»Ist dir kalt?«

»Bisschen.«

Er lässt meine Hand aus seiner gleiten, schlüpft aus seinem Pullover und legt ihn mir um die Schultern. Ich halte den Atem an. Die Lampe rutscht mir aus den Fingern und ihr Licht strömt sinnlos in die Nacht. Er hält den Pullover immer noch fest, nein, nicht den Pullover, mich, mit beiden Händen, sodass ich nicht umfalle, als ich seinen Atem auf meinem Gesicht fühle. Ich mache die Augen zu. Nicht aufwachen, bitte diesmal nicht aufwachen! Seine Lippen sind weich und kühl und schmecken ein bisschen nach Salatsoße. Ich weiß nicht, was ich machen soll, aber es fühlt sich so schön an, so leicht ... so wirklich. Meine Lippen geben nach, und ich kann seine Zunge fühlen, ganz leicht an meiner.

Jetzt merkt er bestimmt, dass ich noch nie geküsst worden bin, nicht so, nicht von jemandem wie ihm, nicht – in Wirklichkeit. Ich bewege mich kaum, aber er ist so vorsichtig und langsam, ich kann gar nichts falsch machen, der Kuss passiert von ganz allein. Seine Zunge ist in meinem Mund oder meine in seinem? Wir verschwimmen, zwischen uns hat kein Atemzug mehr Platz. Seine Hand streift durch meine Haare, meinen Rücken hinab, und der Kuss verändert sich, wird fester, schneller ... Ich will nicht, dass er aufhört, nie wieder, aber ich versteife mich, das geht zu schnell, zu wild, zu ...

Er zieht den Kopf zurück und die Verbindung bricht ab. Auf einmal ist wieder Raum zwischen uns, Luft zum Atmen. Oh nein. Wie lange habe ich auf diesen Kuss gewartet – und jetzt habe ich alles falsch gemacht? Ich stöhne auf oder schluchze, oder ich weiß nicht, was, aber Alex zieht mich in seine Arme und hält mich fest umschlungen.

»Sorry«, flüstert er in meine Haare. »Tut mir leid, Orcamädchen. Ich habe nicht vergessen, dass du es bist.«

Morgenlicht blinzelt zu den staubigen Fenstern herein und ich schlage die Augen auf. Ein ohrenbetäubendes Dröhnen schrillt aus den Lautsprechern im Labor – bei dem Lärm kann man ja nicht schlafen. Ich rapple mich hoch und sehe Pauls Arm über die Bettkante hängen. Ach, stimmt, Nachtschicht. Das bedeutet aber, dass Miyu schon wach ist und ... und Alex auch.

Mein Magen kribbelt wie verrückt, als ich an ihn denke. Nachdem er mich zum Labor zurückgebracht hat, waren wir irgendwie keine Sekunde mehr unter uns, aber das war okay, denn ich konnte ihn kaum ansehen. Ist das wirklich passiert? Oder habe ich seinen Kuss nur geträumt, so wie all die Nächte davor?

Ich ziehe mich leise an und schlüpfe nach unten. Miyu und Alex hocken im Labor, Miyu an den Kopfhörern, Alex mit dem Walkman am Boden. Er schaut hoch, als ich reinkomme, und lächelt verschwörerisch. Sofort werden meine Beine weich – es war kein Traum, alles ist wieder da, das Gefühl, sein Geschmack, die Wildheit und seine Umarmung ...

Ich kann doch jetzt nicht zu ihm gehen und mich neben ihn setzen, als ob nichts gewesen wäre.

»Du hast gestern was vergessen.« Er steht auf und greift nach etwas auf dem Tisch. Ich bin immer noch mit Atmen beschäftigt. »Hier.«

»Danke«, hauche ich und nehme den Gegenstand. Als ich runterschaue, erkenne ich das Tagebuch. Na prima, das habe ich total vergessen.

Alex berührt mich ganz leicht am Arm. »Komm! Ich muss dir was zeigen.«

Miyu beobachtet uns von ihrem Stuhl aus, also setze ich mich schnell zu Alex auf den Boden und stöpsle mir den Kopfhörer ins Ohr. Abwartend beobachtet er mich, also nicke ich, als ich fertig bin, und Alex drückt auf Play.

Beinah sofort strömen die Laute in mein Ohr. Es hört sich an wie die Titelmelodie einer Weltraumserie, abstrakt und fremd – aber dann mischen sich neue Töne darunter, Rufe, und ich keuche auf.

»Das – das ist er! Das ist Solo!«

Alex lächelt und stoppt das Band. Er legt eine andere Kassette ein und drückt wieder auf Play. »Was ist damit?«

Ich lausche wieder. Wasserglucksen, dann ein Motorenrauschen im Hintergrund. Als ich die Wale hören kann, nicke ich. »Ja, ja, genau! Das ist er auch!«

Alex zieht erst sich und dann mir den Stöpsel aus dem Ohr. »Hm. Dumm nur, dass du eben zwei unterschiedliche Gruppen gehört hast.«

»Oh!« Jetzt bin ich verwirrt. »Die haben sich aber beide so ähnlich angehört!«

»Das ist nicht Solo«, sagt Alex ruhig. »Die Aufnahmen sind vier Jahre alt.«

Ich werfe Miyu einen Blick zu. Kann sie mir das nicht erklären?

»Es sind keine Northern Residents, die du da hörst«, klärt sie mich auf. »Sondern andere Orcas.«

»Was für andere Orcas?« So langsam wird mir das zu verrückt. Solos Gesang stammt von anderen Orcas, aber wie kann das sein – wie können sich Töne so sehr ähneln und doch so verschieden sein?

»Lass sie die andere Aufnahme anhören«, kommt es verschlafen von der Tür. Paul schlurft in den Raum, gähnt heftig und klaut sich einen Schluck aus Miyus Kaffeetasse. »Die vom letzten Herbst.«

Alex steht auf und legt eine weitere Kassette in den großen Player ein, der auf einem Regal steht. Er muss eine ganze Weile spulen, bis er die richtige Stelle gefunden hat. Das ganze Getue mit den Kassetten fühlt sich an, als ob wir in einer anderen Zeit gelandet wären. Ich halte den Atem an und Alex drückt auf Play.

Im ersten Moment hören wir nur Wasserrauschen. Dann, genau wie damals bei Alex auf dem Boot, ein lautes, durchdringendes Röhren, das von einem Fährschiff stammen muss. Abrupt bricht das Geräusch ab und Alex dreht die Lautstärke höher.

Und da ist es. Solos Lied. Diesmal bin ich absolut sicher, auch wenn ich mir einbilde, dass es hier nicht so traurig klingt. Eine Abfolge von Tönen, ein Mischmasch aus verschiedenen Stimmen, die ineinanderfließen wie bei einem Unterwasserkanon. Es klingt unheimlich, aber auch harmonisch und stimmig. Als würden sie immer miteinander singen.

Die anderen schauen sich an. Dann drehen alle die Köpfe und warten auf mein Urteil.

»Solo«, sage ich unsicher. »Das ist jetzt bestimmt Solos Melodie.«

»Da hast du deine Antwort«, sagt Paul zu Alex. »Ihr habt ein kleines Problem in eurer Bucht.«

»Was?« Ich springe auf. »Was meinst du damit?«

Paul hebt die Hand. »Warte. Zuerst zeige ich dir die Bilder.«

»Was für Bilder?«

»Manchmal macht er Fotos von den Walen«, erklärt Miyu. »Wenn sie besonders dicht dran sind oder springen oder wenn … etwas anders ist als sonst.«

Ich schaue aus dem Fenster, als könnte ich dort die Szene sehen, von der sie spricht. Aber das Wasser in der Strait verbirgt sich unter dichtem Nebel und nur ein Adler mit weißem Kopf kreist über den Schatten der Bäume.

Paul reicht mir ein Tablet, und Alex tritt an meine andere Seite, damit er über meine Schulter gucken kann. Ich starre auf das Bild, aber ich habe keine Ahnung, was es zeigt – blau glimmendes Wasser und einen hellen Fleck in Form eines Orcas.

»Biolumineszenz«, murmelt Alex. »Das ist Plankton.«

Paul deutet auf das blau schimmernde Wasserbild. »Wir nennen es auch Meeresleuchten. Kommt nicht oft vor, deshalb bin ich an dem Tag draußen geblieben, um bessere Fotos schießen zu können. Und dann«, er lässt seinen Finger weiterwandern, bis er direkt über dem Umriss schwebt, »kamen sie.«

»Orcas!« Miyu quetscht sich an meine andere Seite. »Aber warum strahlt dieser eine so? Wegen dem Meeresleuchten?«

»Oh nein. Es waren drei oder vier, aber gesehen habe ich nur den einen. Er schwamm direkt durch das blaue Leuchten und hat mir einen riesigen Schreck versetzt.«

Ich verstehe trotzdem nur Bahnhof. »Aber was hat das alles mit Solo zu tun?«

Alex legt mir eine Hand auf die Schulter. »Das Bild ist in derselben Nacht entstanden wie die Aufnahme, die wir eben gehört haben. Paul hat die Stelle in dem Notizbuch markiert.

Wir haben nach einer Melodie gesucht, Svenja, aber was du hier siehst, das ist der Hammer!«

Was sehe ich denn? »Einen weißen Wal«, sage ich dumpf.

Paul nickt. »Wahrscheinlich ein Albino. Wir haben ewig keinen Albino hier gesehen und dann schwimmt er ausgerechnet in dieses Meeresleuchten. Ich sage euch, das war eine Nacht! Leider habe ich kein besseres Foto. Sonst wäre ich jetzt berühmt!«

Miyu hat schließlich Mitleid mit mir. »Albinowale sind extrem selten. Vor vierzig Jahren wurde mal einer eingefangen und in einem Aquarium gehalten. Dieser Wal«, sie tippt auf das Bild, »gehört zu einer Gruppe, von der wir vorher noch nichts gehört oder gesehen haben. Vielleicht sind es Nachfahren von diesem weißen Wal. Es ist, als ob sie sich seitdem vor uns Menschen versteckt gehalten hätten. Aber anhand ihrer Rufe – ihrer Melodie – können wir ziemlich genau bestimmen, dass es sich dabei um keine Resident Orcas handelt.«

Ich trete ein Stück von ihnen allen weg, damit ich sie besser anschauen kann. »Und … ihr glaubt, dass Solo einer von ihnen ist? Von den Walen, die man auf dem Bild nicht erkennt?«

»Wenn es seine Melodie ist, die du gehört hast, ist das ziemlich wahrscheinlich.« Paul nickt. »Es würde auch erklären, warum wir ihn in keiner Kartei finden konnten.«

»Aber … was bedeutet das jetzt für Solo? Wer ist seine Familie?«

Alex fährt sich mit beiden Händen durch die Haare. Dann lächelt er mich an. »Kannst du dich daran erinnern, was ich dir über das Fressverhalten der Orcas erzählt habe?«

Ja, nein, irgendwie schon – Lachs und so. Worauf will er hinaus?

»Solo ist ein Transient Orca«, klärt Paul mich auf. »Er hat kein festes Zugehörigkeitsgebiet, so wie unsere Residents.«

Und das macht es schwieriger, seine Familie zu finden. Selbst wenn ein weißer Wal darunter ist. Okay, das habe ich verstanden. Alex sieht mich immer noch so seltsam an und auf einmal erinnere ich mich.

Der Lachs, denke ich. Der Lachs, den er nicht gefressen hat.

»Transients sind anders«, schleicht Alex' Stimme in meine Gedanken. »Sie ernähren sich von anderen Säugetieren.«

CALIFORNICATION

GEMEINGUT

Es kommt mir vor, als wären wir auf dem Hinweg eine andere Strecke gefahren. Vielleicht liegt das an den dichten Wolken, die über uns dahinziehen wie eine dicke graue Elefantenherde und die Landschaft verwandeln, vielleicht am Richtungswechsel, der uns nun nicht mehr die Berge zeigt, vielleicht aber auch an Alex, den ich schon bald wieder hergeben muss und den ich trotzdem nicht anschauen kann, die ganze Fahrt über, weil ich dann vermutlich vergesse zu atmen.

Miyu hat uns am Morgen gebeten, einen Bekannten von der Alert Bay mit zurück nach Victoria zu nehmen. Da Alex ohnehin die Strecke fährt, hat er natürlich zugesagt, und ich hoffe echt, dass man mir meine Emotionen nicht angesehen hat. Ich wäre so, so gern mit ihm allein gewesen!

Die Zeit mit ihm rast dahin, im Nu sind wir in Nanaimo, und Alex hält an einem kleinen Café, wo wir uns ein zweites Frühstück kaufen – Blaubeermuffins, die so megalecker aussehen, dass ich einfach nicht an ihnen vorbeigehen kann. Alex grinst die ganze Zeit, während ich meinen vertilge.

»Ich sollte echt mal mit deiner Mum reden«, meint er und schiebt mir seinen Milchkaffee rüber. »Bevor du noch anfängst, Fleisch zu essen.«

Ich muss lachen, dabei kann ich ihn immer noch nicht richtig anschauen. Er erklärt unserer Begleitung, was es mit meinem Essverhalten auf sich hat, und dabei kommt es mir vor, als würde er von einer anderen Person reden. Seinen Kaffee muss er alleine trinken, ich bleibe doch noch bei Orangensaft. Dafür entdecke ich, dass sie hier Servietten mit kleinen Walfluken darauf haben, und schiebe mir eine in die Tasche. Es geht hier nicht ohne die Wale, nirgendwo. Und so langsam bekomme auch ich Sehnsucht.

»Solo«, sage ich nur.

»Hm?«

»Wir müssen zu Solo.«

Als wir wieder eine Weile gefahren sind und Miyus Bekannter auf der Rückbank seinen Laptop auspackt, dreht Alex das Radio leise. »Das tote Reh – weißt du noch?«

Wie könnte ich das vergessen. Dann geht mir auf, was er damit sagen will, und mir kommt beinah der Muffin wieder hoch. »Das war ... das war er?«

»Viel zu fressen wird er nicht finden in Solitary Cove. Ich frage mich ... hm.«

Ich schiele zu ihm hinüber. »Was?«

Alex fährt sich mit einer Hand durch die Haare. »Wie viel er schon gelernt hat. Von seiner Mutter. Über ... Jagdtechniken und so.«

»Warum? Würde er sonst Fisch fressen, so wie die anderen Orcas auch?«

»Nein, das sicher nicht.« Alex wirft mir einen schnellen Blick zu und mein Herz macht einen Sprung. »Die Gefahr besteht eher darin, dass er zu wenig von ihr gelernt hat und sich nicht selbst ernähren kann.«

»Soll das heißen, er würde verhungern?« Okay, alle Intimität zwischen uns ist jetzt weg. Ich starre ihn an. »Dann müssen wir ihm helfen! Es ihm beibringen oder so!«

Alex lächelt etwas schief. »Was genau, Orcamädchen? Vegan? Vegetarisch? Du bist bestimmt der perfekte Lehrmeister dafür.«

Sehr witzig. Ich sinke in meinen Sitz und weiß nicht, ob er mich nicht ernst nehmen will oder es nur selbst nicht besser weiß. »Aber irgendwas müssen wir doch jetzt machen!«

»Vor allem müssen wir sichergehen. Ich folge ihm mit der Drohne, bis ich Aufnahmen von seinem Jagdverhalten habe. Wir müssen protokollieren, was er macht, während er nicht in der Bucht schwimmt. Bis dahin reden wir mit niemandem darüber, okay? Solange die Leute in ihm einen freundlichen kleinen Orca sehen, ist alles gut.«

»Aber wie hilft ihm das? Wie bringen wir Solo zu seiner Familie zurück?«

»Svenja«, sagt er in einem Ton, als hätte ich das Wichtigste noch immer nicht begriffen. »Wir können ihn nicht zurückbringen, denn es gibt kein Zurück! Diese Transient Orcas haben kein festes Gebiet, in dem sie leben. Niemand wusste von der Gruppe mit dem weißen Wal, niemand weiß, wo sie morgen sein werden!«

Ich beiße mir auf die Zunge, bis es wehtut. Was er sagt, klingt so endgültig – und obwohl mir einleuchtet, warum er recht hat, will ich einfach nicht akzeptieren, dass wir nichts für Solo tun können! Die Vorstellung, wie mein kleiner Wal langsam, aber sicher verhungert, zerreißt mir das Herz.

Alex streckt die Hand nach mir aus und legt sie auf meinen Arm. »Ich hab dir doch erzählt, dass ich einen Typen bei der Regierung kenne. Ein alter Freund von meinem Dad. Der hat Einfluss, er kann wirklich was machen. Aber wir brauchen Beweise.

Mit ein paar Vermutungen und einer aufgemalten Melodie brauche ich ihm nicht zu kommen. Doch wenn ich belegen kann, dass sich ein verirrter Transient Orca dauerhaft in einer Bucht in Menschennähe aufhält – das ist schon eine andere Nummer.«

Das hört sich plausibel an und sofort komme ich mir dumm vor. Was habe ich denn gedacht? Natürlich, Alex kennt sich aus. Er studiert diese Tiere ja schließlich, und er weiß, was zu tun ist. Wenn sich dieser Regierungsmensch erst einschaltet, ist Solo in Sicherheit. Die würden ihm ja wohl kaum beim Verhungern zusehen.

»Aber Matt kann ich es schon erzählen, oder?«, frage ich. »Und Rosie?«

Alex lässt die Finger an meinem Arm hinuntergleiten, bis seine Hand auf meiner liegt. »Na klar! Wir sollten nur verhindern, dass Solitary Cove zu einem Geheimtipp für Waltouris wird.«

Seine Finger schlingen sich jetzt in meine, und so bleiben sie, während die Landschaft an uns vorüberzieht. Ich wünschte, wir würden noch ewig fahren, noch mal zurück oder weiter, ganz egal, und er würde meine Hand nie mehr loslassen.

»Alex?«

Die Stimme kommt von der Rückbank.

Oje, unseren Mitfahrer habe ich völlig vergessen! Alex geht es wohl ähnlich, denn er lässt mich abrupt los und wirft einen Blick in den Rückspiegel.

»Sind Transient Orcas gefährlich? Also, für Menschen?«

Alex schaut wieder auf die Straße und scheint zu überlegen. Dann sagt er: »Nicht mehr oder weniger als jedes andere wilde Raubtier auch. Aber Menschen sind gefährlich. Für kleine Orcas.«

Solitary Cove ist mit einer dicken Regenwolke zugedeckt, die mich aber nicht stört, denn es ist später Nachmittag und ich kann schon von Weitem Solos Rückenfinne in der Bucht erkennen.

Am liebsten würde ich Alex fragen, ob wir sofort zu ihm fahren, aber ich weiß, dass er das Kanu bei dem Wind nicht losmacht. Außerdem sind irre viele Boote auf dem Wasser. Nicht bloß die Katamarane und Sportboote, die sonst immer zum Fischen rausfahren, sondern richtige Segeljachten mit dicken Masten. Es kommt mir so vor, als ob zwei davon hinter Solo herfahren, aber vielleicht sieht das auch nur so aus, und ungewöhnlich ist es auch nicht, dass er alle Aufmerksamkeit auf sich zieht. Das hellblaue Schnellboot am Anleger ist definitiv neu, es leuchtet wie der Himmel, wenn mal keine Wolken davorkleben. Aber es dümpelt nur in den Wellen, genau wie unser, nein, Alex' Baumstammboot.

Er fährt die Straße bis zu Matts Haus entlang und hält genau vor dem Eingang. Matt und Rosie werden erst morgen zurückkommen, also habe ich sozusagen sturmfreie Bude – aber das kann ich ihm nicht erzählen. Oder doch? Was, wenn ich es sage? Aber was mache ich dann mit dem Typen auf der Rückbank?

Alex steigt aus und holt meine Sachen von der Rückbank und nebeneinander schlendern wir zur Veranda.

»Danke«, fange ich an und knete den Saum meines Ärmels. Verdammt, ich trau mich ja sowieso nicht! Er würde bestimmt denken, ich will …

»Danke dir.« Er stellt meinen Rucksack vor der Tür ab, hält den Schlafsack aber noch umklammert. »Ohne dich hätten wir überhaupt nichts in der Hand. Du kannst stolz auf dich sein.«

Er schaut mich an, lehnt sich vor und drückt mir den Schlafsack in den Arm. Wie zufällig streifen wir uns mit den Händen. Der Regen erstirbt, alle Farben erlöschen. Nur seine nicht. Er hat karamellfarbene Augen, wie Bernstein. Wenn er mich jetzt noch mal küsst, hier, im Regen, ohne Dunkelheit und Nachtwald, ohne … alles …

»Sorry«, sagt er leise und lässt den Schlafsack los. »Ich muss los! Hab heute die Abendschicht und morgen einen Kurs an der Uni, da muss ich hin.«

»Alles klar.« Meine Stimme ist hauchdünn und wirkt verloren in all dem Grau. Warum sollte er bleiben? Ich habe ihn nicht eingeladen. Trotzdem bin ich so enttäuscht, dass ich heulen könnte. Schnell krame ich meinen Wohnungsschlüssel aus meiner Jackentasche und stecke ihn ins Schloss.

»Alles okay?«, fragt er leise.

Ich nicke. Dabei ist nichts okay, wenn er geht.

»Sehen wir uns in zwei Tagen?« Er lächelt und natürlich lächle ich zurück. Zwei Tage! Schon wendet er sich zum Gehen, und ich schnappe nach Luft, ich muss was sagen, irgendwas, ihn aufhalten, bleib, bleib hier – da dreht er sich noch mal um und macht zwei Schritte auf mich zu, bis er genau vor mir steht. Er beugt den Kopf runter und küsst mich auf die Wange, sehr, sehr sanft, kaum spürbar. Mein Herz bleibt stehen, glaube ich. Ich kann mich nicht rühren, nicht atmen, nicht denken.

Alex läuft mit hochgezogenen Schultern zum Auto zurück und winkt mir noch mal, bevor er einsteigt. Er wendet, fährt einen kleinen Kreis und rollt die Straße hinunter.

Ich bleibe vor der Tür stehen, im Regen, den ich nicht mehr spüre, und schaue dem blauen Dodge hinterher. Wie dämlich kann man eigentlich sein? Warum habe ich nichts gesagt? Weil er arbeiten muss. Kurs an der Uni. Wichtigere Dinge. Wirklich?

Nein, stimmt nicht. Nicht ganz. Ich habe Schiss gekriegt, ganz einfach. Kalte Füße – so wie gestern. Und jetzt ist er weg, und ich werde nie erfahren, ob er geblieben wäre.

Der Regen sickert in den Schlafsack, der mir nicht gehört, also schließe ich seufzend auf und werfe meine Sachen in den Flur. Still ist es um mich, aber das bin ich von diesem Haus ja gewohnt. Ich flüchte in mein Zimmer und vergrabe mich in meinem Bett. Hier kann ich wenigstens in Ruhe von ihm träumen.

Es wird schon dämmrig, als ich aus dem Fenster steige und auf meinen Felsen klettere. Der Regen prasselt auf meine Kapuze, aber ich muss wenigstens kurz nach Solo schauen. Er schwimmt jetzt wieder weiter draußen, am Ende der Bucht. Ein kleines Sportboot stottert ganz in seine Nähe, aber vielleicht ist das auch nur Zufall. Der Fels ist glitschig, und ich muss von der Kante wegbleiben, wenn ich nicht ins Wasser abrutschen will.

»Solo«, flüstere ich. Als ob er mir sein Geheimnis verraten könnte. Vielleicht erzähle ich ihm ja meines! Ich würde so gern mit jemandem über diesen Kuss reden, damit er sich nicht mehr ganz so unglaublich anfühlt.

Matt kann ich jedenfalls nichts davon sagen und Mama schon gleich dreimal nicht. Wie das bei den beiden wohl war? Ich kann sie mir immer noch nicht miteinander vorstellen. Mama in ihrem grünen Lieblingskleid, wie sie aufgeregt vor einem Restaurant auf und ab läuft und auf ihn wartet … nein, falsches Bild. Mama hätte nicht auf ihn gewartet, Matt hätte gewartet. Sie hätte das sicher strategisch so getimt, dass er vor ihr da gewesen wäre. Und wenn sie sich hinter einem Strauch versteckt hätte, bis er kam. Ich muss lächeln. Ja, genau so muss das abgelaufen sein.

Oder haben sie sich tagsüber getroffen? Zum Eisessen? In Kalifornien ist es warm. Und dann haben sie den ganzen Nachmittag zusammen verbracht, und am Abend, als es dunkel war, hatte er endlich den Mut, sie zu küssen. Er? Kann ich mir ebenfalls nicht vorstellen. Hat sie ihn geküsst? Und wann hat sie ihm erzählt, dass sie zu Hause einen Freund hat – davor oder danach? Oh Mann. Eigentlich geht mich das alles überhaupt nichts an. Das ist ihre Geschichte, nicht meine. Und zwischen Kalifornien und Solitary Cove liegen Welten.

Ein Blitz zischt über den Himmel. Ziemlich weit entfernt,

aber für einen kurzen Moment glüht der Wald. Das wird mir jetzt doch zu ungemütlich. Das kleine Boot steuert den Steg an, komisch, es sollte direkt dorthin fahren, aber es dreht eine Kurve und hält auf mich zu. Was soll das denn? Donner grollt, schluckt den Motorenlärm. Und da sehe ich ihn! Wie klein er aussieht, mitten in diesen Elefantenwellen. Kein bisschen gefährlich. Er schwimmt auf mich zu, aber die Strömung zieht an ihm und trägt ihn seitwärts von mir weg. Oh Solo. Er will zu mir, er kommt, weil ich wieder hier bin! Wie konnte er mich sehen, da draußen in der Bucht? Ich knie mich auf den nassen Felsen und versuche jetzt doch, mit der Hand ans Wasser zu kommen. Nein, geht nicht, zu rutschig. Und er kann auch nicht näher zu mir.

Ein neuer Blitz huscht über den Himmel. Was macht dieses Boot noch hier? Ist ihm der Sprit ausgegangen, brauchen die Hilfe? Solo taucht, und da wird mir klar, was es vorhat. Diese Idioten stellen ihm nach! Zwei Männer sind es, junge Typen, die sich nicht um den Sturm scheren, sondern dem kleinen Wal munter den Weg abschneiden und ihn von mir wegtreiben.

Ich springe hoch. Was soll das? Spinnen die völlig? Wieder taucht Solo, und wieder steuern sie genau die Stelle an, an der er verschwindet. Ein wenig schneller und sie hätten ihn erwischt!

Ich bin so geschockt, dass ich wie versteinert dastehe. Kapieren die nicht, dass sie ihn verletzen können? Einer der beiden streckt die Hand ins Wasser und versucht, nach der auftauchenden Rückenfinne zu greifen, aber Solo ist schneller, zum Glück. Wieder rollt Donner über uns hinweg, und ich wünsche mir, der Blitz würde diese dämlichen Typen treffen und ihr stinkendes Boot im Meer versenken!

»Hau ab, Solo«, schreie ich, als sie ihm wieder den Weg abschneiden. »Tauch, verschwinde!«

Einer der Männer winkt mir zu und grinst. Weit und breit ist niemand zu sehen, keiner, der helfen könnte! Die einzigen Menschen, die ich hier kenne, sitzen irgendwo in Tofino herum. Von den Fischern ist keiner mehr zu sehen. Was jetzt? Ich kann doch nicht weglaufen und Solo mit diesen Kerlen allein lassen!

Die Männer rufen etwas, ich verstehe kein Wort. Meinen die mich? Oder Solo? Ich bin komplett machtlos an Land. Aber als hätte er mich gehört, gibt Solo es auf, an die Felsen heranzukommen. Er ist wieder in die Bucht hinausgeschwommen, und weil er jetzt länger taucht, kann das Boot ihm auch nicht mehr so leicht folgen. Sie versuchen es zwar, aber Solo ist schneller! Ich höre ihre Stimmen im Wind, ihre lauten Rufe. Dann drehen sie ab, endgültig.

Das Gewitter ist jetzt so nah, dass man zwischen Blitz und Donner nicht einmal mehr bis fünf zählen kann, aber ich renne nicht direkt zurück, sondern achte darauf, dass die Typen von dem Boot nicht sehen, wohin ich verschwinde. Sicher ist sicher, schließlich bin ich in dieser Nacht allein im Haus.

Bah, meine Hose ist vollkommen durchtränkt vom Regen. Ich ziehe sie aus und werfe sie ins Badezimmer. Dann schlüpfe ich in Jogginghosen und überlege, mir was zu essen zu machen, aber ich bin viel zu wütend, um meinen Hunger zu beachten. Was sollte das? Was wollten die von Solo? Es hat die noch nicht mal geschert, dass sie bei ihrer Verfolgungsjagd beobachtet wurden. Und ich habe keine Nummer von Alex, ich kann ihn nicht mal schnell anrufen und ihm davon erzählen!

Alex. Oh, wie gern wäre ich jetzt noch mit ihm auf Hanson Island! Oder hätte ihn hier gehabt. Was hätte er mit diesen Typen gemacht? Bestimmt zur Rede gestellt. Feige wegrennen und sich verstecken passt absolut nicht zu Alex.

Ich laufe ins Wohnzimmer, zupfe die Wohndecke zurecht und ziehe alle Vorhänge zu. Dann gehe ich zurück ins Bad, um mir die Haare trocken zu rubbeln. Als ich meine Hose über die Wanne hänge, lugt ein Eckchen verklebtes Papier aus der Hosentasche. Die Serviette aus dem Café! Ich pule sie aus der nassen Tasche und falte sie auseinander. Die oberste Schicht, die mit der Walfluke, ist heil geblieben. Die könnte ich in mein Reisetagebuch kleben. Ich suche meinen Rucksack – der noch im Flur liegt – und wühle darin, bis ich das Buch gefunden habe. Die Serviette ist meine Erinnerung an Blaubeermuffins und unseren Trip.

Gedankenverloren blättere ich bis zur letzten Seite, bis ich … was ist das? Oh, wow. Ein Wal mit offenem Maul. Ein Orca natürlich. Mehr eine Karikatur als eine Zeichnung, aber gar nicht so schlecht. Er sagt etwas, so sieht es aus, denn die Worte, die darunter geschrieben stehen, scheinen direkt aus seinem Maul zu purzeln. Ich ziehe das Buch auf meinen Schoß, um besser lesen zu können.

> *The way you are*
> *The way you move*
> *The way you seek*
> *The way you choose*
> *The way you hide*
> *The way you loose*
> *The way you love*
> *The way is you.*

Ist das ein Gedicht? Hilfe, ist das schön! Ganz unten steht: Hanson Island, Summer 2018. Und darunter ein Name.
Alex.

Das Buch – es lag im Labor, die ganze Nacht, ich hatte es ja nach dem Kuss vergessen. Er muss es genommen und reingeschrieben haben, als ich geschlafen habe. Oh mein Gott. Was hat er noch gesehen? Andererseits sind fast nur Bilder darin und Briefe an Mama, aber die sind auf Deutsch. Ich lese das Gedicht noch mal, langsamer. Warum schreibt er mir so was? Ich werde das jetzt die ganze Nacht lesen und dann werde ich es nie, niemals mehr vergessen.

Ich wache auf, als ich Geräusche an der Tür höre. Sofort bin ich hellwach und springe im Bett hoch. Ein Stift rollt zu Boden, ich habe auf dem aufgeschlagenen Tagebuch geschlafen. Hastig stopfe ich es unter mein Kopfkissen und lausche in die Dunkelheit.
Kein Zweifel – da ist jemand an der Tür!
Panisch wühle ich nach meiner Jogginghose und streife sie über meine Füße. Das können nur die Typen sein, die beiden Kerle von dem Sportboot! Bestimmt haben sie doch mitgekriegt, wo ich wohne, und jetzt sind sie gekommen, um … Ich will mir gar nicht vorstellen, was passiert, wenn ich allein hierbleibe. Ich muss raus, zum Fenster raus, und in die Dunkelheit verschwinden, ich verstecke mich im Wald, ja, genau! Diese Kerle haben Solo gejagt – die sind gefährlicher als Bären und Pumas zusammen.
Jetzt knarrt die Tür. Ich hab sie doch abgeschlossen, ganz sicher! Wie konnten die nur so schnell reingelangen? Oh Shit! Fahrig zerre ich den Stuhl zur Tür und will ihn unter die Klinke klemmen, aber die Tür hat einen Drehknauf, und jetzt kann ich sowieso schon Schritte im Flur hören, nein, bitte, ich muss hier raus, sofort!
Ich lasse den Stuhl fallen und sprinte zum Fenster, reiße es hoch und …
»Svenja?«

Stopp, Moment. Die Stimme kenne ich doch. Ich halte inne, mein Herz klopft schnell und laut. Das ist Matt! Oder? Wie kann das sein?

»Svenja, bist du da?« Die Tür schiebt sich auf und ein bärtiger Kopf guckt ins Zimmer. Mir fallen ein paar Hundert Steine vom Herzen, ich gleite vom Sims, laufe auf ihn zu und stürze ihm in die Arme. Matt hält mich fest, so richtig. Er streicht über meine Haare und wartet, bis ich mich beruhigt habe und ihn loslassen kann, und dann lächelt er, und wir lassen uns auf mein Bett plumpsen, und er legt den Arm um mich, damit ich mich an ihn lehnen kann. Fast wie ein richtiger Vater.

»Was ist passiert?«, will er wissen. »Hab ich dich so erschreckt?«

»Ich dachte, du kommst erst morgen.«

»Ja, na ja, das hat sich anders ergeben.«

»Und Rosie?«

Er versteift sich ein wenig. »Die ist noch bei ihrer Tante.«

»Hattet ihr Streit?«

»Ja«, sagt er und seufzt. »Rosie mischt sich gern in Dinge ein, die sie nichts angehen. Und so gern ich sie mag – manchmal nervt das gewaltig.«

Dann gehen mich diese Dinge wohl auch nichts an. Aber im Augenblick ist mir egal, was er mit sich rumschleppt, solange er nur hier ist und mich im Arm hält.

Ich schließe die Augen, so erschöpft bin ich.

»Und du?«, fragt er und legt den Kopf schief. »Wie war dein Trip?«

»Der war gut.«

»Nur gut?«, hakt er nach.

»Nein, richtig gut! So gemein gut, dass ich gar nicht mehr wegwollte!« Ich erzähle ihm von Paul und Miyu und den Hydrofonen im Wasser, von Walen und Delfinen, die gemeinsam jagen, und sogar von den grünen Schnecken und dem Klo im Wald.

Matt legt den Kopf zurück und lacht. »Und wart ihr denn erfolgreich?«

»Wir wissen jetzt endlich, wer Solo ist«, berichte ich triumphierend. »Oder wenigstens, zu welcher Art er gehört. Er ist ein Transient Orca.«

Matt zuckt zusammen, als hätte ich ihn getreten. »Es dürfte schwer werden, da eine Verbindung zu seiner Familie herzustellen.«

»Seltsamerweise nicht. Solo gehört nämlich zu einer Gruppe, von der man so gut wie nichts weiß. Niemand hat sie bisher gesichtet. Denn aufgefallen wären sie den Forschern ganz bestimmt.« Ich mache eine dramatische Pause. »Unter ihnen gibt es einen weißen Wal!«

Matt steht auf, geht eine Runde durchs Zimmer. Aber dann kommt er zurück und setzt sich wieder neben mich.

»Svenja«, sagt er langsam. »Ich weiß, was dieser Wal dir bedeutet. Aber vergiss nie, womit du es zu tun hast! Orcas sind Raubtiere mit enormer Kraft. Wenn Solo dich unter Wasser drückt, ob absichtlich oder nicht – dann war es das für dich.« Er schaut mich sehr eindringlich an. »Du musst vorsichtig sein, versprichst du mir das?«

Ich nicke halbherzig. Ja, natürlich bin ich vorsichtig, warum auch nicht? Ich will doch auch nicht, dass mir was passiert. Oder Alex.

Und schon habe ich ihn wieder in meinem Kopf, aber ich beiße mir schnell auf die Zunge, damit er dort bleibt. Alex und der Kuss sind mein Geheimnis – auch ich muss Matt nicht alles erzählen!

»Dann lasse ich dich mal weiterschlafen. Wenn du wieder …«

Er lässt den Satz unvollendet, steht auf und geht zur Tür.

Aber ich weiß, was er sagen wollte: Wenn du wieder hochschreckst, komm zu mir.
Mehr Vater geht nicht.

VISITORS

Am Morgen würde ich dann doch ganz gern wissen, warum Matt eher nach Hause gekommen ist, und noch dazu ohne Rosie. Schließlich sind die zwei mit einem Auto nach Tofino gefahren. Ich dachte, die sind ein heimliches Paar. Aber wie es scheint, habe ich mich geirrt.

Matt hat Frühstück auf der Veranda für uns gemacht und nippt an seinem Kaffee, als ich dazukomme.

»Gut geschlafen?«

»Diesmal ja.«

Er stellt die Tasse ab und lächelt. »Was ist mit deinem Walforscher? Kommt der heute gar nicht?«

Ich lasse mich auf einen der freien Stühle fallen. »Nein. Hat irgendeinen Kurs oder so. Gibt es in Kanada keine Semesterferien?«

»Doch.« Matt nickt. »Aber vielleicht besucht er die Summer Sessions.«

Es ist immer noch so schwer, sich Alex außerhalb unserer kleinen Welt hier vorzustellen. Wie damals, in Victoria. Als würde er zwei Leben führen. Hier, in Solitary Cove, gehören wir irgendwie zusammen, aber da draußen, in der richtigen Welt – da weiß ich nicht mal, wo er wohnt. Betrübt rühre ich in meinem Tee und seufze tief.

»Schau dir die an«, sagt Matt und schüttelt den Kopf.

Auf dem Wasser sind zwei Jetski unterwegs, die ein bisschen aussehen wie schwimmende Motorräder. Ihre Besitzer liefern sich ein waghalsiges Rennen durch die Bucht.

Erschrocken halte ich nach Solo Ausschau, aber es ist

Vormittag, da ist er nie hier. Seltsam. Die Farben der Boote spiegeln sich auf dem Wasser – so bunt habe ich die Bucht von Solitary Cove noch nie gesehen.

Als ich am frühen Nachmittag mit Buch und Stiften zu den Felsen gehe, kräuselt sich das Wasser unter all den vielen Booten, und die Sonne steht so hoch, dass ihr Glanz alle Farben verschluckt. Geblendet versuche ich, die einzelnen Boote zu erkennen. Wo kommen die nur plötzlich alle her? Ein paar Fischerboote sind darunter, auch das mit dem kläffenden Hund, aber die meisten scheinen Privatleuten zu gehören, darunter Segelboote, Katamarane und einfache Motorboote, die man mit einem Auto per Anhänger transportieren kann. Auch der Parkplatz ist komplett überfüllt. Da, der blaue Pick-up! Ist das nicht …? Den muss ich mir näher angucken.

Ich gehe zwischen den Häusern durch und zweimal kommen mir Leute entgegen. Ich höre nicht hin, was sie reden, bis ich ein Wort aufschnappe: Solo.

Bitte was? Ich bleibe stehen und starre ihnen hinterher. Das glaub ich jetzt nicht. Die machen es sich doch tatsächlich auf meinem Felsen bequem. Und sie sind wegen Solo hier! Aber woher …? Niemand kennt den Namen, nicht mal die Leute in Solitary Cove, außer Rosie und Matt natürlich … und vielleicht der ein oder andere Fischer, mit dem Alex in der letzten Zeit Kontakt hatte.

Plötzlich wird mir heißkalt. Die überfüllte Bucht. Unser Geheimnis! Wissen die auch, was es mit Solo auf sich hat? Wenn sie sogar seinen Namen kennen, dann ist bestimmt auch durchgesickert, dass er ein Transient ist! Aber wie? Wie, verdammt?

Alex. Alex hat doch gesagt, ich soll mit niemandem darüber reden! Deshalb ist er hier, ich habe richtig gesehen, da vorn steht sein Auto. Oh mein Gott. Er wird supersauer sein, ganz bestimmt. Aber ich habe nichts verraten, nur Matt, und der wird wohl kaum all diese Leute herbestellt haben!

Ich renne jetzt. Der Parkplatz ist so vollgestopft, dass keine einzige Lücke mehr frei ist und sogar ein paar Autos am Straßenrand und vor der Wäscherei und Rosies Laden parken. Wie lange waren wir weg, zwei Tage?

Es stehen zwei blaue Pick-ups hier, aber keiner davon ist der gesuchte Dodge. Enttäuscht laufe ich zwischen den Autos herum und suche nach einer Erklärung für alles. Ich wünschte, Alex wäre hier. Er wüsste bestimmt, was zu tun ist.

Ganz hinten am Anleger entdecke ich den Fischer, den mit dem blutigen Netz. Den kann ich fragen, er kennt mich inzwischen. Ich laufe zu ihm, aber er ist so mit seinem Fang beschäftigt, dass er mich gar nicht wahrnimmt.

»Hallo«, rufe ich, dann lauter: »Kann ich Sie was fragen?«

»Nein, ich habe diesen Wal nicht gesehen!«

Genervt fährt er herum und ich stolpere schnell einen Schritt rückwärts.

»Ach, du bist es nur.« Er fährt sich mit der Hand über die Knie. »Dein Freund ist nicht hier.«

»Ich wollte eigentlich nur wissen, was all diese Leute hier machen.«

»Die sind wegen dem Wal hier«, knurrt er gereizt. »Ich wusste, das würde passieren.«

Wie versteinert starre ich hinter ihm in die überfüllte Bucht. »Aber warum?«

»Weil er ein wildes Tier ist, das langsam zahm wird«, sagt er und wendet sich wieder ab. »Das reizt die Menschen natürlich.«

Ich weiß nicht, wohin ich gehen soll. Rosie ist nicht hier und Matt hat sich hingelegt. Allein mit dem Baumstammboot rauszufahren, traue ich mich nicht, und meinen Felsen haben fremde Leute besetzt. Ich schiele den Weg hinauf, zwischen den Farnen hindurch … nein, lieber nicht. Beim Holzfällerlager war ich noch nie, aber der Steg macht einen Bogen, und hierher haben sich wenigstens keine Schaulustigen verirrt. Ich folge dem Holzweg und setze mich oberhalb der umhertreibenden Stämme an den Rand.

Auf einmal strömen die Boote zusammen, alle, die ausgeharrt haben. Ich sehe sie eilig zu einer Stelle steuern und mitten unter ihnen meinen kleinen Wal.

»Solo!« Ich springe auf und schirme meine Augen gegen die Sonne ab. Das Wasser funkelt und schillert unter dem gleißenden Licht, und Solos Rückenfinne glänzt wie ein Hämatit, wenn er aus den Kräuselwellen taucht.

Aber diesmal kommt Solo nicht zu mir. Zu viel ist geboten auf dem Wasser – so viele neue Zuschauer, die sich um seine Aufmerksamkeit bemühen! Ich kann sehen, dass es ihm gefällt. Er schwimmt um die Boote herum, stupst sie an, reckt seinen Kopf aus dem Wasser. Ein paar Mutige strecken sogar die Hände nach ihm aus und berühren ihn am Kopf. Das haben wir auch getan, genau dasselbe, und trotzdem stört es mich maßlos, dass sie einfach so hier ankommen und mit Solo spielen wie mit einem Hündchen!

Eines der Boote dreht einen Kreisel und Solo startet ein Wettschwimmen mit ihm. Die Leute auf den anderen Booten lachen, schießen Fotos und filmen mit ihren Handys. Heute Abend kann ich mir das ganze Spiel noch mal auf YouTube angucken.

Immer mehr Boote scharen sich um die Stelle, an der Solo schwimmt. Hier gibt es keine Regeln, jeder will so nah wie möglich an ihn heran, und Solo macht es ihnen leicht, weil er von Boot zu Boot schwimmt und sich alles neugierig anguckt. Ich zähle acht Motorboote und zwei Segeljachten und dazu noch die beiden Jetski, deren Besitzer ohne Angst genau auf Solo zufahren und halb ins Wasser springen, als sie die

Chance haben, ihn zu berühren. Rein lärmtechnisch gesehen ist das eine Katastrophe, doch Solo scheint es trotzdem Spaß zu machen, denn er schwimmt nicht davon. Aber anders als gestern bedrängen die Boote ihn auch nicht, sondern stehen still und warten ab, bis er zu ihnen kommt.

Auf einmal merke ich, dass ich beobachtet werde. Der kleine Junge aus dem Holzfällerlager hockt auf einem Holzstamm und sieht mir beim Stirnrunzeln zu.

»Hallo«, sage ich zu ihm.

Er guckt mich noch eine Weile stumm an, dann fragt er: »Ist es nicht gefährlich, den Wal zu berühren?«

Ich weiß, was Matt darauf antworten würde, aber ich muss an Alex denken, und dann kommen seine Worte aus meinem Mund. »Ja«, sage ich zu dem Jungen. »Es ist gefährlich. Für den kleinen Wal.«

»Fuck«, ist das Erste, was Alex sagt, als wir uns am nächsten Tag auf dem Parkplatz treffen.

Gut, eigentlich habe ich hier auf ihn gewartet, und dann ist Rosie mit dem alten Klapperkarren ihrer Tante hier angekommen und hat mir irgendeine wirre Geschichte von ihrer Tochter erzählt, aber ich habe nicht richtig zugehört, weil ich die ganze Zeit nur auf die ankommenden Autos geachtet habe. Über Matt hat sie kein Wort gesagt, offenbar ist sie immer noch sauer – ich will mich da aber nicht einmischen. Nicht jetzt.

Alex steht so dicht neben mir, dass es mir den Atem verschlägt. Ich spüre seine Präsenz, obwohl ich aufs Wasser schaue wie er, zu all den Booten, die schon wieder die Bucht bevölkern.

»Woher wissen die von ihm?«, frage ich ihn.

»Du hast es noch nicht gesehen?« Er wirft mir einen flüchtigen Blick zu und tastet in der Hosentasche nach seinem

Handy. Offenbar braucht er keinen Empfang, er hat die Seite schon aufgerufen, als er noch in dicht besiedeltem Gebiet war. Er reicht mir das Handy und ich sehe Solo und unsere Bucht, auf der Startseite irgendeiner Zeitung.

»Es ist überall«, sagt Alex dumpf. »Das ist nicht der einzige Artikel.«

Ich schlucke. Dann scrolle ich ein Stück nach unten und beginne, den Text zu lesen.

> **Kleiner Orca Solo sucht seine Familie**
> Wieder einmal hat es einen jungen Orca in eine abgelegene Bucht verschlagen, wieder einmal ist er ganz allein. Wer sich noch an den Orca Luna erinnert, weiß, dass die Geschichte für den Wal böse enden kann. Luna hielt sich sechs Jahre in der Mooyah Bay auf und suchte Kontakt zu Menschen, am Ende starb er jedoch durch eine Kollision mit einer Schiffsschraube.
> Ob Solo solch ein Schicksal erspart bleibt? Wissenschaftler in Solitary Cove bemühen sich darum, seine Familie ausfindig zu machen. Orcas sind sehr intelligente Tiere, die im sozialen Verbund leben – allein hat der kleine Wal kaum eine Chance.
> Solo sucht aktiv den Kontakt zu Menschen, was laut dem Experten für Meeressäuger Prof. Dr. Young von der University of Vancouver darauf schließen lässt, dass er bereits vor geraumer Zeit von seiner Familie getrennt wurde. Er sieht die Annäherung kritisch und hofft, dass sich entsprechende Stellen einschalten, ehe es für Solo zu spät ist. (MK)

Ich lasse das Handy sinken und schaue langsam zu Alex hoch. »Wissenschaftler in Solitary Cove?«

»Bullshit«, brummt er. »Hat sich dieser Idiot doch ausgedacht. Mit mir hat niemand von der Presse geredet, und wir waren schließlich die Einzigen hier, die sich mit ihm befasst haben.«

Ich gucke noch mal auf den Artikel. »Dieser Dr. Young, das ist aber nicht dein Professor, oder?«

Alex schüttelt den Kopf. »Nein. Nie gehört. Mein Prof wusste von Solo, das stimmt. Er kannte aber nicht seinen Namen, und er hätte auch niemals mit jemandem von der Presse geredet, ohne das mit mir abzustimmen.«

»Und dieser Typ von der Regierung, den du kennst?«, frage ich vorsichtig weiter. »Hat der vielleicht …?«

Vehement schüttelt er den Kopf. »Nein. Niemals! Außerdem habe ich ihm noch gar nichts von Solo gesagt. Nur …« Er stockt, fährt sich durch die Haare. »Nur seiner Tochter, aber die hätte im Leben nicht mit diesen Leuten geredet.«

»Woher haben sie es dann?«

»Ich weiß es nicht.« Er schaut mich an, enttäuscht und frustriert. Ich kann ihn verstehen.

»Aber das mit … du weißt schon, dass er ein Transient Orca ist. Davon haben sie nichts geschrieben.«

Alex' Blick hellt sich ein klein wenig auf. »Nein, das scheint dieser Pressemensch noch nicht zu wissen. Und das ist unsere Chance, Svenja. Wir müssen uns jetzt nur noch mehr beeilen!«

Wir machen unser Kanu startklar und Alex paddelt uns raus in die Bucht. Unter all den lärmenden Motorbooten sind wir so lautlos wie ein Fahrrad auf der Autobahn, und es fühlt sich immer noch richtig an, nicht zu denen zu gehören. Alex hat es selbst gesagt: Wir waren zuerst da, wir haben uns für Solo eingesetzt, uns ging es nicht nur darum, ein paar spektakuläre Fotos zu schießen. Aber zwischen all den Booten wirkt Solo so klein, so weit weg. Wir kommen überhaupt nicht mehr richtig an ihn heran und unsere heiß ersehnten Tonaufnahmen können wir uns bei diesem Chaos auch abschminken.

Frustriert paddelt Alex ein Stück abseits und lässt die Drohne starten. So laut sie mir sonst erscheint, diesmal nehme ich ihr Gesumme kaum wahr, obwohl sie relativ dicht über den Booten bleibt. Eine Weile kreist sie herum, dann hat sie Solo lokalisiert und folgt ihm eigenständig.

Ich weiß, dass es schwierig ist, die Zeit für seine Tauchgänge einzukalkulieren, und dass die Kamera sich ständig auf neue Suchvorgänge einstellen muss, aber es scheint zu funktionieren – Solos Schwert schneidet genau in den Schatten der Drohne.

»Yeah, Baby.« Alex setzt ein grimmiges Lächeln auf. »Sie spürt ihn auf, wo er auch ist. Jetzt würde ich gern testen, ob es auch klappt, wenn andere Wale dabei sind.«

»Dazu müssen wir ihn erst aus der Bucht rauslocken.«

Alex schaut auf das Baumstammboot und legt den Kopf schief. »Hast du Mut?«

Mit dieser Nussschale? Das meint er doch wohl nicht ernst!

Alex lacht, als er mein Gesicht sieht. »Hey, du sitzt im Stamm einer uralten Red Cedar. Wenn dich jemand beschützen kann, dann sie!«

»Ich würde trotzdem lieber mit einem richtigen Schiff fahren.«

»Kapern wir uns eins. Welches willst du?«

Mein Magen kribbelt vor Freude. Endlich ist er wieder besser drauf! Ich suche das Wasser ab und deute auf eine schöne gelbgoldene Segeljacht, die ein Stück von Solo entfernt im Wasser treibt. Eine Frau und ein Mann haben Liegestühle an

Deck aufgestellt und beobachten unseren kleinen Wal ganz gechillt von oben.

»Natürlich. Welches sonst.« Alex kneift die Augen zusammen und guckt eine ganze Weile zu der Jacht hinüber. »Wobei – gar nicht so schlecht, die Wahl.«

»He!« Ich boxe ihn ganz leicht gegen den Ellbogen, und er tut, als würde er über Bord fallen. Das Kanu wackelt und ich halte mich schnell an den Seiten fest.

»Eigentlich mag ich keine Jachten«, sagt Alex und schaut mich an. Seine Augen schimmern richtig, wie geschmolzener Honig. Zum Glück halte ich mich noch fest, ich wäre sonst glatt weggekippt.

»Mir sind Baumstämme auch lieber«, sage ich. Oh, ich liebe diese Augen, ich könnte nirgendwo anders mehr hinschauen!

Alex steht auf und wechselt den Sitz. Jetzt ist kaum mehr Platz zwischen uns. Ich spüre seine Finger auf meinen und wie von selbst lässt meine Hand los und verschwindet in seiner. Ich bin so durcheinander, dass ich nicht klar denken kann. Wir sind hier mitten auf dem Wasser und ich ertrinke in seinen Augen. Er hat so kräftige, raue Hände, aber er hält mich nicht fest, sondern legt seine Finger nur schützend um meine, während er mich immer weiter ansieht. Ich sterbe, jeden Augenblick. Keine Sekunde länger halte ich das aus!

»Dieses … Gedicht«, stammle ich. »Ist das von dir?«

Er nickt und lächelt. »Keine Angst. Ich habe sonst nichts gelesen.«

Eigentlich ist mir das gerade auch egal. Er beugt sich vor und die Welt verschwimmt. Irgendwo über uns kreist die Drohne, irgendwo tuckert ein Boot. Irgendwo beginnt das Wasser und irgendwo darin ist …

»Solo!«

Der Ruf reißt uns auseinander. Plötzlich kann ich wieder

sehen, atmen, um mein Gleichgewicht kämpfen. Das Boot wackelt unter Alex' hastiger Drehung, schon stemmt er das Paddel ins Meer.

»Halt dich fest«, ruft er mir noch zu, und wir schaukeln gegen den Wellenstrom an, hoch und hinab, so schnell, dass sich die Nase des Kanus locker einen Meter über das Meer erhebt, und bei jedem Hüpfer denke ich: Jetzt passiert es, jetzt kippen wir um!

Aber nein, tun wir nicht. Red Cedar beschützt uns.

Die meisten Boote haben die Bucht inzwischen verlassen oder segeln wieder ihrer Wege, hinaus aufs offene Meer, so wie auch die goldgelbe Jacht. Nur zwei Schnellboote und eine kleine Blechbüchse kreisen noch unter der Drohne. Solo hat sich dem Blechboot bis auf wenige Zentimeter genähert und schiebt seinen Kopf aus dem Wasser, immer wieder. Er sieht aus wie ein Schachtelclown. Zu spät kapiere ich, warum er das macht. Ich kann einfach nicht glauben, was ich sehe.

»Hört sofort auf damit«, ruft Alex laut. Seine Stimme ist klar und bestimmt, obwohl er vor Ärger bebt.

»Er steht aber drauf«, ruft ein Mädchen, nicht viel älter als wir. Sie hält eine Gummibärchentüte in der Hand und wirft Solo fröhlich welche davon zu. »Komm her, Süßer!«

Die anderen jungen Leute in dem Boot lachen und einer winkt zu der Drohne hinauf. »Hey, wenn du das online stellst, vergiss nicht unseren Namen. Hashtag CookieTheBoat.«

»Verschwindet«, befiehlt Alex dumpf. »Sonst findest du dich unter Hashtag CookieInJail wieder.«

Das Mädchen mit der Gummibärentüte flüstert ihren Kameraden etwas zu, dann kippt sie mit einem süffisanten Lächeln die komplette Tüte ins Meer. Alex rammt das Paddel ins Wasser, aber die Blechbüchse hat einen Motor, natürlich ist sie schneller. Die Jungen grölen vor Lachen, als

Alex versucht, sie einzuholen. Zumindest sieht es für sie so aus. In Wahrheit versucht er alles, um an die davontreibende Tüte dranzukommen, was ihm auch gelingt. Mit dem Paddel fischt er sie auf und reicht sie mir ins Boot.

Ich schaue dem Blechboot fassungslos hinterher. »Sind die irre? Die können Solo doch keine Gummibären füttern!«

Alex versucht, so viele von den Gummibären aufzusammeln wie nur möglich. Wie kleine, bunte Fischchen strudeln sie davon. Auf einmal ist Solo unter uns und ein ganzer Schwarm an Gummibärchen strömt aus seinem Maul. Ich kann nicht anders – ich muss lachen. Während Solo abtaucht, fische ich seine Beute ins Boot.

»Hier, magst du?« Ich reiche Alex ein grünes Gummibärchen.

Er verzieht das Gesicht. »Du weißt, woraus die Dinger gemacht werden, oder?«

»Natürlich. Aber Schweine sind auch Säugetiere, warum hat er sie dann nicht gefressen?«

»Vielleicht ist er unter die Veganer gegangen.« Alex hat eine durchsichtige Schale aus der Tasche geholt und hängt schon wieder halb im Wasser. Irgendwann fällt er rein, ich weiß es.

»Was treibst du da eigentlich?«

Solo taucht neben uns hoch und Alex hält das Schälchen dicht über sein Blasloch. Dann richtet er sich endlich wieder auf und das Boot stabilisiert sich.

»Sein Blas. Du erinnerst dich?«

»Das hast du schon mal gemacht, um zu untersuchen, ob er krank ist.« Erschrocken schaue ich ihn an. »Du glaubst … weil er die Gummibären gefressen hat?«

»Ach, Quatsch, nein.« Alex schraubt das Schälchen zu, lässt es in einer Kühltasche verschwinden und verschließt sie sorgfältig. »Ein paar Forschern ist es gelungen, aus dem

Blas von Delfinen ihre DNA zu extrahieren. Normalerweise brauchst du dafür ein Stück Haut, und um da dranzukommen, schießt man kleine Pfeile in die Tiere, die dann abfallen. Das ist schmerzhaft und gefährlich, weil offene Wunden entstehen. Mit dem Blas werden immer ein paar abgestorbene Zellen aus der Lunge abtransportiert und daraus lässt sich die DNA gewinnen.«

»Aber wie will man in freier Wildbahn an den Blas von Delfinen kommen?«, frage ich. »Die schwimmen ja nicht wie Solo unter den Booten herum.«

Alex grinst und deutet mit dem Kopf nach oben. »Mit Drohnen natürlich!«

»Und was passiert, wenn du seine DNA kennst?«

»Ich vergleiche sie mit den Daten von dem weißen Wal, der damals gefangen wurde. Wenn wir beweisen, dass beide Tiere verwandt sind, ist Solos Herkunft nicht bloß eine Vermutung, sondern Fakt.« Er nickt zufrieden. »Zuerst rede ich mal mit Owen. Owen Tanker – der Freund meines Dads. Er ist der Beauftragte für Meeressäuger beim Department of Fisheries and Oceans. Ich kenne ihn schon ewig, er hat mir damals geholfen, als ich die Genehmigungen für TRACK kriegen musste. Der hat bald auch ein Auge auf Solo.«

Die Drohne folgt uns, als wir zum Steg zurückpaddeln. Eigentlich folgt uns Solo. Er taucht unter uns, und ich glaube, er versucht, die Bewegung des Boots nachzuahmen. Ab und zu taucht er auf, direkt neben mir, aber ich widerstehe der Versuchung, die Hand nach ihm auszustrecken.

SPERRSTUNDEN

Wolken schlucken den letzten Sonnenrest, und ein kühler Wind bläst über den halb leeren Parkplatz, als wir das Kanu am Anleger festzurren. Zu meiner Enttäuschung wartet Matt dort auf mich. Dabei wäre ich so gern noch mit Alex allein gewesen.

»Svenja!« Er ruft es wie einen Befehl. Ich zögere kurz, ich will nicht weg von Alex, aber dann gehe ich doch zu ihm.

»Hey!«

Er deutet mit dem Kopf zum Wasser. »Was war das da draußen?«

»Ach, ein paar Idioten haben Gummibären ins Wasser geworfen. Solo hat sie aber nicht ...«

»Das meine ich nicht.« Er verschränkt die Arme vor der Brust. »Nach allem, was du mir erzählt hast, dachte ich, ihr haltet euch von dem Wal fern. Ich habe euch beobachtet, Svenja. Er war genau unter euch. Weißt du, wie leicht so ein Kanu umkippen kann? Weißt du, was dann passiert?«

Ich schlucke. Was ist denn jetzt los? Seit wann mischt Matt sich derart in mein Leben? Noch vor wenigen Wochen hätte ich mich sogar darüber gefreut, jetzt nervt es mich nur.

»Matt?« Alex tritt neben mich. So dicht neben mich, dass ich mich gleich um zwei Köpfe größer fühle. »Es sieht gefährlicher aus, als es ist. Das Kanu ist ziemlich stabil und wir lassen ihn immer zu uns kommen und bedrängen ihn nicht. Was die Leute auf dem Boot dort gemacht haben ...«

»Das interessiert mich nicht.« Matt schaut ihn eindringlich an. »Mir geht es um Svenjas Sicherheit. Sie ist noch nicht volljährig, und solange sie hier bei mir ist, habe ich die Verantwortung für sie. Ich will sie nicht noch mal mit dem Kanu bei dem Wal sehen, ist das klar, Alex?«

Ich bin so perplex, dass ich gar nicht weiß, was ich sagen soll. Was ist los mit Matt? Er hatte doch nie was dagegen, dass ich mit Alex rausfahre, und überhaupt habe ich ihn so noch nie erlebt. Der stumpfe, stille Matt, der mich abgeholt hat, regt sich normalerweise nicht so auf!

»Wir steuern ihn nicht«, sagt Alex ruhig. »Solo schwimmt, wohin er will.«

»Eben das ist das Problem!« Matt sieht wieder zu mir. »Kommst du bitte? Wir gehen nach Hause.«

»Was?« Jetzt reicht es aber langsam. Wie kann er mich so rumkommandieren, noch dazu vor Alex? »Das ist doch alles Quatsch, wenn du Solo kennen würdest, dann wüsstest du …«

»Nein!« Matt sieht aus, als würde er jede Sekunde Feuerwolken spucken. »Ihr wisst nicht, worauf ihr euch einlasst. Das ist ein Raubtier, mit dem ihr da herumspielt. Eines, das gelernt hat zu töten. Das euch töten kann.«

Seine Worte fahren mir ins Herz, weil sie meine eigene, tief versteckte Angst neu schüren. Ich beiße die Zähne zusammen.

»Keine Panik«, versucht Alex es noch einmal. »Ich weiß, was ich tue.«

Matt schüttelt den Kopf, als hätte er Mitleid mit Alex. »Ich will nicht, dass du mit diesem Kanu da draußen bist, solange sich der Wal in der Bucht aufhält«, sagt er zu mir. »Alles klar?«

»Nein!« Ich drücke mich unwillkürlich an Alex' Seite. »Und du kannst mir das auch nicht verbieten!«

»Tut mir leid, Svenja. Aber wenn dir was passiert, verzeihe ich mir das niemals.«

»Was soll mir denn passieren?« Ich kreische jetzt fast und ich hasse das. »Glaubst du, er frisst mich? Du weißt gar nichts, du kennst ihn nicht, weil du dich null für Orcas interessierst!« Und mich auch nicht – aber das schlucke ich gerade noch rechtzeitig herunter.

Matt starrt auf seine Füße, sagt aber nichts mehr dazu. Dann spüre ich, dass Alex seine Hand auf meinen Rücken legt, ganz leicht.

»Ist okay«, sagt er leise. »Geh nach Hause. Wir sehen uns morgen, ja?«

Morgen – na toll. Sehnsüchtig schaue ich zu ihm auf, und für einen Moment klopft mein Herz so schnell, dass ich Matt beinah vergesse.

Aber nur beinah. »Kommst du bitte?«, befiehlt er mit heiserer Stimme, und ich merke, wie Alex den Rückzug antritt.

»Bis morgen!«, rufe ich ihm zu, dann stapfe ich in gebührendem Abstand hinter Matt her zu seinem Haus.

Den restlichen Abend wechsle ich kein Wort mehr mit ihm. Ich bin enttäuscht und stinkesauer, weil er mit mir geredet hat wie mit einem trotzigen Kind. Was denkt Alex denn jetzt von mir? Dabei hätten wir so viel zu bereden gehabt, verdammt! Was wir mit den Typen von diesem Cookie-Boot machen zum Beispiel. Die müssen doch irgendwie zur Rechenschaft gezogen werden! Kann denn jeder ins Meer kippen, was er mag? Und die beiden Bekloppten, die ihn gejagt haben – auch so was darf nicht mehr vorkommen.

Ich kriege langsam Angst um unseren kleinen Wal. Die meisten der Leute, die hier neuerdings auftauchen, scheinen einfach nur neugierig zu sein. Aber viele wollen ihn streicheln oder möglichst auf einem Bild mit ihm sein, so nah es geht. Sie warten nicht, wie ich auf den Felsen, bis er zu ihnen kommt, sondern fahren ihm nach und lehren ihn damit, dass

Menschen lustige Wesen sind, die mit ihm spielen. Solo ist klein, aber er wird nicht so bleiben. Ich habe das Männchen von den A12s gesehen, der ist ein anderes Kaliber als Solo. Wie lange geht dieses Spiel gut? Bis einem von uns wirklich was passiert?

Aber dann fällt mir ein, dass Alex diesen Regierungsmenschen kontaktieren wollte. Er muss nur zu seinem Prof und Solos Atemwolke auswerten, damit wir einen Beweis haben. Schwarz auf weiß: Solo ist ein Transient Orca. Wie lange er sich schon in der Bucht aufhält, kann Alex anhand seiner Drohnenaufnahmen belegen und auch, was er hier so treibt.

Nein, es wird alles gut werden. Alex wird sich darum kümmern. Er weiß, was er tut. Und mit dem Gedanken an ihn schlafe ich schließlich ein.

Am Morgen warte ich, bis Matt das Haus verlassen hat, ehe ich aufstehe. Ich komme mir vor wie am Anfang, in meiner ersten Woche hier bei ihm, wo wir kaum miteinander gesprochen haben. Das zwischen uns ist einfach zu fragil, wir kennen uns viel zu wenig, nur deshalb kann so schnell wieder eine so große Distanz entstehen. Hat er sich nicht auch mit Rosie gestritten? Vielleicht ist es ja gar nicht meine Schuld, vielleicht ist Matt einfach verkorkst und vereinsamt und niemand hält es länger mit ihm aus.

Als ich allein bin, stehe ich auf. Das Haus schluckt die Stille wie Wasser einen Stein, also ziehe ich mich rasch an, mixe mir ein O-Saft-Müsli und verziehe mich damit nach draußen auf die Veranda. Zu meiner großen Verwunderung ist Solo schon da – das ist ja noch nie passiert! Ich sehe ihn Kreise schwimmen, am Ende der Bucht, hinter dem Holzfällerlager.

Ah, ein Fischerboot ist auch dort, nein, zwei. Und schon wieder zwei Segler. Auf dem Parkplatz machen die ersten

Frühaufsteher bereits ihre Boote startklar, und zwei Kanufahrer paddeln raus, dicht an der Felskante entlang. Als sie bei mir vorbeikommen, kann ich sehen, dass sie dicke, wasserdichte Fototaschen um den Hals hängen haben. Keine Frage, wohin die Reise geht.

Auf einmal werde ich wütend. All diese Leute haben mein Idyll zerstört! Ich kann nicht mehr mit Alex allein da draußen sein und Solo wird die Bucht bald verlassen müssen. Okay, auch ich muss irgendwann wieder nach Hause. Aber das scheint alles so weit weg, so – fern. Am liebsten würde ich die Zeit zurückdrehen, nur ein kleines Stück. Vor unseren Trip nach Hanson Island. Als es nur uns gab, uns drei: Alex, Solo und mich.

Ich verspeise mein Müsli ohne Appetit und hole mein Tagebuch, um die Szene zu malen, die ich sehe. Die fremden Boote, Solo im Morgenlicht, das Gewirr an neuen Farben. Und dann blättere ich zu dem Gedicht, und wie von selbst male ich noch ein Kanu in die Szenerie, kein rotes Plastikschiffchen, sondern eine lange, schützende Red Cedar. Dorthinein kommen Alex und ich, ein Stückchen abseits von all den anderen. Alex hält meine Hand, und sein Blick sinkt in meinen, genau wie gestern. Ich wage nicht, den Kuss zu malen, den Kuss, der nicht stattgefunden hat, aber ich weiß, dass er da war, zwischen uns in der salzigen Luft.

Ein kurzer Windstoß wirbelt die Seiten hoch und ich schaue gedankenverloren auf. Eine Fata Morgana – das Baumstammboot treibt tatsächlich in der Bucht! Jemand muss es einfach genommen haben, es war ja nur festgebunden. Ich blinzle ins Morgenlicht. Nein, falsch. Der Fahrer ist eindeutig Alex. Und hinter ihm … ein Mädchen.

Der Stift rollt mir aus der Hand und kullert vom Tisch auf den Boden. Ich höre ihn aufschlagen und die Realität sackt in meinen Traum wie ein dumpfer Schlag. Alex und ein

Mädchen, ein neues Mädchen, zusammen im Baumstammboot. Was macht er überhaupt schon hier? Und warum ist er nicht zu mir gekommen?

Ich springe auf, packe hastig das Buch und schleudere es drinnen auf mein Bett. Okay, es ist fast Mittag – ich muss ewig da draußen gesessen und gezeichnet haben. Trotzdem ist er früh dran und trotzdem hat er mir nicht Bescheid gesagt! Ich wirble einmal um mich selbst, bleibe stehen, atme tief ein und wieder aus. Cool bleiben. Vielleicht habe ich mich getäuscht, habe das Boot nicht wirklich gesehen, nur eines, das zufällig so ähnlich aussah.

Langsam trete ich wieder raus auf die Veranda und ziehe die Haustür hinter mir zu. Das Red-Cedar-Kanu steuert in einem Bogen auf die Stelle zu, die von den Seglern und den beiden Kanufahrern eingekreist wird. Auf Solo. Alex sitzt noch immer in dem Boot und das fremde Mädchen ebenso. Auf einmal fühle ich mich so schwer, dass ich kaum noch stehen kann.

Oh, ich war so dumm! Na klar, Alex will keinen Ärger mit Matt! Deshalb ist er nicht zu mir gekommen. Er weiß, dass ich nicht mehr mitfahren darf. Er wird ja wohl kaum darauf verzichten, sich Solo zu nähern, bloß wegen mir. Aber muss er gleich jemand anders mitnehmen?

Ich betrachte das Mädchen. Sie trägt einen Dutt, aber man sieht, dass ihre Haare lang sind. Lang und schön. Eine Strähne hat sich gelöst und glänzt schwarz wie Solos Rückenfinne in der Sonne. Dazu eine leichte Jacke, hell, fast weiß, und schwarze Hosen. Hat sie sich absichtlich wie ein Orca angezogen? Oh Mann. Das muss eine Kommilitonin von ihm sein, jemand aus seinem Sommerkurs oder so, die neugierig war, ob es Solo wirklich gibt. Kann man ihr ja nicht verübeln – als Biologie-Studentin darf man ein Faible für wilde Tiere haben. Muss man sogar. Nett von Alex, sie mitzunehmen, nett von ihr mitzukommen, gerade jetzt, wo er sonst allein …

Ich sehe, wie sich das Mädchen zu ihm vorlehnt und ihm etwas zuruft. Alex legt den Kopf in den Nacken und lacht und sie lacht mit. Dann sagt sie noch etwas, streckt ihren Arm aus und legt die andere Hand wie zufällig auf seine Schulter, wo sie eine ganze Weile liegen bleibt.

Das ist keine Kommilitonin. Dafür fasst sie ihn viel zu selbstverständlich an!

Ich stolpere, als ich auf die Felsen klettern will. Hoffentlich hat er das jetzt nicht gesehen. Mein Knie tut weh, also krabble ich weiter, bis ich auf dem steinigen Balkon sitze. Es ist Ebbe, das Meer ist weit weg, und aus der Wunde am Knie tropft helles Blut.

Wo ist das Baumstammboot? Fast bei Solo. Nein, Solo ist bei ihm – er schwimmt auf die beiden zu! Das Mädchen lehnt sich weit hinaus, versucht aber nicht, ihn zu berühren. Alex lässt die Drohne starten, ich kann sehen, wie er konzentriert auf das Display starrt. Solo umkreist das Kanu, taucht auf und ab und ist auf einmal verschwunden. Die Drohne sirrt höher, wird leiser. Wo ist Solo? Ich lege die Handflächen wie ein Schild über meine Augen, genau wie das Mädchen auf dem Boot. Wir suchen das Wasser ab und bestimmt treffen sich unsere Blicke da draußen auf den schaukelnden Wellen. Ich will überhaupt nicht mehr wissen, wer sie ist.

Vom Ausgang der Bucht her nähert sich ein großes Boot. Ich kann es hören, noch bevor es um die Felskante biegt. Ein strahlend weißes Passagierschiff – oder eine Fähre? – mit einem ganzen Deck voller Leute. Ach du heiliger … Der will doch wohl nicht hier reinfahren? In unsere Bucht? Doch, ganz offensichtlich schon. Seine Nase schiebt sich langsam näher, und die Leute suchen alle die Wellen ab, ganz genau wie ich und das Mädchen.

Urplötzlich schießt die Drohne heran. Ihr hohes Sirren mischt sich unter das dumpfe Dröhnen des Passagierschiffs, und ich erkenne einen Schatten im Wasser, direkt unter dem riesigen Rumpf. Die Drohne steht jetzt genau über ihm. In dem Augenblick wird mir klar, dass er mich sehen kann. Hastig schaue ich zu Alex, aber das Baumstammboot ist hinter dem weißen Koloss verschwunden. Ich traue mich nicht, der Drohne zu winken. Sie sucht sowieso nicht nach mir, sondern nach Solo.

Ich weiß, dass er ziemlich lange tauchen kann. Aber der Schatten verdichtet sich und im nächsten Moment taucht Solo auf meiner Seite des Schiffes wieder nach oben.

Ich sehe, wie sich das Passagierschiff leicht nach rechts neigt, als die Leute an die Reling strömen. Ich sehe, wie die Drohne wieder Abstand gewinnt, sehe Solo, der – als wäre er zutiefst erschöpft – an der Oberfläche bleibt und sich schutzsuchend gegen den Rumpf des Schiffes drückt. Und dann sehe ich das Blut, das aus seiner Schwanzflosse ins Meer strömt, hell und rot wie meines.

»Solo!« Ich schreie wahrscheinlich. Die Leute auf dem Schiff heben überrascht die Köpfe. Sind die blind? Die müssen sein Blut doch auch bemerkt haben! Ich klettere am Felsen hinab, damit ich ihn besser sehen kann.

»Solo, was ist mit dir?« Meine Stimme bebt vor Angst. Solo rührt sich nicht vom Fleck – er treibt reglos auf der Stelle. Sein Atem kommt in unregelmäßigen Schüben, aber ich kann auf die Entfernung nicht erkennen, wie schlimm die Wunde ist. Und diese Idioten auf dem Schiff machen fröhlich Fotos von ihm, während mein kleiner Wal womöglich um sein Leben kämpft!

»Solo«, rufe ich wieder, aber es ist zwecklos, er kommt nicht zu mir. Ich muss was tun!

Alex, er kann helfen, er weiß, was zu tun ist! Aber die Drohne steht zu hoch, bestimmt hat er das Blut noch gar nicht bemerkt. Aber mich bemerkt er! Ich steige zurück auf meinen Balkonfelsen und wedle wie wild mit den Armen. Ich deute auf Solo, auf mein Bein, winke wieder und wieder, bis die Drohne kehrtmacht und zum Boot zurückfliegt.

Keine Ahnung, was er verstanden hat. Auf jeden Fall hat er reagiert. Ich springe vom Felsen und renne den Weg zurück, an Matts Haus vorbei und die Straße entlang. Aus den Augenwinkeln sehe ich, wie sich das Baumstammboot aus dem Wust aus Bootsleibern und Plastikkanus herausschält und auf den Steg zusteuert.

Natürlich bin ich schneller dort, keuchend und mit schmerzendem Knie, aber das ist mir egal. Ich habe eine höllische Angst um meinen kleinen Wal, der immer noch am Leib des Schiffes klebt wie ein verletztes Kind am Arm seiner Mutter.

»Was ist passiert?«, ruft Alex schon von Weitem.

»Solo«, schreie ich ihm zu. »Er ist verletzt, er blutet!«

Alex wechselt einen Blick mit seiner Mitfahrerin, sagt was zu ihr. Dann schaut er mich wieder an. »Warte, wir kommen!«

Ich hüpfe von einem Bein aufs andere, bis sie endlich am Steg andocken und Alex mir das Seil zuwirft. Das Mädchen klettert zuerst heraus und nickt mir höflich zu. Mensch, irgendwo habe ich sie schon mal gesehen.

Alex springt auf den Steg und steht unvermittelt so dicht vor mir, dass ich schlucken muss. »Noch mal, bitte. Was ist mit Solo, wo hat er sich verletzt?«

»Keine Ahnung«, sage ich schnell. »Er war unter dem riesigen Schiff, glaube ich. Da war dieser Schatten, und als er hochkam, war er schon so komisch reglos. Ich dachte erst, er will sich das Schiff genauer angucken, aber dann habe ich das

Blut gesehen. Er blutet, irgendwo hinten aus der Schwanzflosse!«

Alex runzelt die Stirn und dreht sich zum Meer, zu Solo, der sich nicht vom Fleck gerührt hat.

»Vielleicht die Schiffsschraube«, meint das Mädchen. »So ein junger Wal weiß noch nicht, worauf er aufpassen muss. Er war viel zu dicht dran!«

»Kann sein«, murmelt Alex. »Shit!«

»Du kannst doch nachsehen«, sagt sie, tritt zu ihm und nimmt ihm die Drohne aus der Hand. »Na los! Wie dicht kommst du an ihn ran?«

Alex' Miene hellt sich auf. »Ziemlich dicht, wenn er so daliegt. Genial, Joni.«

Ich beobachte, wie er die Drohne startklar macht, sie neu einstellt und losfliegen lässt. Das Mädchen – Joni – stellt sich dicht hinter ihn, um ihm über die Schulter sehen zu können. Ich komme mir vor wie ein Zaungast, aber Alex dreht sich zu mir um und winkt mich her, und dann hält er das Display so, dass wir beide mitgucken können.

Die Drohne schwebt genau über dem Passagierschiff. Wenn sie jetzt herunterfällt, rasiert sie diesen Schaulustigen den Skalp. Aber sie fällt nicht, sie schraubt sich routiniert tiefer. Jetzt kann ich Solo erkennen, winzig klein neben dem riesigen Schiff. Das Display reflektiert, und Alex hält die Hand darüber, damit wir besser sehen können.

»Oh, dort!« Joni hebt den Finger und deutet auf eine Stelle. »Tatsächlich, das ist Blut!«

Alex steuert die Drohne an Solos Körper entlang, bis sie dicht über seiner Schwanzflosse steht. Zum Glück kennt Solo die Drohne schon und scheint keine Angst vor ihr zu haben. Das Blut rinnt in einem schmalen Strom ins Meer, aber noch können wir nicht erkennen, wie groß die Wunde ist.

»Er rührt sich nicht«, stellt Joni fest. »So sehen wir nichts.«

Alex bläst sich die Haare aus der Stirn. Dann drückt er einen Knopf durch und die Drohne hebt urplötzlich ab und sirrt kerzengerade nach oben davon. Im nächsten Moment sieht es aus, als würde sie haltlos ins Meer stürzen.

Erschrocken schnappe ich nach Luft, aber Alex hat die Sache im Griff. Immerhin hat sich auch Solo erschrocken und ist ein Stückchen weitergetrieben, weg von dem Schiff. Als er sich im Wasser dreht, sehen wir einen fingerlangen Schnitt, genau an der Stelle, wo die schwarze Haut ins Weiße übergeht. Er streckt die Fluke ein wenig von sich, als er sich bewegt. Bestimmt hat er Schmerzen. Ich schaue runter auf mein Knie. Die Wunde sieht nicht so wild aus, er scheint Glück gehabt zu haben. Oder?

»Was passiert mit einer offenen Wunde im Meer?«, frage ich und schaue Alex an. »Ist das nicht gefährlich?«

»Die Wunde könnte sich entzünden.« Alex gibt der Drohne einen Befehl und lässt das Display sinken.

»Aber kann man ihn nicht ... aus dem Wasser herausholen oder so? Nur bis die Wunde verheilt ist?«

Joni gluckst, wird aber gleich wieder ernst. »Die Menschen haben seltsame Vorstellungen vom Leben in Freiheit.«

Alex hebt die Hand, um seine Drohne in Empfang zu nehmen. »Sie meint damit, wir sollen uns nicht einmischen. Ein Leben in Freiheit fordert seinen Tribut. Entweder er übersteht es – oder nicht.«

Ich fasse es nicht! Sie wollen ihn da draußen einfach alleinlassen und zusehen, wie er vielleicht stirbt?

»Aber wir müssen doch irgendwas für ihn tun können!« Ich schluchze fast. »Ein Wundmittel, Antibiotika oder so ...«

Alex legt mir den Arm um die Schulter und zieht mich ganz leicht an sich. »Es kommt öfter mal vor, dass ein Wal sich verletzt. Da habe ich schon viel schlimmere Sachen gesehen. Normalerweise heilen die Wunden aber schnell.«

Es tut so gut, in seinem Arm zu sein, und trotzdem könnte ich heulen. »Die machen alles kaputt«, sage ich bitter. »Warum können sie Solo nicht einfach in Ruhe lassen?«

Joni stemmt die Hände in die Hüften. »Wo sie recht hat – tja. Vielleicht können wir doch was für den kleinen Kerl tun. Dann macht euch mal auf Ärger gefasst, denn das wird niemandem hier gefallen.«

NEUE MÄCHTE

Als es Abend wird und die Boote langsam wieder aus der Bucht verschwinden, ziehe ich meine Bettdecke nach draußen auf den Balkonfelsen und kuschle mich hinein. Solo hat sich noch immer nicht viel bewegt, auch nicht, als Alex am späten Nachmittag noch einmal zu ihm gefahren ist und nach seiner Verletzung geschaut hat. Man sieht kaum mehr als diesen Schnitt, den er sich vermutlich an einer scharfen Kante zugezogen hat. Die Schiffsschraube ist unwahrscheinlich, meint er, sonst würden wir von Solo nur noch Fleischfetzen finden.

Immerhin ist er zu dem Passagierschiff gefahren, ganz nah, und hat sie überredet, die Bucht zu verlassen. Sie haben nur wegen Solo einen Abstecher hierher gemacht, weil die Leute ihn sehen wollten. Angeblich kursieren Gerüchte, in Solitary Cove treibe sich ein zahmer Orca herum.

Zahm! Unglaublich. Die wissen nichts, gar nichts. Aber jetzt wird es nicht mehr lang dauern und die Bucht wird übervölkert sein von neugierigen Walforschern und Meeresbiologen und dann ist seine Herkunft kein Geheimnis mehr.

Joni – er hat sie nur als »eine alte Freundin« vorgestellt – ist natürlich mit ihm gefahren. Ich wäre auch gern dabei gewesen, aber ich wusste nicht, wann Matt nach Hause kommt, und so wie er gestern drauf war, habe ich Angst, dass er mich postwendend nach Hause schickt, wenn ich mich nicht an sein Verbot halte. Hier draußen zu sein, kann er mir allerdings nicht verbieten. Auf Solo aufzupassen, auch nicht.

Ich schaue raus zu dem kleinen Wal, der noch vor wenigen

Tagen so fröhlich mit den Kelpschlangen herumgespielt hat. Wie ein Häufchen Elend treibt er an der Oberfläche und atmet viel zu oft. So gern würde ich ihm helfen, aber ich weiß nicht, wie.

Mir ist auch klar, dass ich ihn nicht zu uns in die Badewanne legen kann. Aber vielleicht hätte ein Tierarzt was tun können? Es gibt Spritzen, es gibt Möglichkeiten, Delfine in Gefangenschaft werden doch auch medizinisch versorgt!

Dunkelheit senkt sich über die Bucht. Kaum ein Stern leuchtet, das Wasser wabert schwarz und unheilvoll um seine kleine Finne. Ich versuche, all meine Gedanken auf ihn zu richten und ihm wenigstens etwas zu geben – Hoffnung.

Irgendwann in den frühen Morgenstunden werde ich wach. Die Sonne wirft mattgoldenes Licht auf die Berge und über der Bucht hängt silbergrauer Nebel. Ich habe geträumt, von Solo, Alex und diesem Mädchen …

Voller Schreck fahre ich hoch. Solo! Solo ist nicht mehr da oder sehe ich ihn unter all dem Nebel bloß nicht? Ich suche angestrengt die Bucht ab, aber nirgendwo steigt sein Atemdunst in die Morgenluft. Oh bitte, bitte nicht! Warum bin ich eingeschlafen? Was habe ich getan?

Ich strample mich aus der Decke und laufe den Pfad entlang zum Ende der Bucht. Aber auch hier – nichts als Wasser, endlos, ruhig, verschlafen.

Allein.

»Nein«, flüstere ich. Der Horizont verschwimmt hinter meinen Tränen.

Solo ist nicht tot, er ist davongeschwommen, er hat die Bucht endlich verlassen und ist auf dem Weg zu seiner Familie, ganz bestimmt! Sie sind gekommen, obwohl sich seit Jahren kein Wal mehr in diese Bucht gewagt hat. Sie sind wegen ihm gekommen.

Ich gehe zurück, stolpere, falle hin. Die Wunde an meinem Knie reißt auf und fängt wieder an zu bluten, ich habe ganz vergessen, mich selbst zu versorgen, aber ich werde es überleben. Ich schon.

Die ersten Fischerboote dümpeln durch den Nebel. Ich könnte fragen, ob sie Solo gesehen haben. Aber dazu muss ich warten, bis sie zurück sind. Ich packe meine Decke und werfe sie durchs Fenster ins Haus. Auf Matt bin ich immer noch sauer, also verzichte ich auf ein Frühstück mit ihm und will mir nur schnell einen Schluck Saft aus dem Kühlschrank holen, aber wir haben keinen Saft mehr, nur Milch. Wie lange habe ich keine Milch mehr getrunken? Ich schütte mir ein halbes Glas voll und kippe es in einem Zug herunter.

Heute ist sowieso alles egal.

Keine Spur von Solo, als ich zurück nach draußen trete. Dafür sehe ich Rosie, die mit jemandem vor der Wäscherei schwatzt. Auf einmal habe ich Sehnsucht nach ihr und laufe los.

»Rosie!«

Sie winkt, unterbricht ihr Gespräch und kommt zu mir. »Svenja. Hast du Matt heute schon gesehen?«

»Nein. Ist gerade wieder schwierig mit uns.« Und dann erzähle ich ihr, was passiert ist. Von Solo und dem weißen Schiff, von seiner Verletzung und meiner Angst, dass er fort ist, für immer fort. Von der Insel und dem Lied, von unserem Geheimnis, das bald keines mehr sein wird, und dann sogar von dem Streit mit Matt. Danach fühle ich mich, als wäre ich einen schweren Rucksack losgeworden.

Rosie tritt auf mich zu und schließt mich in ihre Arme. Sie sagt nichts, was mich beruhigen würde, sie hält mich nur fest und summt irgendwas in mein Haar. Wieder spüre ich Tränen laufen, aber es tut gut, sie nicht allein zu weinen.

Nach einer gefühlten Ewigkeit lässt sie mich los. »Warte

hier«, murmelt sie und verschwindet in ihrem Laden. Ich wische mir die Tränenspuren aus dem Gesicht und zähle die Boote, die sich von der Meerseite aus in unsere Bucht schieben – es sind fünf, um diese Uhrzeit! Rosie kommt zurück und drückt mir eine Schale mit gezackten grünen Blättern in die Hand, die in einem Sud schwimmen.

»Hamamelis«, flüstert Rosie mir verschwörerisch zu. »Die Blätter der Zaubernuss. Ich koche immer einen Sud aus ihrer Rinde. Ist gut für die Wundheilung.« Sie bückt sich herunter und streicht etwas davon auf mein Knie. Es brennt ein bisschen, aber ich vertraue Rosie und rühre mich nicht.

»Danke«, sage ich und schaue auf die Schale. »Was …«

»Für deinen Wal.« Rosie lächelt zufrieden. »Und jetzt geh und sag dem Brummbären, dass ich ihn sprechen will.«

Matt ist schon weg, also lege ich ihm einen Zettel mit Rosies Nachricht auf den Küchentisch. Es tut gut, dass Rosie offenbar nicht an Solos Tod glaubt – irgendwie bringt das auch meine Hoffnung zurück. Als ich aus dem Fenster schaue, zähle ich schon acht Boote, aber sie sind umsonst gekommen, von Solo fehlt noch immer jede Spur.

Dafür tut sich was am Parkplatz vorn. Zwei Pick-ups sind angekommen, beide weiß, beide mit einem Schriftzug auf der Tür mit einem springenden Wal – einem Orca. Ich lasse die Schale mit dem Zaubernusssaft am Fenster stehen und gehe zurück zum Parkplatz. Einer der Pick-ups zieht einen Anhänger hinter sich her, mit einem wuchtigen Schlauchboot darauf. Einem Zodiac. Auch auf dem Boot prangt das Orcasymbol, und jetzt kann ich den Schriftzug lesen: SaveOrcaSouls.

Das hört sich nicht gerade nach Walforschern an. Neugierig setze ich mich auf einen Poller und beobachte, wie die beiden Autos in freie Parklücken steuern und der Anhänger rückwärts Richtung Meer fährt. Ein junger Mann und eine junge Frau steigen aus, beide vielleicht ein paar Jahre älter als ich. Sie tragen weiße Windjacken mit ihrem Logo darauf. Aus dem anderen Auto steigen zwei weitere Frauen und zusammen lassen sie das Zodiac ins Wasser gleiten. Eine der Frauen schaut in die Bucht hinaus, runzelt die Stirn und sagt etwas zu den anderen. Moment mal – ich recke den Hals. Die mit dem dunklen Pferdeschwanz … Na klar, das ist Joni! Ob ich hingehen und sie fragen soll, was die hier machen? Sie hat gestern so komische Andeutungen gemacht – haben die etwa was mit Solos Verschwinden zu tun?

Nein, ich bleibe lieber auf meinem Beobachtungsposten. Auto parken, Boot vertäuen. Der Typ kümmert sich darum, es startklar zu machen, während die Frauen ein paar Plakate aus dem Auto laden. Joni scheint die jüngste von ihnen zu sein, während die vierte sicher so alt ist wie Rosie. Sie trägt ein Käppi und sieht damit irgendwie aus wie diejenige, die das Sagen hat.

Jetzt entrollen sie die Plakate und fangen an, sie überall anzuschlagen, oben an der Wäscherei, hinten beim Holzlager, und eines kommt direkt vorn an den Steg, sodass jeder, der zu seinem Boot will, daran vorbeigehen muss. Von hier aus kann ich das meiste nicht lesen, aber in der Mitte ist ein Foto von Solo, und darüber steht »Leave SOLO alone!«

Jetzt muss ich es doch genauer wissen! Ich springe von meinem Poller und laufe rüber zur Wäscherei. Außer der Überschrift und dem Foto gibt es drei Kästen, die leicht schräg gestellt sind. Im ersten wird beschrieben, wie Orcas leben, ihr Sozial- und Jagdverhalten. Im zweiten steht Solos Geschichte – dass er allein ist und niemand weiß, wo und warum er seine Familie verloren hat. Und im dritten Kasten steht, warum man sich Solo auf gar keinen Fall nähern darf.

Wow! Verstehe ich das richtig? Es soll sogar Strafen dafür

geben, wenn man ihm zu nahe kommt, ihn füttert oder auf sonstige Art belästigt. Das haben sie hingekriegt? In nur einer Nacht?

Unten steht noch, dass sich die Organisation SaveOrcaSouls dem Schutz der Meeressäuger im Nordpazifik verschrieben hat und in enger Zusammenarbeit mit dem DFO operiert, dem Department of Fisheries and Oceans.

Das ist heftig. Aber irgendwie ... nicht schlecht, oder? Es hält die Schiffe auf Abstand und ich muss mir keine Sorgen mehr um Solo machen. Was stört mich dann daran? Kann ich nicht sagen. Vielleicht dass sich schon wieder Fremde einmischen, Leute, die mein Idyll stören, und ich so nicht länger mit Solo und Alex allein sein kann.

Solo. Wieder dieser Stich in meinem Herz, das dumpfe Gefühl, ihn verloren zu haben. Ich will nicht, dass er weg ist! Gerade würde ich alles dafür geben, ihn nur zu sehen, irgendwo in Solitary Cove. Meinen kleinen Wal.

Das Zodiac von SaveOrcaSouls ist auf dem Wasser und steuert gerade einen Katamaran an. Ich kann sehen, dass sie mit den Leuten reden. Wollen sie das jetzt mit allen Booten machen, die hier ein- und auskreuzen? Dann haben sie aber viel zu tun. Wenn Solo zurückkommt, werden die sich nämlich nicht so leicht abwimmeln lassen. Sie könnten die Leute ja selbst auf ihrem Boot mit zu Solo nehmen, wie beim Whale Watching.

Und plötzlich weiß ich, woher ich sie kenne. Joni ist die schöne Expertin aus dem Whale-Watching-Office! Na klar! Sie und Alex kennen sich also schon länger. Dann hat er sie mit hergebracht, weil sie bei dieser Tierschutzorganisation arbeitet, und nicht, weil er an ihr interessiert ist! Auf einmal gefällt mir das weiße Schnellboot richtig gut, und auch an seiner Aufgabe habe ich nichts mehr auszusetzen, im Gegenteil – wenn ich kann, werde ich ihnen helfen!

Die Leute von SaveOrcaSouls leisten ganze Arbeit. Bis Mittag haben sie alle Boote abgeklappert, sogar die einfahrenden Fischer, und jeder einzelne Kajaker wurde auf die neuen Verhaltensregeln hingewiesen. Sie kommen zum Steg und machen Mittagspause auf der Ladefläche ihres Pick-ups, wo sie Kisten als Hocker benutzen und die Köpfe zusammenstecken wie die Mitglieder eines Geheimbunds. Für mich hatte Joni nur ein halbfreundliches Nicken übrig. Ohne Alex bin ich anscheinend nicht interessant genug für sie.

Ich kann nichts essen, ich habe immer noch gefühlte Backsteine im Bauch. Solo, wo bist du nur? Was ist mit dir geschehen? Vor lauter Sorge verpasse ich beinah die Ankunft des blauen Dodge, aber plötzlich steht Alex hinter mir und legt mir den Arm über die Schulter.

»Hey.«

»Hey!«

»Wie geht's dem Patienten?«

»Keine Ahnung«, gestehe ich unglücklich. »Er ist nicht mehr hier.«

Alex' Miene hellt sich auf. »Dann jagt er womöglich. Ein gutes Zeichen! Besser, als wenn er immer noch in der Bucht rumlungern würde.«

Ich kriege die Worte kaum heraus. »Und was, wenn … wenn er … tot ist?«

Alex schüttelt den Kopf. »So schnell geht das auch nicht mit der Wundinfektion.« Aber ganz überzeugt ist er wohl nicht, denn ich merke, wie er mit routinierten Blicken die Bucht absucht.

Er nimmt mich an der Hand und wir schlendern zu dem weißen Pick-up von SaveOrcaSouls hinüber. Joni springt von der Ladefläche und erzählt ihm von den Fischern, die richtig kooperativ waren und sich darüber gefreut haben, dass endlich jemand was unternimmt. Auch die anderen Leute waren interessiert und freundlich. Allerdings haben auch sie Solo nicht gesehen, keiner von ihnen. Mir wird ganz kalt, aber anscheinend bin ich die Einzige, die sich Sorgen macht – die anderen sind so in ihrem Element, dass sie Solos Abwesenheit getrost hinnehmen.

Alex geht zu seinem Auto und holt die schwarze Tasche heraus. »Okay. Dann wollen wir mal nach dem Kerl suchen.«

Wir setzen uns auf den Steg und natürlich bleiben wir nicht lang allein. Joni und die Leute von SaveOrcaSouls knien sich hinter Alex, um mit auf sein Display gucken zu können. Die Drohne verschwindet aus der Bucht, aber sie fliegt so hoch, dass ich ihren Weg nicht mitverfolgen kann. Im Display sehen wir, was die Linse ihrer Kamera aufnimmt, und zum ersten Mal erkenne ich auch den Umriss der Bucht – Solitary Cove ist das Ende einer langen, schmalen Meeressackgasse, der Solitary Bay, die in zwei Arme auseinanderzweigt und nur hier einen Zugang zum Meer besitzt.

Die Drohne geht wieder tiefer, und nun sehen wir blaues Glitzerwasser, Wellenkämme, manchmal ein treibendes Stück Holz oder ein Gewirr aus Kelpschlangen. Da, plötzlich eine Bewegung! Ich rutsche näher an Alex, damit ich besser über seine Schulter sehen kann.

»Ein Seelöwe«, sagt er leise. »Und seht mal – er scheint verwundet zu sein!«

»Weiter«, drängelt Joni. »Vielleicht ist das eine Spur!«

Überrascht schaue ich hoch. Joni weiß Bescheid? Und offensichtlich wissen es die anderen auch, denn niemand reagiert in irgendeiner Weise auf die Bemerkung. Tolles Geheimnis, Alex. Und mir den Mund verbieten?

Der andere Junge wird plötzlich zappelig und deutet auf etwas in der oberen Ecke des Displays, das wie von Zauberhand in den Fokus gerückt wird, obwohl Alex nichts tut.

Und dann ist er da, direkt unter der Drohne – Solo! Er ist es, ich erkenne ihn sofort.

Mein kleiner Wal schwimmt langsamer als sonst, aber er schwimmt und taucht und ist definitiv am Leben. Ich bin so erleichtert, dass ich heulen könnte! Solo lebt, Solo ist hier, ganz nah! Alles andere ist plötzlich unwichtig, nur Solo zählt – mein kleiner Wal.

Die Leute von SaveOrcaSouls werden ganz aufgeregt, als die Drohne am Horizont auftaucht, um einiges tiefer jetzt. Alex macht ein hochzufriedenes Gesicht. Und dann geht plötzlich alles ganz schnell. Das Zodiac wird startklar gemacht und Joni und ihre Leute springen eilig hinein.

»Kommst du mit?«, fragt Joni, aber sie schaut dabei nur Alex an.

»Ja, klar!«

»Dann los!«

Alex klettert an Bord und streckt ganz automatisch die Hand nach mir aus. Ich zögere und auch Joni stockt in ihrer Bewegung.

»Sorry«, schaltet sich die Frau mit dem Käppi da ein. »Keine Passagiere.«

»Aber sie gehört dazu!« Alex wartet immer noch.

»Sie wohnt hier«, erklärt Joni leise. »Sie hat Solo entdeckt.«

Nicht nur das, ich habe ihm diesen Namen überhaupt gegeben, den du da benutzt!

Aber die ältere Frau schüttelt wieder den Kopf. »Bei Alex sehe ich es ja ein. Aber wenn wir jetzt anfangen, Ausnahmen zu machen, können wir gleich ein Whale-Watching-Unternehmen anmelden. Keine Passagiere. Tut mir leid.« Sie lächelt mir freundlich zu, wendet sich aber gleich wieder ab.

Alex schüttelt den Kopf. »So ein Bullshit. Svenja ist Solos Bodyguard, sie gehört auch zu ihm und sie gehört … zu mir.«

Mein Herz klopft schneller, und ich muss aufpassen, dass ich nicht wie verrückt anfange zu grinsen. Ich gehöre zu ihm? Hat er das wirklich gerade gesagt? Aber dann sehe ich, wie er sehnsüchtig zum Wasser schaut. Seufzend lasse ich seine Hand los und trete zwei Schritte zurück.

»Ist schon gut. Fahr nur! Du weißt ja, was Matt gesagt hat.«

»Ernsthaft?« Er zögert und ich gehe noch ein paar Schritte weg.

»Ja, klar! Fahr mit, fahr zu ihm!«

Alex springt auf das Zodiac und lächelt mir zu. »Bleib in der Nähe, ja?«

Ich schaue ihnen nach, wie sie ins Nachmittagslicht hineinfahren. Und wieder denke ich, dass es doch eigentlich gut ist, was sie hier tun, sie wollen Solo helfen – aber ihre Anwesenheit fühlt sich trotzdem so falsch an wie der Mond am Tag.

Erst als ich später ins Haus gehe, um kurz was zu trinken, fällt mir die Schale mit den Blättern wieder ein, die Rosie mir gegeben hat. Ihre Zaubertinktur. Wie bitte stellt sie sich denn vor, dass ich Solo damit einreibe? Jetzt komme ich gar nicht mehr an ihn ran. Ich stelle die schwimmenden Blätter in den Kühlschrank und nehme mir vor, Rosie danach zu fragen. Vielleicht gibt es ja einen geheimen Zauberspruch, der kleine Orcas hypnotisiert.

Am nächsten Tag sind die Leute von SaveOrcaSouls schon da, als ich aufwache. Ich sehe sie mit einem der Fischer reden, den mit dem fürchterlichen Hund. Das fette Tier streicht den Tierschützern um die Füße und versucht doch tatsächlich, seinen Hinterlauf am Bein des Jungen zu heben. Als der ihn wegscheuchen will, schnappt er nach seiner Hand, aber der Besitzer packt sofort zu und hält ihn am

Schlafittchen fest. Sie reden lange, aber die Gemüter sehen friedlich aus.

Alex kommt etwa zur selben Zeit in der Bucht an wie Solo und wir hocken uns auf den Steg und sehen dem Geschehen auf dem Wasser aus der Luft zu.

Diesmal sind die Leute nicht ganz so freundlich. Mit einem Jachtbesitzer gibt es heftige Diskussionen, als er sich Solo nähern will. Das Zodiac schiebt sich zwischen ihn und den kleinen Wal und macht ihn auf die neuen Regeln aufmerksam, und ich spitze die Ohren, als ihre Stimmen vom Wind zu uns hergetragen werden.

»Ja, was glaubt ihr denn, wer ihr seid?«, brüllt der Mann zu dem weißen Boot hinunter. »Ihr könnt mir doch nicht verbieten, einen Wal zu sehen!«

»Sehen dürfen Sie ihn ja«, antwortet Joni ruhig. »Aber nicht bei ihm anhalten oder ihn streicheln. Es handelt sich um ein wildes Tier und das soll bitte auch so bleiben.«

»Im Internet stand, dass man ihn streicheln kann«, ruft er aufgebracht. »Nur deshalb sind wir hier reingefahren!«

»Wir haben keinen Einfluss darauf, was im Internet verbreitet wird«, mischt sich die ältere Frau ein. »Tatsache ist, dass Sie den Wal nicht berühren dürfen.«

Alex stupst mich an und zoomt mit der Kamera auf Solo, der von hinten ganz nah an das Boot der Tierschützer herangeschwommen ist und nun anfängt, an der Verkleidung herumzuschubbern.

»He«, ruft der Junge, aber als er Solo bemerkt, kriegt er Stielaugen. Er sitzt da wie versteinert und kann offenbar nicht glauben, wie nah er dem kleinen Killerwal gerade ist. Solo schiebt seinen Kopf aus dem Wasser und schubst das Boot vor sich her, bis der Junge ihn mit der Hand wegschiebt.

Da bemerkt der Jachtbesitzer das Spiel und sein Gesicht läuft rot an vor Zorn. »Wieso dürft ihr ihn streicheln und wir nicht? Geht mir aus dem Weg jetzt, ihr könnt mir gar nichts verbieten!«

Blitzschnell zieht der Junge die Hand zurück, aber Solo stupst gegen das Boot, dass es nur so schaukelt. Er will weiterspielen, das zeigt er ziemlich deutlich!

»Mann, Solo«, ruft Joni ihm zu. »Du bist so ein Süßer! Aber wir sind kein Wal, verstehst du? Du musst zurückschwimmen zu deiner Familie!«

Später treffen wir Joni am Anleger. Sie drückt auf ihrem Handy herum und macht ein zerknirschtes Gesicht.

»Klappt nicht«, kläre ich sie auf. »Kein Empfang! Du musst hochlaufen zum Bärentreff.« Ich deute auf den kleinen Pfad hinter dem Holzlager.

Alex lacht. »Svenja würde sogar mitkommen und dich vor wild gewordenen Wanderern beschützen.«

Joni schenkt uns ein schräges Lächeln. »Sehr witzig. Ich muss unbedingt meinen Vater erreichen.« Auf einmal scheint ihr etwas einzufallen und sie dreht sich zu Alex. »Du, wir haben ein leeres Haus hinter der Wäscherei gemietet. Wenn du willst, kannst du bei uns übernachten.«

Wie bitte, fährt SaveOrcaSouls jetzt Tag und Nacht Patrouille? Und überhaupt, warum sollte Alex bei ihr übernachten? Er könnte doch auch bei uns bleiben! Matt hätte sicher nichts dagegen, wenn er die Couch okkupiert. Das habe ich ihm nie angeboten, oder? Ich habe mich das nicht getraut.

Alex schüttelt den Kopf. »Ich muss heute Nacht arbeiten. Aber danke, Joni! Vielleicht ein andermal.«

»Du kannst bei uns telefonieren«, biete ich Joni an. »Wir haben Festnetzanschluss.«

Wir verabschieden uns von Alex und Joni läuft mit mir zu dem mintgrünen Haus am Ende der Straße.

»Was ist mit Solos Wunde?«, frage ich sie. »Wie sieht sie aus?«

»Sie blutet nicht.« Joni lächelt ganz leicht. »Kein Grund, ihn in deine Badewanne zu legen.«

Wir gehen ins Haus, und ich zeige ihr, wo das Telefon steht. Dann ziehe ich mich in die Küche zurück. Vielleicht überreagiere ich ja, aber Jörg predigt mir ständig, wie wichtig eine ordentliche Wundversorgung ist und dass man eine Entzündung nicht auf die leichte Schulter nehmen darf. Ich schaue runter auf mein Knie. Die Wunde sieht prima aus, obwohl ich nichts weiter daran gemacht habe. Was Joni wohl von Wunderheilpflanzen hält?

Ich hole die Schale aus dem Kühlschrank und warte, bis Joni aufgelegt hat und zurück in den Flur kommt.

»Rosie hat mir ein Mittel gegeben.« Ich halte ihr die Schale unter die Nase. »Vom Baum der Zaubernuss. Sie sagt, es hilft bei der Wundheilung.«

Joni schnuppert und zieht die Nase hoch. »Wer ist Rosie?«

»Eine Indianerin aus dem Ort.«

»Und sie will, dass du dich einmischst?«

Ich habe keine Ahnung, was sie damit meint, aber jetzt lächelt sie nicht mehr. »Ich dachte, ihr könntet …«

»Pass auf«, sagt Joni langsam. »Wenn man einem wilden Tier einen Namen und eine Geschichte gibt, ist das schlimm genug. Wir sind nicht hier, um eine neue Geschichte draus zu machen.«

Sie bedankt sich höflich und verlässt das Haus, und ich komme mir dumm vor, weil ich überhaupt gefragt habe. Zaubernuss! Die denkt doch jetzt, ich bin völlig irre. Niedergeschlagen gehe ich zurück in die Küche. Der Hunger ist mir vergangen. Jonis Worte waren deutlich – ab jetzt bin ich nur noch ein Zaungast in Solitary Cove.

In der Nacht höre ich Solos Atem vor meinem Fenster. Er muss ziemlich nah an den Felsen sein, sonst wäre das Zischen nicht so laut. Ob er zu mir gekommen ist? Sucht er vielleicht sogar nach mir? Ich muss nachgucken, sofort! Aber bevor ich aus dem Fenster klettere, laufe ich schnell in die Küche und hole mir die Schale mit den Blättern aus dem Kühlschrank. Ich habe keinen Plan, was ich wie damit anfangen könnte – aber ich weiß, dass ich etwas unternehmen muss.

Solo zieht kleine Kreise im dunklen Wasser. Sein heller Bauch blitzt auf, sobald er sich dreht, und ich sehe sein Auge schimmern. Ich weiß, dass er mich ansieht – ein ganz ähnliches Gefühl habe ich bei Alex auch immer.

Ich klettere auf den untersten Felsen und stelle die Schale neben mir ab. Sofort ist Solo bei mir. Weil wir Flut haben, kann er mit seiner Nase zwischen die Felsen stupsen, und ich könnte ihn berühren, aber deshalb bin ich nicht gekommen. Ich wechsle auf den Felsen nebenan und nun sehe ich seine Wunde mit eigenen Augen. Von wegen verheilt! Das Fleisch ist aufgeplatzt und wölbt sich leicht nach außen. Das wird eine saubere Narbe geben. Der Schnitt ist länger, als ich gedacht habe, aber immerhin hat er wohl keine Arterien verletzt. Ich strecke meine Hand aus und berühre die Haut neben der Stelle, ganz sacht, um ihm nicht wehzutun. Solo schwimmt leicht schräg, sodass die Wunde aus dem Wasser herausragt, aber er hält nicht still, und ich rutsche aus und platsche mit einem Fuß ins dunkle Wasser.

»Ach, Kacke!«

Solo hat sich gedreht und reckt nun seinen Kopf aus dem Wasser. Nein, so klappt das nicht. Er muss die Schwanzflosse halb aus dem Wasser strecken, so wie eben! Aber wie mache ich ihm das klar? Ich kann ja schlecht zu ihm reinsteigen, das geht zu weit. Vielleicht wenn ich ihn noch mal an der Stelle berühre, damit er merkt, wo ich hinwill?

Ich versuche es, auch wenn ich mich so weit vorrecken muss, dass ich mit beiden Füßen ins Wasser rutsche. Ob es

Zufall ist oder Solo mich wirklich verstanden hat, kann ich natürlich nicht sagen, aber er kippt seine Fluke leicht seitwärts, sodass die wunde Stelle oben liegt.

Ohne hinzuschauen, angle ich nach der Tinktur. Ich habe nichts, womit ich sie auftragen könnte, nur die schwimmenden Blätter. Mit der hohlen Hand schöpfe ich so viele davon auf wie nur möglich und lege alle über Solos Verletzung. Ob es ihm guttut? Er hält so still. Hoffentlich hat er keine Schmerzen mehr. Was soll's, ich greife mir die Schale und kippe den gesamten Inhalt, Blätter und Flüssigkeit, über Solos Schwanzflosse. Zu allen Seiten trieft sie ins Meer, aber immerhin bleibt einiges davon auf Solos Haut kleben.

»Warte noch kurz«, sage ich zu ihm und balanciere zurück auf den Balkonfelsen, um auf Augenhöhe mit ihm zu sein. »Gleich darfst du wieder ein wildes Tier sein!«

Solo atmet aus, und feine, blasse Gischtperlen landen auf meinem Arm. Ich lege meine Hand auf seinen Kopf, etwas oberhalb des Auges. So still. Ob es das letzte Mal ist, dass wir so zusammen sein können? Und endlich wird mir klar, was mich stört an Joni und ihren Leuten, an ihrem Vorhaben, das so heroisch klingt.

Ich will meinen kleinen Wal nicht verlieren!

Der Fischer, der Solo mit Fangresten füttert, ist nicht der Einzige, der am nächsten Tag mit Joni Ärger bekommt. Noch vor dem Frühstück steht sie vor meiner Tür und erklärt mir, sie habe mich in der Nacht gesehen.

»Was?« Ich bin so perplex, dass ich nicht schnell genug schalte.

»Mit Solo.«

»Oh!«

Sie verschränkt die Arme vor der Brust. »Tut mir leid, aber die Regeln gelten auch für dich. Diesmal bleibt es bei einer

Verwarnung, aber wenn du noch mal versuchst, ihn anzulocken und zu streicheln, wirst du mit einer Strafe rechnen müssen.«

Ich stehe wie vom Donner gerührt da und starre ihr hinterher, als sie davonstapft. Dabei habe ich ihn doch überhaupt nicht angelockt, er ist zu mir gekommen, freiwillig! Ich konnte ihn sogar verarzten, nur darum ging es mir doch! Aber Joni hört mich nicht mehr und nachlaufen werde ich ihr ganz bestimmt nicht.

Die nächsten Tage wage ich mich kaum aus dem Haus. Ich weiß, dass SaveOrcaSouls-Leute ihre Drohungen wahrmachen können, denn ich habe letztens mitgekriegt, wie sich eine Frau aus Victoria bei Rosie beschwert hat. Angeblich hat sie einen Bußgeldbescheid bekommen, gleich am nächsten Tag, bloß weil sie mit ihrem Boot angehalten und die Hände ins Wasser gestreckt hatte. Der Wal sei doch zu ihr gekommen, ganz von allein!

Und sie ist nicht die Einzige, die es trifft. Doch die Leute hält das nicht ab, nach Solitary Cove zu kommen, im Gegenteil, und sie werden immer erfinderischer, wenn es um eine Begegnung mit Solo geht! Einmal sehe ich, wie eines der Boote so tut, als hätte es den Wal aufgespürt, dabei fischen sie nur nach Kelpschlangen. Und bis Joni mitkriegt, dass ein ganz anderes Boot – eines mit drei Mädels an Bord – bei dem Wal angehalten hat, ist es schon zu spät, und die Mädchen machen sich davon.

Die Fischer, die zuerst erleichtert waren, dass endlich jemand Ordnung in das Chaos auf dem Wasser bringt, sind mittlerweile genervt von SaveOrcaSouls. Das weiße Zodiac lässt niemanden mehr zu dem Wal, auch sie nicht. Und oftmals sind es nicht die Fischer, die zu dem Wal steuern, sondern umgekehrt – Solo sucht die Nähe zu ihren Booten. Besonders der kläffende Hund hat es Solo angetan, er kreist um das Fischerboot, sobald es den Anleger verlässt. Und manchmal kann ein Boot auch gar nicht wegfahren, ohne Gefahr zu laufen, Solo zu verletzen. Versuchen sie es, umkreist Solo das Boot in immer dichteren Zirkeln, und nicht mal das schnelle Zodiac kann ihn davon abhalten, sich an dem Boot zu reiben und mit herabbaumelnden Bojen zu spielen. Als er eines der Boote gegen einen Poller stößt und daraufhin ein Riss in der Bootswand klafft, versucht der erboste Besitzer, SaveOrcaSouls dafür verantwortlich zu machen, und eine lautstarke Diskussion entflammt. Und während das Zodiac ein Boot davon abhält, Solo zu folgen, stehen schon drei andere bereit, um heimlich die Hände ins Wasser zu strecken oder Solo mit dubiosem Zeug zu füttern. Solitary Cove ist ein Hexenkessel geworden, der langsam, aber sicher zu brodeln beginnt.

Alex und ich sitzen meistens am Steg und beobachten die Leute am Parkplatz oder wir verziehen uns auf unsere Veranda und folgen dem weißen Zodiac mit der Drohne. Witzigerweise ist es egal, wo wir sind – wir haben Solo immer im Blick, und obwohl ich ihn nicht mehr berühren kann, bin ich dennoch bei ihm. Nur manchmal, wenn Alex mit Joni auf dem Zodiac mitfährt, überfällt mich mein altes Einsamkeitsgefühl, und ich wünsche mir SaveOrcaSouls und all diese Leute ans andere Ende des Planeten.

Außerdem haben die beiden Geheimnisse. Einmal komme ich hinzu, wie sie beide auf der Ladefläche seines Pickups hocken und die Köpfe zusammenstecken. Ich glaube nicht mehr, dass zwischen den beiden irgendwas läuft, mir scheinen sie eher wie Tom und ich zu sein – fast wie Geschwister. Trotzdem habe ich das Gefühl zu stören, also halte ich mich abseits und bleibe hinter dem Auto, wo sie mich nicht sofort sehen können.

»Es sind so viele Leute hier«, sagt Joni gerade. »Du kannst das nicht ewig geheim halten, Alex.«

»Ich brauch aber noch Zeit. Ein paar Tage wenigstens! Kannst du nicht noch mal mit ihm reden?«

»Rede selber mit ihm. Auf dich hört er doch.«

Joni springt von der Ladefläche und läuft auf den Steg zu, wo das weiße Zodiac eben anlegt. Ich umrunde das Auto, sodass Alex mich sieht.

»Hallo!«

»Oh, hey.« Er rutscht zur Seite, wie um mir Platz zu machen, aber ich lehne mich nur ans Auto und schaue zu ihm hoch.

»Gibt es Neuigkeiten?«, frage ich so unschuldig wie möglich. Er muss ja nicht gleich mitkriegen, dass ich gelauscht habe.

»Ja, schon.« Er sieht mich an und lächelt ganz leicht. »Paul und Miyu hatten recht – wir haben es ziemlich sicher mit einem Nachfahren des Albinoorcas zu tun, der vor über vierzig Jahren eingefangen wurde. Und rate mal, wo.«

»Was meinst du damit, wo?«

Alex fährt sich mit der Hand durch die Haare und wirft einen nachdenklichen Blick in die Bucht. »Genau hier. In der Solitary Bay.«

»Was?« Ich springe ein Stück vom Auto weg. »Aber ... woher weißt du das?«

»Kann man überall nachlesen. Viele Wale wurden hier gefangen, die Bucht war ideal dafür. Und Solitary Cove hat sogar Straßenanbindung.«

Ich schüttle den Kopf. Eigentlich hat Rosie mir das schon mal erzählt, aber die Vorstellung, dass ein kleiner Wal wie Solo vor vierzig Jahren genau an dieser Stelle aus seiner Familie gerissen wurde, ist trotzdem gruselig.

»Das ist gut«, sagt Alex sacht. »Trotz allem.«

»Was soll daran gut sein?«

»Wir wissen, wer er ist.«

»Aber das hilft ihm nicht«, rufe ich. »Vielleicht wenn noch mehr Leute von ihm erfahren …«

»Die vielen Leute verhindern, dass er jemals freiwillig zurück ins offene Meer schwimmt. Solo kann nicht für immer hierbleiben, aber es gibt keine Lösung. Mir fällt einfach keine Lösung ein.«

Ein Gedanke blitzt durch meinen Kopf. Wenn es mehr Boote gäbe wie das von SaveOrcaSouls, wenn man klare Regeln aufstellt für das Verhalten gegenüber dem kleinen Wal, wenn es Menschen gibt, die aufpassen … dann wäre es doch möglich, dass Solo hierbleibt, oder? Man könnte Eintritt verlangen. Und damit die Leute finanzieren. Solo-Watching unter Aufsicht. Aber irgendwie spüre ich, dass ich mit diesem Vorschlag falsch bin bei Alex, also sage ich gar nichts dazu.

»Es wird immer mehr Leute geben, die sich einmischen«, sagt Alex leise. »Du wirst schon sehen. Hier wird sich bald so einiges ändern.«

Hier hat sich schon alles geändert. Was könnte Schlimmeres passieren? Und plötzlich fühle ich mich mutig oder ich will ihn trösten oder beides, denn ich sage, ohne weiter darüber nachzudenken: »Alex, wenn du nicht nach Victoria zurückfahren willst, kannst du jederzeit bei uns übernachten, ich meine, auf unserer Couch, also, Matts Couch …« Ich presse die Lippen zusammen und schlucke. Oh mein Gott, was rede ich da bloß?

Alex schaut mich wieder an und grinst ein wenig. Ein paar Haare wehen in seine Augen, aber er schüttelt sie nicht weg. »So. Und damit kommst du jetzt an, ja?«

»Na ja, ich dachte, du willst nicht …«

Er lässt sich von der Ladefläche gleiten und kommt auf mich zu, bis er so nah vor mir steht, dass keine fünf Finger mehr zwischen uns passen würden. »Die meisten Leute denken. Die wenigsten machen es einfach.«

Und dann beugt er sich vor und küsst mich. Genau auf den Mund, einfach so. Nicht intensiv, nicht wie im dunklen Wald auf Hanson Island, aber es ist ein Kuss, und er landet genau auf meinen Lippen. Ich taumle gegen das Auto, aber da löst er sich schon wieder von mir und schließt mich in seine Arme und hält mich fest. Ich könnte platzen vor Glück, schreien, heulen, alles zugleich.

»Komm, Orcamädchen«, flüstert er und greift nach meiner Hand. »Wir filmen deinen kleinen Freund jetzt bei der Jagd.«

Wir hocken uns auf den Steg und Alex lässt die Drohne starten. Wie ein riesiges Insekt schwirrt sie über unseren Köpfen davon. Ich blinzle in die Sonne und versuche, mich zu erinnern, wer damals schon hier war, bevor Solo aufgetaucht ist. Was habe ich gesehen? Ein graues, blasses Meer. Regen. Den Fischer auf seinem Boot, den mit dem fürchterlichen Hund. Einen kleinen Jungen, der vor dem Holzfällerlager auf den schwimmenden Baumstämmen herumsteigt, ein paar verirrte Boote, zwei oder drei Fahrzeuge auf dem Parkplatz. Mit Solo ist Leben in diesen kleinen Ort gekommen.

Das Zodiac dreht seine Runden, denn es sind etliche Katamarane und Sportboote auf dem Wasser. Dann sehe ich die Drohne am Eingang der Bucht. Solo ist hier! Er umkreist das Fischerboot, das noch versucht, ihm auszuweichen, aber Solo schwimmt ihm einfach in den Weg. Der Hund kläfft wie ein Wahnsinniger. Schon nimmt das Zodiac Kurs auf das Boot, und ich sehe, wie der Fischer irgendwas hinüberschreit. Dann nimmt er auf einmal Fahrt auf – will er Solo etwa rammen?

Die Leute von SaveOrcaSouls streiten mit ihm herum, aber in der Zeit macht Solo sich schon wieder davon. Er schwimmt von Boot zu Boot, taucht unter, taucht hinter einem anderen wieder auf. Und das weiße Zodiac hat keine Chance, ihn von all den Booten fernzuhalten. Man müsste die Bucht sperren, für alle Boote. Aber natürlich ist das zu viel Aufwand für einen kleinen Wal.

Solo schwimmt jetzt auf uns zu. Er wirkt hektisch und getrieben und irgendwie frustriert. Ob er sich über das Hundegebell geärgert hat? Oder tut seine Wunde noch weh? Vor dem Steg dreht er plötzlich ab und taucht unter die Stämme, die vor dem Holzlager im Wasser treiben. Er stößt mit dem Maul gegen das Holz und schubst es vor sich her.

Ich sehe, wie seine Finne aus dem Wasser ragt und wieder verschwindet, dann trudeln zwei Stämme davon. Oh, oh. Nicht gut, Solo, lass das! Aber Solo drückt seinen Körper immer wieder in den Spalt zwischen zwei Stämmen, wie ein Kind, das seine Bauklötze sortiert.

»Seine Haut juckt wahrscheinlich«, murmelt Alex, den Blick auf das Display gerichtet. »Deshalb macht er das.«

Wieder treibt Solo die Stämme auseinander, wieder taucht er unter das Holz und dann höre ich plötzlich einen hohen Schrei.

Alex lässt das Display fallen und wir springen gleichzeitig auf. Oh Gott. Der Junge! Der kleine Kerl hängt auf einem der Baumstämme, die Solo davongestoßen hat, ganz am Ende, und klammert sich mit käseweißem Gesicht daran fest. Jede Sekunde dreht sich der Stamm und er kippt herunter!

»Solo«, schreie ich. »Solo, lass die Stämme, bitte, komm her!«

Leute laufen auf den Steg. Jemand stürzt aus dem Holzfällerlager, eine Frau, laut kreischend. Jemand springt auf ein Boot und tuckert los, aber er ist viel zu langsam ... Noch mehr Boote nähern sich, darunter ein weißes, rasend schnell. Der Stamm gleitet in Zeitlupe aufs Meer davon, und ich denke: Hoffentlich ist es eine Red Cedar, dann beschützt sie ihn! Der Junge klammert sich panisch fest, aber je mehr er sich bewegt, desto stärker rollt der Stamm im Wasser herum.

Wo ist Solo hin? Ich kann ihn nicht mehr sehen. Gerade war er doch noch zwischen dem Holz, weit genug weg … oder? Ein Schatten, genau unter dem Jungen. Kein Schatten – ein heller Fleck! Der Junge muss ihn auch gesehen haben, denn er versucht jetzt mit ganzer Kraft, auf dem Stamm rückwärtszukrabbeln, aber das Holz ist glitschig, und er rutscht immer wieder seitlich weg. Ein zweiter Baum wird von den Wellen der Boote nach vorn gestoßen und prallt gegen den Stamm des Jungen, genau in dem Moment, als Solo auftaucht. Zischend regnet es Wassertropfen.

Vor Schreck erstarrt der Junge. Ich sehe die Angst in seinem Gesicht, aber ich kann nichts machen, was soll ich denn machen? Ich renne zur Wasserkante vor. Die Leute am Steg rufen, schreien, eine Frau versucht, ebenfalls über die im Wasser treibenden Baumstämme zu klettern und zu dem Jungen zu gelangen, die Boote können nicht weiter, da treibt überall Holz im Wasser –

Der Baumstamm kippt und mit ihm der Junge. Er sinkt ins Wasser, zeitgleich mit Solo. Auf einmal sind beide weg, verschluckt, dann taucht der Junge prustend wieder auf und platscht wild in Richtung des rettenden Baumstamms. Ein zweiter Platsch, auf einmal ist noch jemand im Wasser. Ich sehe nur schwimmende Beine, ein Arm, der den Jungen packt und sich nicht darum kümmert, was Solo macht. Der Arm zerrt den Jungen mit sich, weicht einem herumschleudernden Stamm aus und packt fester zu, als der strampelnde Junge ihm zu entgleiten droht. Da – der helle Schatten! Solo ist unter ihnen, genau unter ihnen! Noch ein Baumstamm treibt zwischen ihnen und dem nächsten Boot, ein ewig langer Baumstamm. Sie kommen nicht drum herum, sie müssen unter ihm durch – aber wie?

Solo, denke ich. Und dann rufe ich ihn noch mal. »Solo. Solo!«

Oh bitte, bitte! Solo taucht auf, nur wenige Handbreit neben dem Jungen. Er atmet zischend aus, verharrt einen Augenblick und – schwimmt in meine Richtung! Oh, zum Glück. Er kommt zum Steg, bis er genau unter mir treibt. Ich strecke ihm meine Hände entgegen, selbstverständlich, warum nicht? Sein Atem wirbelt kleine Wassertröpfchen in mein Gesicht. Nicht heulen jetzt. Aus den Augenwinkeln sehe ich, wie der Junge auf das Boot gezogen wird und die Frau auf den Baumstämmen weinend zusammenbricht. Die Person im Wasser, die den Jungen gerettet hat, erkenne ich erst, als man auch ihr ins Boot hilft. Triefende Cargohose, nasses Shirt. Strubbelhaare. Und honigfarbene Augen, die blitzen, als hätten sie gerade das größte Abenteuer ihres Lebens hinter sich.

Natürlich. Wer sonst? Niemand außer Alex wäre verrückt genug, zu einem wilden kleinen Wal ins Meer zu springen!

Solo prustet eine Ladung Wasser auf den Steg, und ich merke plötzlich, dass ich allein hier sitze. Alle Leute sind schon runtergelaufen zum Anleger, wo das Boot gerade festmacht. Jemand hilft der weinenden Frau, von den Baumstämmen im Wasser herunterzuklettern. Ich sehe noch, dass überall Leute stehen, am Parkplatz, vor den Häusern, überall, wir sind die Sensation – nein, eigentlich ist es Solo, aber für ihn interessiert sich niemand mehr.

»Danke«, flüstere ich ihm zu. »Danke, dass du ihm nichts getan hast.«

Solo legt sich schräg ins Wasser und schaut zu mir hoch. Sein Auge schimmert im trüben Licht, und ich finde, er sieht traurig aus. So viele Menschen, so nah bei ihm! Er hat niemandem was Böses getan, aber trotzdem hatten alle bloß Angst vor ihm. Und nun ist er wieder allein.

»Tut mir leid«, sage ich zu ihm. »Tut mir so leid, Solo.«

Der kleine Wal sinkt zurück ins Meer. Selbst sein Flossenschlag wirkt traurig. Vermenschlichung? Egal. Ich würde gern bei ihm bleiben, aber ich muss zu Alex, sehen, ob es ihm gut geht – und dem Jungen natürlich auch.

Als ich beim Anleger ankomme, hat Alex ein Handtuch um die Schultern hängen, und jemand hält den Jungen im Arm. Ich komme nicht nah genug an sie ran, es stehen einfach zu viele Leute drum herum, aber zumindest sieht keiner der beiden schlimm verletzt aus.

Alex schaut auf und unsere Blicke treffen sich kurz. Er nickt mir zu – alles okay, soll das wohl heißen. Dieser Typ! Ich wette ja, er hat sich schon immer gewünscht, mal zu einem Orca ins Wasser zu hüpfen.

Ich will zu ihm gehen, also weiche ich den Leuten über den Parkplatz aus. Dabei stoße ich fast mit einem Mann zusammen, der eben aus einer dunklen Limousine steigt. Der sieht aus, als hätte er sich verfahren – blaues Hemd, sauber in eine Anzughose gesteckt. Ich bleibe stehen und lasse ihn vorbei.

Plötzlich quetscht sich Joni aus der Menschentraube, stürmt auf den Neuankömmling zu und wirft sich in seine Arme. »Daddy!«

Sie begrüßt ihren Vater, als würde er die Rettung der Welt bedeuten. Dabei sieht er aus wie ein Bankchef oder jemand, der ihr ein teures Auto verkaufen will.

Alex lässt das Handtuch sinken und tritt ebenfalls auf den Mann zu. Er zieht die Schultern hoch, als ob ihm kalt wäre, aber er lächelt, und dann streckt er die Hand aus und reicht sie seinem Gegenüber.

»Hallo, Owen.«

STREET DANCE

Manchmal ist es so leicht, nicht an einen Ort zu gehören – so leicht und so schwer zugleich. Die Ankunft des fremden Mannes verändert alles, die Leute machen Platz für ihn, weichen fast ehrfürchtig zurück, Gespräche verstummen, Handykameras werden gezückt. Ich verfolge ihn, aber nur mit den Augen. Immerhin kann ich jetzt den Jungen sehen, der mit blassem Gesicht auf dem Boden liegt. Die Frau aus dem Holzfällerlager hält ihn im Arm. Ihre Schultern zittern, während sich jemand über ihn beugt und ihn mit einem Stethoskop abhört, jemand von einem der Boote, ein Arzt vermutlich. Sie schält ihn aus seinen nassen Klamotten und fängt wieder zu weinen an.

Jonis Vater geht neben ihr in die Hocke und berührt sie ganz sacht am Arm. Ich bin zu weit weg und kann nur raten, aber anscheinend will er wissen, was passiert ist, und die Frau schluckt ihre Tränen weg und beginnt, stockend zu berichten.

Wieder schaue ich zu Alex, aber der steht hinter Joni und hat nur Augen für ihren Vater. Owen. Habe ich den Namen nicht schon mal irgendwo gehört?

»Wer ist das?«, frage ich eine Frau, die neben mir steht, und deute auf Jonis Vater.

»Das ist Mr Tanker. Vom DFO.«

Ich komme nicht drauf. »DFO?«, frage ich nach.

»Das Department of Fisheries and Oceans. Er ist der Beauftragte für Meeressäuger.«

Owen ... Ach so! Oha. Den hat Alex gemeint, als er sagte,

er kennt jemanden bei der Regierung. Ich glaube sofort, dass dieser Mr Tanker was zu melden hat. Aber warum ist er hier? Joni – Joni hat ihn angerufen, von unserem Telefon aus! Weil die Lage in Solitary Cove langsam eskaliert. Und ausgerechnet heute taucht er hier auf, gerade an dem Tag, wo jeder sagen wird: Der Wal hat einen kleinen Jungen ins Wasser geschubst.

Ich stehe noch eine Weile untätig herum und sehe zu, wie die Frau ihren Jungen einpackt und mit ihm auf dem Arm zum Holzlager zurückläuft.

Die Menschen verstreuen sich, langsam, flüsternd, mit schreckweißen Gesichtern. Mr Tanker richtet sich auf und sofort sammeln sich die Leute von SaveOrcaSouls um ihn. Ich mache ein paar Schritte in ihre Richtung.

»Können wir irgendwo ungestört reden?«, fragt er Joni.

»Klar. Bei uns. Komm mit!« Sie hakt ihren Vater unter und deutet hoch zur Wäscherei. Alex läuft zum Steg zurück und holt seine Drohne vom Himmel. Ich gehe ihm nach, und er bleibt stehen, als er mich sieht. Er tropft immer noch von Kopf bis Fuß.

»Geht es dir gut?«, frage ich besorgt. »Du bist ganz nass, brauchst du was, trockene Sachen oder … eine Dusche?«

»Danke, Orcamädchen, das wäre wirklich super, aber …«

»Alex, kommst du?« Jonis Stimme. Sie klingt ungeduldig.

Alex seufzt. »Du, ich muss da mit. Ich erzähle dir später alles, okay?«

Er dreht sich noch mal um, bevor er mit Joni um die Ecke der Wäscherei verschwindet.

Ich gehe zum Haus, allein, mache mir ein Sandwich und setze mich damit im Wohnzimmer auf die Fensterbank. Das Fell ist so weich, dass ich ganz schläfrig werde. Als Matt später nach Hause kommt, will ich ihm von dem Vorfall erzählen, aber er weiß schon Bescheid. Er nimmt sich auch ein Sandwich und setzt sich neben mich.

»Was dein Freund heute gemacht hat, war mehr als leichtsinnig. Das ist dir klar, oder?«

»Er ist nicht mein Freund«, gebe ich zurück. Zumindest nicht so. Nur … irgendwie. Kompliziert, das alles.

Matt sieht mich eindringlich an. »Du glaubst, du kennst diesen Wal. Doch einem wilden Tier kann man nie ganz vertrauen.«

Einem wilden Jungen auch nicht. Ich schaue auf mein Sandwich und merke, dass ich kaum was davon gegessen habe. Alex hat sich nicht mehr blicken lassen. Bestimmt hockt er jetzt mit Joni und ihrem wichtigen Papa in dem gemieteten Haus, die Hände um eine Tasse Tee geschlungen …

»Du magst den Jungen, stimmt's?«

Ich nicke ein wenig.

Er lächelt und lehnt sich ein Stück zu mir. »Ich bin nicht blind, Svenja. Und es tut mir leid, wenn ich da … also, zwischen euch geraten bin.«

Wir schauen raus in die Bucht, beide gleichzeitig. Und ich merke, wie alles andere um uns verblasst, die Traurigkeit, das Licht, all das Drama des vergangenen Tages. Nur wir beide existieren in diesem Moment, in der Stille und Abgeschiedenheit von Solitary Cove.

»Matt?«, frage ich müde. »Hast du dir jemals gewünscht, alles wäre anders gekommen? Das mit Mama, ich … und wir?«

Er überlegt einen Moment, und als er antwortet, klingt seine Stimme ganz rau und dumpf. »Früher ja. Ich wollte immer jemand anders sein. Obwohl sich im Grunde alles so ergeben hat, wie ich es mir gewünscht hatte. Ich wollte nach Kalifornien. Ich wollte diesen Job. Ich wollte deine Mutter. Aber man kann nie alles haben, es gibt immer eine Kehrseite. Du musst bereit sein, den Wunsch mit allem Wenn und Aber zu akzeptieren. Das war ich nicht, ich wollte unbedingt das, was ich nicht kriegen konnte. Heute glaube ich, alles hat seinen Sinn. Dir passieren Dinge nicht ohne Grund, aber in jeder Entwicklung und Begegnung gibt es etwas Positives, etwas, was dir nützt. Was dich auf deinem Weg voranbringt.«

Das klingt verflixt weise, aber es klingt auch wenig nach ihm. Viel mehr nach Rosie. Sie fehlt mir. Ziemlich sogar.

»Und ich?«, frage ich weiter. »Bin auch ich jemand, der dich auf deinem Weg voranbringt?«

Er lächelt und sein Gesicht schmilzt richtig dahin. »Oh Svenja. Du bist wohl das schönste Geschenk, das mir jemals einer machen konnte.«

»Aber du wünschst dir nicht, wir wären zusammen gewesen? Als Familie, all die Zeit?«

Er runzelt ganz leicht die Stirn. »Nicht weil ich es nicht gewollt hätte. Aber weißt du, wozu es gut war?«

»Für nichts«, murmle ich. »Es war scheußlich, keinen Vater zu haben. Oder einen falschen Vater.«

Matt deutet raus in die Bucht, die in einem graublauen Schleier schwimmt. »Wir wären jetzt sicher nicht hier«, sagt er sacht. »Ich wäre niemals nach Solitary Cove gekommen und du auch nicht. Keine Rosie, kein Solo. Kein Alex.«

Hm. Da ist allerdings was dran. Also waren die Jahre des Verzichts, der Zweifel und Träume dazu gut, mich hierherzuführen, in diese Begegnungen? Ich glaube, ich bin zu müde, um heute noch darüber nachzudenken.

»Weißt du, was?« Matt steht auf. »Morgen ist ein Fischerfest in Victoria. Ich glaube, wir müssen beide mal raus aus Solitary Cove. Was meinst du?«

Victoria – mit Matt? Und ohne Alex? Aber warum nicht? Schließlich hat die Stadt bei uns noch etwas gutzumachen.

Ich habe ganz vergessen, wie bunt und schön Victoria im strahlenden Sonnenlicht aussieht. Wir parken beim Hafen und gehen zuerst ins Bay Centre, wo ich Matt ein Shirt mit der Aufschrift »My daughter visited Canada and all I got was this lousy T-shirt« kaufe. Anschließend bummeln wir durch Downtown und schlendern durch den Beacon Hill Park, wo wir uns in die Sonne setzen, bis wir Hunger kriegen und zurück zum Hafen laufen. Die Stelzenhäuser von Fisherman's Wharf leuchten in allen Farben, und ich merke, dass ich dem Duft von gebratenem Lachs folge, bis wir vor einem kleinen Stand stehen und Matt mich belustigt ansieht.

»Du?«

Ich nicke. »Ja.«

»Seit wann?«

»Frag nicht«, sage ich nur und entscheide mich für einen Lachsburger mit einem so riesigen Salatblatt, als hätte man ihn speziell für ehemalige Veganer belegt. Wir schlendern das Dock entlang und setzen uns mit unseren Burgern auf einen Balken. Eine Weile schaue ich nur den Leuten in ihren Sommerkleidern zu, die Souvenirs kaufen oder den Fischern zusehen, wie sie ihren Fang abladen. Plötzlich gluckst es unter uns und wir fahren herum. Matt zeigt auf einen gefleckten Kopf, der zwischen den Wellen tanzt. Erst als ich die großen schwarzen Knopfaugen des Tieres sehe, erkenne ich es als Seelöwe. Es scheint einige davon hier zu geben, denn weiter hinten hängen zwei Touris mit ihren Handykameras über einem Zaun und machen verzückte Geräusche, während sie filmen.

Seelöwen sind Orcafutter. Sofort muss ich wieder an Solo denken, dabei habe ich mir fest vorgenommen, heute nicht traurig zu sein! Aber all diese Kommentare wollen mir einfach nicht mehr aus dem Kopf.

Matt steht auf, um uns was zu trinken zu holen, und ich

ziehe wieder mein Handy raus, um mich durch die Beiträge zu scrollen. »Verirrter Wal wirft Kind ins Wasser« ist noch eine der harmloseren Überschriften. Besser als »Solitary-Cove-Wal hat einen neuen Speiseplan!«. Die spektakulären Aufnahmen von Solo unter den treibenden Holzstämmen und dem verängstigten Jungen darauf müssen von Leuten auf den Booten stammen. Garantiert hat Alex keines seiner Drohnenbilder ins Internet gestellt. Die Leute diskutieren sich hier die Finger heiß, was nun mit Solo geschehen soll. Manche finden ihn »einfach nur gefährlich«, während die meisten immer noch Mitleid mit ihm haben und ihn zurück im weiten Ozean bei seiner Familie sehen wollen. Ich bin eigentlich nur erschrocken, als ich die Anzahl der Klicks gesehen habe, die manche dieser Artikel bekommen haben. Von wegen Abgeschiedenheit – inzwischen spricht halb Kanada über unser kleines Dorf.

Matt kommt zurück und drückt mir eine kühle Dose Canada Dry in die Hand. Irgendwo strömt Musik aus einem Lautsprecher und ein Stück weiter vorn fangen einige Leute an zu tanzen.

»Rate, wen ich getroffen habe.« Er schmunzelt, also kann es niemand Schlimmes sein.

»Rosie?«, hoffe ich.

»Nein.«

»Keine Ahnung!«

Er wartet, bis ich ein paar Schlucke getrunken habe, und winkt mich mit sich. Vor einer kleinen Bar bleibt er stehen. Eine Getränkekarte hängt dort, mit Preisen. Die Leute stehen bis hier draußen an, und ich suche die Gesichter ab, ob ich eines erkenne, komme aber nicht drauf, wen Matt gesehen haben könnte.

»Willst du noch was trinken?«, fragt Matt.

Meine Dose ist noch drei viertel voll, also schüttle ich

den Kopf. Er nimmt sie mir aus der Hand, hebt sie an die Lippen und trinkt sie in einem Zug leer. Dann drückt er mir einen Geldschein in die Hand und deutet auf die kleine Menschenschlange. »Hol dir noch was. Ich geh solange ein Klo suchen.«

Verwirrt stelle ich mich an, aber ehrlich gesagt verstehe ich den Sinn dahinter nicht. Wenn er so durstig war, wieso hat er nicht gleich drei Dosen gekauft? Es dauert eine ganze Weile, bis ich an der Reihe bin.

»Ein Canada Dry bitte.« Ich schiebe das Geld über den Tresen und schaue flüchtig zu dem Barkeeper hin. Das Blut stockt in meinen Adern, und bestimmt sehe ich so geschockt aus, als hätte ich einen Vampir gesehen.

»Vater-Tochter-Tag, was?« Alex lehnt sich über den Tresen und schiebt den Geldschein zurück. »Behalt den. Geht aufs Haus.«

»Was …«, stammle ich und beiße mir auf die Lippe.

»Hier arbeite ich!« Er deutet einmal um die Bar. Das Glucksen des Wassers dringt durch die Ritzen, als würde man auf einem wankenden Schiff stehen. Nicht der schlechteste Arbeitsplatz für jemanden, der halb auf dem Wasser zu Hause ist.

»Ich wusste nicht, dass du hier bist«, gestehe ich.

»Ich wusste auch nicht, dass du hier bist.« Er grinst mich an und schiebt mir meine Dose hin. »Heute ist die Hölle los. Sie brauchen mich, ich schaffe es erst morgen wieder zu euch raus.«

»Ja, klar.« Ich nehme die gekühlte Dose an mich und zögere. »Geht's dir gut? Nicht unterkühlt oder so?«

Alex bedient nebenher schon den nächsten Gast, aber er lacht. »Keine Angst, Doc Svenja. Ich bin heil geblieben.«

Die Leute drängeln furchtbar, es ist einfach zu voll für eine so kleine Bar! Aber ich will noch nicht gehen.

»Was passiert jetzt mit Solo?«, rufe ich ihm zu. »Hat dieser Mr Tanker was dazu gesagt?«

Alex wickelt schnell die nächste Bestellung ab und lehnt sich über den Tresen. Stirn an Stirn sind wir jetzt. »Allerdings. Bessere Überwachung! Wir setzen drei neue Drohnen ein, die ständig über der Bucht fliegen sollen. SaveOrcaSouls kriegt eine und zwei bleiben bei mir. Irre, was?«

»So langsam solltest du wirklich nach Solitary Cove ziehen!«

Er lacht und dann streckt er die Hand aus und streicht mir eine Haarsträhne aus dem Gesicht. »Auf eure Couch, ja?«

Ich muss ein Stück vom Tresen wegrutschen, um Platz für die schiebenden Leute zu machen. Jemand ruft Alex was zu, laut, ungeduldig. Er seufzt und lässt mich los. »Sorry, Orcamädchen. Wir reden später, okay?«

Ich hebe die Dose hoch und forme mit den Lippen »Danke!«.

Alex ruft mir noch etwas zu, aber ich verstehe ihn schon nicht mehr, ich werde einfach weggedrängelt, also umschlinge ich die kühle Dose mit beiden Händen und trete zurück. Absolut seltsam, Alex hier zu treffen! Er sieht so anders aus in sauberen Jeans und mit dem weißen T-Shirt. So habe ich ihn, glaube ich, noch nie gesehen. Nur die Haare, die sind verwirrt wie immer. Und er trägt ein Schild, auf dem sein Name steht: Alex Cole.

Ich gucke ihm noch ein paar Augenblicke lang verstohlen zu, dann husche ich wieder raus ins Sonnenlicht und laufe zurück zu dem Balken, wo ich vorher mit Matt gesessen habe. Die Musik ist schneller geworden und noch immer tanzen die Leute. Matt scheint auf der Toilette eingeschlafen zu sein – wo bleibt er nur? Ich schaue zurück zur Bar. Bestimmt denkt er, ich bin noch bei Alex.

Alex Cole ... witzig, seinen Nachnamen kannte ich gar

nicht! Nur die Initialen, die auf dem Boot stehen: AMC. Ob sein Vater auch Alex hieß? Und wofür steht das M?

Jemand bleibt vor mir stehen, plötzlich sitze ich im Schatten. Ich hebe den Kopf und schaue in ein grinsendes Gesicht.

»Hi! Wir kennen uns doch.«

Ein Typ, ziemlich groß, megagut aussehend. Ein bisschen wie Nico Santos. Stimmt, irgendwo habe ich den schon mal gesehen.

»Du bist das Solo-Girl!« Er lässt sich neben mich auf den Balken nieder. Erst jetzt fällt mir auf, dass er deutsch mit mir redet – und da weiß ich wieder, wer er ist. Der war mal in Solitary Cove, auf dem Steg.

»Und du der Tote-Hosen-Mann«, sage ich, und er lacht übermütig.

»Was machst du hier?«

»Ich warte. Auf meinen Dad.«

»Geht es eurem kleinen Wal gut?«

»Na ja.« Ich rutsche ein Stück von ihm weg, damit ich ihn besser im Blick habe. »Guck mal ins Internet. Aber nicht alles glauben, was du liest.«

Er lächelt ein bisschen schräg. Dann springt er auf und streckt mir die Hand hin.

»Was?«

»Na, was wohl.« Er deutet mit dem Kopf auf die Tanzenden. »Komm schon, das macht Spaß!«

»Ich kann nicht tanzen.«

»Ich auch nicht. Ist doch egal, wir reden einfach deutsch, dann denken alle, wir sind Touristen!« Er grinst.

Mann, er sieht wirklich bombastisch gut aus. Trotzdem wäre mir jemand anderes gerade lieber. Ich schaue wieder zu der Bar. Die Menschenschlange ist nicht kürzer geworden und auch von Matt fehlt immer noch jede Spur.

»Also gut«, sage ich zögernd und lege meine Hand in seine.

Der einzige Typ, der bisher mit mir getanzt hat, ist Tom, und das war nicht freiwillig. Ich schaue zwischen unsere Füße, als ich meine Hand auf seine Schulter lege, aber er zieht mich gleich zu sich heran, und wir schieben uns irgendwie zum Takt zwischen die anderen Leute.

»Wie heißt du noch mal?«, frage ich.

»Mike. Und du?«

»Svenja.«

»Tut mir leid, Svenja, ich hätte dich erwähnt in dem Artikel«, sagt er und grinst mich an. »Leider wusste ich deinen Namen nicht.«

»Was?« Ich halte inne, aber er dreht mich einfach weiter. »Welcher Artikel?«

»Der über euren kleinen Wal. Über Solo.«

Jetzt bleibe ich doch stehen. »Was hast du damit zu tun?«

Er stoppt ebenfalls. »Ich sehe vielleicht aus wie ein Touri, aber eigentlich bin ich Journalist. Als ich von dem Wal gehört habe, war mir sofort klar, dass ich über ihn schreiben muss.«

»Du warst das«, flüstere ich. Mir wird ganz schlecht. Nicht er – ich. Ich habe geredet.

»Du bist jetzt nicht sauer, oder?« Er lächelt. Mann, was für ein Typ! Die Musik wechselt, wird langsamer und wie von selbst drehen wir uns weiter. »Ich habe euer kleines Dorf berühmt gemacht.«

»Berühmt? Du hast lauter Idioten nach Solitary Cove gelockt! Wir brauchen Boote und Drohnen, um Solo zu bewachen, damit ihm niemand …«

Ich verstumme, als mir klar wird, dass ich schon wieder mit ihm plaudere, als wäre er ein lieber Freund. Mike sieht mich abwartend an, aber ich schüttle heftig den Kopf, und da sehe ich ihn.

Alex. Am Rand der Leute, in seinem weißen T-Shirt. Er

beobachtet uns mit zusammengekniffenen Augen und verzieht keine Miene, als sich unsere Blicke treffen.

»Ach, du Scheiße!« Ohne Erklärung mache ich mich von Mike los und drängle mich zwischen den Leuten zu Alex durch. Wo ist er hin? Stand er nicht eben noch hier? Er stapft zurück zur Bar, verdammt, nein, bitte nicht!

»Alex«, rufe ich und laufe ihm hinterher. Er wartet nicht, aber nach ein paar Schritten dreht er sich um und geht rückwärts.

»Ich …«, fange ich an, und er bleibt stehen. Wir beide. Er sagt kein Wort, also muss ich reden, aber mir fällt nicht ein, wie ich das erklären soll, was er gesehen hat.

»Hi«, erklingt hinter mir eine Stimme. »Ich bin Mike. Du bist der mit der Drohne, richtig?«

Alex schaut von mir zu ihm und reimt sich anscheinend irgendwas zusammen, also erkläre ich hastig: »Mike ist ein Journalist, er hat diesen Artikel über Solo geschrieben. Er kommt aus Deutschland, nur deshalb haben wir uns unterhalten.«

»Unterhalten«, sagt Alex langsam. Sein Blick flackert zu Mike. »Du bist also schuld an dem ganzen Chaos. Ich frage mich, wer mit Typen wie euch redet.«

»Na, deine Freundin hier!« Mike tritt neben mich. »Sie ist eine richtige Expertin. Ich dachte, ich muss ewig suchen, bis ich in diesem Kaff jemanden finde, der mir was erzählen kann.«

Dass er mich genauso bezeichnet wie dieser Whale-Watcher-Typ damals Joni, amüsiert mich fast schon wieder. Aber dann sehe ich Alex' Blick und merke, wie er sich versteift.

»Du hast keine Ahnung, was du angerichtet hast, oder?« Alex macht einen Schritt nach vorn. »Wegen deinem Artikel wird Solo nie wieder frei sein. All diese Leute verhindern, dass er aus der Bucht verschwindet. Schon mal darüber nachgedacht?«

»Blödsinn«, kontert Mike, aber er scheint schon weniger belustigt. »Ohne Medienrummel würde sich überhaupt niemand für euren Wal interessieren! Er würde trotzdem nicht aus der Bucht verschwinden und eines Tages in einer Schiffsschraube enden, ohne dass es jemand bemerkt. Ist das besser?«

»Du hast ihn zu Freiwild erklärt. Die Leute glauben, sie würden ein Kuscheltier vorfinden! Wer gibt euch Typen eigentlich das Recht, euch überall einzumischen und solche Lügen zu verbreiten?«

»He«, braust Mike auf und zeigt mit dem Finger auf mich. »Ich habe eine Quelle, ich habe mir keine Lügen ausgedacht! Sie hat mir das alles erzählt. Ich war nur – sagen wir mal – ihr medialer Partner.«

Von Alex geht eine Energie aus, die förmlich die Luft um ihn herum auflädt. Ich spüre seinen Ärger so deutlich, als würde er ihn mir entgegenbrüllen.

»Interessiert es dich, was aus Solo wird? Oder warst du nur scharf darauf, mit seiner Geschichte Kohle zu machen?«

»Klar interessiert es mich!« Mike grinst, aber es sieht gequetscht aus. Vorsichtig. »Erzähl doch mal, was treibt er so, wenn er nicht gerade kleine Jungs ins Wasser schmeißt?«

Alex macht noch einen Schritt auf ihn zu. Der Wind fährt durch seine Haare, und mir fällt plötzlich wieder auf, wie kräftig er ist und wie viel älter er dadurch wirkt. »Hör auf, Solo für deine Zwecke zu missbrauchen. Du hast keine Ahnung, was du anrichtest.«

Mike berührt mich am Arm. »Was sagst du denn dazu?«, fragt er mich auf Deutsch. »Glaubst du nicht, dass es Solo hilft, wenn man über ihn berichtet?«

»Ich will, dass du Solo in Ruhe lässt«, presse ich auf

Englisch hervor und schüttle seinen Arm ab. »Und mich auch!«

»Ohne euch Presseheinis hätten wir eine Chance, den Wal zu retten«, sagt Alex düster. »Wegen euch landet er am Ende noch in einem Aquarium.«

»Ohne uns Presseheinis würde man Killerwale heute noch abschlachten«, giftet Mike zurück. »Genau wie vor fünfzig Jahren!«

Alex baut sich vor ihm auf. »Ohne Forschung würde man Killerwale heute noch abschlachten, ihr habt doch nichts getan, außer euch …«

»Hört auf, hört auf!« Ich schiebe mich zwischen die beiden. »Das bringt doch jetzt auch nichts. Wie hilft es Solo, wenn ihr über Wale vor fünfzig Jahren streitet?«

Alex öffnet den Mund, aber dann lässt er die Arme sinken und schüttelt den Kopf. Er wirft mir einen düsteren Blick zu, dreht sich um und geht einfach weg. Ich laufe ihm nach, ohne zu überlegen.

»He, wir können doch zusammenarbeiten«, ruft Mike uns hinterher. »Redet mit mir! Ich schreibe, was ihr wollt!«

Aber Alex achtet gar nicht mehr auf ihn, er stürmt weiter, und ich habe Mühe, mit ihm Schritt zu halten.

»Alex …«, fange ich an, aber er schüttelt den Kopf. Vor der Bar bleiben wir stehen, beide schwer atmend, und gucken uns an. All die Vertrautheit zwischen uns ist wie weggewischt, und ich habe keine Idee, wie ich das wieder geradebiegen könnte.

»Gut gemacht, Svenja«, sagt er bitter und verschwindet wieder in der Bar.

Ich schaue ihm nach, bis auch sein Schatten durch die Tür gehuscht ist. Am liebsten würde ich im Boden versinken. Nur ich bin schuld an allem, ich allein! Wenn ich Mike nicht bereitwillig und ohne zu überlegen all diese Details erzählt hätte, wären die Boote womöglich niemals nach Solitary Cove gekommen, und wir hätten es geschafft, Solo zur rechten Zeit aus der Bucht zu locken. Wie kann man nur so blöd sein! Das hätte ich doch gleich merken müssen, er hat ja sogar meinen Namen für den kleinen Wal geklaut!

Und jetzt ist Alex sauer auf mich. Zu Recht. Ich könnte heulen, nein, eigentlich sollte ich ihm nachlaufen und erklären, wie es wirklich war, dass ich keine Ahnung hatte, wer Mike ist – aber macht es die Sache besser?

Niedergeschlagen drehe ich mich um und laufe Matt in die Arme.

»Na?«, fragt er mich und lächelt verschwörerisch. »Hattet ihr eine gute Zeit?«

Ich kapiere erst gar nicht, was er meint. Und dann verschwimmen die Farben der Stelzenhäuser um mich herum und ich drücke mich schluchzend in seine Arme.

NEMESIS

Am Morgen frühstücke ich seit Langem mal wieder mit Matt. Wir reden nicht viel, nur »Gibst du mir mal die Marmelade?« und so. Ich schmiere Butter auf mein Brot und merke, dass ich gar nicht mehr darüber nachdenke, was ich esse. An die Milch am Morgen habe ich mich beinah schon gewöhnt.

Danach gehe ich raus und stromere auf den Felsen herum. Mr Tanker ist nicht mehr hier, aber er muss nicht anwesend sein, er hat auch so Eindruck hinterlassen. Es gibt nun strengere Regeln, was den kleinen Wal betrifft. Schilder im Wasser, am Eingang der Bucht, ganz ähnlich denen auf dem Parkplatz, nur mit weniger Text. Die angedrohten Geldstrafen bei Nichtbeachtung sind höher, und ich merke, dass viele Boote unsicher stoppen, wenn sie das offizielle Schild mit dem Logo der DFO sehen. Manche drehen sogar gleich wieder um.

Aber immer noch sind es viel zu viele, die extra wegen Solo in die Bucht kommen, und das Boot von SafeOrcaSouls ist gnadenlos überfordert damit, sie alle zu stellen. Wenn wir dachten, der Zwischenfall vor dem Holzlager hätte die Leute abgeschreckt, so ist eher das Gegenteil der Fall – je wilder Solo dargestellt wird, umso größer scheint der Reiz zu sein, ihm nahe zu kommen oder ihn gar zu berühren.

Hat Alex nicht gesagt, er würde heute kommen? Ja, hat er. Ich muss ihn einfach sehen! Aber nur rumsitzen und auf ihn warten will ich auch nicht, also gehe ich einkaufen, so kriege ich mit, wenn er ankommt.

Rosie ist gerade mit einer anderen Kundin beschäftigt. Sie

winkt mir nur schnell zu, als ich ihren Laden betrete. Ich sammle ein paar Produkte aus den Regalen, von denen ich glaube, dass wir sie brauchen könnten, und staple alles auf das Band vor der Kasse. Die andere Kundin hat nicht viel gekauft – gerade mal Proviant für einen Tag. Als ich mich hinter ihr anstelle, zeigt Rosie auf mich.

»Sie können ja Svenja fragen. Solo und sie sind Freunde.«

Oh, na klar. Wieder so eine, die wegen Solo hier ist! Den Teufel werde ich tun und ihr irgendwas erzählen. Die Erfahrung mit Mike reicht mir.

Aber die Frau mustert mich nur flüchtig und lächelt höflich zurück. Ich bin nicht interessant für sie oder sie traut mir eine Walfreundschaft nicht zu. Egal, ich bin froh, wenn sie nicht mit mir spricht. Aber als ich aus dem Laden trete und mit den Augen den Parkplatz nach dem blauen Dodge abscanne, steht sie doch plötzlich neben mir.

»Du findest es falsch, was sie da tun. Stimmt's?« Sie schaut zu dem weißen Schnellboot, das bereits wieder Patrouille fährt.

Was soll ich dazu sagen?

»Ja und nein«, antworte ich knapp und kryptisch.

Der Dodge parkt ganz oben, halb in unserer Straße. Verdammt, er muss hergefahren sein, als ich bei Rosie war – jetzt habe ich ihn verpasst! Ich lasse die Frau stehen und mache mich auf die Suche nach Alex, aber erst als ich schon zweimal durch Solitary Cove gelaufen bin, entdecke ich ihn neben Joni auf dem Boot.

Mein Herz sinkt zu Boden. Natürlich. Was habe ich denn erwartet? Nach gestern wird er bestimmt gar nicht mehr mit mir reden. Betrübt bringe ich meine Einkäufe nach Hause und verschanze mich hinter dem Computer, wo ich eine lange E-Mail an Mama schreibe und versuche, mich zu erinnern, wie sich Heimweh anfühlt.

Am nächsten Tag fegt ein neuer Wirbelsturm durch die Medien. Aber diesmal bin ich ziemlich sicher, dass ich nicht schuld daran bin.

Ist der Wal in Solitary Cove ein Killer?
Der Orca, der sich derzeit in der Bucht von Solitary Cove aufhält, gehört offenbar zur Gattung der Transient Orcas. Transients unterscheiden sich von den ortstreuen Residents dadurch, dass sie keine Jagd auf Lachse machen, sondern auf Seelöwen, Haie und sogar andere Wale. Mr Tanker, Verantwortlicher für Meeressäuger bei Fisheries and Oceans Canada, bestätigt diese Angaben und beteuert gleichzeitig, dass in Solitary Cove bereits alle Maßnahmen ergriffen werden, um sowohl das Wohlergehen des Wals wie auch die Sicherheit von Bootsführern und Kajakern sicherzustellen. (MK)

Ich beiße mir auf die Zunge. Mike – natürlich! Wo hat er diese Info schon wieder her? Es wundert mich nicht, bei all den Leuten in der Bucht war es klar, dass unser Geheimnis nicht lange geheim bleiben kann. Ich scrolle weiter. Da kommt noch mehr – ein Video. Ich klicke es an und das Frühstück kommt mir fast wieder hoch.

Die Sequenz zeigt eine Gruppe Orcas, die Jagd auf eine Grauwalmutter mit ihrem Kind macht. Aber nicht der große Wal ist ihr Ziel, sondern der kleine. Ich stelle den Ton ab, aber irgendwie wird es dadurch sogar noch grausamer. Die Orcas schieben sich zwischen Mutter und Kind und trennen sie so voneinander. Es sind einfach zu viele – die Mutter hat keine Chance gegen sie. Dann drücken mehrere Wale das Grauwalbaby so lange unter Wasser, bis es ertrunken ist. Und während die verwaiste Walmutter fortschwimmt, machen sich die Orcas über ihr totes Kind her.

Ich sitze eine Weile da und starre auf den Bildschirm. Die Bilder sind scheußlich, natürlich, aber es sind nun mal Raubtiere, und sie töten, um zu überleben. Sie werden in diesem Film wie fiese Killer dargestellt, und das ist unfair, denn er reduziert sie auf ihre grausame, blutrünstige Seite. Solo ist aber kein Monster, sondern ein liebenswerter, hochintelligenter Kerl, der es geschafft hat, Kontakt aufzubauen, zu mir, obwohl wir nicht mal im selben Element leben. Das schaffen die meisten Menschen nicht mal untereinander.

Dieser Artikel sollte die Boote endgültig aus Solitary Cove vertreiben, aber irgendwie glaube ich nicht daran. Ich fürchte eher, er macht alles nur noch schlimmer.

Die Frau aus Rosies Laden beobachtet mich, wenn ich durch Solitary Cove streife. Sie glaubt wohl, ich kriege das nicht mit, aber sie sitzt ständig dort, wo sie mich gut im Blick hat, obwohl sie immer superbeschäftigt tut. Was macht sie überhaupt hier? Sie gehört nicht zu SaveOrcaSouls, das ist ziemlich sicher. Eine Forscherin? Nein, zu passiv. Ihr Verhalten riecht eher nach einer Journalistin. Deshalb hat sie mich auch so blöd gefragt, ob ich es schlecht finde, was um Solo herum geschieht – sie wollte mir meine Meinung entlocken, genau wie Mike. Aber da hat sie Pech, das passiert mir nicht noch mal.

Und Alex geht mir aus dem Weg. Zweimal ist er mit der Drohne heute fast an mir vorbeigeflogen, und nicht einmal hat er gewunken oder ist hergekommen, um Hallo zu sagen. Ich verziehe mich auf den Steg hinter dem Holzlager und kritzle missmutig in meinem Tagebuch herum, als ich ein Boot bemerke, das sich abseitshält. Es dümpelt ein gutes Stück entfernt von den anderen im Wasser, so als hätte es sich verfahren und gehörte eigentlich nicht hierher, aber das Blitzen irritiert mich, immer wenn das Boot sich in die Sonne dreht. Machen die Fotos von der Bucht? Aber warum denn von dahinten?

Nein, keine Fotos. Es blitzt ja nur, wenn das Boot nach links schwenkt. Wahrscheinlich Ferngläser. Als etwas zu Wasser gelassen wird, stehe ich auf. Mist, von hier aus kann ich kaum was erkennen, weil sie so weit draußen sind und die Felsen genau zwischen uns liegen. Ich müsste höher stehen! Der Weg direkt hinter mir – der führt den Berg hinauf.

Nein, mache ich nicht. Aber auf einen Baumstumpf kann ich steigen. Ich erkenne immer noch nicht viel mehr, nur dass jemand aus dem Boot klettert und – auf dem Wasser stehen bleibt?

Da stimmt was nicht, die haben irgendwas vor!

Ich laufe wieder vor zum Parkplatz und suche nach Alex oder Joni oder irgendwem von SaveOrcaSouls, aber die sind alle auf dem Wasser, innerhalb der Bucht, auf der falschen Seite der Felsen. Solo ist ebenfalls weit draußen und spielt mit einer Boje. Ich halte nach der Drohne Ausschau, aber es sieht so aus, als hätte Alex sie in der Hand.

So ein Mist! Das weiße Zodiac steuert jetzt ein kleines Motorboot an, das sich vom Anleger aus nähert. Ich mache mich groß und winke mit beiden Armen. Das müssen sie doch einfach sehen! Aber sie stoppen bei dem Boot und niemand von ihnen reagiert auf mich. Bin ich unsichtbar geworden?

Ich renne zurück, bis ich das große Boot wieder sehen kann. Der Mann auf dem Wasser hält irgendwas in der Hand, was aussieht wie ein großer Waschlappen. Wieder blitzt etwas, nein, das ist kein Fernrohr, dafür ist es zu groß – eine Kameralinse? Oh mein Gott. Ein Filmteam! Ich flippe aus. Ob die mit der Frau unter einer Decke stecken, die ich für eine Journalistin halte? Die haben ganz bestimmt vor, Solo anzulocken.

Der Mann auf dem Wasser bewegt sich jetzt ein Stück von den anderen weg. Wie macht er das bloß? Er hält was in der Hand, einen langen Stab. Ein ... Paddel? Das ist es – er steht auf einem Board, das er mithilfe des Paddels bewegt. Oh, oh. Die Leute auf dem Boot rufen ihm etwas zu und er lacht laut. Ich kann ihn bis zu mir herüber hören. Er paddelt kräftiger und ist mit wenigen Zügen hinter der Felskante verschwunden.

Solo spielt immer noch mit der Boje, seine Nase schnellt neben ihr aus dem Wasser. Dann macht er ganz plötzlich kehrt und ist verschwunden. Kurz darauf sehe ich ihn Luft holen. Er schwimmt genau auf die Felskante zu, auf den Stand-up-Paddler! Und die von SaveOrcaSouls kriegen es nicht mit, die streiten sich mit dem Besitzer des kleinen Motorboots.

Ob ich hinter dem Holzlager auf die Felsen gelangen kann? Nein, da ist eine Schneise, ein Zugang zum Wasser, wo die Stämme abgeladen werden, da komme ich nicht durch. Wenn ich was sehen will, muss ich den Berg rauf. Ich zögere. Was kann ich schon machen? Was ändert es, wenn ich sehe, was die filmen wollen? Aber eine Begegnung zwischen Solo und einem Surfer? Das kann übel enden. Solo braucht mich, als Zeuge. Wenn die ihm später was anhängen wollen, kann ich wenigstens bestätigen, dass sie ihn hergelockt und bedrängt haben!

Für Solo mache ich es. Ich schalte meine Fantasie jetzt ab und laufe einfach diesen Weg hinauf. Der Farn hängt inzwischen so dicht, dass er beinah den ganzen Pfad verschluckt. Wenn jetzt eine Schlange ... Nein, nicht nachdenken. Nur laufen! Ich trete laut und deutlich auf, und als ich einen Stock finde, hebe ich ihn auf und raschle damit durch die

Farnblätter vor mir. Außerdem pfeife ich vor mich hin, damit eventuelle Bärenmamas mich von Weitem hören. Gegen die Pumas kann ich nichts ausrichten – nur hoffen, unter keinem durchzulaufen. Aber hier sind die Äste weich und dünn, ich glaube kaum, dass die einen ausgewachsenen Puma tragen können.

Mein Herz klopft wie wild, als ich mich durch die Farne ins dichtere Gehölz schiebe. Jetzt suche ich doch lieber die Baumwipfel ab. Keine gelben Riesenkatzen. Keine schwarzen Bären. Nur meine blöde Angst. Ich trete aus dem Schatten der Bäume hinaus und bin trotzdem so, so erleichtert, als ich auf dem Plateau knie und endlich auf die Bucht hinabblicken kann.

Ich hatte recht, der Typ steht auf einem bestimmt drei Meter langen Surfbrett. Der macht das nicht zum ersten Mal, das sieht man, er steht auch locker die Wellen, die von den Felsen zurückgeworfen werden. Er hat Solo bemerkt und natürlich paddelt er genau auf ihn zu. Der Wal taucht ab, aber ich kann seinen hellen Umriss deutlich im Wasser erkennen. Schiss hat der Surfer jedenfalls keinen, denn er dreht sich ein Stück, klemmt das Paddel unter seine Füße und lässt sich in aller Seelenruhe in die Hocke nieder. Gar nicht so blöd – Motorenlärm macht er nicht, also werden die SaveOrcaSouls-Leute auch nicht so schnell auf ihn aufmerksam. Aber die meisten Leute sind harmlos, die wollen nur aus nächster Nähe schauen – dieser Typ da auf dem Brett will mehr, das merke ich an der Art, wie er das Wasser scannt.

Solo taucht auf! Hui, das war schon dicht dran. Das Brett wippt in den Wellen. Den Surfer stört das nicht, der hockt sehr sicher. Er dreht sich zu dem Schiff und hebt den Daumen. Also doch. Die filmen ihn, aber nicht mit einer kleinen Handykamera – mit einem riesigen schwarzen Kasten, der auf einem Stativ steht! Profis also. Haben die keine Genehmigung? Oder was soll die Heimlichtuerei?

Wieder taucht Solo auf.

Diesmal streift er das Brett. Ich stelle mich hin. Sollen die mich ruhig sehen! Was der Typ da macht, ist lebensgefährlich. Solo könnte ihn herunterschubsen oder versehentlich gegen die Felsen stoßen. Aber wer ist dann schuld? Solo? Wenn der Mann sich doch absichtlich in Gefahr bringt?

Das Brett kippt anscheinend nicht so leicht um, aber es schaukelt nun ganz schön. Der Mann greift wieder nach diesem Lappen, den er anscheinend vorhin auf seinem Brett abgelegt hat. Ein Lappen? Nein. Das ist irgendwas ... Lebendiges!

Und plötzlich geht alles ganz schnell, so schnell, dass niemand reagieren könnte. Der Mann lässt das Ding ins Wasser gleiten und Solo schnellt mit weit aufgerissenem Maul unter ihm hoch und schnappt danach. Ich keuche auf. Der Mann schwankt, seine Hand steckt noch im Walmaul fest!

Nein, doch nicht. Sah nur so aus. Er kann sich festhalten, findet sein Gleichgewicht wieder. Aber er lacht nicht mehr. Solo taucht, verschwindet mit dem Ding. Und der Mann stellt sich doch tatsächlich hin und streckt beide Arme in die Luft wie zu einer Siegerpose!

Okay, das ist für den Film. Ganz bestimmt. Und anscheinend spielt er seine Rolle ziemlich gut, denn als Solo nun zurückkommt und sehr dicht neben ihm hochtaucht, Nase voran, kann er gar nicht schnell genug nach seinem Paddel greifen und losfahren.

Auch das Schiff setzt sich nun in Bewegung. Aber es kann nicht bis an den Mann ranfahren, weil er zu dicht an den Felsen treibt. Er muss es aus eigener Kraft schaffen. Hinter der Felskante taucht die weiße Nase des Zodiacs auf, ach, sieh an – haben die es auch schon mitgekriegt! Das große

Boot schneidet ihnen den Weg ab, sodass sie den Surfer nicht sehen können.

Solo stupst den Paddler immer wieder mit der Nase an. Er will spielen, aber der hat genug davon, er macht jetzt, dass er zurück zum Boot kommt. Seitlich befindet sich ein Einstieg mit einer Strickleiter, an der klettert er ziemlich schnell hinauf. Dann wird das Brett an einem Seil ins Boot gezogen.

Ich wüsste zu gern, was er Solo da zugeworfen hat. Nach einem toten Fisch sah das irgendwie nicht aus. Da fällt mir der Artikel wieder ein, unser verratenes Geheimnis – den haben die bestimmt auch gelesen. Igitt, wahrscheinlich war das ein Stück rohes Fleisch oder so!

Wenigstens ein Gutes hatte die Sache: Ich habe meine Angst besiegt und bin auf den Bärenfelsen gestiegen, ganz allein! Was man nicht alles tut für so einen ungewöhnlichen Freund. Das letzte Mal war ich mit Alex hier. Schnell werfe ich noch einen Blick hinunter zu ihm, aber er ist nicht mehr auf dem Boot, er ist auf die Felsen geklettert, wahrscheinlich um nachzugucken, was das Boot da treibt. Er kriegt das hin, ohne hängen zu bleiben oder wegzurutschen. Bei ihm sieht alles so leicht aus, so natürlich. Ich gehe wieder in die Hocke und lasse mich vom Farn verschlucken. Sein Shirt schiebt sich leicht nach oben und ich kann die Haut an seinem Rücken sehen. Er streckt die Arme aus, zieht sich auf einen glatten Stein und hockt sich rittlings darauf. Die Muskeln an seinen Schultern bewegen sich unter seinem Shirt, als würde er etwas festhalten – oder jemanden?

Oh, ich wäre jetzt so gern bei ihm! Ich muss ihn malen, genau so, aber auf dem Bild sitze ich vor ihm, und er legt die Arme um meinen Bauch. Sein Körper kippt leicht nach vorn und er zieht irgendwas aus seiner Gesäßtasche, einen Block oder …

Ein Rascheln, direkt hinter mir. Ich fahre herum, aber der

Farn ist zu dicht, zu grün, ich sehe nur Blattwerk und Zweige. Ein Vogel, ganz bestimmt. Ich halte die Luft an, sitze so reglos wie möglich. Nichts. Aufatmen, ruhig bleiben! Alex hockt immer noch auf dem Fels, ich wüsste gern, was er da …

Wieder das Rascheln. Das ist kein Vogel! Das ist hier, bei mir, ganz nah! Panik. Nein, ruhig, keine schnellen Bewegungen! Kein Laufen, kein Wegrennen. Was dann? Ich will zu Alex, Alex sitzt da unten …

Ich denke nicht, ich schreie einfach. »Alex! Alex, hilf mir! Alex!«

Er hört mich nicht, oh Gott, er ist zu weit weg, er kann mich gar nicht hören! Ich springe auf, jetzt ist mir jeder Ratschlag egal, ich will nur noch weg! Das Rascheln kommt näher, das Farngestrüpp bewegt sich auf mich zu, und ich renne los, renne irgendwohin, quer durch das Grün, bleibe hängen, rapple mich wieder hoch. Hinter mir – etwas. Ein Ruf? Nein, kein Ruf. Ein Knurren, ein Grollen, ein Knacken, aber ich bin schneller, ich muss schneller sein, ich schlage mich durch das Geäst, da, der Weg, ich habe den Weg gefunden! Jetzt nur noch den Hang hinunter.

»Svenja!«

Was? Das kam von … woher? Egal. Nur weg! Ich stolpere mehr, als ich renne. Ich keuche mehr, als ich atme. Das Geräusch folgt mir, ich schreie wieder, nicht umdrehen, bloß nicht umdrehen! Eine Wurzel, quer über dem Weg, bringt mich erneut zu Fall. Hinter mir steht jemand, das spüre ich, aber ich traue mich nicht hochzuschauen. Angst hält mich fest, ich kauere mich zusammen und presse beide Arme über meinen Kopf.

»Svenja?«

Das war nah. Und eindeutig menschlich. Vorsichtig lasse ich die Arme sinken und drehe den Kopf. Hinter mir auf dem Weg, den ich eben in Panik heruntergestolpert bin, steht die Frau aus dem Laden. Sie sieht mindestens so geschockt aus, wie ich mich fühle, und stemmt schnaufend die Arme in die Hüften.

»Mensch … Mädchen«, japst sie. »Du hast ein Tempo drauf!«

Sie ist mir gefolgt! Vor lauter Erleichterung weiß ich nicht, ob ich lachen, heulen oder losschimpfen soll, also schiebe ich meine aufgeschlagenen Knie unter meinen Körper und richte mich langsam auf. Sie streckt mir die Hand hin, aber ich ignoriere die Geste.

»Was … soll das?«, keuche ich atemlos. »Warum schleichen Sie mir nach? Ich erzähle Ihnen nichts von Solo, niemandem mehr!«

Die Frau schüttelt ganz leicht den Kopf. »Bist du deshalb vor mir davongelaufen?«

»Nein. Ich dachte, Sie sind ein Bär.«

Jetzt schaut sie mich eindringlich an. »Man läuft nicht vor Bären davon. Bei einem Raubtier löst das den Jagdreflex aus. Nie einen Hund gehabt? Oder eine Katze?«

»Was wollen Sie hier?«, frage ich statt einer Antwort und starre zurück. Angst macht sie mir jedenfalls keine mehr.

Die Frau lächelt. Sie hat eine athletische Figur und große braune Augen und ist ziemlich hübsch. Zum Glück ist sie eher so Matts Generation. »Ich bin hier, weil ich mir Sorgen mache. Um Solo.«

»Solo.« Meine Stimme klingt heiser. »Warum könnt ihr ihn nicht einfach alle in Ruhe lassen?«

»Hast du gesehen, was dieser Surfer da getrieben hat? Wie er Solo angelockt und ihn gefüttert hat? Das ist nur der Anfang, Svenja. Ein Wal, der menschlichen Kontakt sucht, wird nie mehr frei sein.«

Ich funkle sie düster an. »Und was soll das heißen? Sollen wir ihn einsperren oder was? Ist das Ihre tolle Lösung?«

»Würdest du das gutheißen?«

Sie guckt so lauernd wie eine Raubkatze. Puma. Sofort schaltet mein Gehirn wieder auf Gefahr, und ich mache zwei Schritte zurück, weg von ihr.

»Wissen Sie, was? Interessiert mich nicht, warum Sie hier sind! Ich habe Solo entdeckt, zu mir ist er gekommen. Den Namen habe ich ihm gegeben! Und jetzt glaubt jeder, besser zu wissen, was für ihn gut ist. Lasst ihn in Ruhe. Lasst ihn doch einfach in Ruhe!«

Und damit drehe ich mich um und stapfe den Hang hinunter. Der Farn neben mir raschelt, aber wenn es eine Schlange war, bin ich schneller. Soll sie doch die Frau beißen.

Am Abend sind Matt und ich bei Rosie eingeladen. Es gibt Maiseintopf mit Hackfleisch und in einem extra Topf eine Variante ohne Fleisch für mich. Ich genieße es, mit Rosie zusammen zu sein, ihr lautes Lachen, ihre unkomplizierte Fröhlichkeit. Auch Matt ist gut drauf, erzählt von seinem Tag auf dem Truck, von einem Beinahezusammenstoß mit einem Leihwagen voller Touristen und der Strecke durch den Wald, die extra für den Truck angelegt wurde. Und ich berichte von dem Paddler und Solo und meinem Platz zwischen den Farnen und erwähne – so ganz nebenbei –, dass ich dort oben wirklich schon mal drei Bären begegnet bin. Matt wird blass, aber er hält den Mund – wir wissen beide, wie gefährlich das war.

Von Alex erzähle ich nichts. Davon, wie er von den Felsen wieder ins Boot von SaveOrcaSouls geklettert ist und den ganzen Nachmittag neben Joni saß. Er hat ein paarmal zu mir rübergesehen, aber gekommen ist er nicht, und am Nachmittag war sein Dodge dann plötzlich verschwunden. Ich weiß nicht, was ich machen soll. Er fehlt mir brutal, aber ich an seiner Stelle würde auch nichts mehr mit mir zu tun haben wollen.

Ich beobachte Rosie und Matt. Mit mir, in der Konversation, sind sie locker und fröhlich. Miteinander reden sie kaum. Aber Rosie wirft Matt immer wieder verstohlene Blicke zu, so als würde sie gern über diese Distanz sprechen. Sie weiß genau wie ich, dass Matt dann sofort zumachen würde. Ich fühle mich hilflos und überfordert mit den beiden, aber ich merke auch, dass ich der Klebstoff bin, der die Stimmung an dem Abend zusammenhält. Hoffentlich bekommen die zwei das hin, bevor ich abreise – Rosie ist so eine tolle Frau! Ich würde sie selbst ungern verlieren.

Zum Abschied umarmen wir uns und ich strecke den Arm aus und ziehe auch Matt mit in unseren Kreis. Er gibt nur zögernd nach, aber immerhin macht er mit. Es ist dunkel, als wir auf die Straße treten. Der Halbmond leuchtet uns, und ein paar Sterne erhellen den Himmel, aber hey, wir sind in Solitary Cove – sogar ich finde inzwischen blind vom Shop zum Parkplatz und von dort zu Matts Haus.

Am Poller neben dem Anleger lehnt jemand und schaut hinaus in die Bucht. Nicht mal in der Nacht gehört Solo noch mir. Unsere Schritte hallen dumpf auf dem Asphalt wider und die Person dreht den Kopf zu uns herum. Natürlich – die Frau aus dem Laden! Es hätte mich auch gewundert, wenn sich unsere Wege einmal nicht kreuzen würden. Matt bleibt mit einem Ruck stehen und starrt die Frau an wie einen Geist.

Erstaunt sehe ich, dass auch die Frau ihre Augen aufreißt. Sie stößt sich von dem Poller ab und kommt mit langsamen Schritten auf uns zu.

»Matt?«, fragt sie ungläubig. »Matt Brown, bist du das?«

»Eve«, sagt er leise. »Eve Tally. Du hast dich kaum verändert.«

Sie wirft den Kopf zurück und lacht. »Oh, danke. Ein paar Jahre gealtert bin ich leider schon!«

Matt schüttelt ganz leicht den Kopf, keine Ablehnung, eher grenzenlose Überraschung. »Was machst du hier? Bist du nicht mehr bei …«

»Oh doch«, sagt sie schnell. »Bin ich. Aber du, was machst du hier? Das ist doch kein Zufall, dass wir uns treffen, ausgerechnet jetzt!«

»Ich lebe hier.«

»Hier? In Solitary Cove?«

Er deutet die Straße entlang. »Dort hinten steht mein Haus.«

»Du lebst hier? Seit damals? Hier in diesem Nest? Das glaube ich nicht. Matt, das passt überhaupt nicht zu dir. Ich habe den anderen gesagt, dass du zurückkommst, weißt du noch? Wir waren doch ein Team!«

Wieder schüttelt er den Kopf. Ich könnte mich jetzt auch in Luft auflösen, sie würden es nicht merken. Klebstoff brauchen die zwei jedenfalls keinen.

»Eve«, sagt Matt langsam. »Es tut mir leid, dass ich damals ohne Abschied gegangen bin. Das hat die Sache einfacher gemacht. Für uns alle.«

Sie sieht ihn mit ihren riesigen Rehaugen an. »Es war schlimm für mich, als du weg warst«, gibt sie zu. »Ich habe es nicht verstanden. Für mich ist eine Welt zusammengebrochen.«

»Ich weiß«, sagt er leise. »Für mich auch.«

»Sie haben dich gebeten zu gehen, oder?«, fragt Eve vorsichtig. »Nach dem …« Ihr Blick zuckt zu seinem Bein. »… Unfall.«

Matt zögert, dann nickt er kurz. »Aber weißt du, eigentlich bin ich freiwillig gegangen. Das ist lange her, Eve. Ich habe damit abgeschlossen.«

»Deshalb also Solitary Cove.« Sie lächelt jetzt. »Du hast geglaubt, du bist hier sicher vor ihnen. Oh Matt.«

Matt blinzelt, und plötzlich scheint ihm wieder einzufallen, dass ich auch noch da bin.

Er legt mir den Arm um die Schultern. »Eve, das ist meine Tochter, Svenja. Svenja, Eve ist eine alte Kollegin, wir haben uns … Wie lange ist es her? Achtzehn Jahre?«

Eve nickt. Auch sie sieht nun mich an und ihr Lächeln wird ein klein wenig breiter. »Wir sind uns schon begegnet.« Sie streckt mir die Hand hin, und ich zögere, aber wenn Matt sie kennt, gut kennt, wie es scheint, dann kann sie doch kein so schrecklicher Mensch sein, oder? Ich ergreife ihre Hand und sie drückt kräftig zu. »Also, Svenja, dann mal offiziell: Ich bin Eve.«

»Und warum bist du hier?«, frage ich ganz direkt.

Sie lässt ein paar Sekunden verstreichen. Dann sagt sie: »Ich weiß, wie wir Solo retten können.«

Wie sie Matt ansieht! Ich könnte schreien. Und Matt hat ganz offenbar auch was für sie übrig, oder er hatte es mal, denn er lädt sie ohne Umschweife ein, uns zu besuchen. Was ist denn jetzt los?

Eves Lächeln wird breiter. »Sehr gern, Matt. Ich muss dir unbedingt was erzählen.«

»Du bist wirklich noch dort?«, fragt Matt sie leise. »Nach allem, was passiert ist, bist du dageblieben?«

Eve zuckt mit den Achseln. »Es hat sich einiges geändert. Wir dürfen jetzt nicht mehr zu ihnen ins Becken. Aber jemand muss den Job schließlich machen, wir können sie doch nicht im Stich lassen.«

Ich will endlich wissen, worüber sie reden. Woher sie sich kennen und was das Ganze soll, was Matt mit dieser Eve zu tun hat. Und warum weiß sie von seinem Unfall? Ich stelle mich vor Matt und schaue ihn an, sodass er meinem Blick nicht ausweichen kann.

»Eve und ich … wir waren Kollegen«, beginnt er und stockt.

»Kollegen«, höre ich Eve hinter mir sagen. »Dein Vater, Svenja, war der beste Trainer im ganzen Bundesstaat! Und ich war nicht seine Kollegin, sondern seine Schülerin. Er hat mich gelehrt, was es bedeutet, mit diesen wunderbaren Tieren zu arbeiten.«

»Welchen Tieren?«, frage ich Matt. Als er nicht antwortet, drehe ich mich zu Eve um. »Von welchen Tieren redest du?«

Eve macht ein Gesicht, als wüsste sie nicht, ob sie lachen oder weinen soll. »Du hast es niemandem erzählt, was? Nicht einmal ihr?« Sie sieht nun fast gekränkt aus. »Oh Matt.«

»Welche Tiere?«, frage ich noch mal und mache einen Schritt auf sie zu. Das hilft – habe ich mir von Alex abgeguckt.

Eve wirft einen Blick zum Wasser. Dann sagt sie ganz ruhig: »Orcas, Svenja. Dein Vater war Orcatrainer im Oceanic of California.«

ALTE WUNDEN

Wir gehen schweigend nach Hause. Das heißt, Matt schweigt – ich würde gern reden, aber er hat sich nur knapp von Eve verabschiedet und seine Einladung nicht wiederholt. Sie wird trotzdem kommen, da bin ich sicher. Sie will etwas von Matt und das wird sie sich holen, ohne Zweifel.

»Sprich mit mir«, bitte ich ihn, als wir ins dunkle Haus treten. »Bitte, Matt! Ich bin wegen dir hergekommen, hast du das vergessen? Nur wegen dir! Ich will doch nur verstehen. Ich will dich verstehen!«

Matt schlurft ins Wohnzimmer und tritt ans Fenster, schaut raus zu den Lichtern, die sich auf dem Wasser spiegeln. Wie friedlich Solitary Cove in der Nacht ist, wenn keine Boote fahren. Aber Matt fühlt es nicht. Er ist ruhelos, wandert zurück in den Raum, bleibt dort stehen. Geht noch mal zum Fenster. Sein Bein scheint ihn wieder mehr zu schmerzen, manchmal hat er das, aber gerade jetzt fällt es mir auf. Sein Bein. Der Unfall. Orcatrainer? Ich setze mich auf das Fell am Fenster, ziehe die Knie an und umschlinge sie mit den Armen. So bleibe ich sitzen, bis er aufhört zu laufen und zu mir kommt.

»Du hast nichts davon gewusst«, stellt er fest.

»Nein!« Ich schaue ihn an. »Woher auch?«

»Deine Mutter«, sagt er leise und setzt sich neben mich. »Wir haben uns bei Oceanic kennengelernt. Sie hat mich doch mit Solitary gesehen. Sonst wäre ich ihr niemals aufgefallen.«

Ich bin ganz still, weil ich erst mal kapieren muss, was er

da sagt. Na klar, Mama wusste das! Aber mir hat sie davon nichts erzählt. Warum nicht? Ich fasse es nicht! All das Gerede von wegen Sommerflirt und sie wisse eigentlich gar nichts über meinen Vater, dabei hat sie mir verschwiegen, dass er ein Star war, der Star – einer Orcashow?

»Ich dachte, deshalb schleppst du mich auf das Whale-Watching-Boot«, murmelt er. »In Victoria, weißt du noch?«

Langsam formt sich in meinem Kopf ein Bild. Und ich weiß jetzt schon, dass ich es nachher malen werde, malen muss! Meine Mutter in ihrem grünen Sommerkleid, als Touristin in diesem Oceanic-Vergnügungspark. Wie sie die Orcashow besucht, vielleicht mit einer Freundin, wie sie kichern und lachen und erst verstummen, als die majestätischen Schwertwale auftauchen. Bestimmt ging es ihr ganz genau wie mir, damals auf dem Boot mit Alex. Und nicht nur die Orcas sind Faszination pur, sondern auch der junge Mann, der sie ihre Kunststücke zeigen lässt. Ein charismatischer, geheimnisvoller Typ, der Star der Show. Die riesigen Tiere scheinen ihm ohne ein Wort zu gehorchen, vielleicht reitet er sogar auf ihnen – machen die das nicht so? Oh mein Gott. Natürlich hat sie sich in ihn verliebt, natürlich wollte sie so einen Mann kennenlernen, unbedingt, das hätte ich auch gewollt!

Ungläubig schaue ich meinen Vater an, der mir in diesem Augenblick vorkommt wie eine neue Person.

»Sie hat mir nie was davon gesagt!« Ich lasse meine Beine los und setze mich auf. »Ehrlich, ich wusste das nicht!«

Matts Blick gleitet zum Fenster. Er scheint durch die Zeit zu reisen, in seinen Gedanken, mit seinen Gefühlen. Ein Lächeln liegt auf seinen Lippen, aber ich glaube, das merkt er gar nicht.

»Matt«, sage ich leise. Ich will ihn nicht stören, aber ich will die Geschichte jetzt auch ganz hören. »Was ist passiert?

Warum bist du nicht mehr dort? Wie kannst du Holzfäller sein, wenn du doch vorher so einen Job hattest?«

Er blinzelt, kehrt zurück, ist wieder bei mir. Sein Lächeln verschwindet und seine Augen werden ganz trüb und dunkel. »Ich habe an einem Tag alles verloren, was mir wichtig war«, sagt er langsam. »Manchmal bist nicht du es, der entscheidet.«

Und damit dreht er sich um und geht. Er schließt die Tür zu seinem Zimmer hinter sich, und ich weiß, dass ich ihn jetzt allein lassen muss, ich weiß das, aber innerlich verbrenne ich vor Neugier.

Ruhelos springe ich auf und wandere herum. Warum hat mir das niemand gesagt? Okay, nur eine Person kann ich dafür belangen. Mit einem Satz bin ich am Schreibtisch und wühle nach dem Telefon. Die Handynummer weiß ich auswendig. Kein Anschluss? Was? Nein, ich habe die Vorwahl vergessen, natürlich, deutscher Anschluss, ich muss mit 0049 anfangen. Meine Finger zittern ein bisschen, irgendwie war alles zu viel an diesem Tag, Eve, der Bär, Alex und der neue Matt …

Ein Freizeichen, na endlich! Geh dran, Mama, geh schon dran! Wie spät ist es wohl gerade in Südafrika? Ich schließe die Augen. Victoria und Matt. Ich habe alles verloren – was meint er damit? Mama? Sie konnte ihn nicht finden, das weiß ich, sie hat versucht, ihn zu kontaktieren und ihm von mir zu erzählen, aber er war wie vom Erdboden verschluckt. Geflüchtet nach Solitary Cove, in die einsamste Einsamkeit überhaupt. Fernab von … was? Den Orcas?

Ich wandere zum Fenster, das Telefon am Ohr. Von wegen Einsamkeit, da draußen ist doch ein Boot! Ganz am Ende der Bucht, halb von den Felsen verdeckt. Was macht es dort? Auf einmal wird mir kalt. Die Verrückten, die Solo gejagt haben, in der Nacht nach unserem Hanson-Island-Trip! Ob das wieder Leute sind, die Solo nachstellen? Verdammt, niemand kriegt das mit, und sie sind viel zu weit draußen, als dass ich nachschauen könnte! Wer weiß, was den Leuten noch alles einfällt, um ihn anzulocken. Wahrscheinlich brauchen sie das gar nicht, Solo kommt ja freiwillig – seit die Boote nicht mehr bei ihm halten, sucht er so nachdrücklich Kontakt, als hätten wir ihm seine Spielkameraden weggenommen.

Auf einmal habe ich unendliche Sehnsucht nach meinem kleinen Wal. Ich war nicht mehr bei ihm, seit die Leute von SaveOrcaSouls hier aufgekreuzt sind. Nur Alex darf noch zu ihm, Alex darf sogar zu ihm ins Wasser springen – nein, falsch. Alex wartet nicht, bis er die Erlaubnis für etwas bekommt. Alex macht einfach.

Das Telefon tutet ins Leere. Mama geht nicht dran und bei Jörg will ich es nicht probieren. Ich lege auf und stelle das Telefon weg. Dann gehe ich in mein Zimmer, hole das Tagebuch, setze mich damit wieder ans Fenster und fange an, die Szenen in meinem Kopf zu zeichnen. Kritzelskizzen, mehr nicht. Weil ich immer wieder aus dem Fenster schaue und mir einbilde, auf Solo aufpassen zu können, allein dadurch, dass ich wach bin und das Boot beobachte.

Eine Person gibt es noch, die mir Fragen beantworten kann. Gleich am Morgen suche ich Eve!

Direkt nach dem Aufwachen ziehe ich mich an und laufe zum Parkplatz. Bei Rosie kaufe ich mir ein Sandwich zum Frühstück und setze mich damit auf den Poller am Anfang des Stegs, genau dort, wo wir gestern auf Eve getroffen sind. Rosie hat mir erzählt, sie wohnt über der Wäscherei. Dann kann ich sie nicht verpassen.

Aber nicht Eve stapft auf mich zu, sondern Joni. Ihre langen dunklen Haare hat sie zu zwei Zöpfen geflochten und ineinander verzwirbelt.

»Hey!« Sie lässt sich mir gegenüber auf den anderen Poller nieder. »Du warst doch gestern auch am Hafen. Hast du was mitgekriegt von diesem Paddler?«

Ich richte mich auf. »Ja, allerdings! Der hat Solo für irgendwelche Filmaufnahmen angelockt.«

»Die Leute werden echt immer dreister.« Sie fischt ihr Handy aus der Tasche und reicht es mir. »Schau dir das mal an.«

Noch bevor ich das Handy in der Hand halte, sehe ich schon, was sie meint. Ein Wal mit geöffnetem Maul, die Zähne blitzen im Gegenlicht elfenbeinweiß auf. So was habe ich schon gesehen, sogar direkt unter mir, im Wasser. Das wirklich Gruselige an dem Bild ist die Hand des Mannes, die halb in dem Walmaul zu verschwinden scheint. Seinen Kopf sieht man nur zur Hälfte, er sieht aus, als würde er schreien – als ob der Wal ihn in dieser Sekunde verschlingen würde.

»Was soll das?«, frage ich Joni.

Sie deutet mit dem Kinn auf das Handy. »Unter dem Bild.«

Ich schiebe das Bild vorsichtig mit dem Finger nach oben. Darunter steht: »Biggest adventure ever«, gefolgt von ein paar Hashtags. Ich lese nicht alle, aber mir läuft es trotzdem eiskalt den Rücken hinunter: Mealtimemonster. Trytobiteme. Myhandinanorcamouth. Wildnature. Sharksarenothing. Meateater. Singlewhale. Solitarycoveorca. Solotheorca.

»Das soll Solo sein?«

»Das ist Solo!«

»Aber ...« Ich schiebe das Bild wieder nach unten. Er könnte es sein, ja. Aber man sieht nur den Kopf, es könnte theoretisch jeder Orca sein! Nur weil das jemand drunterschreibt, muss das ja noch lange nicht heißen ...

»Es gibt noch mehr Fotos«, brummt Joni. »Und Videos. Jemand ist sogar zu ihm ins Wasser gesprungen.«

»Nein!«

»Doch. Letzte Nacht.« Joni deutet wieder auf das Foto. »Das ist übrigens der Typ von gestern. Auf einem anderen Bild sieht man das Boot. Alex konnte keine Aufnahmen mit der Drohne machen, weil der Akku leer war.«

»Aber Solo hat nicht versucht, ihn zu beißen!« Ich kann kaum still sitzen bleiben, so sauer bin ich. »Der Typ hat ihm irgendwas hingehalten, ein Stück Fleisch oder so.«

»Dann kann er gut mit Photoshop umgehen.« Joni steht auf. »Danke, Svenja. Die Typen erwartet jetzt eine saftige Geldstrafe.«

»Müssen sie die Bilder dann löschen?«

Joni zögert. »Das Problem ist, sind die Bilder einmal im Netz, kriegst du sie nicht wieder raus. Diese Leute suchen die Gefahr. Aber wenn echt mal was passiert, was glaubst du, wer der Schuldige ist?«

Ich muss nicht überlegen. »Solo.«

Sie nickt und wendet sich zum Gehen. »Genau. Und deshalb muss sich hier was ändern. Ich fahre jetzt zu Alex und hole die neuen Drohnen ab.«

Ich schaue ihr nach, wie sie zum Parkplatz läuft und den Pick-up mit dem Logo von SaveOrcaSouls aufschließt. Schaue hoch, zur Wäscherei. Kein Zeichen von Eve. Eigentlich will sie doch sowieso zu uns kommen, ich kann sie also auch später fragen. Einen Augenblick zögere ich noch, dann laufe ich Joni hinterher.

»Joni!«

Sie dreht sich an der Autotür um. »Hm?«

»Kann ich mitkommen?« Die Worte sind raus, bevor ich es mir anders überlegen kann. Ich bohre meine Fingernägel in die Handflächen.

Sie lächelt ganz leicht. »Klar. Spring rein!«

Ich steige in den Pick-up und schnalle mich an. Eigentlich

sollte ich Matt Bescheid geben, wenn ich wegfahre, aber er ist früh aufgebrochen zur Arbeit und wird sowieso nicht vor dem Abend zurück sein. Wenn Joni nur die Drohnen holen will, sind wir bis zum Nachmittag locker wieder da.

Wir lassen Solitary Cove hinter uns und folgen der einzigen Straße in Richtung Victoria. Die dichten Bäume rauschen trüb und graugrün an uns vorbei und Joni dreht das Radio auf. Adele singt »Hello from the other side«, und ich merke, wie ich leise mitwispere.

Ich schließe die Augen und muss wieder an Matt denken. Was ist nur mit ihm passiert? Warum Solitary Cove? Am liebsten würde ich darüber reden, über all das, was ich nun über Matt weiß, aber Joni ist die falsche Person dafür. Und außerdem biegt sie von der Hauptstraße nach rechts in eine kleine, unbeschilderte Straße ab und stellt die Musik leiser, und sofort werden meine Hände feucht.

Ich dachte immer, Alex wohnt in Victoria, aber wir folgen dieser einsamen Straße, die jetzt einspurig ist und in Schotter übergeht.

Solitary Cove ist eine Metropole gegen diesen Ort! Gleich verschlucken uns die Bäume und wir stehen im Wald. Stimmt nicht ganz. Eigentlich fahren wir auf den Ozean zu, und ich kann von hier aus bis nach Victoria hinüberschauen, auf den Zipfel des Naturhafens und die mächtige Krone des Empress Hotels. Gefühlt mittendrin, aber dennoch – allein.

Schotter knirscht unter den Reifen, als Joni den Wagen anhält. Wir sind auf einer Art Campingplatz gelandet, nur sind das keine Wohnwagen, sondern so was wie Miniaturhäuser. Manche haben sogar einen kleinen Garten, mit Blumen und Sitzgelegenheiten unter Sonnensegeln oder kleinen Vordächern.

Joni steigt aus und geht auf das letzte dieser Minihäuser zu.

Es steht ein wenig abseits von den anderen und am nächsten am Ozean. Einen Garten gibt es hier nicht, dafür sind es nur ein paar Schritte bis zum Kieselstrand.

Hier wohnt Alex?

Joni tritt an die Tür und klopft an. Oh Gott, hoffentlich ist er nicht sauer, dass ich hier bin – vielleicht will er ja gar nicht, dass ich sein Zuhause kenne? Aber jetzt ist es zu spät, denn die Tür wird aufgeschoben und Alex' Wuschelkopf erscheint im Eingang. Er lächelt Joni an, bemerkt mich und zieht überrascht die Brauen hoch.

»Hallo, Mädels.« Er schiebt die Tür ganz auf und macht uns Platz. »Kommt rein.«

»Äh, Alex, eigentlich wollte ich nur die Drohnen holen.« Joni deutet zum Auto. »Ich muss noch ein paar Sachen besorgen.«

Alex fährt sich durch die Haare. »Puh ... ich bin noch nicht ganz fertig. Kannst du in einer Stunde oder so noch mal wiederkommen?«

Joni verdreht die Augen. »Ja, kann ich machen. Zwei Stunden, okay?«

Mein Mund ist staubtrocken, trotz Wolkenwetter und Meergeschmack. Ich will nicht mit Joni shoppen gehen, ich will nirgendwohin, nur hier sein, bei Alex. Abwartend sieht er mich an. Er sagt es nicht, diesmal muss ich das machen.

»Kann ich ...« Verdammt, sag es doch einfach, so schwer ist das nicht! »Kann ich hierbleiben?« Ich schaue Joni an. Dann Alex.

»Sie kann hierbleiben«, sagt er zu Joni.

»Dann bis später.« Joni stapft zurück zum Auto, dreht sich aber noch mal zu uns um. »Und bleibt anständig!«

Unschlüssig stehe ich da und warte, bis der weiße Pick-up zwischen den Miniaturhäusern verschwunden ist. Auch Alex wartet, noch immer die Tür in der Hand.

»Hi«, flüstere ich und schlucke. Ich kann ihn kaum anschauen, so nervös bin ich plötzlich.

»Hi«, sagt er und macht einen Schritt zurück. »Jetzt komm schon rein.«

Ich steige die Stufe hoch, und weil das Haus klein und eng ist, stehe ich mit einem Mal sehr nah neben ihm. Er schaut mich nur an, aber mein Herz klopft zu schnell, also beuge ich mich hastig runter und streife meine Sneakers ab. Dann schaue ich mich um.

Im Durchgang befindet sich eine Küchenzeile, sehr spartanisch, aber es ist alles da, was man braucht, Spüle, Kochgelegenheit, Hängeschränke, ein kleiner Kühlschrank. Ich gehe langsam hindurch und muss zwei Stufen nach oben steigen. Oh, wow. Helle, breite Holzdielen, die den ganzen Raum größer wirken lassen. In die Wände eingelassen sind Schubkästen, die nur auffallen, weil einer davon herausgezogen ist. Den Boden bedeckt ein flauschiger, runder Teppich, wo die drei neuen Drohnen wie hilflose Käfer auf dem Rücken liegen. Ein Klapptisch in der Wandnische, zwischen zwei Bänken, ebenfalls aus Holz. Dahinter führt eine schmale Treppe auf eine Art Galerie unters Dach, wo ich den Zipfel einer Bettdecke erkennen kann. Aber am tollsten ist das große Panoramafenster, das erfüllt ist vom trüben Blau des Ozeans.

»Das ist … unglaublich!« Ich drehe mich zu ihm um. Und schlucke wieder. Alex ist mir gefolgt und steht dicht hinter mir. Er trägt ausgefranste Jeans und ein ärmelloses Shirt, und ich merke, wie ich die Kontrolle über meine Muskeln verliere. Alles an mir ist weich wie Moosgummi.

»Ein Tiny House.« Alex lächelt ganz leicht. »Alles, was ein Haus braucht, komprimiert auf sechzehn Quadratmeter.«

»So was habe ich noch nie gesehen.« Hilfe! Sein Blick glüht wie Sonnenbrand auf meiner Haut. Schnell rede ich weiter. »Wem gehört es?«

»Mir.« Jetzt gucke ich ihn doch an. Er lächelt. »Das meiste ist selbst gebaut.«

»Du ... du hast dir selber ein Haus gebaut?«

»Nicht alles.« Er geht in die Mitte des Raums und lässt sich auf dem Flauschteppich nieder. »Mein Dad hat die Pläne dafür gemacht. Er hat auch noch das Gerüst gezimmert. Ich habe eigentlich nur den Innenausbau gemacht, na, und die Technik besorgt.«

Ich kann es immer noch nicht fassen, dass er ein Haus hat. Auch wenn es nur ein Minihaus ist. Langsam gehe ich zu ihm und setze mich ebenfalls auf den Teppich. »Wie finanzierst du das alles?«

»Es trägt sich selbst. Ich bin hier komplett autark, es gibt Solarpaneele auf dem Dach, eine Wasseraufbereitungsanlage und eine Heizung. Kann aber passieren, dass ich im Winter kalt duschen muss. Und an die Komposttoilette muss man sich gewöhnen.«

»Ja, aber ... wie konntest du das alles bauen? Verdient man so viel in der Bar, wo du arbeitest?«

Er lacht auf.

»Nein. Das nicht gerade. Die Kohle geht für mein Studium drauf. Ich habe einen – hm, einen Sponsor, wenn man so will. Er hat mir das Geld geliehen, und ich stottere es ab, sobald ich meinen Abschluss habe.« Er stockt kurz, seine Augen flackern, als ob es ihm peinlich wäre. »Owen«, fügt er aber dann hinzu.

Ich brauche einen Moment, um zu kapieren. »Owen? Du meinst Mr Tanker?«

Alex senkt den Blick. »Er hat darauf bestanden. Mein Dad und er, die zwei sind zusammen aufgewachsen. Sie waren beste Freunde. Als er gestorben ist, hat Owen sofort seine Hilfe angeboten. Er hätte mich sogar aufgenommen, wenn meine Mum sich geweigert hätte.«

Er schluckt, dann greift er nach der ersten Drohne und fängt an, ihren Bauch zusammenzuschrauben.

»Manchmal wünschte ich, mein Dad könnte ihn sehen ... also, was aus ihm geworden ist. Aus Owen. Er kommt aus einer Fischerfamilie, genau wie mein Dad. Und jetzt ist er ein hohes Tier beim DFO. Schon verrückt. Und dann denke ich ...« Er stockt wieder, schaut nicht auf. »Ich denke, aus mir kann auch was werden. Mehr als ein Fischer. Ich weiß, dass er sich das für mich gewünscht hat.«

»Aber das bist du doch schon«, sage ich leise. »Du verwirklichst seine Träume. Dein Dad sollte nicht Owen Tanker sehen, sondern dich!«

Alex lächelt. Er schaut zum Fenster hinaus, als würde sein Dad da draußen stehen und zu uns hereingucken. »TRACK war seine Idee. Er hat immer lauter verrücktes Zeug gebastelt, um die Wale aufzuspüren. Unterwassertelefone und so.« Er hebt die Drohne hoch und unsere Blicke treffen sich. »Ursprünglich war TRACK für ein Mini-U-Boot gedacht. Dann habe ich im Stanley Park meine erste Drohne gesehen und wusste sofort, was ich machen will.«

Ich muss schlucken, weil sein Blick unter meiner Haut zu kribbeln beginnt.

Er stellt die Drohne ab, ohne wegzuschauen. Ein paar Haare fallen in seine Stirn, aber er scheint es gar nicht zu merken. »Als ich ein Kind war, hatten wir dauernd Wale unter unserem Boot. Mein Dad hat immer gesagt: ›Wir gehen fischen mit den Orcas.‹ Wenn ich da draußen bin, ist das, als wäre er plötzlich wieder in meinem Leben. Als würden sie seinen Geist durchs Wasser tragen.«

Oh Alex. Solo ist nicht nur zu mir gekommen! »Bestimmt wäre er stolz auf dich«, sage ich fest.

Alex senkt wieder den Blick und schraubt weiter. Als er fertig ist, hält er mir die zweite Drohne unter die Nase.

»Schau mal. Sie kann auf dem Wasser landen und schwimmen. In diesen Flugpausen verbraucht sie quasi null Energie und kann einfach wieder vom Wasser aus gestartet werden. Cool, was?«

Die Drohne interessiert mich eigentlich nicht, denn Alex lehnt sich so weit zu mir, dass sich unsere Arme berühren, einen wunderbaren, duftenden Moment lang.

Er stupst jeden der vier Propeller vorsichtig mit dem Finger an. »Abtauchen würde mir auch gefallen. Es gibt schon Unterwasserdrohnen, aber sie lassen sich schwer steuern.« Plötzlich scheint ihm was einzufallen. »Sorry, willst du eigentlich was trinken?«

Ich muss lachen. »Nicht so wichtig. Ich brauche nichts.«

Aber er springt schon auf. »Ich kann dir einen Milchshake machen. Ach nein, du trinkst ja keine Milch ...«

»Doch«, werfe ich schnell ein. »Trinke ich. Keine Lust mehr, auf alles zu verzichten, was schmeckt.«

Er legt den Kopf schräg und grinst mich an. Seine Karamellaugen funkeln amüsiert. »Ich bin aber nicht schuld, oder?«

Ich schüttle den Kopf. »Der Lachs ist schuld.«

Er lacht. Dann springt er auf und hantiert in seiner Miniküche herum. Ich stehe auch auf und gehe zum Fenster. Wahnsinn, sogar von seinem Bett aus kann er auf den Ozean hinaussehen. Wasser scheint eine Art Elixier für ihn zu sein. Es gibt eine kleine Plattform hinter dem Haus, eine Miniatur-Veranda, die in zwei Stufen zum Kiesstrand führt.

Alex tritt neben mich und drückt mir ein kühles Glas in die Hand. Der Duft nach Vanillearoma mischt sich mit seinem Geruch, und ich muss einen Augenblick die Augen zumachen, um mich zu erden. Das alles ist total verrückt, hier zu stehen, mit ihm, allein ...

Als ich die Augen wieder aufmache, hat Alex das Fenster

ein Stück hochgefahren, sodass wir hinaustreten und darunter sitzen können wie unter einem unsichtbaren Dach. Das Meer rauscht an den Kiesstrand und der Seewind bläst uns stumm entgegen.

»Danke!« Ich nippe an meinem Shake. Er schmeckt noch besser, als er riecht. Eine Weile sitzen wir schweigend nebeneinander auf den Stufen, trinken Vanille-Milchshake und schauen den Wellen zu. Er ist mir so nah, aber ich wage noch immer nicht, ihn zu berühren. Zuerst muss ich etwas klarstellen.

»Alex?« Ich warte, bis er mich ansieht. »Ich habe diesem Mike nichts davon gesagt, dass Solo ein Transient Orca ist. Ehrlich nicht! Er ist in Solitary Cove aufgetaucht, aber das ist schon ewig her, und ich dachte, er ist ein Tourist, weil er Deutsch gesprochen hat. Wahrscheinlich habe ich ihm alles Mögliche über Wale erzählt … aber ich konnte doch nicht wissen, was er vorhat, er hat mir nicht gesagt, wer er ist!«

Alex schaut wieder zum Wasser. »Ist okay. War mir schon klar, dass du nicht absichtlich was ausgeplaudert hast. Mich hat es eher geärgert, dich mit ihm tanzen zu sehen. Und dann ist er ausgerechnet der Typ, der uns diesen ganzen Mist eingebrockt hat!«

Hat er das gerade wirklich gesagt? Auf einmal zittere ich, dabei ist es überhaupt nicht kalt. Ich schlucke, weiß nicht, was ich tun soll. Er dreht den Kopf, ganz leicht, schaut mich von der Seite an. Rührt sich nicht. Ich stelle meinen Kaffeebecher neben mich, nein, neben ihn, es geht ganz leicht, ich muss nur seine Finger berühren, wie auf dem Boot. Hilf mir doch! Aber er bewegt sich immer noch nicht, schaut mich nur an.

Meine Lippen zittern und ich lege meine Hand auf seine. Unsere Finger verschlingen sich. Ich rutsche ein Stück näher zu ihm, bis ich seinen Atem auf meiner Haut spüre. In meinem Kopf dreht sich alles. Mach doch was! Nein, ich kann nicht mehr warten, ich muss es fühlen, muss wissen, ob es Realität war, ob er mich wirklich geküsst hat!

Noch näher. Ich mache die Augen zu. Kein Traum. Meine Lippen berühren seine, vorsichtig, sacht und fragend. Und endlich ist er da, seine Hände, die meinen Nacken umschließen, in meine Haare fahren, mich halten. Der Kuss explodiert förmlich, nichts ist mehr vorsichtig, alle Fragen sind mit einer einzigen Bewegung aus der Welt geschafft. Diesmal habe ich keine Angst, denn diesmal war es mein Kuss! Alles ist so leicht, so weich, unsere Lippen, seine Hände auf meiner Haut, in meinem Nacken, meine Hände auf seinen Schultern, und irgendwo zwischen Atemholen und Küssen wünsche ich mir hierzubleiben, bei ihm, ganz nah. Für immer.

Der Kuss endet nicht, nicht wirklich. Aber irgendwann liege ich in seinen Armen und er drückt seine Lippen bloß noch gegen meine Stirn. Ich bin so außer Atem, dass ich mich nur gegen seine Brust kuschle und in den Himmel blinzle. Besser. Das war viel, viel besser als im Wald von Hanson Island!

»Sollen wir sie wegschicken?«, murmelt er in meine Haare.

Ich weiß, wen er meint. Joni. Sofort klopft mein Herz wie verrückt und dann ist die Angst wieder da ... die blöde Angst vor der eigenen Courage.

»Ich habe ... Matt weiß nicht, dass ich weggefahren bin.« Das klingt wie eine dämliche Ausrede, aber wenn ich bleibe, will er bestimmt mehr, als unter dem Glasdach beieinandersitzen. Und dazu fehlt mir dann doch der Mut. Er hat gereicht, um herzukommen, und sogar für diesen Wahnsinnskuss, aber Alex ist älter als ich, und bestimmt weiß er genau, was er will. Ich weiß eigentlich noch gar nichts. »Er macht sich bestimmt Sorgen, wenn ich nicht ... nach Hause komme.«

Alex seufzt leise. »Und ich muss sowieso arbeiten.«

Aber du würdest wollen, dass ich bleibe? Ich muss lächeln.

Es gibt kein schöneres Gefühl im Moment. Nie wieder werde ich Seeluft riechen und dabei nicht an Alex denken. An Alex und Solo.

Wir hören Jonis Pick-up, bevor wir ihn sehen, und ich merke erst jetzt, dass mein Glas noch neben mir steht. Halb voll und warm. Egal. Das war besser als Vanille-Milchshake. Bestimmt sieht Joni uns an, was wir gemacht haben … Ich bin sicher, Frauen spüren so was. Sie kommt um das Haus herum, bleibt ein Stück vor uns stehen und guckt Alex fragend an.

»Und?«

»Ähm … was?«

»Wo ist die Drohne?«

Alex springt auf. »Die habe ich ganz vergessen. Warte schnell!«

Joni verdreht die Augen und grinst. Dann kickt sie Steinchen herum und hat offenbar keine Lust, sich mit mir zu unterhalten. Ich frage mich, ob sie wohl schon mal hier übernachtet hat. Als Freundin – oder als seine Freundin? Nein, wohl nicht. Joni umgibt so eine Aura. Sie ist wie ein seltenes Tier, das man zwar ansehen, aber niemals streicheln darf.

Als Alex mit der Drohne zurückkommt und Joni knapp einweist, kommt mir ein ganz anderer Gedanke.

»Wäre es nicht besser, wenn wir Solo ganz aus der Bucht rausbringen? Mit einem Boot oder so?«

»Und wohin?« Joni packt die Drohne sorgsam in einen gepolsterten Koffer. »Wir wissen nicht, wo sich seine Familie gerade aufhält. Er würde uns wieder zurück in die Bucht folgen.«

»Aber Solitary Cove … Es heißt doch, die Wale kommen nicht dorthin. Weil sie früher dort zusammengetrieben worden sind. Er wird die Bucht niemals verlassen, weil dort keine Wale hineinschwimmen.«

Alex lächelt, und dann steht er plötzlich neben mir, nimmt mein Gesicht in beide Hände und küsst mich auf den Mund, vor Joni. Nur ein Miniaturkuss zum Abschied, trotzdem werden meine Knie sofort wieder weich.

»Der Gedanke ist gut, aber weißt du, es muss von ihm kommen. Er wird die Bucht verlassen, wenn er bereit ist. Wir können ihn nicht dazu zwingen.«

Als ich nach Hause komme, sitzt Matt auf der Veranda und liest. Eigentlich liest er nicht, er hat das Buch nur vor sich liegen und schaut gedankenverloren raus in die Bucht. Ich zögere kurz, weil ich nicht weiß, wie er reagiert, aber dann setze ich mich doch zu ihm.

»Wo warst du?«, fragt er mich, ohne herzuschauen. Er sagt es nicht tadelnd oder vorwurfsvoll, er fragt nur, und ich entspanne mich ein wenig.

»Mit Joni unterwegs. Du weißt schon, die Dunkelhaarige von SaveOrcaSouls. Wir haben … also, wir waren bei Alex.«

So ganz ist er nicht bei der Sache, sonst würde er jetzt aufhorchen. Aber er hält den Blick weiter aufs Wasser gerichtet, auf die Boote, die wie zufällig mitten in der Bucht stoppen. Ich sehe Handydisplays aufblitzen und eine kerzengerade schwarze Rückenfinne ins Glitzerwasser sinken.

»Deine Mutter hat angerufen«, berichtet Matt. »Du sollst dich melden, wenn du zurück bist.«

Ich bleibe noch ein paar Minuten bei ihm sitzen, aber dank der vielen Motorboote ist es wenig heimelig hier. Ob ich ihm diesmal von dem Kuss erzählen soll? Ich würde so gern, ich fühle mich so aufgewühlt, so glücklich und verzweifelt zugleich. Ich bin noch etwa drei Wochen hier. Drei Wochen! Dann beginnt meine Ausbildung bei Jörg in der Praxis. Alles wird sich ändern, und selbst wenn ich nach Solitary Cove zurückkomme, wer weiß, ob Alex dann noch hier ist? Vorn am Anleger schlägt das Baumstammboot dumpf gegen den Poller am Steg, in einem seltsamen Takt, wie das ferne Wummern einer Trommel.

»Hast du Eve heute schon gesehen?«, frage ich stattdessen.

»Hm. Sie war vorhin hier.«

»Was wollte sie?«

Matt dreht langsam den Kopf zu mir herum. »Dasselbe wie du. Über damals reden.«

Eigentlich würde ich ganz gern über jetzt reden. Aber Matt steht auf und hinkt zur Tür. Manchmal scheint sein Bein besonders schlimm zu sein, vielleicht hat er zu lange gesessen. Ich frage mich wirklich, wie er als Holzfäller arbeiten kann mit dieser Verletzung.

»Ich mache uns was zu essen«, verkündet er und schlurft ins Haus.

Ich seufze, dann folge ich ihm. Während er in der Küche herumhantiert, schnappe ich mir das Telefon und wähle Mamas Handynummer, aber sie geht mal wieder nicht ran. Das ist zum Verrücktwerden mit dieser Frau! Nie hat sie ihr Handy bei sich. Ich schreibe ihr jetzt, dann weiß sie wenigstens, was los ist.

Im Wohnzimmer schließe ich die Tür hinter mir. Der Apple braucht ewig, bis er hochgefahren ist. Diffuses Staublicht malt Schattenbilder auf den Schreibtisch, und so fällt mir der Zettel erst auf, als der Bildschirm hell aufflackert. Halb versteckt unter einem Stapel Zeitschriften hätte ich ihn beinah übersehen. Eigentlich ist er mir auch nur wegen einem einzigen Wort aufgefallen, hingekritzelt ganz unten in die Ecke: Eve.

Ich vergesse meine Mail und tippe mit dem Finger auf den Zettel, um ihn aus dem Stapel zu befreien. Bestimmt hat Matt ihn absichtlich versteckt, und ziemlich sicher geht er mich auch nichts an, aber heute fühle ich mich mutig.

Alle haben Geheimnisse hier, und ich bin es leid, immer nur stumm abzuwarten, bis mal jemand den Mund aufmacht.

Es ist ein ziemlich kleiner Zettel, abgerissen von einem größeren Blatt. Ganz obendrauf steht eine Zahlenfolge – ihre Handynummer? Perfekt! Aber jetzt kann ich sie nicht anrufen, nicht solange Matt mithört. Ich schaue wieder auf den Zettel. Da steht noch mehr, also lasse ich mich auf den Schreibtischstuhl fallen und werfe einen kurzen Blick zur Tür, aber Matt ist anscheinend immer noch in der Küche beschäftigt. Eve hat eine Kritzelschrift, die ich nur schwer entziffern kann – aber dann gelingt es mir, und meine Finger, die den Zettel halten, fangen an zu zittern.

Denk über mein Angebot nach! Wir können uns gegenseitig helfen. Du kannst wieder ein völlig neues Leben anfangen, Matt. Du kannst wieder der sein, der Du einmal warst! Eve

Nachdenklich starre ich die Nachricht an. Eigentlich habe ich keine Ahnung, worauf sie rausmöchte, aber für mich hört sich das nach einer Veränderung an, die Matt nicht will. War sie früher in ihn verliebt und möchte ihn mitnehmen, zurück nach Kalifornien? Mir hat er mal gesagt, er wäre glücklich hier. Aber stimmt das überhaupt? Ist er vielleicht nur glücklich, weil er sein altes Leben verloren glaubte? Und dieses Angebot ... Was meint Eve damit, er könne wieder der sein, der er mal war? Von welchem Matt redet sie? Matt, dem Orcatrainer?

Auf einmal wird das Bild ganz klar, das die ganze Zeit in meinem Kopf ist. Wie ein Motiv, das man scharfstellt. Solo. Eve hat gesagt, sie arbeitet noch immer für diesen Park – die wollen Solo doch nicht mitnehmen, oder? Ich springe auf, zu hastig, und schlage mir das Knie an der Tischkante an. Jaulend sinke ich zurück auf den Stuhl und genau in dem Moment sehe ich einen Anruf via Skype hereinkommen. Ich klicke auf das Symbol, und als ich sehe, wer es ist, rutscht mir die Maus aus den Fingern, so eilig habe ich es, auf den Namen zu klicken.

»Mama!«

Ihr Bild wackelt ein wenig, weil sie anscheinend mit dem Handy telefoniert, aber das ist mir egal. Nach all den Wochen sehe ich endlich wieder meine Mutter vor mir! Ich würde jetzt gern entspannt und glücklich aussehen, aber die Realität ist schneller als ich, und schon schluchze ich vor lauter Erleichterung.

»He, was ist denn los? So schlimm sehe ich heute gar nicht aus.«

»Du siehst toll aus!«

»Das ist definitiv eine Lüge.« Mama fährt sich mit der Hand durch ihre kurzen blonden Haare, genau wie Alex es manchmal macht. Dann lächelt sie und etwas in mir zerfließt vor Sehnsucht.

»Ich weiß es«, platze ich gleich los. »Ich weiß, was Matt früher war. Die ganzen Jahre dachte ich, er war so ein Wärter oder jemand vom Reinigungspersonal. Warum hast du mir denn nie erzählt, was er wirklich bei Oceanic gemacht hat?«

Mama bleibt stehen. Sie sieht sich um und setzt sich dann auf einen großen Stein. »Oceanic? Du meinst die Wale?«

»Natürlich!« Ich würde am liebsten in den Bildschirm reinspringen, sie bei den Schultern packen und schütteln. »Er war Orcatrainer! Wie kannst du mir so was verschweigen?«

»Das habe ich nicht.« Mama sieht jetzt ehrlich überrascht aus. »Ich habe dir davon erzählt, als du ganz klein warst. Du hast sogar ein Bild davon gemalt, weißt du das nicht mehr? Es hing doch ewig in unserer Küche.«

»Ich kann mich nicht erinnern! An das Bild schon, aber nicht an die Geschichte dazu! Du hast immer gesagt, ihr kanntet euch zu kurz und du weißt selbst nicht mehr über ihn!«

»Weil das nicht so wichtig für mich war«, sagt Mama. Sie hält sich das Handy genau unter die Nase, sodass ich das Gefühl habe, sie würde näher kommen. »Ich habe ihn doch nur zwei- oder dreimal dort gesehen. Bis wir uns getroffen haben. Wir haben unsere Zeit nicht im Oceanic verbracht, wir sind durch die Stadt gelaufen, nach Mexiko gefahren oder waren schwimmen im Meer – für mich war er nicht Matt, der Waltrainer, sondern nur Matt, in den ich mich verliebt hatte.«

Sie blinzelt, so als würde sie nach einer Erinnerung suchen, und dann lächelt sie auf einmal.

»Ich habe wirklich schon ewig nicht mehr daran gedacht. Weißt du noch, mein grünes Kleid? Das habe ich angehabt an dem Tag. Ich war nur im Oceanic, weil mich eine Kollegin versetzt hatte und ich nicht wusste, was ich sonst alleine tun sollte. Ich kannte ja noch niemand, ich war erst zwei Wochen in San Diego. Und dann sehe ich ihn. Er war umwerfend charismatisch und höllisch attraktiv in diesem schwarz-weißen Neoprenanzug. Ich habe überhaupt nicht mehr auf die Wale geachtet, ich habe doch bloß noch ihn gesehen.«

»Und dann hast du deine Handtasche liegen lassen«, werfe ich atemlos ein.

Mama lächelt versonnen. »Ich musste mir einen Plan überlegen, wie ich an ihn drankomme. Zufällig habe ich bemerkt, dass immer einer der Trainer hinterher durch die Reihen läuft. Ich habe gewartet, und als er nach der letzten Show ums Becken lief, habe ich schnell meine Tasche zwischen die Sitze geschoben.«

»Und er hat sie nicht einfach abgegeben, sondern dich angerufen.«

»Das war mein Glück.« Sie schüttelt ihre Haare ein wenig. Die Sonne scheint ihr genau ins Gesicht. »Aber wir haben nicht über seinen Job gesprochen. Höchstens zwei Minuten lang.«

Ein Geräusch an der Tür und ich schrecke hoch. Matt lehnt im Türrahmen, ich habe ihn überhaupt nicht kommen hören! Wie lange steht er schon da?

Ich winke ihm zu, er soll herkommen, aber er bleibt stehen und rührt sich nicht.

»Was ist los?«, fragt Mama vom Bildschirm aus.

»Warte mal kurz.« Ich stehe auf. Diesmal schlage ich mir nicht das Knie an.

Ich gehe um den Tisch herum und bleibe vor Matt stehen. Er schluckt, am liebsten würde er weglaufen, also greife ich nach seiner Hand und führe ihn wie einen Blinden durch den Raum. Er zögert, ehe er um den Schreibtisch herumtritt, und ich spüre, wie seine Hand zittert. Aber ich lasse ihn nicht los, auch nicht, als er den letzten Schritt macht und sich vor dem Bildschirm an die Wand drückt.

Mama reißt die Augen auf. »Matt?« Sie rückt wieder ein Stück von ihrem Handy ab, als könnte sie uns so besser sehen. »Bist das wirklich du?«

Matt sieht sie eine ganze Weile nur an. Seine Lippen beben, und er senkt den Blick, bevor er antwortet. »Ich habe dir ja gesagt, ich habe mich verändert.«

»So meine ich das nicht!« Mama seufzt tief. »Oh Gott, ist das lange her! Komm mal näher, ich bin ... ich fühle mich so weit weg von euch. Matt, ist das schön, dich wiederzusehen!«

Ich glaube, mir wird erst jetzt klar, was dieser Moment bedeutet. Für die beiden. Dass sie zwar gechattet und gemailt und auch telefoniert, sich aber bis jetzt nicht gesehen haben, außer auf dem Bild, das ich ihm von Mama gemalt habe. Ich bin gespannt, ob die beiden Klebstoff brauchen oder ob sie auch ohne mich einen Zugang finden. Andererseits bin ich ihr Klebstoff, ihr genetischer Kaugummi, ob sie wollen oder nicht. Und da Matt meine Hand so fest hält, dass es wehtut, bleibe ich einfach stehen und bin sein Halt.

»Du hast die Tasche absichtlich versteckt?«, fragt Matt und schmunzelt ein wenig.

»Die haben euch abgeschirmt wie Popstars«, beschwert sich Mama und lacht. »Keine schlechte Idee, was? Immerhin hat sie funktioniert.«

»Deine Haare sind ... Du siehst gut aus, Vic.« Matt macht einen zögerlichen Schritt nach vorn und streckt die Hand aus, als wolle er sie berühren. Er umklammert den Schreibtischstuhl und wirft mir einen schnellen Blick zu. »Und du hast eine ganz tolle Tochter.«

»Wir«, sagt Mama leise. »Sie hat wahnsinnig viel von dir, Matt. Hast du das noch nicht gemerkt?«

Klar hat er das. Deshalb ist es ihm ja so schwergefallen, mich zu mögen – weil er sich selbst gesehen hat. Aber auch den Schock hat er anscheinend überwunden. Er geht vor dem Bildschirm in die Knie, jetzt sind sie auf Augenhöhe. So nah wie seit achtzehn Jahren nicht mehr.

»Tut mir leid, Vic. Tut mir so, so leid. Ich hätte für euch da sein müssen.«

Mama schluckt. Jetzt fehlen ihr mal die Worte. Sie blinzelt und schiebt sich ein paar verirrte Haarsträhnen aus dem Gesicht. »Das ist doch jetzt nicht mehr wichtig. Uns geht es gut, wir sind klargekommen. Aber du ... Was ist passiert, Matt? Was ist mit dir geschehen?«

Matt lässt langsam meine Hand los und schiebt den Lehnstuhl zur Seite. Dann steht er auf und tritt wieder zwei Schritte zurück. »Das erste Mal habe ich es gemerkt, als du mir von deinem Freund erzählt hast. Wir kannten uns noch nicht lange, hatten uns nur ein paarmal getroffen. Schon da ... war er anders. Er reagierte schlechter auf mich als sonst, aber ich war abgelenkt, habe es ignoriert.«

Von wem redet er bloß? Aber ich bleibe still und rühre mich nicht, Mama ebenfalls. Vor Matts innerem Auge läuft gerade ein Film ab, und ich hüte mich davor, seine Erinnerung zu stören.

»Er war wie ein Spiegel meiner Angst«, flüstert Matt. »Ich habe es keinem erzählt, weil ich dachte, alles wird wie zuvor, wenn du fort bist. Ich dachte, mein Leben fängt mich auf. Du warst mehr als ein Sommerflirt für mich, Vic. Als du in diesen Flieger gestiegen bist, war alles … ausgelöscht. Ich konnte zwei Tage lang nicht essen, nicht schlafen, mich auf nichts konzentrieren. Zwei Tage.«

Er zieht den Stuhl wieder zu sich heran und stellt seinen Fuß darauf. Langsam fängt er an, das Hosenbein aufzukrempeln.

»Im Oceanic war eine Leitung defekt, deshalb haben wir ausgesetzt. Aber am nächsten Tag ging die Show weiter. Ich musste wieder funktionieren, aber das tat ich nicht – ich war traurig und müde und voller fremder Gedanken.«

Seine Finger sind jetzt bei seinem Knie angekommen, und ich kann die Narbe sehen, die unter dem Stoff zum Vorschein kommt. So wie er das Bein dreht, hat Mama den besseren Blick darauf. Der Schreck steht ihr im Gesicht, ihre Augen weiten sich, ihre Finger krampfen sich unter ihr Kinn. Aber sie sagt nichts – die Geschichte gehört Matt.

»Zuerst war alles wie immer. Wir ließen sie rausschwimmen, die Besucher begrüßen. In meinen Gedanken sah ich dich, in Deutschland, in den Armen deines Freundes liegen.« Matts Stimme wird mit jedem Satz lauter. »Ich sprang ins Wasser. Mein Körper funktioniert wie immer, aber mein Kopf ist nicht dort, er ist bei dir, Vic, und einen Moment … will ich so nicht weiterleben. Der Himmel wird flüssig, auf einmal ist Wasser über meinem Kopf. Ich verstehe zu spät, was geschieht, erst als ich den Schmerz in meinem Bein spüre.«

Ich schaue wieder auf sein Bein, das er jetzt bis zum Oberschenkel entblößt hat. Eine riesige, gebogene Narbe zieht sich die komplette Innen- und Außenseite des Beins entlang. Es sieht schlimm aus. Schmerzhaft. Mama zieht heftig die Luft ein und schlägt die Hand vor den Mund.

»Er hat mich unter Wasser gezogen. Zwölf Mal. Das Becken ist fünfzehn Meter tief, durch den plötzlichen Druckunterschied platzt mein Trommelfell. Ich bin die ganze Zeit bei Bewusstsein, versuche, auf ihn einzureden, mein Bein aus seinem Maul zu befreien. Er schleudert mich herum wie ein Spielzeug. Irgendwo höre ich Leute schreien, ich sehe ein Netz, ein Surfbrett, aber an nichts davon komme ich ran. Als ich mein Blut im Wasser sehe, bin ich sicher, dass ich sterbe. Und erst da, in dem Augenblick, wird mir klar, dass ich leben will, leben, auch ohne dich ...« Matt verstummt. Er schüttelt ganz leicht den Kopf und streicht über die Narbe. »Er lässt mich los, plötzlich, ohne Vorwarnung. Ich kann mich an eine lange Stange klammern und sie ziehen mich raus. Es hat etwas Endgültiges, dieses Becken zu verlassen, halb tot und doch mehr am Leben als zuvor. Ich bin ihm nicht böse, ich weiß, es war meine Schuld, nur meine. Doch ich war all die Jahre böse auf mich, Vic. Weil ich dich habe gehen lassen.«

Ich atme langsam aus. Erst jetzt merke ich, dass ich den Atem angehalten habe. Meine Lunge schmerzt und in meinem Kopf dreht sich alles. Diese Geschichte ist unglaublich – vor allem ist sie unglaublich traurig. Endlich verstehe ich es, die Einsamkeit, Solitary Cove und seine Aversion gegen Orcas, gegen alles, was ihn daran erinnert und nicht mehr in sein Leben gehört. Ich verzeihe ihm sogar seine brummige Art und seine Verschlossenheit. Ich weiß, dass ich aussehe wie Mama und es die Hölle für ihn gewesen sein muss, mich da am Flughafen stehen zu sehen, genau an der Stelle, wo er sie so viele Jahre zuvor verloren hat.

Als ich in den Bildschirm schaue, sehe ich meine Mutter

weinen. Tränen laufen ihr die Wangen hinunter, aber entweder merkt sie es nicht oder es ist ihr egal.

»Ich hatte keine Ahnung«, flüstert sie mit erstickter Stimme. »Niemand hat mir was gesagt.«

Matt schlägt sein Hosenbein herunter und geht wieder vor dem Bildschirm in die Hocke. »Ich weiß. Und es war besser so. Ich war wochenlang im Krankenhaus, danach war ich nicht mehr derselbe.«

»Ich hätte dir doch helfen können!« Mama springt auf und läuft Kreise in den Staub. Sie hält das Handy mit beiden Händen vor sich wie einen kostbaren Schatz. »Warum hast du nicht angerufen, warum nicht? Du hattest doch meine Nummer, du hast gewusst, wo ich bin!«

»So?« Er wirft einen Blick auf sein Bein. Die Narbe ist nun wieder unter dem Stoff verborgen, aber er spürt sie immer noch, egal, wie gut das Fleisch verheilt ist.

»Glaubst du, ich hätte dich im Stich gelassen?«

»Wir haben uns verabschiedet, Vic. Nicht nur von dem Sommer. Von uns. Du wolltest zurück zu deinem Freund.«

»Und du hast nicht mal versucht, mich aufzuhalten!« Sie bleibt stehen, schaut zum Himmel, schüttelt den Kopf. »Oh Gott, Matt, das bringt doch nichts. Es ist Wahnsinn, was dir passiert ist. Doch unser Sommer … wir dürfen das nicht in so ein düsteres Licht rücken, verstehst du? Was wir hatten, war großartig, war einmalig, war wunderschön. Du warst meine erste große Liebe, der Maßstab, an dem sich jeder messen musste … Ich will nicht bereuen, was wir möglicherweise falsch gemacht haben, ich bin dankbar für die Zeit mit dir und glücklich, dass ich diesen Sommer erleben durfte.« Sie schaut zu mir und jetzt lächelt sie richtig. »Svenja ist der Beweis, dass Liebe lebendig werden kann. Ich habe mich durch deine Liebe immer lebendiger gefühlt, auch als wir schon voneinander getrennt waren.«

Matt nickt langsam. Etwas scheint von ihm abzufallen, eine Bürde, eine seelische Last. Er sackt ein Stück nach vorn, als hätte ihm jemand die Luft abgelassen. »Ich bin ... auch dankbar. Und ich bereue keine Sekunde.«

Jemand ruft nach ihr und Mama dreht den Kopf weg. »Ich komme«, sagt sie, und ihre Stirn zieht sich in Falten.

»Tut mir leid, ich muss an die Arbeit! Ihr könnt euch nicht vorstellen, was hier los ist. Aber das erzähle ich euch ein andermal. Matt ...« Sie sieht ihm tief in die Augen. »Lass uns noch mal in Ruhe sprechen. Doch jetzt genießt eure Zeit miteinander, ihr beiden. Das habt ihr euch verdient!«

Wir verabschieden uns, aber ich habe das Gefühl, dass etwas fehlt. Eine Frage, die nicht gestellt wurde, die aber weder ich noch Mama beantworten können.

»Sie ist glücklich, oder?« Matt dreht sich zu mir um. Seine Augen sind trocken, aber sein Lächeln ist auch nicht echt. »Sie ist glücklich in diesem Leben, mit ihrem Mann.«

Die Antwort ist leider einfach. »Ja. Mit Jörg ist sie endlich richtig glücklich.«

»Das ist schön«, flüstert er, und obwohl er nicht glücklich damit aussieht, glaube ich ihm.

Ich würde so gern noch mehr fragen, alles erfahren, nicht nur zu dem Unfall, auch all das andere, die guten Erinnerungen, aber dafür ist jetzt der falsche Zeitpunkt. Matt steht auf, und einen Moment denke ich, er lässt mich einfach hier stehen und geht an mir vorbei. Doch dann ist er plötzlich bei mir und zieht mich in seine Arme. Er lehnt seinen Kopf an meinen und küsst mich auf die Haare, und ich glaube, jetzt weint er endlich, vor Erleichterung über sein Geständnis oder auch, weil er die Zeit nicht zurückdrehen und sie nicht wiederbekommen kann.

ALARMBEREITSCHAFT

Die halbe Nacht liege ich wach. Immer wieder sehe ich Matt vor mir, in diesem Becken mit dem Orca. Matt, der Wal, Solo. Manchmal ist er es, der nach Matts Bein schnappt und ihn zu sich zieht, aber er meint es nicht böse, er ist nur so allein und hat nie gelernt, wie Wale richtig spielen, weil es ihm niemand beigebracht hat. Seine Mutter war nicht für ihn da, so wie mein Vater nie für mich da war. Niemand meint es böse und doch vermischt sich all ihr Handeln zu einer diffusen schwarz-weißen Unglücksbrühe.

Nein, das funktioniert nicht, so schlafe ich ja nie! Ich springe aus dem Bett und reiße das Fenster auf. Es stürmt, Wolken ziehen über den Himmel. Kein Stern, kein Mond, kein Solo. Vielleicht kann ich ihn bloß nicht sehen, weil die Nacht zu dunkel und zu laut ist. Ich muss wieder an das Lied denken, seinen traurigen Song. Ob ich ihn jemals wieder hören werde?

Irgendwann schlafe ich doch ein, am Fensterbrett, im Sturmwind. Als ich aufwache, ist es bereits mitten am Tag und mir ist so kalt, dass ich erst einmal unter die Bettdecke schlüpfen und mich aufwärmen muss. Ich höre Stimmen draußen im Flur. Matt ist hier, aber mit wem redet er?

Bestimmt Rosie. Oh, wie schön, dass die beiden sich wieder vertragen! Ob Rosie die Geschichte mit dem Orca kennt? Sie hat mal so eine Andeutung gemacht – in Matts Leben habe es schon einen Wal gegeben. Ich habe das für eine Metapher gehalten, aber vielleicht stimmt das gar nicht.

Ich krame dicke Wollsocken aus dem Schrank und ziehe

mir meinen Schlabberpulli über den Kopf, den mit den zu langen Ärmeln. So, Haare aus dem Gesicht strubbeln und fertig. Duschen kann ich, wenn ich mit Rosie geredet habe.

Ich gehe zum Fenster, um es zu schließen, und sehe eine Drohne über einer Stelle bei den Felsen kreisen. Die Drohne – Alex! Aber nein, Joni steuert sie, von dem weißen Zodiac aus. Wieder etwas, was sich geändert hat in Solitary Cove.

Die Stimmen sind in die Küche verschwunden, dumpf zu hören durch die Tür. Ist das doch nicht Rosie? Ich stupse die Tür auf und muss gähnen, oh Mann, viel zu wenig Schlaf – und bleibe mit einem Ruck stehen.

»Guten Nachmittag«, sagt Alex und grinst mich an. »Ich hatte dir Frühstück mitgebracht. Vor ... drei Stunden etwa.«

Ich kriege kein Wort heraus, ich kann ihn nur anstarren. Matt steht auf, schiebt mich zu seinem Stuhl und stellt eine Tasse mit Kakao vor mir auf den Tisch. Kurz lächelt er mich an, dann nimmt er seine Zeitung mit und verzieht sich ins Wohnzimmer.

»Das ist überhaupt nicht peinlich«, sage ich und vergrabe mein Gesicht in meinen langen Ärmeln. Ich habe nicht eine Sekunde in den Spiegel geguckt und ausgerechnet an so einem Tag sitzt Alex bei uns in der Küche! »Warum habt ihr mich denn nicht geweckt?«

Alex streckt die Hände aus und zieht meine Arme herunter. Seine Karamellaugen blitzen auf. Statt einer Antwort beugt er sich über den Tisch und küsst mich auf die Lippen. Oh, Hilfe! Dann fällt mir ein, dass ich auf dem Fenstersims geschlafen und mir nicht die Zähne geputzt habe, also ziehe ich die Schultern hoch und rücke ein Stück von ihm ab.

»Habt ihr so lange geredet?«, frage ich und werfe einen Blick in Richtung Tür. »Drei Stunden?«

»Nein.« Alex lässt seine Hände auf meine sinken. »Ich musste Joni und ihren Leuten zeigen, wie sie die Drohne fliegen können. Aber ich dachte, du willst vielleicht mitkommen.«

»Mit raus? Zu Solo?«

Er lächelt. »Er fehlt dir doch, oder? Dein Baby.«

Ich muss lachen. »Hey! Immerhin ist er zuallererst zu mir gekommen!«

»Sage ich ja. Irgendwie ist er dein Baby.«

Ich verdrehe die Augen, muss aber grinsen. Wie selbstverständlich wir hier sitzen, Hand in Hand, an diesem Tisch, in meiner kleinen Welt … Unvorstellbar, dass ich bald in ein Flugzeug steige und in mein altes Leben zurückfliege. Jetzt, wo sich endlich alles zusammenfügt! Außerdem kann ich Matt nicht allein lassen, nicht nach diesem Gespräch letzte Nacht.

Wieder schaue ich zur Tür. Er hat das Haus nicht verlassen, also kann er uns wahrscheinlich hören – und ich weiß sowieso nicht, ob ich Alex davon erzählen sollte. Es ist Matts Geschichte, nicht meine.

Alex schlingt seine Finger um meine und sofort überläuft mich ein wohliger Schauer. Ich wage nicht, ihn mit in mein Zimmer zu nehmen, nicht solange Matt im Haus ist.

»Warst du schon mal in einer Orcashow?«, frage ich mit leiser Stimme.

Alex schnauft, dann schüttelt er vehement den Kopf. »Natürlich nicht!«

»Warum?« Ich will es jetzt wissen. »Was ist so schlimm daran?«

»Schlimm? Diese Aquarien sind der Horror. Überleg mal, Orcas schwimmen über hundert Kilometer am Tag, dort vegetieren sie in einem Betonbecken von vielleicht hundert Metern. Sie leben nicht mit ihrer Familie, sondern in bunt zusammengewürfelten Gruppen von Tieren, die in der freien Wildbahn gar nichts miteinander zu tun hätten! Das verursacht Stress und Streitereien und Kämpfe mit ernsthaften Verletzungen. Sie sind gezwungen, totes Futter zu fressen, und müssen dafür auch noch dämliche Spielchen mitmachen.« Alex bohrt seinen Blick in meinen. »Es hat Fälle gegeben, in denen ein Tier aus lauter Frust so lange gegen die Wand geschwommen ist, bis es seinen Schädel zertrümmert hatte.«

Mir ist mit einem Mal so kalt, dass ich anfange zu zittern. Von wegen schillernder Star! Diese Orcashows sollen also nichts sein als tierquälerische Geldmacherei? Und Matt war einer von denen?

»Da erzählen sie immer von Forschung und Wissenschaft und wie wichtig es ist, Wale in Gefangenschaft zu studieren, was totaler Bullshit ist, weil sie sich überhaupt nicht mehr natürlich verhalten. Und dann passieren Unfälle, bei denen Trainer verletzt werden oder sogar sterben, und auf einmal fällt ihnen wieder ein, dass sie es mit Raubtieren zu tun haben und eigentlich überhaupt nichts wissen, gar nichts!« Alex lässt meine Hände los und gestikuliert Richtung Fenster. »Was mein Dad gemacht hat, da draußen, mit seinem Boot – das war Forschung! Er hat sie beobachtet und ihnen zugehört, aber in ihrer Welt, ohne sie dafür zu versklaven.«

Ich bin so platt, dass ich gar nichts mehr sage. Alex hat mein Bild komplett durcheinandergewirbelt, wie ein Sandbild, das man auf den Kopf stellt. Er merkt das, denn er legt den Arm um mich und zieht mich an sich.

»Hey, Orcamädchen. Alles gut! Wir lassen nicht zu, dass Solo in so einem Becken landet. Keine Angst, das würde Owen niemals erlauben!«

Ich wage nicht, ihm zu sagen, warum ich eigentlich gefragt habe. Und es ist auch egal, denn Matt ist ein anderer Mensch geworden, er hat mit dieser ganzen Industrie nichts mehr zu tun. Aber ein seltsames Gefühl bleibt – ein Beigeschmack, den ich vorher nicht wahrgenommen habe. Der mir überhaupt nicht bewusst war.

Wir verlassen die Küche und laufen zum Ende der Bucht. Trotz des stürmischen Wetters sind wir dort nicht allein, aber wir können Solo mit Alex' alter Drohne folgen, und irgendwie versöhnt mich das wieder ein wenig, und ich kann es genießen, in Alex' Armen zu liegen.

Am nächsten Tag schüttet es wie aus Kübeln, und was die SaveOrcaSouls-Leute nicht geschafft haben, gelingt dem düsteren Wolkenwetter. Die Boote bleiben aus, seit Langem kreuzen nur die Fischerboote und das kleine Wassertaxi zum Anleger von Solitary Cove. Die Ruhe tut uns allen gut, ich spüre richtig, wie der Ort aufatmet.

Solo ist am späten Vormittag in die Bucht geschwommen, hinter einem Fischerboot her, und spielt seitdem mit den treibenden Holzstämmen. Ich beobachte ihn von meinem Platz am Fenster aus, doch er scheint sich zu langweilen, und ich überlege mir, wie es wäre, zu ihm rauszufahren. Das weiße Zodiac liegt vertäut am Anleger – sie würden es nicht mal mitkriegen, wenn ich heimlich das Baumstammboot nehme! Ich würde ja gar nicht zu ihm fahren, ich würde einfach abwarten, bis er von selbst zu mir schwimmt, so wie damals, bei unserer allerersten Begegnung. Aber nein, das traue ich mich sowieso nicht.

Stattdessen hole ich das Tagebuch und fange an zu kritzeln, aber aus irgendeinem Grund klappt es heute nicht, und ich pfeffere das Buch in die Ecke. Langsam habe ich es satt, meine Wünsche und Träume zu malen. Ich will sie erleben – so wie den Kuss mit Alex! Sonst findet mein halbes Leben auf Papier statt.

Am Eingang der Bucht tauchen zwei Kajaker auf. Ein grünes und ein rotes Boot aus Kunststoff, viel kleiner und speediger als der Baumstamm. Die zwei lassen sich nicht vom Regen stören, sie haben Kapuzen auf, die sie weit über ihre Stirn gezogen haben. Haben sie die Warnschilder absichtlich übersehen?

Ich stehe auf, als die Frau den Arm hebt und eine schwarze Rückenfinne neben ihr aus dem Wasser taucht. Klar, Solo sind die Schilder egal. Wenn er könnte, würde er sie abmontieren und am Grund der Bucht versenken, da bin ich sicher. Die beiden Kajaker haben Glück, kein Save-OrcaSouls-Zodiac weit und breit! Sie ziehen ihre Paddel ins Boot, wahrscheinlich um Solo nicht versehentlich damit zu verletzen, und lassen sich einfach treiben, genau wie Alex und ich es gemacht haben.

Solo taucht neben dem roten Kajak hoch. Sein Kopf guckt komplett aus dem Wasser, er ist so nah, dass die Frau ihn berühren könnte. Ich wünsche mich so sehr auf dieses Kajak und zu meinem kleinen Wal! Das Boot wackelt, und Solo taucht, aber sofort kommt er auf der anderen Seite wieder nach oben. Diesmal ist sein Körper halb unter dem Kajak, und die Frau greift schnell nach den Kanten, damit es nicht umkippt. Der Mann in dem grünen Kajak taucht nun vorsichtig sein Paddel ins Wasser und gleitet langsam näher heran.

Unglaublich, wie entschieden Solo ihre Nähe sucht! Aber das rote Kajak mit der Frau darin scheint es ihm angetan zu haben. Ein Ruck, und er schubst das kleine Boot herum, sodass es in die andere Richtung strudelt. Ein Spiel, denke ich. Genau wie mit den Kelpschlangen und den Holzstämmen. Die Frau versucht nun, ein Stück von ihm wegzupaddeln, aber schon ist Solo wieder bei ihr und dirigiert sie vor sich her, weiter hinaus aus der Bucht.

Der Regen wird stärker, und die Scheibe fühlt sich kalt an, als ich meine Hände dagegenpresse. Ich stelle mich auf das Sims, um besser sehen zu können. Der Mann im grünen Kajak nimmt jetzt Fahrt auf und versucht, seine Begleiterin einzuholen. Er passt nicht mehr auf, wohin seine Paddel treffen, er will nur noch zu ihr. Als das rote Kajak erneut herumwirbelt, sehe ich die Panik in den Bewegungen der Frau. Der Mann hat sie beinah erreicht und streckt ihr sein Paddel entgegen, aber Solo ist schneller. Er taucht zwischen den Kajaks hoch, majestätisch und schön, und die Boote driften hilflos auseinander. Genau wie in dem Video, denke ich, genau wie bei der Mutter und dem Grauwalbaby …

Solo taucht, sein Kopf verschwindet in den Wellen. Aber im Nu ist er wieder bei dem roten Kajak und schmiegt sich von unten an seinen Rumpf. Ich halte die Luft an, als es kippt, langsam, in Zeitlupe, wie in einem Film. Es bleibt umgekehrt liegen, die Frau schafft es nicht, sich wieder nach oben zu drehen, oder vielleicht kann sie es auch nicht, weil Solo sie … Nein, da ist sie, sie hat sich befreit und planscht wie ein kleines Kind im Wasser. Oh Gott, sie kann nicht schwimmen! Doch, kann sie. Aber es nützt ihr nichts. Das ist Panik. Sie hat panische Angst vor Solo!

Der Mann im grünen Kajak paddelt um ihr Leben. Er holt aus und schlägt mit dem Paddel auf die schwarze Rückenfinne ein, und ich schreie auf – doch wieder scheint Solo sich zielgenau zwischen die beiden zu schieben. Das rote Kajak treibt davon, längst unerreichbar für die Frau. Für einen kurzen, schrecklichen Moment sehe ich nur Solo und sie, dann taucht der kleine Wal und der Kopf der Frau verschwindet in den Wellen.

Wie gelähmt starre ich auf die Stelle. Dann stürze ich mich halb vom Sims und reiße das Fenster auf. Die Schreie des Mannes hallen dumpf von den Felsen wider. Kalter Regen klatscht mir ins Gesicht, der Wind bläst mich beinah zurück ins Haus. Ein Boot nähert sich der Stelle, es ist der

Fischer mit dem schrecklichen Hund – und er hat eine Stange in der Hand, ein langes, scharfes Teil. Damit wird er Solo doch verletzen! Ich springe hinaus in den Regen, die Frau, der Mann, plötzlich sind sie mir gleich, ich will bloß nicht, dass dieser Fischer Solo etwas antut!

Die Felsen sind glitschig, aber ich klettere trotzdem bis zur Wasserkante hinab. Da, etwas Helles in den Wellen! Die Jacke der Frau, sie ist es, sie keucht und strampelt, sie lebt. Das Fischerboot dümpelt so nah wie möglich an sie heran und die Frau fasst nach der Stange. Sie klammert sich daran fest, und der Fischer zieht sie zu sich, greift nach ihr und versucht, sie ins Boot zu hieven, aber sie ist schwer, ihre Kleidung ist durchtränkt, und die Wellen lassen das Boot keine Sekunde lang stillstehen! Als er es beinah geschafft hat und nur noch die Beine der Frau über die Bootswand baumeln, taucht Solo unter ihr hervor. Seine Nasenspitze berührt ihre Fußsohlen, und einen Moment sieht es so aus, als würde er sie packen und zurück zu sich ins Wasser ziehen …

»Solo!« Ich schreie, so laut ich kann. »Solo, nicht, bitte!«

Und plötzlich geht alles ganz schnell. Solo stupst gegen die Füße der Frau und das grüne Kajak kracht gegen den Rumpf, verfehlt den kleinen Wal nur um Haaresbreite. Die Frau wird ins Boot gezogen, wo sie wie eine Marionette zusammenklappt.

Solo taucht noch einmal auf und sieht dem Boot nach, wie es eilig den Anleger ansteuert. Er schiebt den Kopf aus dem Wasser und ich kann seine Augen sehen, das trübe Glitzern darin wie das Schimmern nasskalter Tränen.

Dann verschwindet er im trüben Wolkenwasser wie ein Geist im Nebel.

REALITY

WHITE NOISE

Als jemand mich am Arm berührt, fahre ich erschrocken zusammen, aber es ist nur Eve, die im Bademantel auf die Straße gerannt kommt.

»Was ist passiert?«, fragt sie keuchend.

Ich deute auf den Hubschrauber, der mit laufenden Rotoren darauf wartet, seinen Krankentransport zu starten. Die Frau aus dem roten Kajak wird auf einer Trage fixiert, während der Mann völlig aufgelöst danebensteht und fahrig Fragen beantwortet.

»Ins Wasser gekippt?«, vermutet Eve düster.

»Solo hat das Kajak umgeworfen.« Ich will das eigentlich gar nicht sagen, nicht Eve, aber es ist mir so rausgerutscht. Der Schreck sitzt auch mir noch in den Knochen.

»Scheiße.« Eve schüttelt den Kopf. »Das gibt Ärger.«

»Es ist ihr doch nichts passiert«, schluchze ich. »Er hat ihr nichts getan!«

Eve legt mir den Arm um die Schulter. »Ssscht. Beruhige dich!« Eine ganze Weile stehen wir so, während mir die Tränen übers Gesicht laufen. Dann sagt sie, ganz sacht: »Wir müssen den Wal beschützen, damit so etwas nicht noch einmal passiert. Damit nicht doch jemand zu Schaden kommt. Solo will nicht frei sein, Svenja! Das ist er schon lange nicht mehr. Er ist zu uns gekommen, er sucht Kontakt! Indem wir ihm verwehren, was er braucht, machen wir alles nur noch schlimmer.«

Ich reiße mich von ihr los und starre sie entrüstet an. »Also sollen wir ihn einsperren? Ist es das, was du willst? Ihn mitnehmen in dein Aquarium? Bist du deshalb hier, ja? Dabei soll Matt dir also helfen?«

Eve schüttelt den Kopf. »Aber nein. Das hast du völlig missverstanden! Niemand will Solo in ein Becken sperren. Solo gehört hierher, nach Solitary Cove!«

Verwirrt warte ich ab, aber sie lächelt nur.

»Was soll das heißen?«, fahre ich sie an. »Was hast du vor, Eve?«

Sie zieht an den Kordeln ihres Bademantels. »Also gut, pass auf. Ich komme heute Abend zu euch und dann reden wir. Okay? Ich brauche nämlich deine Hilfe, Svenja. Du verstehst Solo doch am besten!«

Ich warte fieberhaft auf Alex, der an diesem Nachmittag nach Solitary Cove kommen wollte, um Joni mit den neuen Drohnen zu helfen. Ob er schon von dem Drama um die Kajaker gehört hat? Die Leute von SaveOrcaSouls haben die Story gleich in sämtlichen Social-Media-Kanälen gepostet und auch kommentiert, damit erst gar keine Gerüchte auftauchen und Solo als gefährliches Ungeheuer dargestellt wird. Es hat keine Stunde gedauert und schon gab es die ersten Berichte im Radio.

Seitdem fahren wieder mehr Boote in der Bucht, obwohl es immer noch in Strömen regnet und obwohl Solo gar nicht mehr hier ist – er hat sich davongestohlen wie ein Kind, das sich für sein Verhalten schämt.

Alex kommt nicht, und als ich von Kopf bis Fuß durchnässt bin, flüchte ich in Rosies Laden und stelle mich beim Ständer mit den Flyern unter, weil ich so den Parkplatz und die ankommenden Autos am besten im Blick habe.

»Sind Sie auch von der Presse?«

Ich fahre herum und Rosie lacht mir ins Gesicht.

»Die Leute kommen nicht mehr zum Einkaufen in

meinen Laden, sondern bloß noch, um mich nach neuen Geschichten über den kleinen Wal zu fragen.« Sie seufzt theatralisch. »Und dein lieber Herr Vater lässt sich auch nicht mehr blicken. Was ist mit ihm, geht es ihm gut?«

Ich weiß nicht genau, was ich darauf antworten soll, also frage ich lieber: »Du hast es gewusst, oder?«

Rosie zupft ein paar Flyer gerade. »Was, Schätzchen?«

»Das mit dem Orca in dem Aquarium. Und … was mit seinem Bein passiert ist.«

Einen Moment habe ich Angst, ein Geheimnis verraten zu haben, aber dann schaut Rosie mich an und lächelt. »Hat er es endlich über sich gebracht, ja? Gut gemacht, Kleines. Das war bestimmt nicht leicht für den alten Brummbären.«

»Warum hast du mir nichts davon gesagt?«

Sie schüttelt heftig den Kopf, sodass ihre geflochtenen Zöpfe nur so fliegen. »Oh nein! Nur er selbst durfte dir davon erzählen. Ich weiß das schon lange, aber ich hätte sein Vertrauen verspielt, wenn ich es dir verraten hätte.«

Ich frage mich, ob Eve das genauso sieht. Nein, bestimmt hätte sie mir davon erzählt – wenn dieses Wissen bei mir in irgendeiner Weise für sie förderlich gewesen wäre.

»Ich bin froh, dass er dich hat«, sage ich zu Rosie. »So ist er wenigstens nicht ganz allein.«

Rosie runzelt die Stirn. »Apropos allein. Gestern war diese Frau bei ihm, du weißt schon … das hübsche Ding mit den Rehaugen.« Sie wird ein bisschen rot um die Nase. »Haben die zwei was miteinander zu schaffen?«

»Eve«, sage ich langsam. »Die kennen sich von früher. Aus seiner Zeit in diesem Meerespark.«

Ich überlege, ob ich ihr von meinem Verdacht erzählen soll, dass sie Solo womöglich dorthin schaffen will, aber Rosie scheinen andere Dinge dringender zu interessieren.

»Ihr geht es nicht um Matt«, kläre ich sie auf. »Sie braucht ihn für irgendwas, doch soweit ich weiß, geht es dabei nur um Solo.«

Rosie zieht die Schultern hoch und grinst ein wenig schief. Dann scheint sie etwas zu sehen, etwas hinter mir, denn sie packt mich bei den Schultern und dreht mich sanft herum. »Wartest du zufällig auf den da?«

Der blaue Dodge biegt in den Parkplatz ein. Er fährt an einem Typen vorbei – den kenne ich doch. Natürlich, das ist Mike, dieser Journalist, der den Artikel über Solo veröffentlicht hat! Mike hat seine Ohren überall, und außerdem kann er fliegen, denn die Story ist nur wenige Stunden alt. Diese Reporter sind mir langsam unheimlich. Trotzdem stürze ich zur Tür, aber Rosie ruft mich zurück.

»Ich hab hier noch was für dich!« Sie wedelt mit einer Zeitung und drückt sie mir in die Hand. »Und sag dem Brummbären ... ach, nein. Das sage ich ihm besser selbst.«

Ich umarme sie kurz zum Abschied und bin endlich aus der Tür. Alex steigt eben aus seinem Dodge, als ich auf den Parkplatz stürme. Er winkt, als er mich sieht, aber er kommt nicht her.

Gerade als ich das Heck des Autos erreicht habe, sehe ich, wie sich die Beifahrertür öffnet und ein Mann aussteigt, jemand in Jeans und Regenjacke mit Kapuze auf dem Kopf. Abrupt bleibe ich stehen.

Alex geht um das Auto herum zu dem Mann und sie sprechen miteinander. Wegen des Trommelregens auf der Ladefläche kann ich sie nicht verstehen, aber Alex deutet plötzlich auf mich und winkt erneut.

Ich mache die paar Schritte auf ihn zu. »Hey!«

»Hey, Orcamädchen. Die Geschichte mit dem Kajak – hast du sie mitgekriegt?«

Ich blinzle zu dem Mann hin, der mich unter seiner Kapuze heraus jetzt abwartend ansieht. Er sieht nicht anders aus als all die Journalisten und Schaulustigen hier und doch geht etwas von ihm aus – er hat so eine Aura.

»Ja«, gebe ich zurück. »Vom Fenster aus.«

Alex und der Mann wechseln einen Blick. Dann tritt der Mann auf mich zu und schiebt seine Kapuze ein Stück zurück, sodass er mir besser in die Augen sehen kann. »Hallo, Svenja. Ich bin Owen Tanker, Jonis Vater. Kannst du mir ganz genau erzählen, was du gesehen hast?«

Einen kurzen Moment bin ich zu sprachlos, um irgendwas zu sagen. Mr Tanker! Ich habe ihn überhaupt nicht erkannt! Wenigstens sieht er heute wie jeder x-beliebige Tourist aus, das macht es ein bisschen leichter, mit ihm zu sprechen.

Wir stehen mitten im Regen, und ich versuche, meine Schilderung so sachlich wie möglich zu halten. Die Einfahrt der Kajaks in die Bucht. Wie sie an den Schildern vorbeigepaddelt sind, ohne darauf zu achten. Solo, der zunächst nur Kontakt gesucht hat, wie er es bei den größeren Booten auch tut. Ich habe keine Ahnung, wie ich meinem kleinen Freund am wenigsten schade, und ich kann auch diesen Mr Tanker überhaupt nicht einschätzen, also versuche ich, die Geschichte in Wahrheit Alex zu erzählen, weil ich ziemlich sicher bin, dass wir beide dasselbe für Solo wollen. Als ich fertig bin, sieht Mr Tanker mich noch eine Weile nachdenklich an.

»Es wäre gut, wenn du mit niemandem darüber sprichst«, sagt er schließlich. »Ich weiß, dass schon eine Menge Journalisten hier herumlaufen, und sie werden vermutlich alle Anwohner abklappern. Meinst du, du schaffst das?«

Etwas drückt schwer auf meine Brust, aber ich nicke. Was habe ich sonst für eine Wahl? Die Zeitung in meiner Hand löst sich langsam in klebrigen Buchstabenmatsch auf, also schiebe ich sie in den Ärmel meiner Regenjacke und halte sie dort fest.

Alex blinzelt mich an und lächelt und sofort fühle ich

mich ein klein wenig besser. Mr Tanker wendet sich zum Gehen, und Alex erklärt, dass er gleich nachkommt.

»Danke«, sagt er leise und tritt auf mich zu. »Ist besser so, weißt du?«

»Warum?«

Er hebt die Hand und streicht mir eine feuchte Haarsträhne aus dem Gesicht. Seine Berührung ist trotz der Nässe so warm, dass ich vor lauter Herzklopfen den Atem anhalte.

»Was hat er mit Solo vor?«, frage ich leise.

»Er muss sich zu dem Vorfall äußern. Deshalb ist er hier. Die können nicht einfach zuschauen, wie Kajaker aus ihren Booten gekippt werden.«

»Er wird ihm aber doch nichts ... antun?« Der Gedanke kommt so plötzlich, dass ich anfange zu zittern.

»Nein!« Alex packt meine Schultern und hält mich fest. »Keine Sorge, Owen ist einer von den Guten. Wir checken die Lage und dann gibt er ein offizielles Statement raus. Es wird darauf hinauslaufen, dass die Bucht noch stärker überwacht wird. Und rate mal, was tausendmal billiger kommt als umständliche Patrouillen per Schnellboot?«

»Deine Drohnen?«

Alex grinst. »Mit meinem Prof habe ich schon gesprochen. Wir ziehen einen richtigen Feldversuch in Solitary Cove auf.« Er lehnt sich näher zu mir und flüstert: »Sag es keinem, aber was Besseres als diese Kajaker hätte mir gar nicht passieren können!«

Der Regen läuft immer noch über unsere Gesichter, und auf einmal wird mir bewusst, dass wir nur wenige Zentimeter voneinander entfernt sind, auf einem halb vollen Parkplatz, mit Rosie hinter ihrer Scheibe und allen möglichen Journalisten um uns herum.

Ich schlinge die Arme um meinen Körper. »Glaubst du, Solo wollte die Frau verletzen?«

Alex furcht die Stirn. »Nein«, sagt er fest. »Niemals mit Absicht.«

Ich will nur Alex anschauen, nur in seine Karamellaugen sinken, aber in meine Gedanken schiebt sich ein anderes Bild: Matt und der Orca im Wasser, wie das riesige Tier sein Bein umklammert hält. Sie wollen es vielleicht nicht, aber ihr Spiel kann für einen Menschen blitzschnell tödlich enden.

»Alex?« Ich schlucke. Alles in meinem Kopf dreht sich. Das alles hat nichts mit Solo zu tun, es geht nur um Matt und diese alte Geschichte, aber ich glaube, ich muss mit jemandem darüber reden, weil diese Bilder sonst meinen Kopf zukleben und alles verändern. »Hast du kurz Zeit?«

Er wirft einen prüfenden Blick zur Straße hinüber, wo Mr Tanker eben mit ein paar Leuten vor der Wäscherei spricht.

»Klar«, sagt er dann und greift nach meiner Hand. »Komm mit, wir gehen ein Stück spazieren.«

Natürlich laufen wir wieder den Pfad hinauf, zwischen den Farnen hindurch, auf deren Stielen lange grüne Schnecken hocken. Zweimal bin ich diesen Weg schon in Superpanik hinuntergeflüchtet, aber mit Alex habe ich keine Angst vor Bären oder Pumas und auch nicht vor den Bildern in meinem Kopf. Wir halten uns die ganze Zeit an den Händen und das Tropfen auf dem Blätterdach verblasst zu einem fernen, fremden Wispern.

Ich erzähle ihm alles. Zuerst zögernd, aber dann strudeln die Worte nur so aus mir raus. Mama und Matt und der Sommer in Kalifornien, ohne den es mich nicht geben würde. Ihr Abschied, der Schmerz, sein Unfall. Ich versuche, mich an Matts Worte zu erinnern, aber meine Gedanken haben längst ihr eigenes Bild von den Ereignissen gemalt, und ich glaube, Alex versteht es auch so. Er lässt meine Hand los, und wir kämpfen uns durch das Gestrüpp nach vorn zur

Klippe, von wo aus man die ganze Bucht von Solitary Cove überblicken kann.

Alex bleibt stehen und dreht sich zu mir um. »Hast du ihn schon gemalt?«

»Wen?« Ich bleibe ebenfalls stehen. »Matt?«

»Nicht Matt. Deinen Vater.«

Ich denke ein paar Minuten darüber nach, während uns der Seewind ins Gesicht bläst. »Nein. Nur den Traumvater, den ich mir als Kind immer gewünscht habe.«

Alex blinzelt in den Regen. »Aber Solo hast du gemalt, oder?«

»Ja«, sage ich. »Natürlich!«

»Warum glaubst du, Solo zu kennen? Und warum ist das bei deinem Vater anders?«

»Solo …« Ich verstumme.

Von Solo wusste ich im Grunde nicht mehr als von Matt, aber ihn habe ich vorbehaltlos in mein Leben gelassen.

»Du solltest ihn malen«, meint Alex. »Vielleicht hilft es dir zu verstehen. Aber male nicht, was du siehst, male, was du fühlst, was du über ihn weißt, wie er ist. Male ihn.«

The way you love … the way is you. Auf einmal weiß ich genau, wie das Bild aussehen muss, das ich von meinem Vater habe, und das hat nichts mit hässlichen Narben oder dicken Brummbärten zu tun. Ich lege den Kopf in den Nacken und lasse mir den Regen übers Gesicht laufen, bis mein Kopf wieder ganz klar ist.

Alex ist ganz nach vorn an die Klippen getreten. Ich weiß, wie glitschig die Dinger bei Nässe sind, und muss an mich halten, um nicht zu ihm zu stürzen und ihn zurückzureißen.

»Mein Dad ist nun schon so lange tot …« Alex verstummt. Ich kann sein Gesicht nicht sehen, aber ich höre, wie nah ihm das noch immer geht. Manche Wunden verheilen eben nie.

Trotzdem kann ich mir das nicht länger mit anschauen.

Ich gehe ihm nach, bis an die Kante, und schlinge von hinten meine Arme um seinen Bauch. Ich kann ihn sowieso nicht festhalten, er ist viel größer und stärker als ich – wenn er jetzt abrutscht, liegen wir beide da unten.

Aber die Geste genügt. Er verlagert sein Gewicht nach hinten, zu mir, er will weder springen noch fallen, er hat nur den Moment gebraucht, um den Kontakt herzustellen. Ich frage mich, wie Alex seinen Vater wohl malen würde – was für ein Mensch war er? Alles, was Alex über ihn sagt, klingt so heroisch und kraftvoll. Bestimmt waren sie sich sehr ähnlich. Aber niemand ist makellos perfekt, auch sein Bild hat ein paar Schönheitsfehler.

Alex dreht sich in meiner Umklammerung und hält mich im Arm. Plötzlich ist er mir unglaublich nah, aber seine Augen schimmern trüb, und ich weiß, es geht nicht um uns, wir sind nicht deshalb hier raufgekommen – wir haben beide unsere Geister mitgebracht. Alex zieht mich an sich, und ich lege meine Wange an seine Brust und spüre seinen schnellen Herzschlag, laut, intensiv und so, so lebendig.

Wie konnte ich nur glauben, in Tom verliebt zu sein? Wie konnte ich nicht hierher wollen, wie mein ganzes Leben ohne dieses Gefühl überstehen? Ich drücke mich gegen ihn und halte mich fest, aber ich halte auch ihn fest.

Alex habe ich schon so oft gemalt, aber keinBild beschreibt, wie er wirklich ist. Und eigentlich gehört er nicht mehr allein auf dieses Bild – ich müsste den Betrachter dazumalen, neben ihn. Alex und mich.

Solo lässt sich erst spät am Nachmittag wieder blicken und sofort sind die Boote um ihn herum. Keine Touris, die ihm Hände und Kameras entgegenstrecken, sondern Walexperten und Biologen, die Hydrofone an langen Kabeln ins Wasser hängen.

Mr Tanker steht auf meinem Balkonfelsen und sieht dem Treiben mit gerunzelter Stirn zu. Als er durch unsere Straße gelaufen ist, haben einige Journalisten – darunter dieser Mike – versucht, ein Interview mit ihm zu kriegen. Aber Mr Tanker war höflich und hat sehr bestimmt durchklingen lassen, dass jegliche Statements zu dem Vorfall über sein Büro laufen und Mike sich an die Pressestelle wenden muss. Ich halte das für keine gute Strategie, weil ich nicht glaube, dass einer wie Mike sich damit zufriedengibt. Es wäre besser gewesen, ihn mit gut gefilterten Informationen zu beschäftigen, aber ich werde den Teufel tun und mich in diese Dinge einmischen.

Matt und ich kochen gemeinsam, es gibt Kartoffeln mit grünem Gemüse und dazu panierten Fisch mit einer Soße, die aus gar nicht vielen Zutaten besteht und trotzdem göttlich schmeckt. Als wir beide die zweite Portion auf unsere Teller laden, klopft es an der Tür. Matt steht auf und kehrt kurz darauf mit Eve zurück.

Sie lächelt, als sie mich sieht. So als wüsste sie etwas über mich, von dem ich noch keine Ahnung habe. Mir wird mulmig – hat sie mich etwa mit Alex gesehen heute? Und wennschon. Wir haben schließlich nichts Verbotenes gemacht.

»Willst du mitessen?« Matt zieht einen Stuhl heran und holt ihr einen Teller mit Besteck und ein Glas.

»Danke.« Eve winkt ab. »Ich bin hier, weil ich mit euch reden will.«

»Ich kann mir schon denken, worum es geht«, brumme ich. »Aber das kannst du vergessen, das wird Mr Tanker niemals zulassen!«

Wieder lächelt Eve. Die kriegt man ja wirklich mit nichts aus der Ruhe.

»Wale haben uns Menschen schon immer fasziniert«,

beginnt Eve mit leichter Stimme. »Das hat sich bis heute nicht geändert. Nicht wahr, Svenja?«

Ich starre sie finster an. »Deshalb muss man sie noch lange nicht in ein Aquarium sperren und den ganzen Tag Kunststücke aufführen lassen.«

»Aber man muss den Menschen etwas bieten.« Eve wirft Matt einen langen Blick zu. »Sie mit Momenten füttern. Ihnen die Magie dieser Tiere zeigen. Matt weiß, wovon ich rede. Es genügt nicht, Aufnahmen im Internet zu sehen oder Wale auf die Leinwand zu bringen. Ihr seht es täglich selbst mit Solo. Die Menschen brauchen Nähe, sie brauchen die Realität, nur so sind sie bereit, sich für seinen Schutz einzusetzen.«

Ich schweige, Matt ebenfalls. Ich habe keine Ahnung, worauf Eve rauswill, aber mir gefällt das Gespräch immer weniger.

Eve sieht mich an. »Als ich im Oceanic angefangen habe, waren wir privilegiert. Nicht viele Menschen hatten die Möglichkeit, Wale in freier Wildbahn zu beobachten. Heute ist das anders und trotzdem strömen die Leute immer noch zu uns. Weil ihre Neugier trotz all der Kritik immer noch zu groß ist. Also was machen wir? Weiter wie bisher?« Sie legt eine Kunstpause ein und blickt abwechselnd Matt und mich an. »Ich sage euch, die Zukunft liegt irgendwo dazwischen.«

Matt runzelt die Stirn. »Du bist also nicht von Oceanic geschickt worden? Urlaub im schönen Solitary Cove, Wale im kalten Ozean suchen, das ist alles?«

Eve sieht ihn mitleidig an. »Ach, komm schon, Matt. Hast du etwa alles vergessen? Du warst auch mal einer von uns. Erzähl mir nicht, du träumst nicht mehr von unseren Trainingssessions. Von der Stunde am Morgen, wenn du vor allen anderen am Becken warst. Solitary kam immer zu dir geschwommen, wenn er dich gesehen hat. Nur zu dir.«

Matt beißt die Lippen zusammen. Seinen Teller rührt er nicht mehr an.

»Solitary?«, frage ich leise. »Warum hieß er so?«

»Weil er hier gefangen wurde«, verrät mir Eve. »In dieser Bucht.«

Ich wage kaum, Matt anzusehen. Sein Schmerz ist fast greifbar. Es gibt also noch einen anderen Grund, aus dem er an diesen Ort gezogen ist – nicht nur, weil die Wale ihn meiden. Oh Matt!

»Was ist mit ihm passiert?« Ich muss das einfach wissen. Außerdem bin ich ziemlich sicher, dass Matt die Antwort darauf schon kennt.

»Er ist gestorben.« Eve verzieht das Gesicht. »Sie haben ihn an ein anderes Aquarium verkauft und dort ist er vor ein paar Jahren gestorben.« Ihr Blick flackert zu Matt. »Weiß sie …?«

»Ja«, sagt Matt leise. »Ich habe ihr alles erzählt.«

Eve lächelt nicht mehr. »Dann weißt du auch, was Solo mit dieser Kajakerin hätte anstellen können.«

»Aber er hat ihr nichts getan«, knurre ich. »Er hat nur versehentlich das blöde Kajak umgeworfen!«

»Zum Glück.« Eve sieht mich eindringlich an. »Willst du warten, bis wirklich etwas passiert? Oder lieber handeln, solange es noch geht?«

»Aber wir handeln doch schon!« Ich springe auf. »Mit den neuen Drohnen können wir die Bucht viel besser überwachen. Alex hat ein System entwickelt, wie die Drohne Solo aufspüren kann, und die Leute …«

»Wir«, unterbricht Eve mich belustigt. »Das habe ich gesehen. Du gehörst nicht dazu, Svenja. Merkst du das nicht? Dieses Mädchen von SaveOrcaSouls, die benutzen euch doch nur. Dich braucht sie nicht, sie braucht vielleicht diesen Biologen mit seiner Drohne, aber du bist nur ein Komparse in ihrem Spiel.«

»Eve«, sagt Matt scharf.

Eve seufzt leise. »Es geht nicht bloß um den Schutz von Kajakern und Booten«, sagt sie, nun wieder ganz sanft. »Mir geht es in erster Linie um den Schutz von Solo.«

»Und deshalb willst du ihn einsperren?« Ich lehne mich gegen den Tisch. Der Appetit auf unser inzwischen kaltes Essen ist mir vergangen.

»Nein.« Eve sieht mir fest in die Augen. »Ich will ihn nicht in ein Becken sperren. Niemand möchte das.«

»Aber das Oceanic hat seine Finger im Spiel«, vermutet Matt.

Eve nickt zögerlich, dann senkt sie die Stimme. »Was ich euch jetzt erzähle, muss unser Geheimnis bleiben. In Ordnung? Solo kann nicht frei bleiben, früher oder später kommt jemand zu Schaden! Deshalb hat das Oceanic angeboten, sich um ihn zu kümmern.«

»Also doch«, fahre ich hoch.

»Hör mir zu!« Eves Stimme wird wieder lauter und ziemlich eindringlich. »Solo bleibt hier, in Solitary Cove. Wir bauen ein Beobachtungszentrum mit einem langen Steg und einem Unterwassertunnel, sodass man Solo studieren und ihm zusehen kann. Er bekommt einen schwimmenden Pferch aus Netzen, ein Gehege in seinem natürlichen Lebensraum. Dazu sperren wir einen Teil der Bucht ab, der auch nicht mehr von Booten frequentiert werden darf. In diesem Pferch wäre Solo geschützt. Er könnte dort so frei sein wie bisher, aber er hätte Kontakt zu Menschen und würde eine völlig neue Vision der Walhaltung repräsentieren. Du, Svenja, könntest ihn besuchen kommen, sooft du willst – du könntest sogar einmal selbst mit ihm arbeiten!«

Ich bringe kein Wort heraus. Was Eve da erzählt, klingt vollkommen verrückt – oder doch nicht? Ist das vielleicht die Lösung für Solo, der Kompromiss aus Schutz und Freiheit?

»Wie wollt ihr ihn füttern?« Matt verzieht keine Miene. »Er ist ein Transient, ihr könnt ihm nicht einfach Fische durch ein Rohr pusten.«

»Vorerst würden wir ihm Robbenfleisch füttern.« Eve zieht einen Hefter aus ihrer Tasche und reicht ihn Matt. »Später sehen wir weiter. Er ist nicht der erste Transient, der von Menschen gefüttert wird. Meines Erachtens ist er ohnehin sehr dünn für sein Alter.«

Ich kann das alles immer noch nicht glauben. »Aber was ist mit seiner Familie? Er kann nicht allein bleiben, er braucht doch seine Familie!«

»Er würde natürlich nicht allein bleiben.« Eve lehnt sich in ihrem Stuhl zurück. »Wir würden ihm einen ...«

Es klopft erneut an der Tür und Eve verstummt. Matt und ich schauen uns an, und weil ich schon stehe, laufe ich in den Flur und öffne.

Vor mir steht Rosie, mit einem breiten Lächeln im Gesicht, im Arm eine Schale, aus der es wunderbar duftet. »Ich dachte mir, ihr habt sicher Lust, meine neue Kreation zu probieren.« Sie schiebt sich an mir vorbei ins Haus.

Ich bleibe hinter ihr stehen, unsicher, ob ich was sagen soll, aber da erstarrt sie schon an der Schwelle zur Küche, wahrscheinlich weil sie Eve dort sitzen sieht.

»Oh!«, höre ich sie sagen.

»Hallo, Rosie.« Matts Stimme. »Das ist Eve, eine alte Freundin. Eve, das ist Rosie.«

Eve macht keine Anstalten, aufzustehen oder Rosie zu begrüßen. Ihre Stimme ist leise, sie scheint zu Matt zu sprechen.

»Tut mir leid«, sagt er daraufhin. »Wir sind mitten in einer Besprechung. Kannst du ... kann ich dich später ...«

»Mach dir keine Mühe, Matt.« Rosie schnauft wie Solo nach einem langen Tauchgang. »Ich habe schon verstanden.«

Und damit wirbelt sie herum und stürmt an mir vorbei und die Duftwolke aus der Schale unter ihrem Arm hüllt mich ein wie Nebel.

»Rosie, warte!« Ich laufe ihr nach zur Tür, aber sie stolpert schon die Verandastufen hinunter. Die Schale rutscht ihr aus dem Arm und ein gelblicher, zähflüssiger Brei ergießt sich über den Weg. Fluchend bückt sie sich und schaufelt ihre zerstörte Kreation mit bloßen Händen zurück in die Schale. Ich ziehe meine Socken aus und folge ihr.

»Lass«, sagt sie schroff. »Soll er ruhig sehen, was er davon hat.«

Ich schaue ihr nach, wie sie im Nachtregen verschwindet, und am liebsten wäre ich mit ihr mitgelaufen. Bei Rosie fühle ich mich tausendmal wohler als in der Gegenwart von Eve Tally, aber natürlich hat sie recht – je mehr Leute eingeweiht sind, desto schwieriger wird so ein Unterfangen.

Ich mache die Tür zu, und dabei fällt mein Blick auf die Zeitung, die noch immer im Ärmel meiner Jacke steckt. Ich ziehe sie heraus und streiche sie glatt. Warum hat Rosie sie mir eigentlich gegeben? Ich habe noch nie Zeitung gelesen. Wahrscheinlich ist sie für Matt, aber die relevanten Ecken habe ich ohnehin im Regen vernichtet. Ich falte die Zeitung auseinander, um den Schaden zu begutachten, und keuche auf.

Mitten auf der Innenseite, so groß, dass man es überhaupt nicht übersehen kann, prangt das Bild eines mächtigen weißen Orcas. Leider ist es kein schöner Anblick, denn das Tier liegt an einem Strand, sein riesiger Körper ist zur Seite gekippt, und das Maul steht ein Stück weit offen, sodass seine Zähne deutlich zu sehen sind. Er ist tot – und erst da wird mir bewusst, warum ich das Bild anstarre.

Ein weißer Wal. Der helle Fleck in dem Meeresleuchten! Oh mein Gott, er ist es, er muss es sein, das ist der Wal, den

Paul und Miyu gesehen haben, der Wal, der mit Solo geschwommen ist ... Hastig blättere ich den Rest der Zeitung auseinander und da steht es:

Weißer Wal im Reich des weißen Bären
Gestern in den frühen Morgenstunden fanden Forscher im Great Bear Rainforest den Kadaver eines weißen Orcawals. Vermutlich handelt es sich bei dem Tier um einen Albino, doch warum vorher nichts über ihn bekannt war und auch keine Fotos von ihm existieren, bleibt rätselhaft. Der weiße Orca wurde obduziert, und sein Mageninhalt lässt darauf schließen, dass es sich um einen sogenannten Transient handelt – Orcas, die anstelle von Fisch Jagd auf Säugetiere machen. Zudem war das Tier weiblich. Zum Todeszeitpunkt konnten die Forscher noch nichts sagen, es wird aber vermutet, dass der Wal bereits vor geraumer Zeit gestorben ist.

Ich lasse die Zeitung sinken und starre auf das Bild. Ob das Solos Mutter ist? Dann können wir ihn gar nicht zu seiner Familie zurückbringen! Ein seltsames Gefühl erwacht in meinem Bauch und zum ersten Mal fühle ich mich nicht mehr hilflos.

Eve hat recht. Der kleine Wal hat uns ausgesucht, uns und diesen Ort. Hier möchte er leben. Und genau dabei helfen wir ihm jetzt.

PERSONA NON GRATA

In der Nacht träume ich von einem Wal, der mich in seinem Maul spazieren trägt. Seltsamerweise sind seine Farben umgekehrt, wie bei einem Cembalo. Und er schwimmt auch nicht, sondern kann fliegen. Als ein riesiger Bleistift auf uns zuschießt, wache ich auf. Wann noch mal habe ich behauptet, in Solitary Cove wäre nichts los? Ich könnte einen Reiseblog schreiben, bestimmt hätte ich spannendere Geschichten zu erzählen als Tom.

Tom. Wahnsinn! Bei meinem Abflug dachte ich noch, ich würde es keine Woche ohne ihn aushalten. Ohne ihn wenigstens kurz zu sehen, mit ihm zu quatschen oder nur zu wissen, dass er in derselben Stadt ist wie ich und ich ihm theoretisch jederzeit begegnen könnte. Er hat mir in manchen Nächten so sehr gefehlt, dass ich kein Auge zugemacht habe, weil die Träume von ihm alles waren, was mich irgendwie am Leben hielt. Vollkommen bescheuert. Dabei hat Tom sich nie für mich interessiert, nicht so wie ich mich für ihn.

So wie mit Alex, so muss es sein! Ich wünschte, ich könnte hierbleiben, für länger. Für sehr viel länger als nur einen Sommer.

Der Regen hat aufgehört und unsere kleine Bucht ist bereits wieder voller fremder Boote. Ich sehe das Zodiac von SaveOrcaSouls vorn am Anleger baumeln und mein Magen macht einen Satz. Mensch, Alex wollte mich doch mitnehmen, wenn er die neuen Drohnen auf dem Wasser ausprobiert! Ob er schon hier ist? Nein, kein blauer Dodge zu sehen. Aber besser, ich bin heute fertig, bevor er kommt.

In Windeseile ziehe ich mich an. Frühstück, Waschen, Zähneputzen, und schon hopse ich die Veranda hinunter. Sogar die Felsen hinter unserem Haus werden von Fremden belagert. Die haben es sich mit Decken, Ferngläsern und Brotzeit für drei Tage auf meinem Ausguck bequem gemacht.

Eve behauptet, all diese Menschen würden ohne Zögern Eintritt bezahlen, um Solo sehen zu dürfen. Wenn man ihnen dafür eine Plattform anbietet und sie näher herandürfen als hier, würden sogar noch mehr kommen. Damit kontrolliert man sie und schafft Regeln – eine Win-win-Situation für beide Seiten, Schaulustige und Wal. Ich habe mir das gestern die halbe Nacht lang angehört, und es gibt definitiv einen Punkt, der mir nicht mehr aus dem Kopf geht. Ist Solo möglicherweise der erste Wal, der in menschlicher Obhut leben kann, ohne seinen natürlichen Lebensraum verlassen zu müssen? Er würde völlig frei bleiben, keine blöden Kunststücke vorführen, bloß einen verkleinerten Lebensraum haben. Man könnte andere Orcas dazuholen, Orcas, die ihr Leben in Gefangenschaft verbracht haben und die man nicht ohne Weiteres wieder auswildern kann. Solche Zentren gibt es bereits für Delfine. Warum sollte es also nicht auch für Orcas funktionieren?

Vielleicht revolutioniert Solo die Orca-Haltungsform in den Meeresparks weltweit, wer weiß? Irgendwann gibt es keine Aquarien für Wale mehr, weil die Leute das auch gar nicht mehr sehen wollen. Aber es wird immer Wale geben, die unsere Hilfe brauchen oder vielleicht krank oder verletzt sind, und für die hätte man dann einen Platz. Vielleicht gibt es irgendwann gar keine Boote mehr in Solitary Cove, nur Wale – genau an dem Ort, wo sie einst eingefangen wurden. Oh Mann. Es klingt zu perfekt, um wahr zu sein.

Als ich am Parkplatz ankomme und nach dem blauen

Dodge suche, kommt das Fischerboot zurück, das mit dem kläffenden Hund. Nur ohne Hund diesmal. Dafür zetert der Fischer umso lauter. Aufgebracht und wütend stampft er auf dem Boot herum und schreit, er werde die Behörden informieren. Da stimmt was nicht! Ich laufe zum Steg und stelle mich unter das Schild, nah genug, dass ich mitkriege, was ihn so sauer gemacht hat.

»… Wasser gefallen«, höre ich ihn wettern. »Dieser verdammte Wal!«

Wie bitte? Ich gehe näher hin. Ist mir egal, ich muss das jetzt hören. Der Fischer nimmt mich sowieso nicht wahr, er wirft das Tau über den Poller und teilt sich lautstark einem anderen Fischer mit.

»Absichtlich?«, fragt der andere jetzt. »Er hat ihn absichtlich reingeworfen?«

»Ja, wenn ich es doch sage! Der Wal hat gegen unser Boot gestoßen, immer wieder! Bis er abgerutscht ist. Ich habe noch versucht, ihn zu retten, aber er ist untergegangen, einfach untergegangen!«

Der Fischer weint! Oh mein Gott. Er hat diesen schrecklichen Hund wohl ziemlich lieb gehabt. So ein Ende hat er nicht verdient, echt nicht. Auch wenn ich mehr Mitleid mit dem Fischer habe als mit seinem dicken Hund.

Plötzlich guckt er hoch und sieht mich da stehen. Ich weiß nicht, was ich in ihm auslöse, aber sein Blick verdüstert sich, und er schreit zu mir herüber: »Schafft euren Mörderwal endlich aus der Bucht raus! Wenn die vom DFO nichts unternehmen, mache ich es, darauf könnt ihr wetten!«

Erschrocken drehe ich mich um und flüchte vom Steg. Was heißt hier, Solo ist schuld – dieser Hund ist immer wie ein Irrer auf dem rutschigen Bootsdeck herumgerannt! Und überhaupt rammt Solo keine Boote aus Böswilligkeit. Das ist seine Art von Körperkontakt. Ich merke, wie mir die Tränen kommen. Oh Solo, was soll ich nur machen? Was ist richtig, was soll ich tun?

Ein Auto hält neben mir, so dicht, dass ich erschrocken zur Seite springe, aber es ist nur Alex.

Grinsend springt er raus und will mich in den Arm nehmen, aber da sieht er mein Gesicht und hält erschrocken inne.

»Was ist passiert?«

Ich deute auf den Fischer und berichte in kurzen Worten, was ich gehört habe.

Alex runzelt die Stirn. »Du weißt, was er sehr wahrscheinlich mit dem Hund gemacht hat, oder?«

Mir wird so schlecht, dass ich kein Wort rausbringe. Alex geht zu dem Fischer und versucht, mit ihm zu reden, aber er kriegt nur in etwa dasselbe zu hören wie ich.

Als er zurückkommt, packe ich Alex am Arm. »Er wird Solo doch nichts antun, oder?«

»Das wagt er nicht.« Alex dreht sich zu dem Fischer um und runzelt die Stirn. »Wir sollten ihn trotzdem im Auge behalten.«

Joni wartet am Anleger neben dem Plakat, das die Leute von SaveOrcaSouls vor einer gefühlten Ewigkeit dort angeschlagen haben.

»Hallo, Joni.« Ich bin so froh, dass wir gleich zu Solo fahren. Irgendwie mache ich mir jetzt doch Sorgen um ihn.

Joni geht wortlos an uns vorbei zum Wasser hinunter. Sie kneift die Lippen zusammen – ist sie auch wütend wegen dem Fischer?

»Weißt du, was?« Joni wirbelt herum, ihre Augen blitzen mich an. »Ich nehme dich nicht mit.«

Wie vom Donner gerührt stehe ich da, aber sofort stellt sich Alex dicht neben mich. »Was soll das, Joni? Natürlich kommt sie mit!«

Jonis Miene bleibt eisig. »Nein, Alex. Sorry. Dein Mädchen muss hierbleiben. Und ich glaube, sie weiß, warum.«

Eve, denke ich. Eve hat es ihr erzählt! Aber warum sollte sie das tun? Ausgerechnet Joni?

»Kannst du vielleicht mal erklären, was das soll?«, fragt Alex sauer. Er steht immer noch schützend neben mir. Ich fühle mich auf einmal so schwer, dass ich Angst habe, im Boden zu versinken.

»Oceanic!« Joni stemmt die Hände in die Hüften und funkelt mich an. »Na? Klingelt was?« Als ich nichts sage, dreht sie sich zu Alex um. »Sie und ihr Dad machen gemeinsame Sache mit jemandem vom Oceanic. Die wollen Solo dorthin bringen!«

»Was?« Alex macht einen Schritt von mir weg. »So ein Quatsch. Svenja liebt Solo, das würde sie nie tun.«

»Nein?« Joni bohrt ihren Blick in meinen. »Wirklich nicht, Svenja?«

Ich weiß nicht, wie ich reagieren soll. Es stimmt nicht, was sie sagt, aber natürlich kenne ich Eves Pläne … Was jetzt, lügen? Oder die Wahrheit, die ich nicht erzählen darf?

»Woher willst du das wissen?«, fragt Alex sie jetzt. »Hat das einer der Journalisten behauptet?«

Joni schüttelt langsam den Kopf. »Mein Dad. Ich habe heimlich ein Telefonat mitgekriegt. Jemand vom Oceanic ist hier, in Solitary Cove! Weißt du überhaupt, was mit den Walen dort gemacht wird? Hast du irgendeine Ahnung, was du Solo damit antust?«

Alex starrt mich an und jetzt kann ich erst recht nichts mehr sagen. Er weiß von Matt, er kennt seine Vergangenheit und seine Verbindung zum Oceanic! Aber ich würde Solo nie schaden, ich will ihm helfen!

Joni und Alex sehen sich an und ich fühle mich noch mieser.

»Das ist doch Bullshit«, versucht Alex es noch mal. »Ihr habt mit dem Oceanic nichts zu schaffen, richtig?«

Ich schlucke, ich will nicht, dass er geht, aber ich kann ihn bestimmt nicht aufhalten, außer ich lüge, außer ich sage, was sie hören wollen – was ist denn richtig, verdammt? Was soll mit Solo geschehen?

»Eve ... Eve und Matt, sie waren mal Kollegen.«

»Eve?« Joni zieht die Brauen hoch.

»Eve Tally. Das ... das ist die Frau aus dem Oceanic.«

»Also doch«, schnaubt Joni aufgebracht.

»Warte mal«, fährt Alex dazwischen. »Dein Dad und diese Eve kennen sich von früher, ja? Und jetzt ist sie hier, um – um was, Solo mitzunehmen? Ist das wahr? Stimmt das, Svenja?«

Meine Kehle ist so eng, so eng. Bloß nicht heulen, nicht vor ihm! Ich hebe die Schultern, schüttle den Kopf – nicke. »Es ist nicht, wie ihr denkt«, flüstere ich mit erstickter Stimme. »Aber ... ich kann es euch nicht erklären. Noch nicht!«

Joni reicht das offenbar. Sie dreht sich um, stapft mit lauten Schritten zu dem weißen Zodiac und springt hinein.

Ich wage kaum, Alex anzuschauen. Er starrt mich an, und ich denke: Alex kann ich es doch sagen! Joni nicht, aber Alex schon. Wir gehen wieder in unseren Bärenfarn, da sind wir allein, und ich erzähle ihm alles, so wie am Tag zuvor. Aber Alex will anscheinend keine Erklärung mehr hören, und als Joni ihn ruft, lässt er mich ohne ein Wort des Abschieds stehen und steigt zu ihr auf das Boot.

Mike wartet auf der Veranda auf mich, als ich am Abend nach Hause komme. Den ganzen Tag habe ich damit verbracht, Matt zu malen, aber es hat nicht geklappt, ich konnte nämlich nur an Alex denken, daran, wie leicht alles kaputtgehen kann. Als ich Mike nun da sitzen sehe, kommt all der Schmerz dieses Tages wieder in mir hoch.

»Hallo, Svenja«, sagt er auf Deutsch, so als wären wir Verbündete.

»Was willst du?« Ich habe keine Lust, mit ihm zu reden. Jetzt erst recht nicht.

»Habt ihr Streit?« Er fragt das wie ein Freund, der sich Sorgen macht, aber das bringt mich nur noch mehr auf die Palme. Ich schiebe ihn zur Seite und dränge mich an ihm vorbei.

»Lass mich in Ruhe, Mike! Ich erzähle dir nichts mehr!«

»He, du weißt doch gar nicht, was ich von dir will.« Er läuft mir nach. »Jetzt bleib wenigstens stehen. Eine Minute, komm schon!«

Ich wirble herum und schaue ihm direkt in seine Nico-Santos-Augen. Oh Gott, nie wieder werde ich diese Musik hören können, ohne an Mike zu denken.

»Was?«

Mike lächelt. »Ich hätte einen Tausch anzubieten.« Als ich nichts sage, redet er weiter: »Eine Story von mir gegen eine Story von dir!«

»Und was soll das für eine Geschichte sein?«

»Vielleicht weiß ich ja was über Mr Tanker, was nicht mal seine Tochter ahnt.«

»Vielleicht.«

Er lächelt wieder. »Finde es raus!«

»Und was willst du dafür von mir?«

Jetzt wird Mike zappelig. Er will es nicht zeigen, aber sein Blick flackert, und er bohrt seine Hände in die Hosentaschen. »Was weißt du über die Pläne von Eve Tally?«

»Vergiss es!« Ich lasse ihn stehen und mache die Tür auf.

»Also stimmt es?«, ruft er mir nach. »Hat das Oceanic sie geschickt, um Solo mitzunehmen?«

»Wer hat das behauptet?«

Mike grinst. »Verrate ich dir, wenn du mit mir redest!«

»Nein danke.« Ich will die Tür zuwerfen, aber Mike stellt seinen Fuß in den Spalt.

»Dann weißt du auch, dass vor vierzig Jahren ein Wal namens Solitary gefangen wurde? Hier in dieser Bucht?«

Ich erstarre innerlich. Wie immer er den Zusammenhang hergestellt hat – er hat kein Recht, sich in Matts Angelegenheiten einzumischen!

»Verschwinde«, knurre ich bloß. »Das ist Hausfriedensbruch!«

Mike nimmt seinen Fuß aus der Tür. »Fünf Minuten, komm schon, Svenja! Ich kriege es ja sowieso raus, ob ihr mit mir redet oder nicht!«

»Dann mach doch!« Ich drehe mich um und werfe einfach die Tür hinter mir zu. Mike kann mich mal. Dem erzähle ich ganz bestimmt nichts, da kann er sich auf den Kopf stellen!

Am Abend ist eine neue Nachricht im Netz. Sie ist brisant genug, um auf der Startseite sämtlicher westkanadischer News-Feeds angezeigt zu werden, und ich weiß jetzt schon, wer sich nicht darüber freuen wird.

Solitary-Cove-Orca: Schon bald im Oceanic?

Nach dem dramatischen Zwischenfall vor drei Tagen, bei dem eine Kajakerin aus Oregon leicht verletzt wurde, ergreift Mr Tanker, Beauftragter für Meeressäuger beim Department of Fisheries and Oceans, nun drastische Maßnahmen. Um die Menschen in Solitary Cove vor den Zugriffen des verwaisten Orcamännchens zu schützen, soll der Wal möglicherweise in ein Meeresaquarium, das Oceanic im US-Bundesstaat Kalifornien, gebracht werden. Zu diesem Zweck ist eine Orcatrainerin des Oceanic, Eve Tally, bereits seit Tagen in Solitary Cove vor Ort.

Seitens der Bevölkerung gibt es erste Proteste bezüglich der Pläne von DFO und Oceanic. »Orcas sind extrem soziale Tiere«, erklärt Alexander Cole, Student der Meeresbiologie an der University of Victoria. »Sie bleiben ihr Leben lang zusammen und schwimmen Hunderte Kilometer am Tag, um zu jagen.« Und Prof. Dr. Sang Young, Cetacean-Forscher am Institut von Nanaimo, bestätigt: »In einem Betonbecken kann keines ihrer natürlichen Bedürfnisse erfüllt werden, weshalb Orcas in Aquarien nicht selten krank, depressiv oder sogar aggressiv werden. Einen Orca in ein Aquarium zu sperren, ist in meinen Augen ein Verbrechen.« (MK)

Da hat also echt jemand mit Mike geredet und ihm von den Plänen mit dem Oceanic erzählt. Ich fasse es nicht! Und wie klug er diese Behauptung aufstellt. Er schreibt »möglicherweise«, womit er sich aus der Affäre zieht – es stimmt nämlich gar nicht, was er behauptet! Eigentlich schiebt er die ganze Sache nun Alex und diesem Forscher in die Schuhe. Mein Instinkt hat gut funktioniert, glaube ich. Mike ist nicht zu trauen, es war absolut richtig, ihn wegzuschicken.

Welche Kreise sein Artikel zieht, erfahren wir bereits am nächsten Tag. Ein Fernsehteam macht sich auf dem Anleger breit und fängt jeden Bootsführer ab, der um diese Zeit schon auf den Beinen ist. Der Parkplatz ist bereits am frühen Morgen komplett überfüllt, noch nie habe ich so viele Leute in unserer kleinen Bucht gesehen! Die Frau von der Wäscherei verkauft frischen Kaffee auf der Straße und Rosie hat ihre Backwaren auf einem Klapptisch ausgebreitet. Alle geben sie bereitwillig Interviews, als das Fernsehteam mit seinen Kameras und Mikrofonen ankommt – alle bis auf Rosie, die sich wegdreht und entschieden den Kopf schüttelt. Oje, ich muss unbedingt zu ihr! Bestimmt ist sie immer noch sauer wegen dem Abend, als Eve bei uns war.

Aber zuerst muss ich hören, was die Leute zu sagen haben. Ich versuche, mich an das Fernsehteam heranzuschleichen, damit ich mithören kann, ohne selbst Opfer ihrer Interview-Attacke zu werden. Natürlich ist Joni mit von der Partie. Die hat kein Problem damit, sich vor die Kameras zu stellen, war ja klar. Wo ist Alex überhaupt? Seine Drohne kreist über den Felsen und sucht nach Solo, aber ihn kann ich nirgends sehen. Doch – mitten unter den anderen Booten treibt ein ausgehöhlter Baumstamm. Das Red-Cedar-Kanu nimmt kaum Platz ein, aber als ich es einmal entdeckt habe, kann ich den Blick nicht mehr davon abwenden. Alex und dieses Baumstammboot bedeuten mir so viel, dass ich heulen könnte. Wie gern wäre ich jetzt bei ihm! Bei ihm und bei Solo.

Ich werfe einen letzten Blick zu Rosie hinüber und merke, dass sie mich ebenfalls beobachtet. Wir lächeln uns zu, aufmunternd, verschworen – es tut so gut, wenigstens noch eine Verbündete hier zu wissen! Dann mache ich kehrt und renne zurück zu unserem Haus.

Als es Nacht wird, verstummen die Geräusche vor den Fenstern, und ich kann endlich die feuchtwarme Seeluft hereinlassen, die ich den ganzen Tag zusammen mit all den Menschen ausgesperrt habe. Das TV-Team stand auch vor unserem Haus, zusammen mit Mike, aber ich habe ihnen einfach die Tür vor der Nase zugeknallt. Wildfremde Leute hatten sich auf dem Parkplatz versammelt, Transparente hochgehalten und lautstark gegen die Kooperation mit dem Oceanic protestiert.

Ich lehne mich ans Sims und merke, dass ich am liebsten heulen würde. Wenn ich Alex nicht erkläre, was Eve vorhat, redet er dann gar nicht mehr mit mir? Ich kann ihn nicht anlügen, aber ich muss doch an Solo denken, was richtig für ihn wäre – Solo wird länger hier sein als ich, ihn bringt kein Flieger zurück in sein richtiges Leben. Und Alex? Ich seufze. Verdammt. Alex und ich, das hat doch sowieso keine Zukunft. Bald bin ich wieder in Berlin und er …

Ein Knall zerreißt die Stille. Ich keuche auf. Was war das? Klang wie eine Fehlzündung, ein Auto, das nicht anspringen will … Da sehe ich das Boot, weit hinten am Eingang der Bucht. Zu dunkel, um mehr zu erkennen, nur dieses Boot, mitten in der Nacht. Mein Herz schlägt so laut, dass ich es hören kann. Ein Boot. Und dieser Knall. Ein Schuss?

Solo. Nein!

Ich lehne mich über das Sims, hinaus in die Nacht. Was ist das für ein Boot? Der Fischer mit dem dämlichen Hund? Wenn er das ist, wenn er Solo …

Wieder ein Schuss, laut und hart. Das Felsenecho knallt in meinen Ohren wie ein Kommando.

»Matt?« Ich falle zurück ins Zimmer und stürze in den Flur. »Matt«, schreie ich. »Matt, komm schnell!«

Er trägt nur Shorts und ein T-Shirt, als er aus seinem Zimmer taumelt. »Was ist passiert?«

Ich strecke den Arm aus, zeige zum Fenster.

»Jemand schießt auf Solo«, keuche ich. »Wir müssen was tun, Matt. Wir müssen sofort was unternehmen!«

NACHT UND NEBEL

Der Kran dreht sich einmal im Kreis, bis sein langer Hals zur Meerseite zeigt. Eve dirigiert den Fahrer, dann endlich ist sie zufrieden und reckt beide Daumen in die Luft.

Ich ziehe die Decke fester um meine Schultern und klammere mich am Bootsrand fest. Das Ruderboot mit dem Außenbordmotor hat mehr mit der Red Cedar gemein als mit dem Zodiac von SaveOrcaSouls, trotzdem habe ich mich in dem Baumstammkanu immer sicherer gefühlt. Aber das lag bestimmt nur an Alex.

Eve gibt uns ein Zeichen und Matt startet den Motor. Es geht los! Wir flüstern über das Wasser, so langsam fährt Matt. Damit wir niemanden aufwecken, der uns bei unserem Vorhaben stören könnte. Ich merke, wie mein Herz schneller klopft. Seit Ewigkeiten darf ich nun endlich wieder bei Solo sein! Als wir seine Atemwolke im Mondlicht sehen und das leise Zischen hören, bleibt Matt stehen, und wir lassen uns von den Wellen treiben. Wo ist er hin? Ich lege meine Hand aufs Wasser und merke, wie Matt neben mir keuchend die Luft einzieht. Aber ich habe keine Angst – nicht vor Solo. Ich beuge mich sogar über den Bootsrand, damit er mich besser sehen kann.

»Solo«, rufe ich leise. »Komm, Solo! Wir retten dich!«

Ein paar Augenblicke lang geschieht gar nichts. Mondnebel schwappt um unser Boot, und ich denke schon, Solo hat die Bucht klammheimlich wieder verlassen, da taucht er plötzlich neben uns hoch. Matt fährt zusammen und unser Boot schaukelt seitwärts. Solo stupst es zaghaft wieder zurück. Er hat was gelernt – wie man Boote anstößt, ohne sie gleich umzuwerfen.

Ich strecke die Hand aus und streichle seine kühle Nase, die vor uns aus dem Wasser guckt.

»He, kleiner Wal«, wispere ich ihm zu. »Ich hab dich vermisst, weißt du das?«

»Achtung«, verkündet Matt leise, und mein schöner Moment zerplatzt jäh. »Wir fahren zurück!«

Jetzt muss ich versuchen, Solo hinter mir herzulocken. Aber das ist nicht schwer, er folgt dem Boot sowieso. Ob er spielen will oder bei mir bleiben, ist mir gerade egal, denn er schwimmt genau auf die Schneise zu, wo sich der Kran nun langsam ins Wasser hinabsenkt.

»Wir müssen ihn längsseits bringen«, ruft Matt mir zu. »Schaffen wir das?«

Puh, leicht gesagt. Solo will sich das Boot nämlich lieber von vorn ansehen. Aber als ich ihn wieder rufe, kommt er zu mir, und einen Augenblick lang schwimmt er genau unter dem Kran. Es platscht, als Eve ins Wasser springt. Nur wenige Handbreit neben Solo taucht sie auf. Natürlich, als Waltrainerin ist sie es gewohnt, so engen Körperkontakt mit riesigen Raubtieren zu haben, aber mir wird trotzdem mulmig, als ich ihr zusehe.

»Jetzt, das Seil!«, keucht sie nach oben. Matt wirft ein Tau herüber und Eve fängt es im Flug. Matt zieht daran, steuert unser Boot ein Stück seitwärts und bekommt ein prustendes Zeichen von Eve, die mit dem Kopf unter Wasser steckt. Noch weiter rechts. Zurück. Stopp, jetzt wieder vor – auf einmal liegt Solo reglos im Wasser. Er schwimmt nicht mehr, sondern wird von einer Art Hängematte gehalten. Ich weiß, was das bedeutet. Oh mein Gott, genau so haben sie früher die Wale gefangen, die dann in Meeresparks abtransportiert wurden! Mir wird ganz schlecht.

Habe ich einen Fehler gemacht, Solo so auszuliefern? Ist es wirklich richtig, was wir hier tun?

Aber dann muss ich wieder an den Schuss denken. An meine Erleichterung, als wir Solos Atemwolke auf dem dunklen Wasser gefunden haben, und Eve, die neben mir saß und den Arm um mich legte und keine Worte brauchte, nichts, nur diesen einen Moment, um mich zu überzeugen.

Eve gestikuliert nun wie wild zu dem Kran hinauf. Stotternd wickelt sich das Seil an der Winde auf. Die ganze Szenerie wirkt gespenstisch, wie sich der Wal langsam in seiner Hängematte aus dem Wasser erhebt und durch den wabernden Nebel gleitet, unheimlich angeleuchtet von den Scheinwerfern des riesigen Trucks, der normalerweise bloß Baumstämme durch den Wald transportiert. Ich greife nach Matts Hand, weil ich mich irgendwo festhalten muss. Solo ist in diesem Augenblick absolut hilflos – nun ist es an uns zu entscheiden, wohin seine Reise geht.

Als Solo über das Ufer gehoben wird, steuert Matt rasch den Steg an. Solo schwebt hoch über unseren Köpfen davon. Von hier unten sieht er fremd aus, wie der Schatten eines Wals unter Wasser. Ob ich Solo jemals so malen könnte? Eigentlich müsste ich es, denn dieser Anblick gehört definitiv zu den Erinnerungen, die mich niemals wieder loslassen werden.

Matt springt in den Truck und wirft den Motor an. Die Scheinwerfer ruckeln und zucken über das Meer, bis sie schließlich Richtung Wald zeigen. Der Kran lässt Solo langsam nach unten ab und die Trage landet exakt mittig auf dem Anhänger des Trucks.

Eve klettert in ihrem schwarzen Neoprenanzug aus dem Wasser und läuft auf Solo zu, der nun leicht verwirrt mit den Flossen schlägt. Er liegt in einer Art Riesenbadewanne, die zum Teil mit Wasser gefüllt ist. Eve löst die Verankerung und die Trage entlässt den kleinen Wal in sein neues Gefängnis.

Matt betätigt die Lichthupe und ich springe schnell zu Eve auf den Anhänger. Wir bleiben die Fahrt über bei Solo, damit wir überprüfen können, ob es ihm gut geht. Mir wird ein bisschen schwindlig, als sich der Truck in Bewegung setzt und auf die ruckelige Piste abbiegt, die normalerweise für den Transport der Holzstämme vorgesehen ist, aber als ich Solos Blick spüre, seine Furcht und seine Unsicherheit, da schiebe ich meine Gedanken und Grübeleien zur Seite und konzentriere mich nur auf ihn.

Man merkt, dass Matt den Monstertruck gewohnt ist, denn obwohl wir mitten durch den Wald fahren, bleibt Solo die Fahrt über relativ ruhig. Nur einmal, in einer besonders wackligen Kurve, schlägt er plötzlich mit den Flossen und versucht, sich aus dem engen Becken zu befreien.

»Ganz ruhig, Junge«, murmelt Eve. Sie erzählt mir, dass sie auf diese Art schon Wale mit dem Flugzeug außer Landes begleitet hat. »Sie trocknen nicht aus, aber ihr Blasloch bleibt schön frei. Wir machen das nicht zum ersten Mal, Svenja. Keine Angst, ihm geht es prima!«

Wir brauchen eine kleine Ewigkeit, weil Matt nicht viel schneller als Schritttempo fahren kann. Er steuert ruhig und sicher, und ein paarmal nicke ich ein, aber nicht für lange – die Schlaglöcher schütteln mich immer schnell wieder wach. Irgendwann schimmern die Baumwipfel goldgrün und über den Bergen verfärbt sich der Himmel. Ich lege meine Hand auf Solos Haut, aber sie fühlt sich immer noch schön kühl an. Es war eine gute Idee von Eve, durch die Nacht zu fahren.

Unvermittelt richtet sich Eve neben mir auf und der Truck bremst sacht ab. Ich blinzle in das frische Tageslicht und schaue mich um.

Wasser schwappt hier nicht gegen Felsen, sondern eine steile Uferböschung. Salzgeruch schlägt mir in die Nase, und ich merke, wie Solo wieder unruhig wird. Die Bucht gehört ebenso zur Solitary Bay, ist aber um einiges schmaler als die von Solitary Cove, ohne Bootssteg und Anleger, ohne menschliche Behausung. Nur ein windschiefes Zelt steht einsam auf einem Wiesenstreifen.

Hier soll Solo also bleiben? Ganz allein? Mein mulmiges Gefühl verstärkt sich wieder. Wir sind gar nicht weit von Solitary Cove, eigentlich nur eine Bucht weiter, und dennoch scheint es, als würde ich Solo hier einem fremden Schicksal überlassen.

Eve springt vom Truck und dirigiert Matt dicht an das Wasser heran. Ich frage mich, wie sie Solo dahinein bekommen wollen – hier gibt es keine Schneise und es wartet auch kein Kran auf uns! Solo windet sich in seinem Gefängnis, also drehe ich mich zu ihm und rede ihm gut zu. Seine Augen flackern wild in alle Richtungen, aber meine Stimme scheint ihn zu beruhigen, also rede ich einfach weiter, erzähle von seiner Familie, von dem Meeresleuchten, irgendwelches Zeug.

»Svenja, du musst runter!«

Ich fahre hoch. Oh, wir sind ja schon halb im Wasser! Der Truck hängt mit seiner Hinterachse nur Zentimeter über der Meeresoberfläche. Eve springt wieder auf den Truck, und ich sehe, dass die Transportwanne mit kräftigen Stricken an dem Anhänger festgebunden war. Einen davon schlingt Eve nun um eine Seilwinde und Matt lässt sie langsam ausfahren. Der Behälter mit Solo darin setzt sich ruckelnd in Bewegung. Es sieht sehr professionell aus, doch auf den letzten Zentimetern bleibt die Wanne plötzlich stecken und rührt sich nicht mehr vom Fleck.

»Gib mehr Seil«, keucht Eve, die noch immer in ihrem Neoprenanzug steckt.

»Kann ich nicht«, brüllt Matt zurück. »Sonst kippt er mir hintenüber!«

»Aber so geht es auch nicht!«

Solo ist jetzt nicht nur unruhig, sondern extrem unzufrieden in seinem Gefängnis. Er schlägt wie wild mit den Flossen und windet sich hin und her. Wenn wir uns nicht beeilen, wird er die Wanne noch umwerfen, und ich mag mir gar nicht vorstellen, was geschieht, wenn er auf den Truck kullert!

»Schnell«, schreit Eve. »Mehr Seil, schnell!«

Matt lässt das Seil ausfahren und die Wanne rutscht seitwärts. Ich greife danach und will sie wieder in die Spur schieben, aber natürlich ist sie viel zu schwer – und Solos Gezappel macht es auch nicht besser!

»Eve«, ruft Matt. »Geh zur Seite. Geht beide weg da, los!«

Mit einem Ruck löst sich die Wanne und rattert vorwärts. Das Seil strafft sich und sie wird einmal herumgewirbelt, kippt dabei seitwärts, aber das Seil war lang genug ausgefahren und Solo landet kopfüber im Wasser. Die Wanne baumelt noch nutzlos über ihm, und Solo – Solo taucht ein Stück entfernt von uns aus dem Wasser und prustet, als würde er sich über den Zwischenfall beschweren.

»Geschafft!« Eve legt den Kopf in den Nacken und atmet tief ein und wieder aus. »Wir haben es geschafft, Leute!«

Solo hat das Ende der kleinen Bucht erreicht. Auf einmal taucht er mehrere Male hintereinander ab und wieder auf. Ich frage mich, was er hat – da sehe ich die Schwimmer, kleine Bojen, die im Wasser treiben und das Netz festhalten. Ein Netz, das bestimmt bis zum Grund reicht und Solo von nun an gefangen hält.

»Es wird alles gut!« Eve hat meinen Blick bemerkt. »Ihm geschieht nichts. Er muss sich nur an die neue Situation gewöhnen. Im Nu will er hier gar nicht mehr weg.«

Solo schwimmt das Netz ab. Er taucht immer länger, doch er findet keinen Weg hinaus. Ich schaue zu Matt, aber der zieht in aller Seelenruhe die Seilwinde ein und beachtet den kleinen Wal überhaupt nicht.

Es gibt kein Richtig oder Falsch. Aber man kann zusehen, wie etwas geschieht, oder man kann aktiv sein und handeln. Und wenigstens das haben wir in dieser Nacht gemacht.

UNWALHEITEN

Niemandem fällt auf, dass Solo nicht mehr da ist, zumindest nicht sofort. Ich verschlafe den Vormittag und krieche erst mittags aus dem Bett, mit Brummschädel und bleierner Müdigkeit in allen Knochen. Als ich rüber zum Parkplatz laufe, um die Lage zu checken, kommt mir Alex entgegen. Wir bleiben beide stehen und schauen uns an, und sofort schwappt das schlechte Gewissen über mich wie eine eisige Welle. Zum Glück stapft Rosie gerade aus ihrem Laden, also tue ich, als wolle ich zu ihr, und flüchte schnell über die Straße.

Verdammt, verdammt! Ich muss es Alex erzählen! Er hat ein Recht, es zu erfahren, sonst glaubt er noch, mit TRACK stimmt etwas nicht, weil die Drohnen plötzlich keine Spur mehr von ihm finden ... Aber als ich mich umdrehe, ist er bereits in der Menschentraube verschwunden, die sich wieder auf dem Parkplatz versammelt hat. Diesmal ist es eine richtige Demonstration – die haben Schilder dabei und Transparente. Auch Kinder sind darunter und ein paar ältere Leute, und sie alle wollen nur eines: Mr Tanker soll dafür sorgen, dass Eve Tally mit ihren nebulösen Plänen aus Solitary Cove verschwindet!

»Ganz schön was los hier in letzter Zeit.« Rosie steht plötzlich hinter mir. Sie nimmt mich nicht in den Arm wie sonst, aber immerhin sprechen wir noch miteinander.

»Er hat es nicht so gemeint«, falle ich gleich mit der Tür ins Haus. »Matt ist manchmal nur ...«

»… ein Brummbär.« Rosie verdreht die Augen. »Ich wusste nicht, dass ich störe. Diese Frau … er hat was mit ihr, oder?«

»Mit Eve?« Ich muss fast lachen. »Nein. Echt nicht. Sie macht nur … es geht um, also, seine berufliche Zukunft. Du weißt schon. Sie könnte ihm helfen, sein Trauma zu überwinden.«

»Ah.« Rosie tut gelangweilt, aber ihre Hände zittern ganz leicht. Sie muss sich ziemlich was zusammengereimt haben, als sie von uns weggelaufen ist – ich wette, Matt hat keine Ahnung, wie sehr Rosie ihn mag!

»Sie ist ganz anders … als Mama.« Ich beiße mir auf die Zunge, aber zu spät – ich habe es schon gesagt. Rosie ist auch ganz anders als Mama. Optisch. Aber sie ist herzlich und mütterlich, und sie kennt Matt wahrscheinlich besser, als er sich selbst kennt. Ich hoffe wirklich sehr, dass es nicht Mama ist, die zwischen den beiden steht.

Rosie schnaubt ein wenig und räumt ihre Sachen auf den Klapptisch. Sie hat ein großes Plakat gemalt, auf dem die Tagesangebote stehen. Wenigstens ihr nutzt die Anwesenheit all dieser Leute.

Auf der anderen Straßenseite sehe ich Alex, der mit ernster Miene an seiner Drohne herumschraubt. Ich würde so gern zu ihm gehen, aber ich traue mich nicht. Ich habe Angst, dass er mir mein Geheimnis an der Nasenspitze ansieht, und spätestens dann redet er garantiert nie mehr ein Wort mit mir.

Rosie stellt sich neben mich und folgt meinem Blick. »Manchmal bist du auch ein Brummbär, Schätzchen. Ganz genau wie dein Vater.«

Die nächsten zwei Tage sind so ziemlich die schrecklichsten, seit ich in Solitary Cove angekommen bin. Nichts ist mehr, wie es war. Alex und ich gehen uns aus dem Weg, Rosie und Matt sind verkracht und unsere Bucht ist zu einem Sammelplatz für Umweltaktivisten, Walforscher, Reporter und Abenteurer geworden. Mr Tanker gibt Interviews und beteuert immer wieder, dass es keineswegs die Absicht des DFO wäre, Solo in ein Aquarium zu verlegen. Erst am zweiten Tag fällt den Leuten auf, dass Solo nicht mehr kommt. Und weil Walaktivismus ohne Wal irgendwie seltsam ist, fangen nun alle an, ihre eigenen Spekulationen aufzustellen.

Eve ist an die kleine Bucht umgezogen und hält dort die Stellung. Sie zeigt mir Aufnahmen und berichtet, was Solo gefressen hat – vor allem totes Robbenfleisch – und dass sie nun endlich eine Blutprobe von ihm nehmen konnte, die Oceanic im Labor untersuchen lässt.

»Es geht ihm gut«, sagt sie immer wieder, aber das einzige Gefühl, das ich spüre, ist seine Abwesenheit. Er fehlt mir schrecklich, fast noch mehr als Alex.

»Wann kommt er zurück?«, frage ich sie. »Wann fangt ihr an, dieses Beobachtungszentrum zu bauen?«

»Sobald sich die Lage entspannt hat.« Eve lässt sich auf die Couch fallen und schiebt die Tagesdecke zur Seite, als wäre sie schmutzig. »Mr Tanker braucht noch etwas Zeit, bis alle Formalitäten geklärt sind.«

Das klingt furchtbar bürokratisch und es hilft mir auch nicht. Ich will zu Solo! Er kann doch nicht allein in diesem Netzgehege bleiben, das ist ja noch schlimmer als vorher.

»Ich bin nicht mehr lange hier«, gestehe ich ihr. »Nur bis zum Ende der Ferien.«

»Du kannst ihn bald besuchen«, tröstet mich Eve. »Ich rede mit Matt.«

Als ich an dem Abend im Bett liege, male ich Eve. So wie ich sie sehe. Es wird eine düstere Figur, mit schwarz-weißen Schlangen anstelle der Haare und einem tiefen, dunklen

Loch in der Brust. Einen Moment schäme ich mich fast für das Bild, aber dann male ich einen Spiegel, und dort hinein kommt Rosie. Sie steht genau in derselben Pose da wie die Schlangen-Eve, aber sie lächelt, und überall auf ihrem Körper male ich kleine, tanzende Figuren mit Herzen dazwischen.

Ich schlage das Buch zu, aber dann blättere ich noch mal zu der Seite mit dem Gedicht, das Alex mir geschrieben hat. The way you are.

Oh Alex. Das schlechte Gewissen frisst mich beinah auf. Ich kann doch so nicht nach Hause fliegen, nicht nach allem, was war zwischen uns! Aber ich weiß auch nicht, was ich sagen soll. Wie erkläre ich ihm, dass ich gemeinsame Sache mit dem Oceanic gemacht habe?

Und dann blättere ich zur nächsten freien Seite und male Alex. So wie ich ihn sehe, so wie er für mich ist. Meine Worte sind Striche und Linien, meine Sätze werden Bilder. Nun brauche ich nur noch den Mut, es ihm zu geben.

Die nächste Nachricht, die Solitary Cove überschwemmt, stammt von Mike und ist sogar auf den Titelseiten großer kanadischer Zeitungen zu lesen. Matt legt sie mir beim Frühstück auf den Tisch. Ich sehe nur die Überschrift und weiß, dass sie Ärger bedeutet, aber natürlich lese ich sie trotzdem:

Owen Tanker und der weiße Wal
Seit Wochen rührt das Schicksal von Solo, dem kleinen Orca aus Solitary Cove, unsere Herzen. Der junge Wal ist von seiner Familie getrennt worden und suchte daraufhin Schutz und sozialen Kontakt in der Bucht am südwestlichen Zipfel von Vancouver Island. Solo – wie Bewohner aus Solitary Cove ihn tauften – hielt sich immer öfter in menschlicher

Nähe auf, folgte Booten oder spielte mit Treibholz im Wasser. Mehr und mehr Menschen zieht es nach Solitary Cove, Solo ist längst zu einer lokalen Berühmtheit avanciert. Doch was steckt hinter seinem Schicksal? Wer ist Solo wirklich?

Alexander Cole, Student der Meeresbiologie und Hobbyforscher, fand als Erster heraus, dass Solo einer Gruppe von Transient Orcas angehört. Transients leben – im Gegensatz zu Resident Orcas – an keinem bestimmten Ort, sie ziehen von Küste zu Küste, somit lässt sich für die Forscher unmöglich bestimmen, wo die Familie des kleinen Solo gerade steckt. Doch Forscher des Orca Lab, Hanson Island, entdeckten eine weitere Parallele: Solos Gesang entstammt einer Gruppe von Walen, deren Matriarchin weiß ist. Nachforschungen bestätigen die Existenz sogenannter Albinoorcas. Vor wenigen Tagen fanden Forscher im Great Bear Rainforest den Kadaver eines bislang unbekannten weißen Orcas. Allen bisherigen Daten zufolge handelt es sich dabei um die Mutter des Solitary-Cove-Wals.

Solos Schicksal liegt derzeit in den Händen von Owen Tanker, dem Beauftragten für Meeressäuger am Department of Fisheries and Oceans. Mr Tanker hat uns gegenüber dementiert, Solo in ein Becken des Vergnügungsparks Oceanic überführen zu wollen.

Doch die Geschichte um den weißen Wal birgt ein Geheimnis: Vor über vierzig Jahren ist schon einmal ein Albinoorca vor der Küste von Vancouver Island aufgetaucht. Damals wurden Orcas zwar nicht mehr mit Harpunen, dafür aber mit Netzen gejagt. Wem es gelang, einen jungen Orca lebend zu fangen, der konnte ihn für viel Geld an einen der Marine Parks verkaufen, ein weißer Wal erzielte sogar den dreifachen Preis.

Zwei Jugendlichen gelang so der Coup ihres Lebens: Mit dem Boot des Vaters fuhren sie hinaus und fingen einen jungen Orca mit dem Lasso ein. Als sie das Tier von der Gruppe separieren wollten, ließen die anderen Orcas das nicht zu und folgten dem Waljungen in die Bucht von Solitary Cove, wo sie in einen Pferch aus Netzen gelockt wurden. Noch in derselben Nacht wurden der Gruppe beide Jungtiere entnommen: der kleine Wal, den die Jungen gefangen hatten – und ein Albinoorca. Genetische Tests beweisen, dass Solos Mutter dasselbe Erbgut in sich trug wie jener weiße Wal. Aber noch eine Parallele verbirgt sich hinter dieser Geschichte: Einer der Jungen von damals ist heute ebenfalls involviert, und dieser Junge ist niemand anderes als Owen Tanker, der Beauftragte für Meeressäuger persönlich.

Mr Tankers Wal verbrachte sein Leben im Oceanic Aquarium in Kalifornien, in genau dem Meerespark, der auch Solo ein neues Zuhause geben will. In die Schlagzeilen geriet der Wal nur einmal, als es Hinweise darauf gab, er habe seinen Trainer angegriffen, doch die Verantwortlichen verweigern jede Aussage zu diesem Vorfall.

Was bleibt, ist Solo und die Ungewissheit, ob wir einem Mann vertrauen können, der bereits einmal die Absicht hatte, ein wildes Tier für bares Geld zu verkaufen. Was steckt wirklich hinter Mr Tankers Absichten? Will er Solo helfen – oder wieder einen Wal fangen? (MK)

Ich lese mir den Artikel noch mal durch und gleich darauf noch einmal. Das also hat Mike gemeint – sein großes Geheimnis! Ich wette, Alex und Joni hatten keine Ahnung, was er wirklich in seinen Artikel schreibt. Wow. Jonis Dad ein Walfänger? Jetzt werden die Leute auf die Barrikaden gehen, ganz bestimmt. Er wird keinen Fuß mehr nach Solitary Cove setzen können, ohne dass sie ihn zerfleischen!

Gut, dass wir Solo in Sicherheit gebracht haben. Eve hatte schon recht mit dem Hexenkessel. Ob sie Mike den Hinweis auf den weißen Wal gegeben hat? Immerhin war ja vom Oceanic die Rede. Ach nein, das war der andere Wal …

Und plötzlich wird mir eisig kalt. Ich durchsuche den Text und lese die Stelle noch einmal, der ich eben kaum Beachtung geschenkt habe. »Hinweise darauf gab, er habe seinen Trainer angegriffen.« Ein schwarz-weißer Wal, genau wie Solo. Es gibt sogar ein Foto von ihm. Eigentlich sind da drei Fotos, aber zwei sind total verpixelt, weil sie vermutlich Abfotografien alter Analogaufnahmen sind. Das erste zeigt eine felsige Bucht voller Orcas, eingekesselt von großen Booten, zwischen denen sich ein Netz durchs Wasser spannt. Die Männer, die an Deck stehen, halten lange Paddel in den Händen, mit denen sie aufs Wasser schlagen. Darunter steht: »Fischer aus Victoria treiben eine Gruppe Wale in der Solitary Bay zusammen.«

Das zweite Bild ist ebenfalls von mieser Qualität. Es zeigt einen Orca, dem man die schwarze Farbe entzogen hat – als ob jemand mit Deckweiß über seine dunklen Hautstellen gemalt hätte. Man sieht die Färbung noch durchschimmern, aber seine Haut ist blass wie ein Laken. Ein Geisterwal. »Der Albinoorca aus der Solitary Bay starb kurz nach seiner Gefangennahme, vermutlich durch Stress.«

Das dritte Foto ist besser, sicher digital, und wurde im Oceanic-Vergnügungspark aufgenommen. Voll besetzte Zuschauerränge um ein ovales Becken in der Mitte, wo sich ein riesiger Orca aus dem Wasser katapultiert. Ich halte die Luft an. Matt – hier hat Matt gearbeitet, in dieser Kulisse! Und genau dort haben er und Mama sich kennengelernt. Ach, du meine Güte! Ich fahre mit dem Finger die Zuschauer entlang, aber natürlich finde ich keine blonde Frau im grünen Kleid. Das wäre ein bisschen viel Zufall, wenn das Bild genau an dem Tag entstanden wäre, als sie ihn zum ersten Mal gesehen hat. Erst beim zweiten Hinschauen fällt mir der Mann auf. Er trägt einen schwarz-weißen Neoprenanzug und ist vor den bunt gefleckten Zuschauerreihen im Hintergrund beinah unsichtbar. Matt. Das ist Matt! Ich falle mit der Nase fast in das Bild, aber es wird leider nicht deutlicher. Okay, das könnte Matt sein. Aber auch jeder andere Waltrainer. Unter dem Bild steht: »Solitary – hier während einer Show im Oceanic im Jahr 2000 – wurde 1975 von Owen Tanker und seinem Freund in der Solitary Bay eingefangen und an den Vergnügungspark verkauft.«

Matt steht im Flur, als ich mit der Zeitung in der Hand herauskomme. Er trägt seine Arbeitshosen und schaut mich abwartend an.

»Bist du das auf dem Bild?« Ich brauche es ihm nicht zu zeigen. Und er muss auch gar nichts sagen, ich weiß es auch so. Ich kann es an seinen Augen sehen.

»Solitary«, sagt er langsam. »Es gab eine Zeit, da habe ich ihn *meinen* Wal genannt.«

»Bis zu diesem Sommer, als du Mama getroffen hast.«

Matt schluckt. Ich kann es ihm nicht verübeln. Nach all den einsamen, langweiligen Jahren in Solitary Cove reiße ich nun all seine Wunden auf einmal auf. Aber anders geht es nicht.

»Matt«, sage ich ganz ruhig. »Es gibt vielleicht eine Erklärung für diesen Unfall.«

Matt schaut auf die Uhr und tritt zur Tür. »Lass uns heute Abend reden. Ich bin spät dran.«

»Nein!« Ich gehe ihm nach und stemme meine Hand gegen die Tür, sodass er sie nicht öffnen kann. »Bitte hör mir jetzt zu! Dieser Wal war nicht wie die anderen, Matt. Er war von einer besonderen Art. Es steht da, zwischen den Zeilen. Der weiße Wal ist der Schlüssel!«

Matt rührt sich nicht. Hat er wirklich keine Ahnung davon gehabt? Oder war es egal, weil im Oceanic sowieso nur zählt, was man sehen kann?

»Solos Mutter war ein Albino«, setze ich an. »Sie stammt aus derselben Blutlinie wie der weiße Wal, den Mr Tanker und dieser andere Junge damals eingefangen haben. Verstehst du, was das heißt? Diese Albinos, Solitary, sie alle waren Transients! Genau wie Solo!«

Matts Blick huscht wieder zur Uhr, aber ich lasse ihn jetzt bestimmt nicht gehen.

»Matt, Transients und Residents gehören zu unterschiedlichen Familien. Sie leben nicht miteinander, jagen nicht zusammen, sie sprechen sogar einen unterschiedlichen Dialekt. Und in diesem winzigen Becken werden all diese Wale zusammengesperrt und verpartnert, das kann doch nicht gut gehen – das ist unnatürlich!«

Matt schweigt noch immer. Wieder ein Blick zur Uhr. Jetzt kommt er schon zu spät, aber ich bin froh, dass ich es gesagt habe. Später hätte ich vielleicht an meiner eigenen Theorie gezweifelt. Ich trete zurück in den Flur und gebe die Tür frei, aber Matt bleibt stehen, als hätte er vergessen, was er machen wollte.

»Tut mir leid …«, fange ich an, aber er unterbricht mich. »Zieh dir Schuhe an. Und eine Jacke. Es ist kalt heute.«

»Was hast du vor? Musst du nicht zur Arbeit?«

Matt schüttelt abwesend den Kopf und geht an mir vorbei

zum Telefon. »Planänderung. Wir zwei machen jetzt einen kleinen Ausflug.«

Wir fahren dieselbe Strecke, die wir auch drei Nächte zuvor zurückgelegt haben. Nur dass ich jetzt sehen kann, wohin wir fahren. Der geschotterte Weg ist eine echte Herausforderung für Matts alten Ford, aber das scheint Matt nicht zu kümmern, er bremst weder für Unebenheiten noch für Schlaglöcher.

Die Fahrt dauert viel kürzer als mit dem Truck und dem Wal, und als wir ankommen, ziehen rosagraue Schlieren über den Himmel. Matt parkt genau unter einem Halteverbotsschild, und wir steigen aus und ducken uns unter einer Absperrung hindurch, die beim letzten Mal noch nicht hier war. Nie hätte ich gedacht, dass ein Ort noch einsamer und trister als Solitary Cove sein könnte.

Ich recke den Hals, als wir das Ufer erreichen. Der Pferch ist nicht groß und ich entdecke Solo sofort. Hier gibt es keinen Steg und auch keine Balkonfelsen, auf die man klettern könnte, aber Eve hat Seile um ein paar Bretter geschlungen und so ein Floß gebaut, das an einem Pflock festgebunden ist. Ich muss nur die steile Uferböschung runterklettern und es schaffen, dabei nicht ins Wasser zu rutschen.

Solo hat mich längst entdeckt. Als ich auf das Floß steige, taucht er darunter hoch und sieht mich an. Ich strecke die Hand nach ihm aus und er kommt und stupst vorsichtig dagegen. Er ist mir so nah, und ich könnte heulen, weil ich ihn am liebsten sofort wieder mitnehmen würde nach Solitary Cove.

»Wir hatten ein Signal dafür«, sagt Matt leise. »Egal, welches Tier du dressierst, ob es ein Hund ist oder ein Pferd. Man muss eine gemeinsame Sprache finden und lernen, einander zu vertrauen.«

Ich wische mir über die Augen. »Was war das für eine Sprache?«

»Pfiffe. Und Handzeichen.« Matt hebt den Arm. Schwingt ihn, deutet nach vorn, dann leicht nach links. Ich kapiere, was er meint. Nuancen, die immer etwas anderes bedeuten. So lernen Wale, mit Menschen zu kommunizieren? Ob ich so eines Tages mit Solo reden kann?

Solo dreht sich seitwärts, sodass ich über seinen Bauch streicheln kann. Wie habe ich das vermisst – endlich gehört er wieder mir! Keine Joni mehr, die mir sagt, was ich darf und was nicht, kein störendes weißes Zodiac, das mir den Weg versperrt. Trotzdem wäre mir wohler, wenn Solo frei wäre, wenn er weiterhin selbst entscheiden könnte, wohin er schwimmt. Was, wenn seine Geschwister ihn suchen? Nun kann er nicht mehr zu ihnen, selbst wenn er will.

»Genau so wollte Solitary auch immer von mir gekrault werden.« Matt schiebt sich vorsichtig neben mich. »Sie sind sich ähnlich.«

Ich warte, ob er die Hand ausstreckt und Solo anfasst, aber Matt rührt sich nicht. Hat er Angst vor ihm? Nein. Er fürchtet sich vor der Erinnerung. Genau wie bei mir.

»Matt«, sage ich leise. »Ich glaube, niemand wird dir sagen können, warum dein Wal plötzlich wild geworden ist. Vielleicht lag es an deinem Liebeskummer. Vielleicht aber auch nicht, vielleicht hat ihn ein anderer Wal geärgert oder der Fisch hat ihm nicht geschmeckt. Es ist echt grausam, wenn du plötzlich die Essgewohnheiten von jemand anders aufgezwungen bekommst, frag mich mal. Ich wollte kein Veganer werden, ich liebe Eierkuchen und Gummibären, aber plötzlich bist du in einem neuen Haushalt und musst dich anpassen, ob es dir gefällt oder nicht.« Ich schnappe nach Luft. »Ich bin einfach sicher, es war nicht deine Schuld!«

Matt lächelt und deutet auf meine zweite Hand, die jetzt

Solos Unterkiefer streichelt. »Willst du immer noch diesem Arzt helfen? Du solltest dich mal mit Eve unterhalten, vielleicht hat sie einen Job für dich.«

Mein Herz macht einen Satz. Der Gedanke ist total verrückt! Oder?

»Aber Solo wird doch keine Kunststücke lernen«, werfe ich ein. »Eve hat versprochen, er darf ein wildes Tier bleiben. Er wird nur beschützt.«

Matt antwortet nicht. Er kräuselt die Stirn und schließt die Augen, um sein Gesicht in den Wind zu recken, und ich streiche weiter über Solos kühle Haut. Du wildes Tier.

Ich muss lächeln. Irgendwie hat Solo sich sein Schicksal selbst ausgesucht. Und besser, er bleibt hinter einem Netz in Solitary Cove, als irgendwann tatsächlich in einem Betonbecken zu landen – oder abgeknallt zu werden.

Ich betrachte Matt. Er wirkt weniger angespannt, aber die Hände klettet er immer noch ineinander. Langsam schiebe ich meine Finger dazwischen und umschlinge seine Hand, so wie Alex es bei mir getan hat, bei unserer ersten Fahrt mit dem Baumstammboot. Matt schlägt die Augen auf, als ich seine Hand mitnehme. Er zittert, ganz leicht, doch dann berühren sie sich, Matt und Solo, und die Zeit bleibt stehen, für einen Moment zumindest. Es ist so, so schön, das zu sehen – weil ich spüre, wie es sich für ihn anfühlen muss! Finger auf Haut, sacht und stumm und unaufdringlich. Die Berührung dauert nur kurz, und trotzdem heilt Solo in diesem Augenblick mehr, als all die Jahre in Matt kaputtgemacht haben.

»Was treibt ihr da?«

Wir schrecken beide hoch. Hinter uns steht ein Mann, breit wie ein Bär, in schwarzen Klamotten und einer – was hat er da in der Hand, ist das ein Schlagstock? Ich falle fast vom Floß vor Schreck, aber Matt greift nach meinem Arm und zieht mich auf die Uferböschung. Solo haut ab, in die

Mitte des Pferchs. Und mir wird klar, dass er dem Mann ebenso ausgeliefert ist wie wir, solange die Netze da sind.

»Hallo.« Matt streckt dem Bärenmann die Hand hin, aber der ignoriert die Geste, also redet Matt ganz ruhig weiter. »Wir sind Freunde von Eve Tally. Ich wusste nicht, dass sie nicht selbst anwesend ist.«

Der Mann entspannt sich ein wenig, aber er lässt uns nicht aus den Augen, als er ein Funkgerät aus der Tasche zieht. »Eve? Ich habe hier zwei, die behaupten, dich zu kennen. Ein Mann und ein Mädchen.«

Matt und ich tauschen einen überraschten Blick. Okay, wenigstens gehört der Typ zu Eve und ist nicht gekommen, um Solo etwas anzutun. Aber warum ist jemand abgestellt, um Solo zu bewachen?

Der Mann hört eine Weile zu, dann lässt er das Funkgerät sinken und baut sich erneut vor uns auf. »Alles klar. Trotzdem müsst ihr gehen. Kein Kontakt mit dem Wal, außer wenn Eve dabei ist.«

»Aber ...«, fange ich an, verstumme aber, als der Typ mich düster anblickt. Was fällt ihm nur ein? Wir sind doch keine Touris, die mal eben einen Wal streicheln wollen, wir haben Solo immerhin hierhergebracht, wir gehören dazu, ich ...

»Wir sprechen selbst mit Eve«, verkündet Matt und zieht an meinem Arm. Am Auto drehe ich mich noch mal zu Solo um, aber der Mann hat sich so hingestellt, dass ich ihn nicht mehr sehen kann.

PERFECT LULLABY

»Was soll das denn?« Ich kann gar nicht mehr aufhören, mich aufzuregen. Allerdings erst seit wir ausreichend Sicherheitsabstand zwischen uns und den Bärenmann gebracht haben.

»Ich weiß es nicht«, gibt Matt zu. »Lass uns Eve fragen, wenn wir nach Solitary Cove zurückkommen.«

Aber wir kommen gar nicht bis Solitary Cove, wir bleiben mitten auf der einspurigen Straße im Stau stecken. Matt lässt das Fenster herunter und streckt den Kopf hinaus, um an den Autos vorbeizugucken, aber wir sehen nur bis zur nächsten Kurve.

»Ein Unfall?«, frage ich und versuche ebenfalls, etwas zu erkennen.

»Was, hier?« Matt zieht den Kopf zurück und stellt das Radio an. Er muss nicht lange suchen, bis er einen Sender gefunden hat, der uns über das Chaos aufklärt.

»… jetzt schon überfüllt. Wegen der Pressekonferenz kommt es auf der Zufahrtsstraße nach Solitary Cove zu erheblichen Verkehrsbehinderungen. Es sind keine Parkmöglichkeiten mehr vorhanden. Das Gespräch mit Mr Tanker wird auf allen lokalen Kanälen live übertragen, die Polizei bittet darum, nicht mehr zu versuchen, nach Solitary Cove hineinzugelangen. Achtung, wegen der Pressekonferenz mit Mr Tanker zum Thema Solo kommt es auf der Zufahrtsstraße …«

Matt dreht das Radio wieder ab.

Wir schauen uns an.

»Jetzt drehen sie durch«, flüstere ich.

Oh mein Gott, was haben wir bloß getan? Ich merke, wie meine Finger zu zittern beginnen und ich nicht mehr richtig atmen kann. Etwas frisst sich von innen aus mir raus – ein Gefühl, das ich nicht mehr lang zurückhalten kann.

»Lauf«, sagt Matt und deutet auf den Wald. »Zwischen den Bäumen durch, dann immer am Wasser halten! Du kommst genau auf dem Pfad über dem Holzlager raus.«

Ich reiße die Autotür auf, springe raus und drehe mich kurz noch mal zu ihm um. »Danke«, rufe ich und werfe die Tür zu.

Zwischen den Bäumen durch … aber was für eine Wahl habe ich? Wenn ich der Straße folge, brauche ich ewig. Und einem Bärenmann sind wir heute schon begegnet, vielleicht reicht das meinem Karma für den restlichen Tag?

Ich renne, bis ich das Wasser in der Bucht sehen kann. Kein Pfad, eher eine Schneise im Gestrüpp. Aber die Richtung stimmt! Etwas huscht vor mir ins Buschwerk, aber ich achte nicht darauf, auch nicht auf das Rascheln hinter mir. Ich laufe einfach weiter, so schnell ich kann, bis ich tatsächlich auf einen Pfad gelange und nur wenig später zwischen den Farnen stehe, wo ich keuchend anhalte. Ich mache zwei Schritte in das grüne Dickicht hinein. Von hier aus kann ich Solitary Cove sehen, aber erkannt hätte ich unser Dorf heute nicht. Keine Autos stehen auf dem Parkplatz, sondern Menschen, Hunderte, vielleicht noch mehr! Ein Podest wurde aufgebaut, direkt am Wasser, damit all die Kameras, die dort bereits stehen, die Bucht im Hintergrund haben, die Bucht, in der unzählige von Booten ankern, viel, sehr viel mehr als sonst. Polizisten laufen herum und versuchen, die Leute zurückzudrängen. Auch von oben sieht ein Filmteam zu, ein Hubschrauber kreist über unseren Köpfen und tut mir damit einen riesigen Gefallen – er vertreibt nämlich sämtliche Bären aus der Gegend, sodass ich gefahrlos den Berg hinunterlaufen kann.

Unten angekommen, bleibe ich stehen. Ein gelbes Absperrband zieht sich rund um den Parkplatz, der aber ohnehin schon komplett überfüllt ist. Ich drängle mich durch die Leute, die wie ich außerhalb davon stehen, versuche, Eve zu finden oder Joni oder Alex. Aber es sind einfach zu viele Menschen, also laufe ich zurück zum Steg, der zu den treibenden Stämmen führt. Auch hier flattert ein Absperrband, aber die Frau vom Holzlager kennt mich und winkt mich durch. Ich frage sie, wann es losgeht, aber sie weiß es selbst nicht genau. Sie ist genauso geschockt von dem Chaos in Solitary Cove wie ich.

Von diesem Steg aus sehe ich das Podest zwar nur von hinten, aber dafür kann ich die Leute besser beobachten. Oh, doch ein bekanntes Gesicht – Mike! Natürlich, er hat es in die erste Reihe geschafft. Oder ist er für die ganze Show verantwortlich? Ich kann sein hübsches Lächeln so wenig leiden wie ihn.

Plötzlich kommt Leben in die Menge. Ein Auto fährt vor – wie ist das denn so schnell zu uns durchgekommen? – und die Polizisten bilden eine Art Gasse zu dem Podest. Ich kann Mr Tankers Gesicht sehen, als er durch die Menge schreitet, verschlossen und blass um die Nase, als hätte jemand einen Schalter umgelegt und aus dem selbstsicheren Mann wieder einen kleinen Jungen gemacht. Bis jetzt habe ich an der Geschichte gezweifelt, aber langsam glaube ich, es stimmt doch, was Mike da geschrieben hat.

Mr Tanker betritt das Podest und strafft die Schultern. Sofort rufen und schreien die Leute durcheinander, aber er wartet einfach ab und sagt kein Wort, bis sie von selbst verstummen. Erst dann dreht er am Mikrofon und nickt einem der Polizisten zu, der neben ihm steht.

»Mein Name ist Owen Tanker, ich bin der Beauftragte für Meeressäuger am Department of Fisheries and Oceans. Ich bin heute nach Solitary Cove gekommen, um Sie alle über die aktuelle Entwicklung im Fall des Orcas Solo zu informieren.«

Er spricht sehr ruhig und gelassen, obwohl die Leute da unten kochen und am liebsten zu ihm raufspringen würden. Einige rufen dazwischen, ob die Geschichte in der Zeitung denn stimmt und was er dazu zu sagen hat, aber er übergeht die Frage einfach und redet ohne Zögern weiter.

»Es war uns bislang nicht möglich, Solos Familie aufzuspüren. Aus diesem Grund kommt eine Umsiedlung des Wals in ein anderes Gebiet nicht in Betracht.«

Wieder schreien Leute ihre Zwischenfragen hinein und diesmal scheint Mr Tanker darauf einzugehen.

»Solo zu schützen, war bislang unser größtes Bemühen. Aber der Vorfall mit der Kajakerin hat uns deutlich gemacht, dass ein verspielter junger Wal durchaus auch eine Gefahr für ein kleines Boot darstellen kann. Aus diesem Grund sind wir mit den Betreibern des Oceanic übereingekommen ...«

Ich verstehe kein Wort mehr, obwohl Mr Tanker weiter in sein Mikrofon spricht – die Leute schreien und pfeifen empört los. Über uns geht der Hubschrauber tiefer, sodass ich den Wind seiner Rotoren im Genick spüren kann.

Solo. Auf einmal habe ich das Gefühl, er taucht zwischen all den Booten auf und versucht, mit den Seilen zu spielen. Als ob sein Geist noch immer hier wäre.

Mr Tanker fährt sich mit beiden Händen über den Kopf. Dieselbe Geste hat Alex auch manchmal drauf. Alex. Wo ist er bloß? Ich dachte, Owen Tanker ist fast so was wie ein Ziehvater für ihn. Warum lässt er sich dieses Spektakel entgehen?

Die Leute wollen sich gar nicht wieder beruhigen, von irgendwo fliegen schon die ersten Gegenstände, zerknüllte Taschentücher und eine faulige Banane, aber plötzlich schwingt sich jemand auf das Podest und stellt sich schützend vor Mr Tanker.

Alex.

Mein Herz macht einen Hüpfer, und ich klammere mich am Geländer fest, um nicht zu fallen. Alex tut nichts Besonderes, er steht nur wie ein Bodyguard da oben, neben Mr Tanker. Sein Vater wäre bestimmt stolz auf ihn.

Alex' Präsenz tut ihre Wirkung. Nach und nach verstummen die Leute wieder, vereinzelt hört man noch Pfiffe aus den hinteren Reihen, aber immerhin dringt Mr Tankers Stimme wieder aus den Lautsprechern.

»Einen Abtransport in das Oceanic wird es nicht geben. Dafür verbürge ich mich. Es ging immer und geht auch in Zukunft um das Wohl des Orcas.«

»Und die Vorwürfe?«

»Was ist mit dem Wal von damals passiert?«

»Stimmt es, was in der Zeitung stand?«

»Mr Tanker!« Mikes Stimme hallt so laut und klar über die Bucht, als würde sie direkt aus den Felsen kommen. »In Victoria gibt es einen alten Fischer, der mir die ganze Geschichte erzählt hat. Wie ihr die Wale aus dem Wasser geholt habt. Keiner der Großen hat die Bucht verlassen, sie sind dageblieben, bis ihre Kinder fort waren. So was vergisst man nicht. Der Fischer konnte sich noch gut erinnern. Sie haben es auch nicht vergessen, was, Mr Tanker?«

Mr Tanker sagt nichts. Dabei könnte man ihn sogar ohne Mikro hören, denn die Menschen auf dem übervollen Parkplatz sind so still wie Salzsäulen.

Mike breitet die Arme aus, als wolle er ganz Solitary Cove umschließen. »Genau hier ist es passiert! Zwischen den Felsen von Solitary Cove. Seitdem meiden die Orcas diese Bucht. Und Sie auch, Mr Tanker. Dieser kleine Wal, der hat Ihnen nicht gepasst, was? Der hat Sie an all das erinnert!«

»Geben Sie es zu«, ruft jemand aus dem Publikum, und andere schreien dazwischen: »Sind Sie ein Walfänger, Mr Tanker?«

Beinah tut er mir leid, aber Mr Tankers Miene ist das perfekte Pokerface. Völlig ruhig sagt er: »Ich war in jener Nacht hier, das ist richtig. Aber ich habe diesen Wal nicht gefangen.«

Stille. Ich glaube, alle Menschen in Solitary Cove halten synchron die Luft an. Selbst das Röhren des Hubschraubers ist zu einem monotonen Hintergrundrauschen verkommen. Ich schaue wieder zu Alex, aber er wirkt nicht sonderlich überrascht – anscheinend kannte er diese Antwort schon.

»Wer war es dann?« Mike versucht weiter, ihn zu provozieren. »Wer hat diesen Wal gefangen, wenn nicht Sie? Dieser Freund? Ist der heute zufällig der Boss des Oceanic?«

Mr Tanker verzieht keine Miene. Nur sein Blick flackert, ganz kurz. Zu Alex. Alex …

»Kommen Sie schon!« Mikes Rufe werden unterstützt durch weitere Journalisten, die Mr Tanker nun mit Fragen bestürmen. »Wer hat den Wal gefangen? Wer war dieser Mann?«

»Niemand!« Mr Tankers Stimme ist barsch und abweisend. »Und es ist ohnehin irrelevant, da er schon lange tot ist.«

Die Menge bewegt sich wieder, Gemurmel ist zu hören, Spekulationen mischen sich mit Beschimpfungen. Nur einer bewegt sich nicht – Alex. Er steht noch genauso da wie vor Mr Tankers Enthüllung. Und diese Antwort kannte er noch nicht, das sehe ich an seinem Gesicht.

Mr Tanker weiß es auch. Er berührt Alex ganz sacht am Arm, aber Alex weicht vor ihm zurück, stolpert fast, springt von dem Podest und verschwindet in der Menge. Verdammt, wo ist er hin? Ich ducke mich unter der Absperrung durch und quetsche mich zwischen die Leute, aber es sind so unendlich viele, und alle drängeln in dieselbe Richtung wie ich. Ich kann Alex nirgends mehr sehen, aber ich muss zu ihm, ich muss! Niemand hat wirklich verstanden, was Mr Tanker da oben gesagt hat. Niemand außer Alex. Klar, er kannte diesen Freund schließlich am besten – oder das dachte er zumindest. Denn bestimmt wäre ihm nie im Traum eingefallen, dass sein Dad einmal ein Walfänger gewesen sein könnte!

Mr Tanker nickt den Kameras zu und verlässt das Podest mit schnellen Schritten. Zwei Polizisten geleiten ihn durch das Menschengewirr. Da ist Joni! Sie hat die ganze Zeit im Auto auf ihn gewartet. Aufgelöst wirft sie sich in seine Arme.

Ich schaue wieder zum Wasser, aber von dem Geister-Solo ist keine Spur zu sehen. Plötzlich fange ich an zu zittern. Rosie hat einmal zu mir gesagt, Solo wäre aus einem Grund hier, bei mir. Was, wenn gar nicht ich der Grund war? Wenn Solo eigentlich für einen ganz anderen Wal steht, einen, der vor über vierzig Jahren hier in dieser Bucht eingefangen wurde ...

»Wo ist der Wal?«, ruft jemand laut. »Was ist mit ihm geschehen?«

Und damit löst er den Bann. Mike ist nicht mehr relevant, jetzt geht es wieder um Solo, um sein Verschwinden und Mr Tankers dubiose Absichten. Ich sehe noch, wie Mr Tanker nach Jonis Arm greift, dann fallen die Journalisten förmlich über die beiden her, und die Menschenmenge schluckt sie alle wie ein riesiges Tier.

»Alex!« Wo ist er hin? Ich schreie seinen Namen, aber alles ist wieder so schrecklich laut, dass er mich gar nicht hören kann. Ich schiebe mich mitten in die Menschenmenge hinein und höre nicht auf, nach ihm zu rufen.

Mike ist verschwunden. Ob er Alex gefolgt ist? Als ich

mich wieder umdrehe, sehe ich das Auto wegfahren, die Limousine mit Mr Tanker und Joni darin. Ein paar Leute laufen dem Wagen hinterher, trommeln gegen die Seitenfenster und rufen Beschimpfungen und sogar Drohungen, aber Mr Tanker ist mir jetzt egal, ich will nur Alex finden!

Jemand rempelt mich an. Ich stehe im Weg. Wohin? Wohin würde ich fliehen? Ich wirble herum, laufe los, bis Holz unter meinen Füßen knarrt. Der Steg ist voller Menschen, ich drängle mich vorbei und versuche, nicht ins Wasser geschubst zu werden. Aber weit muss ich nicht laufen, ich sehe es auch von hier. Oder besser: Ich sehe es nicht.

Das Red-Cedar-Kanu ist verschwunden.

Ich gehe Matt auf der Straße entgegen. Er steckt noch immer an fast derselben Stelle fest, aber er hat Mr Tankers Rede im Radio gehört. Ich setze mich zu ihm ins Auto und grabe mich tief in den Sitz. Ich habe weder Alex noch das Kanu in der Bucht gesehen. Und ich kann nichts machen, nichts, weil Joni weg ist und es hier draußen kein Netz gibt.

Oh Gott. Hat er nicht mal gemeint, mit einer Red Cedar könnte man aufs offene Meer rauspaddeln? Er wird doch nicht ...

»Svenja!« Matt rüttelt mich an der Schulter. »Was ist los? Sag schon!«

Ich erzähle ihm alles. Von Mike und seiner Intervention, dem brutalen Walfang und zwei Jungen, die einen kleinen Orca eingefangen haben, genau hier in unserer Bucht, und dass einer davon Mr Tanker gewesen ist und der andere Mr Cole, Alex' Vater. Ich erzähle nicht, wie diese Geschichten miteinander verknüpft sind, aber Matt versteht auch so, um wessen Schicksal es geht.

»Alex und sein Dad – er war so ... Sein Dad war alles für ihn.« Ich merke, wie mir Tränen in die Augen schießen.

»Wie soll er damit klarkommen? Er verliert ihn gerade zum zweiten Mal!«

Matt starrt auf die Straße. Bestimmt ist er mit seinen Gedanken gerade völlig woanders. Bei einem Wal in einem kleinen Betonbecken, weit weg im sonnigen Kalifornien.

»Du warst nichts für mich«, sage ich, ohne nachzudenken. »Und jetzt bist du ... einfach alles! Es ist nicht fair, verstehst du? Nicht fair!«

»Nein.« Matt schaut mich wieder an. Sein Blick ist tief und dunkel, aber er lächelt. »Aber alles hat seinen Sinn, Svenja. Für etwas ist es gut, daran musst du nur glauben!«

Es dauert über eine Stunde, bis wir endlich das schlichte gelbe Schild mit der Aufschrift »Solitary Cove« passieren und in unsere Straße einbiegen können. Das Kanu liegt nicht am Steg, so viel sehe ich, und auch auf dem Wasser entdecke ich Alex nirgends. Vor lauter Sorge um ihn bekomme ich Bauchkrämpfe. Wir müssen ihn suchen, die Küstenwache anrufen, irgendwas!

Matt tritt abrupt auf die Bremse und ich werde in den Gurt gedrückt. Als ich nach vorn schaue, sehe ich, dass vor unserem Haus ein blauer Pick-up parkt. Ich springe fast aus dem Auto und renne darauf zu. Die Tür des Dodge ist nur angelehnt, der Schlüssel steckt und auf dem Beifahrersitz liegt der schwarze Rucksack mit der Drohne. Alles da. Nur von Alex fehlt jede Spur!

Ich drehe mich um, und einen Moment weiß ich nicht, ob ich erleichtert sein oder mir noch größere Sorgen machen soll: Auf der Ladefläche, gut vertäut, ragt das Red-Cedar-Kanu in den Himmel.

PACIFIC GRAVEYARD

Am Abend ruft Tom an. Tom! Ich kann es nicht fassen. Seine Stimme klingt so fern und fremd, dass ich beinah wieder aufgelegt hätte.

»Dir ist doch bestimmt noch sterbenslangweilig in diesem Nest, oder?«, fragt er mit einem Lachen.

»Nein«, gebe ich kurz zurück. »Eigentlich nicht.«

»Es ist nur so … also, Steffen und ich, wir haben uns ein bisschen verkracht. Na, auf jeden Fall bin ich früher zurückgekommen, und jetzt sitze ich in Berlin herum und dachte, hey, Svenja ist auch allein …«

»Du willst herkommen?« Jetzt muss ich lachen. »Ernsthaft?«

Er wirkt fast erleichtert. »Geht das denn? Ich meine, hat dein … dein Vater nichts dagegen? Wir könnten ja rumfahren, uns irgendwas anschauen oder so. Die Nationalparks.«

Klar, Tom. Zurück auf Anfang. Ich und du und nie wird sich irgendwas ändern, aber witzigerweise hat sich schon was geändert – ich nämlich! Und es gibt nur einen, mit dem ich meine Zeit hier verbringen will, außer Matt natürlich.

»Ich habe was dagegen«, sage ich fest. »Das ist mein Ding, Tom. Sorry.«

Er schweigt. Bestimmt ist er vom Stuhl gefallen vor Überraschung. Ein Nein hat er von mir noch nie zu hören gekriegt, im Gegenteil!

Eigentlich bin ich selbst geschockt von mir. Oje. Habe ich mir da eben eine Chance verbaut? Eine einmalige Chance, auf die ich so lange gewartet … nein. Nein! Er würde mich ja doch wieder fallen lassen, sobald wir zurück in Berlin wären. Ich bin nur sein Mittel gegen Langeweile, mehr nicht. Danke, aber – nein!

»Kannst es dir ja noch mal überlegen«, murmelt er. »Ich bin jetzt jedenfalls in Papas Wohnung.«

Als er aufgelegt hat, verspüre ich bloß noch Erleichterung. Niemals wieder wird Tom mich so in seinen Bann ziehen. Wie auch? The way you love – the way is you. Es ist so leicht, so einfach. Warum habe ich das nicht schon eher kapiert?

Den nächsten Tag verbringe ich sitzend auf den Felsen, aber ich schaue nicht in die Bucht hinaus, sondern zu dem blauen Dodge, auf dessen Besitzer ich so dringend warte. Wieso hat er sein Auto hiergelassen? Das könnte ich mir ja gerade noch erklären, aber dass er ohne seine Drohne abhaut, will mir nicht in den Kopf.

Oder vielleicht doch?

Die Drohne mit TRACK gibt es nur, weil sein Vater versucht hat, Orcas aufzuspüren. TRACK basiert auf der Idee seines Dads! Und was hat der damit gewollt?

Ach, du Scheiße. Mein Kopf dreht sich bereits, aber das kommt von der Hitze. Es war ein warmer Tag und morgen soll es sogar noch schlimmer werden.

Die Boote suchen immer noch nach Solo. Manchmal kommen sie zu mir an den Felsen und rufen hinauf, ob ich ihn gesehen hätte. Ja, gestern, aber nicht hier, er ist in Sicherheit vor euch Verrückten! Natürlich sage ich das nicht laut. Ich sage gar nicht viel, ich sitze und warte, und ein bisschen ist es wie am Anfang, in der ersten Woche in Solitary Cove, als alles noch fremd und kalt und einsam war.

Einsam ist es jetzt auch. Aber nicht mehr kalt, und fremd fühle ich mich hier schon lange nicht mehr.

Am Abend gehe ich rein und backe dicke Eierkuchen.

Ich klekse Marmelade hinein, bestäube sie mit Puderzucker und drücke Matt einen Teller in die Hand, den er Rosie bringen soll. Er weigert sich zuerst, aber nach einer Weile macht er es doch, und als er sehr viel später zurückkommt, lächelt er selig vor sich hin.

Na also. Wenigstens eine Sache habe ich repariert.

»Übrigens wollte ich bei Eve reinschauen«, verrät er mir.

»Oh! Aber sie war nicht da?«

Matt runzelt die Stirn. »Sie ist ausgezogen. Gestern schon. Und das Telefon hat sie ausgeschaltet.«

Klar, denke ich, damit man sie nicht orten kann. Aber das ist doch Quatsch, wir wissen schließlich, wo sie steckt – bei Solo, wo denn sonst? Und Mr Tanker weiß es ebenfalls, er hat den Deal mit dem Oceanic ja gemacht. Kein Grund also, sich zu verstecken … oder?

Ich gehe ans Fenster, mache es auf und schaue raus, aber der blaue Dodge steht unverändert in unserer Einfahrt. Gestern habe ich noch den Schlüssel abgezogen und die Türen verriegelt. Also kann er eigentlich nicht weg, es sei denn, er klopft zuerst bei mir.

»Mir gefällt das alles nicht«, sagt Matt leise. »Etwas ist faul an der Sache. Was glaubst du, haben wir einen Fehler gemacht?«

Die Spekulationen über Solos Verschwinden gehen jeden Tag weiter auseinander. Am nächsten Morgen will ihn ein Fischer weit draußen im offenen Ozean gesehen haben, zusammen mit einer Gruppe anderer Wale. Später soll er einer Familie auf einem Katamaran gefolgt sein. Und am selben Vormittag geht eine Meldung durch die Medien mit dem Titel »Pacific Graveyard verschluckt Solitary-Cove-Orca«. Angeblich hat ein Fährschiff Überreste eines Tieres in seiner Schiffsschraube entdeckt, die von den Farben her auf einen Orca hindeuten.

Etwas mulmig ist mir danach schon und Eve geht immer noch nicht an ihr blödes Handy. Und Matt ist zur Arbeit gegangen, weshalb ich allein herumsitze und nichts tun kann, als zu warten, warten – es nervt mich so! Gegen Nachmittag halte ich es schließlich nicht mehr aus. Ich nehme den Schlüssel von Alex' Wagen mit und stapfe bei Rosie vorbei. Ich brauche nicht lang, dann habe ich sie überredet, mich nach Victoria zu fahren oder besser gesagt: in die Nähe davon. Unterwegs erzähle ich ihr, was sie noch nicht von Matt erfahren hat. Vor allem von Alex und meiner Angst, dass er weg sein könnte.

»Er lässt doch nicht sein Auto tagelang irgendwo stehen«, jammere ich. »Mit seiner Drohne darin! Die war immer sein Heiligtum.«

»Aber Schätzchen«, sagt Rosie sanft. »Er lässt es doch nicht irgendwo stehen, sondern bei dir!«

So habe ich das noch nie gesehen. Trotzdem wäre es mir lieber, wenn er endlich wieder auftauchen würde.

Wir biegen auf die Schotterpiste ein, bis wir zu der abgelegenen Bucht kommen, an der die Tiny Houses stehen. Ein Miniaturdorf aus Holz und Fotovoltaik. Ich hämmere gegen seine Tür – die abgeschlossen ist – und frage sogar seinen nächsten Nachbarn, ob er ihn gesehen hat, aber angeblich war er schon länger nicht mehr hier. Schon länger? Was heißt das? Wo ist er denn sonst?

Der Gedanke sitzt wie ein Schlag in die Magengrube. Na klar, er ist bei Joni und ihrem Dad! So wird es sein. Da war er schon die ganze Zeit. Ich bin ja so dämlich. Niedergeschlagen gehe ich runter zur Bucht, ziehe meine Schuhe aus und laufe ein Stück ins Wasser. Kalt und klar ist das Meer. Wenn ich zum Haus hochschaue, sehe ich mich und Alex auf der Veranda sitzen, tief versunken in einen Kuss … Hat er mir davor nicht erzählt, er wolle mehr sein als ein Fischer, mehr als sein Dad? Das bist du, Alex. Du hast es nicht nötig, an dir zu zweifeln!

Ich steige wieder ins Auto, hole mein Tagebuch hervor und reiße die Seite raus, auf der ich Alex gemalt habe. Rosie betrachtet mich stirnrunzelnd, sagt aber nichts dazu, als ich wieder losstapfe und den Zettel gefaltet unter der Haustür durchschiebe.

Auf dem Rückweg versucht sie, beim DFO anzurufen und irgendwie Mr Tanker an die Strippe zu kriegen, aber da ist sie gerade nicht die Einzige, und seine Privatnummer bekommt sie schon gar nicht.

»Es ist wie verhext«, sage ich zu ihr, als wir in Solitary Cove ankommen. »Als ob sich alle gegen uns verschworen haben.«

»Verhext«, murmelt Rosie düster. »Das ist allerdings das richtige Wort.«

Sie hält vor dem mintgrünen Haus, das im Abendsonnenlicht goldgrün glitzert. Erst dann sehe ich die Gestalt, die auf der Veranda vor dem Eingang sitzt, und mein Herz macht einen Satz vor Freude, aber dann dreht sich die Person um, und ich weiß nicht, ob ich mich über den Besuch noch freuen soll.

Ich trete auf die Gestalt im Gegenlicht zu. »Hallo, Eve.«

Rosie hätte sich am liebsten gleich wieder aus dem Staub gemacht, das war deutlich zu spüren. Aber ich habe sie nicht gelassen, obwohl ich nicht mal was zu ihr gesagt habe. Matt ist noch nicht da, und mir ist unwohl, mit Eve allein zu sein. Rosie muss das gemerkt haben, deshalb ist sie ganz selbstverständlich hinter mir in Matts Küche marschiert und hat ihre Tasche auf einen freien Stuhl geknallt.

»Wie geht es Solo?«, frage ich sofort.

Eve schielt zu Rosie hinüber.

»Sie weiß Bescheid«, stelle ich die Sache ohne Umschweife klar, aber Eve hat sich gut im Griff, oder es ist ihr egal, weil Rosie ja schließlich zu Matt gehört.

»Tut mir leid, dass Frank euch davongejagt hat.« Eve geht zum Schrank, holt sich ein Glas heraus und füllt es mit Wasser. Sie stellt auch eines für mich und Rosie auf den Tisch und lehnt sich an die Arbeitsplatte. »Er arbeitet normalerweise im Oceanic. Er weiß nicht, dass hier andere Regeln gelten.«

»Warum braucht ihr überhaupt einen Bodyguard für Solo?« Ich kann mir nicht helfen, aber je freundlicher sie ist, desto weniger traue ich ihr. »Reicht es nicht, wenn du da bist? Oder ... wir?«

Eve seufzt. »Svenja, es ist ja so: Je mehr wir mit Solo arbeiten, desto wertvoller wird er für uns. Ein teures Rennpferd stellst du doch auch nicht unbewacht auf eine Wiese! Und dafür ist Frank da. Er soll Solo abschotten, damit niemand ihm was tun kann, aber natürlich auch, um seinen Wert zu schützen.«

»Wie bitte?«, mischt Rosie sich ein. »Der Wal ist ein freies Tier. Es ist schlimm genug, dass ein Zaun ihn schützen muss. Warum schottet ihr ihn überhaupt so ab? Die Leute in Solitary Cove machen sich Sorgen um ihn. Wir haben ihn alle lieb gewonnen.«

Fast alle, denke ich. Der Fischer, der seinen Hund verloren hat, konnte Solo nicht schnell genug loswerden.

»Er kehrt zurück«, verspricht Eve sanft. »Aber nicht solange die Gemüter hochkochen. Solo muss zuerst so einiges lernen. Aber er ist sehr klug. Wollt ihr mal sehen?« Sie zieht ihr Handy aus der Tasche und tippt auf ein Video.

Ich sehe Solo, der neben der Plattform schwimmt. Etwas schwingt vor seiner Nase – eine Art Stab. Solo öffnet sein Maul und etwas landet auf seiner Zunge. Dasselbe wiederholt sich noch dreimal und immer öffnet Solo sein Maul ein klein wenig schneller.

Fassungslos starre ich sie an. »Ich dachte, er muss keine Kunststücke lernen? Was soll das, Eve? Was habt ihr vor?«

»Das sind doch keine Kunststücke.« Eve steckt das Handy wieder ein und trinkt ihr Glas in einem Zug leer. »Es gibt natürlich Dinge, die er lernen muss. Für medizinische Untersuchungen zum Beispiel. Er muss durch keinen Feuerreifen springen, wenn du das meinst, aber auf Kommando bewegen und springen gehört natürlich dazu.«

»Damit die Zuschauer später was zu sehen bekommen«, setzt Rosie bitter dazu. »Darum geht es hier doch!«

Eve schüttelt den Kopf. »Es geht uns nur um Solos Wohlbefinden«, sagt sie knapp. »So, und ich muss jetzt auch los. Sagt Matt, er soll mich einfach anrufen, wenn er noch Fragen hat.«

»Warte«, rufe ich ihr hinterher. »Was ist mit Solo? Wann kann ich zu ihm?«

Eve bleibt in der Tür stehen und lächelt mich an. Freundlich, aber eindeutig distanziert. »Svenja … nicht böse sein. Vorerst ist es besser, wenn er sich an mich als neue Bezugsperson gewöhnt. Später darfst du natürlich jederzeit zu ihm, wir haben ja darüber gesprochen. Da finden wir bestimmt eine Lösung!«

Ich bin so perplex, dass mir gar keine Erwiderung darauf einfällt. Später – später bin ich doch gar nicht mehr hier! Eve verschwindet in der Nacht und ich muss die Tränen unterdrücken. Solo, mein kleiner Solo – da dachte ich, ich helfe dir. Rette dich! Und am Ende habe ich alles nur noch schlimmer gemacht.

Rosie bleibt bei mir und tröstet mich stumm, bis Matt nach Hause kommt. Wir erzählen ihm gemeinsam von Eves Besuch, und Matt fängt an, ruhelos durch den Raum zu tigern.

»Wir schalten diesen Herrn von der Regierung ein«, beschließt er. »Er muss doch in der Position sein, den Deal mit Oceanic rückgängig zu machen.«

»Den erreichst du gar nicht«, wirft Rosie ein. »Haben wir heute schon versucht. Den schotten sie total ab.«

»Dann eben diesen Pressemenschen! Wenn wir die Pläne des Oceanic publik machen und verraten, wo Solo steckt, wird sich definitiv was ändern müssen.«

»Lieber nicht.« Ich seufze müde. »Am Ende schaffen sie ihn doch noch ins Oceanic. Und wenn er erst mal dort ist, kommt er nie wieder zurück. Außerdem ist Mike nicht zu trauen. Er schreibt nicht zu Solos, sondern immer nur zu seinem eigenen Vorteil.«

Wir sehen uns der Reihe nach an, aber keinem von uns fällt etwas ein, was wir tun könnten. Irgendwann verabschiedet sich Rosie müde und auch Matt geht schlafen. Ich würde gern dasselbe machen, der Tag war lang, aber ich finde einfach keine Ruhe, also schnappe ich mir mein Tagebuch und den Bleistift, den Solo mir zurückgebracht hat – der mit dem Miniorca am Ende –, und hocke mich draußen auf meinen Lieblingsfelsen.

Zuerst male ich gar nichts, sondern schaue in die aufziehende Nacht und vermisse meinen kleinen Wal. Er fehlt mir so schrecklich, dass es körperlich wehtut. Irgendwann schlage ich das Tagebuch doch auf und male Solo, dort in der fremden Bucht, in seinem Netz. Und ganz hell und durchschimmernd schraffiere ich seine weiße Mutter in die Wolken, von wo sie auf ihn herabsieht und auf ihn aufpasst.

Solo, denke ich. Du hast niemanden mehr, der auf dich achtgibt. Du bist ganz allein.

Und auf einmal weiß ich, was ich tue. Es ist so einfach, so leicht! Und wahrscheinlich das Schwerste, was ich jemals gemacht habe.

Ich stehe auf, packe das Buch und den Stift zurück in mein Zimmer und hole mir den Schlüssel des Dodge vom Regal. Der Zettel, den wir drangemacht haben, segelt zu Boden, als ich mich hinter das Steuer setze und den Sitz verstelle. Huh. Ich habe zwar schon einen Führerschein in Deutschland, aber ich darf nur damit fahren, wenn Mama oder Jörg nebendransitzen. Andererseits sind wir hier im Niemandsland, und es ist Nacht, und ich habe nicht vor, auf einer öffentlichen Straße zu fahren. Natürlich könnte ich Matt wecken, aber etwas sagt mir, dass ich diese Mission allein erfüllen muss.

So allein wie Solo.

Der Dodge holpert nicht in die Schlaglöcher, ich habe das Gefühl, er walzt einfach darüber hinweg. Dafür ist es höllisch schwer, den riesigen Wagen in der Spur zu halten und nicht im Wald zu landen, zumal ich durch tiefste Dunkelheit fahre. Ich bin mir nicht mal sicher, ob ich mir den Weg richtig gemerkt habe. Was, wenn ich an einer ganz anderen Bucht rauskomme? Finde ich dann überhaupt wieder zurück?

Aber dann schimmert ein Licht durch die Bäume und ich bleibe stehen. Was ist das? Dieser Frank vielleicht? Auf jeden Fall sollte der mein Licht nicht sehen. Ich schalte die Scheinwerfer aus und öffne langsam die Tür. Um keinen Lärm zu machen, lasse ich sie offen stehen. Ich schleiche mich zwischen den Bäumen durch, bis ich das hell erleuchtete Zelt am Ufer entdecke. Jemand bewegt sich darin! Aber es ist nicht Frank, das ist eindeutig eine Frau. Eve! Sie scheint etwas auszuziehen. Und sie kann mich nicht sehen, weil ich im Dunkeln stehe. Ich verstecke mich trotzdem hinter einer dicken Zeder, sicher ist sicher.

Eine Weile geschieht nichts weiter. Eve sitzt in dem Zelt und rührt sich nicht viel. Ich gebe mein Versteck auf und schleiche näher, bis ich Solo im dunklen Wasser hören kann. Da! Er taucht nicht mehr tief, wozu auch? Sie haben das Netz viel zu eng um die Bucht gezogen!

Grimmig gucke ich wieder zu Eve, aber in dem Augenblick geht das Licht im Zelt aus. Hat sie mich bemerkt? Ich stehe hier völlig ungeschützt! Aber nichts tut sich – das Zelt rappelt ein wenig, doch alles bleibt ruhig.

Ich drehe mich wieder zu Solo. Wenn ich ihn rufe, würde sie das womöglich hören. Ich muss zu ihm! Aber wie kriege ich nur diesen halben Baumstamm ins Wasser? Tragen kann ich ihn nicht, keine Chance. Bloß rutschen lassen.

Im Nu bin ich zurück beim Auto. Aber auch den Motor kann ich nicht mehr starten, zu riskant, zu nah! Ob der Wagen wohl rollt? Leicht abschüssig ist die Piste ja. Ich muss nur rechtzeitig bremsen, damit er nicht im Wasser landet.

Ich klemme mich hinter das Steuer, löse die Handbremse und lasse das Auto langsam anrollen. Es klappt – es klappt tatsächlich! Ich eiere schön schief auf die Uferböschung zu. Jetzt einlenken ... warum geht denn das so schwer? Ach, du Scheiße! Das Auto bewegt sich wie eine Dampfwalze, und jetzt graben sich auch noch die Reifen in den Schlick – ich muss anhalten, irgendwie, sonst liege ich gleich samt Alex' Auto im Wasser! Verzweifelt drehe ich am Lenkrad, keine Chance, es bewegt sich kein Stück mehr, also drehe ich stattdessen am Zündschlüssel. Der Wagen springt an, stotternd, aber er tut es. Ich steige auf die Bremse und ziehe sofort den Schlüssel wieder raus.

Als ich nach draußen schaue, sehe ich Eve. Sie ist aus dem Zelt gekrabbelt und sieht angespannt in Richtung Ozean. Ich wage kaum zu atmen. Bitte, bitte, geh wieder rein! Aber sie bleibt, wo sie ist. Wo schaut sie hin? Sie sucht das Wasser ab, sie hat nicht mitgekriegt, dass der Motor von einem Auto stammt – sie sucht ein Boot!

Ich grinse in mich hinein, weil sie keines findet und doch zurück in ihr Zelt klettert. Ein paar Minuten bleibe ich noch reglos sitzen und warte ab, dann erst wage ich es, auszusteigen und um den Dodge herumzugehen. Die Laderampe zu lösen, ist gar nicht so einfach, wenn man nicht weiß, wo man drücken muss. Mit einem Schlag fällt die Klappe und das Baumstammboot rutscht durch den Ruck heraus. Ich kann gerade noch nach dem Seil greifen, da schlittert es auch schon an mir vorbei, die Uferböschung hinab.

Wieder ein Blick zum Zelt. Alles dunkel! Sie hat mich nicht bemerkt oder zumindest noch nicht. Ich hole das Paddel und rutsche dem Kanu hinterher. Mit der einen Hand halte ich das Seil nah bei mir, mit der anderen versuche ich, die wacklige Red Cedar ruhig zu halten. Ich muss es nur genau wie Alex machen. Und dann habe ich es tatsächlich geschafft und stehe mit beiden Füßen sicher im Bootsinneren! Im Nu ist Solo bei mir und umkreist mich freudig.

Mein Herz klopft so schnell, dass ich heftig atmen muss. Mein Wasserweg führt genau an dem Zelt vorbei und Eve ist ganz bestimmt noch alarmiert von meinem Gerumpel eben. Ich darf jetzt wirklich kein einziges Geräusch machen! Das Paddel eintauchen. Dabei nicht Solo treffen und nicht umkippen. Mein Herz beruhigen.

Die Red Cedar gleitet spielend durch die sanften Wellen. Es ist dunkel, seit Eve das Licht im Zelt gelöscht hat, aber das Sternenlicht genügt mir, um mich zu dem Netz zu leiten. Als ich davor treibe, fällt mir ein, dass ich mir überhaupt keinen Plan überlegt habe, wie ich Solo hier rausbekommen soll. Eine Schere wäre jetzt gut! Habe ich aber nicht. Nur mich, ein Paddel und das Boot. Nicht mal an mein Handy habe ich gedacht, das liegt sinnlos irgendwo in meinem Zimmer. Aber es würde hier draußen ja doch nicht funktionieren und beim Netzeüberwinden ist es auch wenig hilfreich.

Solo schubst mich ein Stück herum. Er will spielen! Oh Gott, hoffentlich schwimmt er überhaupt von mir weg. Ich ziehe das Seil ein Stück aus dem Wasser und hangle mich daran entlang, was gar nicht so leicht ist in einem kippeligen Kanu. Auf der anderen Seite, weit weg von dem Zelt und Eve, ist das Seil nur um die Felsen geschlungen. Keine Chance, da raufzuklettern und wieder heil ins Boot zu gelangen! Aber ich könnte … ja, vielleicht komme ich von hinten an den Knoten ran, es sieht so aus, als würde der zwischen den Steinen stecken. Ich ziehe das Boot über das Netz und dümple jetzt außerhalb vom Pferch. Stimmt, da ist der Knoten.

»Okay, Google«, sage ich leise in die Stille. »Wie geht ein Seemannsknoten auf?«

Solo schiebt seinen Kopf heraus und spritzt mir eine Ladung Wasser ins Gesicht. Ist das etwa einer von Eves Tricks? Dann wird es definitiv höchste Zeit, den kleinen Kerl hier rauszuholen!

Der Knoten sieht schlimmer aus, als er ist. Im Grunde kann ich die Verwirrungen ganz einfach auseinanderschieben. Es dauert nur seine Zeit, und das Boot gleitet immer wieder unter mir weg, sodass ich nur mit einer Hand arbeiten kann und mich mit der anderen festhalten muss. Beinah geschafft! Nur noch die eine … Das Kanu kippt und das Paddel rutscht heraus. Ich sinke schnell zurück auf den Boden und versuche, nicht auch noch hinterherzufallen! Geschafft. Aber das Paddel ist futsch. Verdammt! Ich ziehe die letzte Schlaufe auseinander und nun kann ich das Netz hinter mir herziehen wie eine Schleppe. Sesam, öffne dich.

Irgendwie kriege ich es schon hin, mit den Händen zum Ufer zurückzurudern. Schwieriger wird es definitiv, das Baumstammboot wieder auf das Auto zu bekommen.

Solo schwimmt durch die Lücke und taucht. Erst da wird mir klar, was ich eben getan habe. Solo ist frei – ich habe ihn befreit! Natürlich kann es sein, dass er zurück nach Solitary Cove schwimmt. Aber vielleicht auch nicht. Immerhin bleibt er nicht Eves Zirkustier! Ich würde jetzt gern schreien oder so was, aber das geht natürlich nicht.

Eine Bewegung unter mir. Das Kanu wackelt. Dann ist Solo wieder da.

»He«, wispere ich ihm zu. »Du sollst verschwinden! Schwimm los, du bist wieder frei!«

Mein kleiner Wal scheint das anders zu sehen. Mit einer kaum spürbaren Bewegung ist er zurück in seinem Gefängnis, schnappt sich das davontreibende Paddel und schleudert es durch die Luft. Ich muss lachen – ganz leise. Aber Solo ist noch nicht fertig. Er klatscht das Paddel gegen das Boot. Der Hall schießt durch die kleine Bucht und ich wedle erschrocken mit beiden Händen. »Nicht, Solo, lass das, sie hört uns doch!«

Aber Solo findet dieses Spiel jetzt lustig. Ich versuche, nach dem Paddel zu greifen – Wettziehen mit einem Orca? –, und er lässt es fast augenblicklich los und stupst mich wieder an.

Das Licht im Zelt geht so plötzlich und unerwartet an, dass ich zusammenzucke. Eve! Verdammt! Und sie wird mich voll erwischen, sie sieht mich doch hier! Um die Felsen herum, schnell, schnell und leise! Ich tauche das Paddel hektisch ins Wasser, bis das Kanu weit genug von der Stelle mit dem Netz entfernt ist. Da ist keine Nische und auch kein Versteck, die Felsen ziehen sich zwar immer weiter auseinander, bieten mir aber keine Möglichkeit zu verschwinden.

Es hilft nichts – ich muss noch weiter raus! Ein Strudel packt mich, wirbelt mich herum. Auf einmal geht das Paddeln ganz leicht, so als ob mich das Wasser leiten würde. Ich suche die Wellen ab, und da ist er – wenigstens folgt Solo mir nun in die richtige Richtung! Lasse ich mich eben eine Weile treiben, nur so lange, bis Solo sicher aus der Bucht heraus und Eve schlafen gegangen ist. Nur so lange.

Ein Wort huscht durch meinen Kopf. Ich habe es gelesen, heute oder in den letzten Tagen, genau weiß ich es nicht mehr. Ich weiß auch nicht, warum es mir gerade jetzt in den Sinn kommt, aber als es da ist, kriege ich es nicht mehr los.

Pacific Graveyard.

DAS LIED DER STILLE

Solo schwimmt neben mir und über mir hängen die Sterne wie winzige Leuchtinseln in einem nächtlichen Meer. Die Strömung schiebt mich aus der Bucht hinaus, das Paddeln geht ganz leicht. Ich kehre um, wenn Solo in Sicherheit ist. Gerade ist der Himmel so schön und das Gluckern unter dem Boot, Solos Atem – ach, wenn doch nur Alex auch hier sein könnte!

Ich taste mit der Hand nach den eingeschliffenen Buchstaben an der Seite. AMC. Es tut mir so leid für ihn, dass er seinen Vater nun in einem anderen Licht sehen muss. Anders als Matt hat sein Vater keine Chance, das jemals wiedergutzumachen, weil er nur noch in seiner Erinnerung lebt.

Ich strecke die Hand ins Wasser. Uh, ist das kalt! Solo, frierst du gar nicht? Die Kälte rüttelt mich wach und ich schaue mich um. Wo war noch mal die Bucht, in die ich gleich zurückpaddeln muss? Die Küste ist schwarz und voller Bäume und sieht überall gleich aus. Scheiße. Habe ich mich verirrt? Kann doch gar nicht sein, wie lange fahren wir denn hier schon?

Rechts und links von mir sind bewaldete Felsen, so weit weg kann ich also noch nicht sein. Und irgendwo geht es sogar nach Solitary Cove, aber ich kann ja nicht Alex' Auto stehen lassen, was würde Eve denken? Dass Alex Solo befreit hat! Nein, ich muss zurück. Unbedingt! Und so langsam werden meine Arme müde, vielleicht kehre ich besser um, bevor ich mich gar nicht mehr auskenne. Wenn ich den Eingang zur Bucht sehe, werde ich schon den richtigen Weg finden.

»Solo«, rufe ich den kleinen Wal. »Solo, ich muss zurück. Hörst du? Aber du schwimmst weiter, folge einfach ... folge deinem Herzen, kleiner Wal! Komm nicht zurück in die Bucht, nicht mir nach, ja? Schwimm zurück in die Freiheit und such deine Familie!«

Solo entfernt sich ein Stück von mir, taucht. Das war es? So schnell? Ich schnappe nach Luft und versuche, nicht zu heulen. Solo ist frei, das wollte ich doch, jetzt bloß nicht sentimental werden! Ich stoppe das Kanu, so wie Alex es immer getan hat. Dann drehe ich um. Ein Wirbel erfasst es und dreht es in die andere Richtung, ich steuere dagegen, aber das ist gar nicht so leicht, weil die Wellen plötzlich viel höher schlagen und mich von einer Seite auf die andere werfen.

Ich paddle einfach drauflos, auf die Baumfelsen zu. Schon nach kurzer Zeit sind meine Arme so lahm, dass ich sie kaum noch anheben kann. Bin ich überhaupt näher gekommen? Nein, nein, bin ich nicht! Im Gegenteil, die Strömung zieht mich weiter raus, rückwärts, vorwärts, es ist ihr egal – sie lässt mich nicht mehr los!

»Solo«, rufe ich. »Solo, hilf mir!«

Was soll ich tun? Rausspringen, schwimmen? In dieses kalte Wasser? Niemals. Außerdem ist das Ufer längst viel zu weit weg, das würde ich im Leben nicht erreichen. Ich muss in dem Kanu bleiben. Es schaukelt und wippt und strudelt immer schneller. Wieder ramme ich das Paddel ins Wasser. Das kann doch nicht sein, ich muss doch dieses Ufer erreichen können, nur bis zu den Felsen, so weit ist das doch nicht, bis dort muss ich es schaffen! Ich muss!

Ein Schlag, von unten, irgendwo. Das Kanu kippt, und ich schreie, so laut ich kann: »Hilfe! Helft mir doch, Eve, Eve, hilf mir, bitte!«

Ich kauere mich auf den Boden und das Kanu beruhigt sich wieder. Ich mich nicht. Mein Herz rast, gleich springt es hinaus, ins Meer. Soll ich es noch mal versuchen? Aber was ist schlimmer, abgetrieben zu werden oder ins Meer zu stürzen? Oh Gott. Ich komme hier nie mehr weg! Was habe ich nur getan?

Alex! Ich denke mit aller Macht an ihn, versuche, ihm ein Bild von meiner Not zu schicken, von dem Boot, das sich unter mir bewegt und strudelt und kreiselt, von dem schwarzen Wasser, von mir. Dann versuche ich dasselbe bei Matt, und als immer noch niemand zu meiner Rettung eilt, fange ich an zu heulen. Ich schluchze und weine, bis ich nicht mehr kann, bis keine Tränen mehr kommen. Eine Weile sitze ich wie erstarrt in meinem Kanu. Die unsichtbare Strömung hat mich von den Felsen weggerissen und schiebt mich immer weiter aufs Meer hinaus. Dann lässt der Sog nach, ganz plötzlich, also schnappe ich mir das Paddel und rudere wieder los – ich weiß jetzt, was ich falsch gemacht habe. Ich darf nicht gegen die Strömung paddeln, sondern mit ihr! Die Felsen sind mein Ziel, die Bäume, das Ufer. Diesmal schaffe ich es!

Aber die Felsen kommen nicht näher. Die Bäume bleiben schwarz und das Ufer, wo ist das Ufer? Meine Arme sind so schwer. Ich sinke zusammen, mitten auf dem Boden der Red Cedar. Tränen laufen mir übers Gesicht. Ich weiß nicht, was ich tun soll – ich kann nicht mehr, das Wasser ist zu stark! Wieder paddle ich los, wieder scheint das Ufer vor mir zu weichen.

»Hilfe«, rufe ich laut. »Hilfe! Helft mir doch!«

Das Meer schluckt meinen Schrei. Ich schaue mich um. Da sind Bäume und Felsen, ich muss doch dorthin kommen, noch sehe ich sie doch! Ich werfe das Paddel ins Boot, knie mich hin und fange an, mit beiden Händen zu rudern. So lange, bis mir schwindlig wird und ich fast kopfüber hinauskippe. Wieder stößt etwas von unten gegen das Kanu und ich ziehe erschrocken meine Hände zurück. Wo sind die

Felsen? Aber ich sehe keine Felsen mehr. Ich bin den ganzen Weg durch die Solitary Bay getrieben.

Vor mir öffnet sich, still und friedlich, der Pazifische Ozean.

Das Sternenmeer über mir kennt die Richtung, in die ich treibe. Treiben ist so leicht, so einfach. Nur Paddeln ist schwer. Paddeln ist sinnlos. Seit ich die Felsen nicht mehr sehen kann, gibt es auch kein Ziel mehr, auf das ich zupaddeln könnte.

Wasser auf meinem Gesicht. Ich reibe mir über die Augen und setze mich vorsichtig auf. Es geht kaum Wind und Wellen schlagen auch nicht über mir zusammen. Woher kommt das Wasser in meinem Gesicht? Schon wieder Tränen?

Ein Schatten, direkt unter mir, bei mir – Solo! Erleichtert strecke ich die Hand aus und berühre seinen Kopf. Ich weiß nicht, wo ich bin, aber ich bin nicht allein, und ich habe Solo hierhergebracht, raus aus der Bucht, raus aus Solitary Cove mit all seinen bösen Erinnerungen. Jetzt hat Solo eine Chance, eine richtige, echte Chance!

»Solo«, flüstere ich, immer wieder. Nur seinen Namen, sonst nichts. »Solo. Solo.«

Meine Glieder sind so schwer. Ich warte einfach, bis ich etwas sehe, irgendwas, ein Boot, eine Insel, einen Stern oder ein fernes Land ... und dann paddle ich wieder. Ich passe gut auf das Paddel auf, solange ich es bei mir habe, kann nichts passieren. Noch leuchten die Sterne, aber ich glaube, sie sind schon blasser als zuvor. Sobald die Sonne aufgeht, weiß ich wenigstens die Richtung, in die ich ...

Solo stößt gegen das Boot. Nicht böse, nicht weil er es umwerfen will, er stößt dagegen, weil niemand sonst hier ist und Wale das nun mal so machen. Er braucht mich und ich brauche ihn. Wir werden zusammen den Ozean erkunden! Zum Glück habe ich nicht irgendein Kanu bei mir, sondern die Red Cedar, die mich beschützt, sogar auf hoher See. Was genau ist das eigentlich, die hohe See?

Ich sinke wieder zusammen und die Augen fallen mir zu. So leicht, so schön. Ich kann Solos Körper unter dem Boot spüren. Das sollten die im Oceanic machen, Abenteuer-Bootstouren auf den offenen Ozean – das ist viel spannender, als einem Wal beim Sprung durch einen Feuerreifen zuzusehen.

Ich blinzle. Es gibt ein Licht, dort oben. Einen Lichtspalt. Aber ich bin zu müde, um ihn mir anzusehen, ich träume lieber noch ein bisschen. Von Mama und Matt ... Wenn ich Rosie mit Jörg verkuppeln könnte, wären dann Mama und Matt wieder ein Paar? Oh ja. Wir würden nach Kanada ziehen, nach Solitary Cove, und Alex könnte ein kleines Haus bei uns in den Garten bauen und dort ... aber nein, Matts Haus hat ja gar keinen Garten. Und Mama ist in Afrika, mit Jörg. Es wird schwierig, Rosie nach Afrika zu schaffen, außer vielleicht, ich fahre sie hin, mit der Red Cedar ... dem einzigen Kanu, das nicht kippt, wenn ein Wal sich von unten daranschmiegt ...

Ich schrecke hoch, weil etwas gegen meinen Hals drückt. Das Paddel. Ich ziehe es weg, aber nun bin ich schon wach, da kann ich auch die Augen aufmachen. Oh, Kopfschmerzen! Alles dröhnt und summt in meinem Schädel. Ich blinzle. Dämmerlichtschimmer fahren wie Blitze in meine Augen. Au, die Helligkeit tut mir weh! Augen wieder zu. Nein, so sehe ich nichts. Ich muss doch wissen, wo ich bin. Also Augen wieder auf, einen Spalt nur.

Oh.

Ich bin auf dem Wasser. Nein, auf dem Ozean. Dem Pazifik. Ich treibe auf den Pazifischen Ozean hinaus.

Plötzlich bin ich wieder hellwach. Wasser, nichts als

Wasser, blaue Wellen, links, rechts, überall! Ich sehe kein Land, wie kann das sein? Irgendwo muss doch Land sein, es kann nicht überall nur Wasser geben, ich treibe doch schon die ganze Nacht!

»Mama«, wimmere ich, und ein Schluchzer schüttelt mich. Das Paddel! Ich drehe mich, finde es, hebe es hoch und tauche es ins Meer. Einmal, zweimal, immer wieder. Das Kanu bewegt sich, wird schneller, jaja, endlich, ich schaffe es, ich paddle mich doch zum Ufer!

Solo taucht ein Stück entfernt von mir hoch. Er trägt etwas im Maul. Ich will gar nicht so genau wissen, was das ist. Auf jeden Fall war es mal lebendig.

»He, kleiner Freund«, krächze ich. »Kannst du mir nicht helfen?«

Ich paddle weiter, weiter, weiter, bis meine Arme lahm werden, bis ich vor Durst kaum noch weinen kann. Das Paddel rutscht mir aus den Händen und gleitet davon, und diesmal schwimmt Solo nicht hinterher, um es zu holen.

Wozu auch. Es ist sinnlos – paddeln ohne Ziel. Ich sehe kein Ufer, kein Land, kein Garnichts. Und ich dachte, Solitary Cove ist das Niemandsland.

Solo schiebt etwas zu mir ins Boot. Überreste von der undefinierbaren Kreatur, igitt! Wahrscheinlich muss ich das irgendwann essen, wenn ich überleben will. Oh Gott, mir ist schlecht. Wäre ich doch nur nie, nie hergekommen! Der Ozean wird mich verschlucken, so wie den weißen Wal ... so wie Alex' Vater.

Alex.

Der Gedanke an ihn reißt mich zurück. Alex, oh Alex, bist du noch böse auf mich? Ich habe ihm das Bild gegeben. Das Bild von ihm. Normalerweise hätte ich mich das nie getraut, nicht nach allem, was ich falsch gemacht habe. Ich mache die Augen zu und denke an den Kuss, unseren wundervollen, langen Kuss auf seiner Veranda. Wünsche ich mir wirklich, ich wäre nie hergekommen? Würde ich tauschen, meinen Orcasommer gegen die Hitze und die Eintönigkeit in Berlin?

Nein. Niemals. Egal, was passiert. Nicht eine Sekunde würde ich tauschen!

Ich kauere mich auf dem Boden der Red Cedar zusammen und schlinge die Arme um meine Beine. Ich kann es nicht mehr steuern, das Kanu nicht und mein Leben auch nicht. Schon seltsam. Und ich dachte immer, ich habe keine Kontrolle über meine Entscheidungen. Dabei wäre es so leicht gewesen, so viel leichter als jetzt.

Ich höre etwas. Träge rapple ich mich hoch und blinzle. Mein Kopf tut weh, aber die beißende Helligkeit verstärkt den Schmerz noch. Ein Geräusch, neben mir, irgendwo – Solos Atem, zischend, laut und nah.

Nein, da ist noch mehr, noch ein Geräusch. Ich muss Solo fragen, aber mein Mund ist so trocken, dass ich nicht mehr sprechen kann. Die Sonne ist schlimmer als die Nacht.

Ich mache die Augen wieder zu und sinke zurück. Aber das Geräusch bleibt. Was ist das nur? Ein Summen. Kommt das auch aus dem Meer?

Ich strecke die Hand aus, bis ich Solos Haut berühre. Er schwimmt so dicht neben mir, dass ich seine Kraft unter dem Kanu spüren kann. Solo. Solo ist zurück im offenen Ozean – keine Netze mehr, keine aufdringlichen Boote, keine Menschen! Er ist frei und irgendwann wird er mich verlassen.

Das Summen wird nicht leiser, sondern plötzlich ziemlich laut. Etwas schwirrt um meinen Kopf. Ich blinzle wieder ins Licht, und diesmal erkenne ich, was es ist. Die Drohne!

Mit einem Ruck stehe ich auf und winke wild. Das Kanu kippt unter mir weg, ich rudere durch die Luft, aber das ist genauso sinnlos wie durchs Meer rudern. Mit einem Platsch lande ich im Wasser, Hitze verwandelt sich in Schock. Ich keuche, schlucke Salzwasser, strample, huste, schreie, wo ist das Kanu, ich kann nicht schwimmen, kann nicht …

Solo, unter mir. Ich schaue genau in sein Auge. Jetzt spüre ich seine Kraft tatsächlich. Er schiebt sich mühelos durch den Ozean, also strecke ich die Hand aus und halte mich an seinem Schwert fest. Mein Kopf taucht aus den Wellen und ich spucke Wasser.

Ich lebe, ich atme. Ich muss das Red-Cedar-Kanu wiederfinden! Es gehört mir nicht, ich darf es nicht im Meer verlieren! Die Wellen schaukeln mich herum, aber die Sonne ist zu hell, ich sehe nur Blau, Blau, wohin ich schaue.

Solo taucht unter, ich muss ihn loslassen – nein, Solo, bleib, bitte! Ich bin so schwer, etwas zieht mich ins Meer, mein Bein, beide Beine, ich strample wie verrückt, bis ich meine Schuhe los bin. Jetzt ist es einfacher. Mein Kopf sinkt nicht mehr sinnlos hinab, ich kann doch schwimmen, ich habe es mich nur nie getraut. Solo taucht unter mir durch, dann ist er wieder an meiner Seite.

Still, herrlich still ist es im Meer. Wir treiben nebeneinander, schwerelos, furchtlos.

Etwas Schweres schiebt sich durch die Wellen auf uns zu. Das ist ein Boot! Ich kenne es sogar, das Fischerboot mit dem kaputten Netz, mit dem Fischer, der uns den Lachs geschenkt hat. Oh mein Gott, oh mein Gott! Sieht der mich überhaupt hier im Wasser? Auf dem Boot steht jemand und winkt. Das ist Matt! Vor lauter Erleichterung heule ich los und sofort gehe ich unter. Das Boot kommt langsam näher, und dann fliegt etwas neben mir ins Wasser, ein Reifen, ich packe ihn und halte mich daran fest.

Wo ist Solo hin? Da – direkt unter mir! Seine Flossen bewegen sich, als würde er winken. Ich strecke die Hand nach ihm aus, aber ich werde von ihm weggezogen, ich weiß, dass es richtig ist, Wale gehören nicht zu Menschen und Menschen nicht zu Walen.

Meine Füße strampeln in der Luft, ich klammere mich mit aller Kraft an dem Reifen fest. Mein Rücken schlägt hart gegen die Bootswand, aber ich lasse nicht los, nicht los. Arme umschlingen meinen Körper, ziehen mich ins Boot – halten mich fest. Matt. Nein, nicht Matt. Mein Vater. Ich höre, dass er weint, also strecke ich die Hände aus und streichle sein Gesicht, tröste ihn, ihn und mich.

»Mein Mädchen«, flüstert er. »Du glaubst gar nicht, wie viel Angst ich um dich hatte.«

Ich will ihm sagen, dass ich Solo gerettet habe, aber ich habe keine Stimme. Der Fischer hält mir eine Flasche an die Lippen, und ich trinke so hastig, dass ich mich verschlucke und husten muss.

Da ist noch jemand auf dem Boot. Er lehnt hinter Matt, als würde er sich nicht hertrauen, also strecke ich die Arme nach ihm aus. Alex kommt zu uns und geht neben mir in die Hocke. Ich lasse Matt los und richte mich ein Stückchen auf.

»Die Red Cedar«, krächze ich. »Ich habe … sie verloren.«

Alex legt den Kopf schräg und lächelt. »Ist mir egal. Du bist wichtig.«

»Solo«, flüstere ich. »Ich habe Solo gerettet!«

»Und er war dein Retter.« Etwas summt über unserem Kopf. Alex schaut hoch und lehnt sich dabei näher zu mir. »Sie hat ihn gefunden. Hier draußen, völlig selbstständig.« Er dreht sich wieder zu mir um und sein Blick wird ganz ernst. »Ein Glück, dass er bei dir geblieben ist, Orcamädchen. Ich weiß nicht, was ich sonst gemacht hätte.«

»Bist du noch böse auf mich?«

Er lässt die Schultern sinken, schüttelt den Kopf. Dann ist er bei mir, schließt mich in seine Arme und küsst mich, auf meine nassen Haare, meine Stirn, die Wange, den Mund.

Vor Matt, vor dem Fischer. Mir wird so warm, ich verglühe gleich.

Jemand legt mir eine Decke um die Schultern. Und dann will ich wissen, was geschehen ist.

»Alex kam heute Morgen zu uns, um sein Auto zu holen«, berichtet Matt mit einem Seitenblick auf Alex.

»Eigentlich wollte ich zu dir«, stellt Alex richtig. »Aber ihr wart beide weg, du und das Auto.«

»Und die Red Cedar«, flüstere ich trocken.

»Das haben wir erst gemerkt, als Eve das Auto gefunden hat«, erzählt Matt weiter. »Halb im Schlick versenkt. Die dachte, irgendwer hätte einen Unfall gehabt, aber dann hat sie gemerkt, dass Solo verschwunden war und jemand ihr Netz zerstört hat, und was glaubst du, an wen sie zuerst gedacht hat?«

Erschrocken schaue ich zu Alex. »An dich?«

Alex lächelt. »Sie kam sofort mit der Polizei an! Allerdings war ich die letzten Tage bei Owen und mein Auto stand in Solitary Cove.«

»Die Polizei?« Ich schlucke. Mir wird schon wieder schwummrig. Oh Gott, habe ich Solo jetzt etwa gestohlen?

»Alles gut«, beruhigt mich Matt. »Eve hat sich große Sorgen um dich gemacht. Sie will Solo natürlich immer noch haben, aber nachdem der Wal fort ist, kann sie nichts tun. Einen wilden Wal einzufangen, ist in British Columbia zum Glück streng verboten!«

»Er ist nicht fort.« Ich richte mich ein Stückchen auf. Solo schwimmt neben unserem Boot, als müsste er mich bewachen. Natürlich hoffe ich, dass er uns nicht folgt. Aber ein Teil von mir … ja, der würde ihn immer noch gern in ein Netz sperren und bei ihm bleiben, ganz nah, für immer. Aber man kann Glück nicht einsperren. Genauso wenig wie einen kleinen Wal.

»Lasst uns zurückfahren«, sagt der Fischer. »Dein Mädchen braucht trockene Sachen, Matt.«

Ich werfe Matt einen Blick zu. Er versteht mich sofort und geht mit dem Fischer ins Steuerhaus. Alex und ich bleiben allein an Deck. Der Motor springt an, langsam dreht das Boot und setzt sich in Bewegung.

»TRACK ist eine tolle Erfindung«, sage ich und kuschle mich an ihn. »Ganz egal, warum es entstanden ist.«

Alex hält mich fest und streichelt meinen Arm. Eine ganze Weile. »Ich weiß«, flüstert er gegen mein Ohr. »Jetzt weiß ich das.«

Das Meer fliegt unter uns dahin, blau wie der Himmel. Noch immer ist nichts von der Küste zu sehen. Ich darf gar nicht darüber nachdenken, was das bedeutet.

Alex zuckt zusammen. Er lässt mich los, tastet nach etwas.

»Was ist?«, frage ich.

Alex lehnt sich halb über mich. Er deutet nach links, auf etwas im Wasser … Nein, Alex schaut nicht aufs Wasser. Das tut er nie! Ich drehe mich zu ihm um und er hält mir das Display hin. Zuerst erkenne ich nichts, weil die Sonne sich so darauf spiegelt, aber dann …

»Orcas«, flüstere ich. »Andere Orcas!«

»Zwei«, sagt er. »Und sie schwimmen genau auf uns zu.«

»Was sind es für welche?«

»Kann ich noch nicht erkennen.« Alex nimmt mir das Display aus der Hand. Er deaktiviert TRACK und steuert die Drohne hinüber zu den anderen Walen. Es sind definitiv Orcas, das erkenne ich an den spitz zulaufenden Rückenfinnen!

Alex neben mir zieht scharf die Luft ein. »Svenja«, ruft er aufgeregt. »Es sind Transients!«

»Was?« Ich schäle mich aus der Decke und ziehe mich an der Reling hoch. Die Sonne blendet und bricht sich an den glänzenden schwarzen Schwertern. Die sind aber schnell! Und sie scheinen ein Ziel zu haben.

»Solo«, flüstere ich. »Wo ist Solo? Hat er sie gesehen?«

Alex stürzt ins Steuerhaus. Kurz darauf erstirbt der Motor und wir schaukeln still auf den Wellen. Ich sehe Solo nicht! Nur die anderen zwei Wale. Moment mal, nicht zwei. Es sind drei!

Alex tritt zu mir, noch immer das Display in der Hand. Er schüttelt den Kopf. »Das glaub ich nicht. Ehrlich, das glaub ich jetzt nicht!«

Ein helles Summen tanzt durch die Luft. Zuerst denke ich, wir sind es, das Boot, Alex' Schuhe auf dem nassen Deck, aber das Geräusch kommt aus dem Meer. Ein Fiepen, ein Sirren. Ein Konzert aus Pfiffen und Tönen. Ich schließe die Augen. Im Meer würde ich es hören, laut und deutlich. Aber das Meer gehört jetzt den Walen, und ich glaube, ich kenne ihre Melodie sowieso schon.

Ich mache die Augen wieder auf und drücke mich gegen Alex. Er legt den Arm um mich und lehnt seinen Kopf an meinen.

Solos Lied klingt nicht mehr traurig jetzt – es klingt stimmig.

Drei Wale. Eine Gruppe. Eine Familie.

NIEMALSLAND

Die Bucht von Solitary Cove flackert im Schein der vielen Fackeln, die wir rund um das Feuer aufgestellt haben. Immer wieder ertappe ich mich dabei, wie ich zum Wasser schiele, und manchmal zucke ich zusammen, weil ich glaube, in den dunklen Kräuselwellen einen kleinen, dreieckigen Schatten zu sehen.

Solo ist nicht zurückgekommen. Und diesmal haben wir Beweise dafür, dass er nicht doch ins Oceanic gebracht wurde. Alex und ich haben Mike die Aufnahmen gegeben, die Bilder von Solo, wie er draußen im Meer seine Familie wiedertrifft. Überall im Internet kann man sich das jetzt ansehen, und Mike hat die Geschichte aufgeschrieben – die wahre Geschichte von den Orcas in Solitary Cove.

Ich stehe auf, um mir noch mehr von dem Lachs zu holen, den die Fischer über dem Feuer braten. Sie verwenden zwar keine Stöcke, die sie vorher in Fischblut getaucht haben, aber der Anblick der dampfenden Fischkörper neben den Flammen ist trotzdem so atmosphärisch, dass ich mein Tagebuch rausziehe und die Szene zeichne, mit schnellen Strichen, weil weder Mama noch Jörg mir sonst glauben, was ich hier erlebt habe.

Rosie sieht mich mit dem Teller herumlaufen und winkt, also gehe ich zu ihr und lasse mir ein riesiges Stück Lachsfilet geben. Sie lächelt, aber ihre Augen sehen traurig aus, also stelle ich den Teller ab, damit ich sie umarmen kann.

»Pass mir gut auf den Brummbären auf, ja?«, flüstere ich ihr zu.

Sie seufzt. »Ach, Schätzchen. Warum kannst du nicht einfach hierbleiben?«

»Weil mein Visum morgen abläuft.« Ich lasse sie los und trete einen Schritt zurück. »Ich komm doch bald wieder!«

Rosie senkt den Blick. »Svenja ... Hast du dich eigentlich nie gefragt, woher Mike das mit dem Oceanic wusste?«

Verwirrt runzle ich die Stirn. »Doch, schon. Aber ist das jetzt noch wichtig?«

»Für mich schon.« Rosie schüttelt ganz leicht den Kopf. »Ach, ich komme mir so gemein vor. Ich wollte mich in die ganze Sache gar nicht einmischen, aber diese Eve – ich dachte, wenn das rauskommt, was sie hier treibt, dann verschwindet sie vielleicht wieder nach Kalifornien.«

»Du warst das? Du hast Mike von Eve erzählt?« Auf einmal habe ich ein schlechtes Gewissen, weil ich so mit mir beschäftigt war und nicht gesehen habe, was mit ihr los war. »Du warst eifersüchtig auf sie, oder?«, frage ich leise.

Rosie verdreht die Augen und schaut in den Himmel. »Ach, eifersüchtig – dieses Wort ...«

»Komm schon, gib es wenigstens zu!«

»Ja!« Sie packt mich bei den Schultern. »Ja, war ich. Und wie! Dieser Brummbär versteht auch gar nichts. Ich weiß nicht, was ich noch tun soll, damit er endlich wieder anfängt zu leben.«

Ich muss lächeln. Rosie wollte Eve Tally vertreiben – das ist unglaublich! Und dann nehme ich sie noch mal in den Arm, ganz fest.

»Weißt du, was, Rosie? Ich habe da so eine Ahnung, dass sich zwischen Matt und dir bald was ändern wird. Er wird vielleicht ein Brummbär bleiben, aber er will gar nicht mehr so einsam sein. Du wirst schon sehen!«

Matt sitzt an einem der langen Tische, mittendrin zwischen den Leuten aus Solitary Cove. Die meisten kenne ich immer noch nicht, aber es scheint, als wären alle gekommen, denn fast die ganze Straße bis zu seinem Haus ist zugestellt mit Tischen und Stühlen. Er merkt, dass ich ihn beobachte, denn er schaut hoch, schiebt seinen Stuhl zur Seite und kommt zu mir.

»Na, meine kleine Veganerin, bekomme ich keinen Ärger mit deiner Mutter, wenn ich dich so nach Hause schicke?«

Ich muss lachen. »Keine Angst. Ich putze mir gut die Zähne. Außerdem bin ich keine Veganerin mehr. Ich bin jetzt nur noch Svenja!«

»Und das ist gut so.«

Matt streicht mir über die Haare. »Ich wollte dir noch was sagen. Solitary Cove ist kein Platz für ein junges Mädchen, das ist mir klar. Aber wenn du ... also, wenn du hier sein möchtest, werde ich alles dafür tun, um es möglich zu machen.« Er sieht rüber zu dem Tisch, an den ich gleich zurückkehre. Wo noch jemand sitzt, der nicht nach Solitary Cove gehört.

»Matt ...«, beginne ich und schlucke. Das ist total verrückt! Erst gestern habe ich Jörg eine Mail geschickt. Die erste, seit ich hier bin. Ich habe mich für sein Geschenk bedankt und ein bisschen was erzählt, vor allem von Matt. Und dann habe ich ihm gesagt, dass ich keine Ausbildung in seiner Praxis machen werde. Ich musste ihm das schreiben, bevor ich nach Hause komme. Weil ich dort vielleicht keinen Mut habe, es ihm ins Gesicht zu sagen.

Ich weiß, was Matt mir da anbietet. Es geht um die Sache mit der Aufenthaltsgenehmigung. Er ist mein Vater, also können wir einen Pass für mich beantragen oder zumindest durchsetzen, dass ich eine Weile bei ihm wohnen kann. Eigentlich hat Alex mich darauf gebracht, aber ich habe mich bislang nicht getraut, Matt zu fragen.

»Du allein entscheidest«, sagt Matt und schaut mich lange

an. »Keine Vic, nicht ihr Freund, auch nicht Alex. Nur du. Und wenn du das willst, bin ich für dich da.«

Dieses Gefühl ist neu für mich, und ich glaube, da geht es mir ein bisschen wie Solo: Freiheit kann nämlich auch ganz schön beängstigend sein. Aber in den Tagen nach meiner Walrettungsaktion, als ich mit Fieberträumen im Bett lag, habe ich mir immer vorgestellt, Mama säße an meinem Bett, würde mir die Stirn kühlen oder mir Wadenwickel machen. Als ich die Augen dann aufgemacht habe, saß Matt bei mir. Ein Fiebertraum, der Wirklichkeit geworden ist – ich habe nicht nur meinen Erzeuger kennengelernt. Ich habe meinen Vater gefunden.

»Danke, Matt.« Ich muss schon wieder schlucken, um nicht loszuheulen. Wie ich Abschiede hasse! »Ich glaube, du weißt sowieso schon, was ich will.«

Matt lächelt und schiebt mich von sich. »Dann geh schon, genießt euren letzten Abend!«

Alex sieht mir entgegen, als ich zu unserem Tisch zurücklaufe. Ich stelle meinen Teller ab, aber essen kann ich plötzlich nichts mehr. Das knisternde Feuer, die lachenden Menschen, alles verschwimmt hinter seinen Karamellaugen. Alex steht auf, geht um den Tisch herum und nimmt meine Hand. »Komm mal mit.«

Wir schlendern ein Stück den Weg hinauf, in Richtung der Bäume. Das Wasser gluckert in die Höhlen im Fels, und ich lausche in die Nacht ... lausche, aber alles, was ich höre, ist meine Erinnerung.

Alex steigt auf den Balkonfelsen und hilft mir hinauf. Hier haben wir uns zum ersten Mal gesehen. Ist das wirklich erst ein paar Wochen her? Er lässt meine Hand los und dreht sich zu mir um. »Ich schulde dir noch was.«

»Du mir?« Ich vergrabe mein Gesicht in den Händen. »Dann schulde ich dir auch was. Ein Zedernholzkanu!«

Er schüttelt den Kopf und lächelt ganz leicht. »Das ist gut aufgehoben, wo es ist. Wer weiß? Vielleicht kommt es eines Tages zurück.«

Seltsamerweise war die Red Cedar auf keiner der Drohnenaufnahmen zu sehen, die wir von Solo und den Walen gemacht haben. Als ob das Boot seine Chance genutzt hätte, um frei zu sein.

»Du schuldest mir auch nichts«, flüstere ich. »Im Gegenteil.«

Er greift in die Kängurutasche seines Kapuzenpullis und zieht ein langes, durchscheinendes Stück Stoff heraus. Zartrosa und samtweich.

»Deines war leider nicht mehr zu retten«, flüstert er zurück und legt mir das Halstuch um.

»Das hättest du nicht machen müssen!«

An den Enden des Halstuchs zieht er mich zu sich heran und küsst mich, langsam und genießerisch. »Oh doch. Womit willst du mich denn sonst verbinden, wenn wir mal wieder einen einsamen Wal retten?«

Ich muss lachen und wir lassen uns auf dem Felsen nieder. Alex zieht mich in seine Arme, und so sitzen wir eine ganze Weile, hinter uns das Feuer und die Menschen, vor uns das stumme Meer.

»Glaubst du, es geht ihm gut?«

»Bestimmt geht es ihm gut.«

»Wir könnten ihm doch folgen. TRACK findet ihn bestimmt!«

»Er ist frei, Orcamädchen. Und so soll das auch bleiben. Wir kontrollieren nicht mehr, wohin er zieht.«

Wieder suche ich die Wellen ab, wieder bin ich froh, dass sie stumm bleiben. Alex lehnt seine Wange an meine Stirn.

»Wenn du das nächste Mal kommst, zeige ich dir Vancouver. Vielleicht treffen wir Bären im Stanley Park oder wir gehen Skilaufen in Whistler! Und du musst wenigstens einmal im Yoho National Park campen.«

Ich kuschle mich tief in seine Umarmung. »Alles«, sage ich zu ihm. »Ich mach alles mit dir! Bis auf Kanufahren.«

Er lacht leise. Eine ganze Weile sitzen wir unter dem Nachthimmel und hören dem Wasserglucksen zu. Dann scheint ihm etwas einzufallen, denn er setzt sich auf, damit er an die hintere Tasche seiner Jeans kommt.

»Hier.« Ein Stück Papier, zweimal gefaltet. Ich nehme es, klappe es auseinander – das ist meine Zeichnung von ihm. Die ich ihm unter der Tür durchgeschoben habe. Alex in Schwarz-Weiß – Orcafarben.

»Du hast vergessen, es zu signieren«, sagt er langsam. »Außerdem ist es echt an der Zeit, dass du mir deine Telefonnummer gibst!«

Ich muss lachen und dann laufen mir plötzlich Tränen über die Wangen.

Vorn in meiner Tasche steckt der Bleistift mit dem Miniorca am Ende. Ich ziehe ihn raus und schreibe meinen Namen unter die Zeichnung, ganz klein, und dahinter meine Handynummer. Wir machen nicht den gleichen Fehler wie Matt und Mama!

»Dein Buch«, murmelt Alex. »Gibst du es mir noch mal?«

Diesmal ist es mir egal, welche Seite er aufklappt – er kennt alles von mir. Aber er blättert zu der Seite, die er selbst beschrieben hat, dann dreht er sich so, dass ich nicht sehe, was er schreibt.

»Erst im Flugzeug lesen«, flüstert er und schiebt es zurück in meine Tasche.

Flugzeug! Das Wort bringt alles zurück, woran ich an diesem letzten, wundervollen Abend nicht denken wollte. Abschied. Berlin. Mein richtiges Leben. Niemals kann ich dorthin zurück!

»Sehen wir uns wieder?«, frage ich ihn leise. »Ich weiß nicht, ob ich ein Visum kriege oder einen Pass und ob sie mich überhaupt für länger ins Land lassen, aber auf jeden Fall besuche ich Matt, schon bald, und dann …«

»Hey, Orcamädchen.« Alex legt die Hände auf meine Wangen. »Keine Angst. Du gehst mir nicht verloren da draußen.«

Er küsst mich. Ich küsse ihn. Und als ich ihn loslasse, fühlt es sich an, als würde etwas von ihm kleben bleiben und mit mir kommen.

Matt bringt mich am nächsten Morgen zum Flughafen. Vor Sea Island stehen wir im Stau, aber natürlich schaffen wir es rechtzeitig. Die Bäume um uns rauschen im Seewind, die ersten Blätter haben sich schon rotgold verfärbt.

Wir bleiben stehen, an der Stelle, wo wir uns vor zwei Monaten zum ersten Mal begegnet sind.

»Grüß deine Mutter von mir.«

»Grüß Rosie von mir.«

»Irgendwie habe ich das alles schon mal erlebt.«

Ich stelle mich auf die Zehenspitzen und küsse ihn auf die Wange. »Nein, hast du nicht. Ich komme nämlich wieder! Und unser Kontakt bricht auch nicht ab, ganz egal, welcher Wal dich ärgert.«

Matt legt den Kopf in den Nacken und lacht, und obwohl wir beide traurig sind, lache ich mit. Kein Abschied – nur ein neuer Anfang.

Ich warte, bis wir über Grönland fliegen. Erst da klappe ich das Reisetagebuch auf, mit zitternden Fingern. Ich weiß, welche Seite es war, aber ich finde die Stelle nicht sofort, weil alles mit Bleistift geschrieben wurde.

Ganz klein, mitten in dem Wal. Nur vier Worte.

Svenja **Ol**son. **LO**ve you.

ICH DANKE

– zuallererst meiner Familie für all die Zeit, die Svenjas Geschichte verschlingen durfte,

– meiner tollen Agentin Michaela Hanauer-Dietmaier, die für meinen kleinen Wal einen Hafen gefunden hat,

– Marion Perko, meiner unermüdlichen Lektorin, die mit mir auf Walrettung gegangen ist und die nichts erschüttern kann,

– dem gesamten Magellan-Team für die tolle Unterstützung und ganz besonders Hanna Schneidawind für ihre Geduld,

– Dr. Horst Bornemann vom Alfred-Wegener-Institut für den regen Austausch zum Thema Ortung von Meeressäugern,

– Jörn Selling, Biologe bei firmm, für viele Informationen zur Walortung,

– Jared Towers vom DFO für alles, was ich über Transients noch nicht wusste,

– der Whale and Dolphin Conservation Deutschland, weil sie rasend schnell und sehr versiert Fragen von hektischen Autoren beantworten,

– Paul Tixier, dessen Vorname ich mir ausgeborgt habe, weil er einfach in dieses Buch gehört,

– Sebastian Giebken, meinem Experten zum Thema Drohnen,

– und Bianca Drescher, die mir zum ersten Mal von Tiny Houses erzählte.

Die Geschichten von Springer und Luna, die Alex Svenja erzählt, habe ich mir nicht ausgedacht, sie sind tatsächlich passiert. Eigentlich gehört noch ein dritter Wal in ihren Bund: Morgan, ein weiblicher Orca, der nach seiner Auffindung in ein Meeresaquarium gebracht wurde und heute im Loro Parque auf Teneriffa lebt. Diese drei sehr unterschiedlichen Schicksale waren maßgeblich meine Inspiration für Solo, wobei ich mir für meinen kleinen Wal natürlich gewünscht habe, dass er am Ende – wie Springer – frei mit seiner Familie in den Weiten des Ozeans leben darf.

Transients heißen heute übrigens auch Bigg's Orcas, benannt nach dem kanadischen Meeresbiologen Dr. Michael A. Bigg.

Natürlich magellan©

**Hergestellt in Deutschland
Gedruckt auf FSC®-Papier
Lösungsmittelfreier Klebstoff
Drucklack auf Wasserbasis**

1. Auflage 2020
© 2018 Magellan GmbH & Co. KG, 96052 Bamberg
Alle Rechte vorbehalten
Dieses Werk wurde vermittelt durch die Literatur Agentur Hanauer
Lektorat: Marion Perko
Umschlaggestaltung: Christian Keller unter der Verwendung
von Motiven von iStock / sethakan / danilovi / hvsht
Druck: CPI, Leck
ISBN 978-3-7348-8208-1

www.magellanverlag.de